社会文化史30年

李长莉　唐仕春　主编

中国社会科学出版社

图书在版编目（CIP）数据

社会文化史30年/李长莉，唐仕春主编．—北京：中国社会科学出版社，2017.6

ISBN 978－7－5161－9240－5

Ⅰ．①社… Ⅱ．①李…②唐… Ⅲ．①文化史—研究—中国 Ⅳ．①K203

中国版本图书馆CIP数据核字（2016）第266524号

出 版 人	赵剑英
责任编辑	吴丽平
责任校对	董晓月
责任印制	李寡寡

出　　版	中国社会科学出版社
社　　址	北京鼓楼西大街甲158号
邮　　编	100720
网　　址	http://www.csspw.cn
发 行 部	010－84083685
门 市 部	010－84029450
经　　销	新华书店及其他书店
印刷装订	北京君升印刷有限公司
版　　次	2017年6月第1版
印　　次	2017年6月第1次印刷
开　　本	710×1000　1/16
印　　张	31.25
字　　数	450千字
定　　价	128.00元

凡购买中国社会科学出版社图书，如有质量问题请与本社营销中心联系调换
电话：010－84083683
版权所有　侵权必究

序　回望三十年探索足迹

李长莉

　　这本书是我们研究团队三十年来在"社会文化史"新兴交叉学科领域探索的代表性学术论文的结集。

　　我们的研究团队是中国社会科学院近代史研究所文化史研究室，2014年更名为社会史研究室。本研究室成立于改革开放初的1980年，彼时刚走出"文化大革命"阴霾，百废待兴，丁守和、刘志琴等先生创室一代学者在中国学界率先倡导文化史研究，引领并参与了80年代新启蒙时期的"文化热"。80年代中期刘志琴先生又参与社会史复兴。1986年，时任室主任刘志琴先生参加首届中国社会史学术研讨会，在会上发表《复兴社会史三议》一文，提出"社会的文化史"和"文化的社会史"新说，初次提出了社会史与文化史相结合的思路，这可以说是后来正式提出"社会文化史"新学科概念的雏形。

　　自那以后，在刘志琴先生的率领倡导下，研究室人员陆续投入这一领域的学术探索。我于1989年春博士毕业后进入本研究室，由于志趣相投，自觉地投身这一新领域进行学习探索，与这个新学科和研究团队共同成长。迄今三十年间，团队人员有的退休或调出，又有新人陆续进入，一直是七八人的规模，历经三代，成员出生于20世纪30—80年代，年龄跨度达50年。团队成员有的专注于这一领域，有的兼涉其他领域；有的集中于专题研究，也有的同时在学科理论方法上探索；有的虽然主攻方向不完全是社会文化史，但也从社会文化史理论方法中汲取营养，注入自己的研究当中，从而增添了新意和特色。研究课题也是有分有合，研究成果有集体与个人，集体成果有《近代中国社会文化变迁录》三卷本（刘志琴主编，李长莉、闵杰、罗检秋撰著，浙江人民出版社 1998 年版）、《中国近代社会生活史》（李长莉、闵杰、罗检秋、左玉河、马勇合著，中国社会科学出版社 2015 年版），还有论集《近代中国社会生活与观念变迁》（中国社会科学出版社 2001 年版）及 2006 年以后陆续出版的《近代社会史研究集刊》系列。个人成果则有多部研究专著，以及数量更多的专题研究论文，其中不乏在中国社会文化史学科发展历程中具有一定代表性并产生较大影响的学术专论。

　　三十年，对于个人是从出生到成长至壮年、开基创业、展开辉煌人生的时段。对于社会文化史这一新学科而言，也是从诞生到发展成熟的一段历程。对于我们这个研究团队而言，则是三代人伴随社会文化史学术探索和成长的人生轨迹。今天，在开始新一轮世代交替之际，我们感到有必要对以往我们这个团队伴随社会文化史走过的成长历程作一总结和回顾，以便我们反省以往的足迹，认清脚下的道路，辨识前行的方向。在此，我们从团队成员在社会文化史学术探索的专题论文中筛选出一些具有一定代表性的论文编成这本论集，以求反映团队成员、三代学者在这一学科领域的探索足迹，也作为开拓未来新征程的基石。

　　回顾三十年我们团队在社会文化史领域的探索历程，三代学者携手共进，薪火相传，各具风采，也形成了团队特色。

　　刘志琴先生是中国学界最早提倡社会文化史的先导者，也是组织我们团队率先进行社会文化史学术探索的带头人。在 80 年代末 90 年代初，她引导和组织团队人员，一边从社会文化史学科理论方法上探索，一边从基础做起开始进行实证研究。首先进行的工作就是对近代社会文化史基本资料和基本史实、近代社会文化变迁脉络的梳理，由三位同人分工着手编写《近代中国社会文化变迁录》。彼时中国近代史研究通行"革命史范式"和"现代化范式"，二者虽然解释中国近代社会变迁主线的着重点有所不同，但有一点是共通的，即关注的重心都在上层，集中在历史大事件和重要人物，叙述方式皆为政治、经济、思想主流变迁的"宏大叙事",而对于社会文化史所关注的下层、民间、大众,特别是社会生活、风俗习尚、民众观念等内容则很少留意,既无资料的整理与积累,也少有研究成果可资借鉴。因此我们可以说是白手起家,对于社会文化史究竟应当包括哪些内容、用什么方法进行研究都心中无数,只是有些大致的方向和构想。在初创时期,人们对"社会文化史"这个新提法也有种种疑惑和质疑:这个学科概念的内涵是什么?研究内容究竟是什么?与社会史和文化(思想)史有什么区别?怎样作研究?以及研究那些民间、生活等"鸡零狗碎"有什么价值?但我们经过对以往史学研究状况的总结与反省,坚信社会文化史是一个挖掘中国近代社会变迁深层原因而以往被忽视的重要方面,是突破史学旧框架、具有生命力和发展前景的史学创新方向。刘志琴先生说,"草鞋没样,边打边像",我们一边实践,一边摸索,在探索中逐步形成学科的框架和思路,用我们的研究成果来回应这些质疑。就在这一直存在的质疑声中,我们沿着自己认准的这一方向,埋头在理论方法和研究实践中进行探索。随着研究成果的陆续发表,这一新方向在学术界逐渐扩大影响,90年代以后,西方新文化史(也称社会文化史)被引入中国,与国内学术合流,注入了新理论方法的活力,使这一新学科的影响更加扩大,终被学界所认可。特别是进入21世纪后,社会文化史的吸引力日渐增强,越来越多的研究者特别是年轻一代进入这一领域,相关研究成果也日益丰硕,甚至成了一个热门领域。同时,一些研究其他方向的学者也开始借鉴社会文化史方法,推进了相关研究的深化。一个明显的标志就是,起初广受质疑的"社会文化史"这个名词,现在则成为史学各领域越来越多学者乐于借鉴和标示的"热词"。

2015年是刘志琴先生八十华诞,她虽已退休多年,但一直没有离开这个团队,始终以充盈的活力、年轻的心灵、敏锐的思维、不衰的创造力,活跃在社会文化史学术前沿,致力于社会文化史研究,笔耕不辍,直至八秩之年,还在大型学术会议及顶级专业刊物上发表堪居学术前沿的社会文化史理论文章。这本论集,也是我们后辈团队成员对刘先生八十华诞的祝贺与纪念,对她三十年来倡导社会文化史学术业绩的致敬。

今年距离1986年刘志琴先生在社会史首届年会上首次提出"社会的文化史"思路,为我们研究团队开辟了"社会文化史"新学科方向整三十年,因此论集即命名为"社会文化史30年",以此记录三十年来我们团队成员进行社会文化史学术探索的一些代表性成果,也从一个角度展示中国"社会文化史"新兴交叉学科的产生、成长及发展的一个轨迹。虽然从中国学术界总体而言,我们这个团队只是一支流脉,并不能代表总体,但读者可从中了解一些这支从本土生长出的社会文化史流脉的印迹,相信会对了解中国社会文化史发展历程有所助益。

在此收录的论文作者,都是我们研究团队的成员,各位业有专攻,各有专长,有的主攻方向并非严格意义上的社会文化史范围,因此他们在各自专长领域的研究成果更能代表其个人的学术水平,有的已经在其专长领域居于学术前沿地位,具有相当影响,但限于本书的主旨,我们只是选取了他们与社会文化史关系密切的论文。这些论文都曾在学术期刊或学术论集中公开发表过,发表时间自1988年至2015年,跨度近三十年,为保存学术发展轨迹的原貌,收入本集时只对个别文字作了技术性改动,对主要内容未作修改。

我们将这些论文按"理论方法""社会生活""风俗习尚""文化信仰"四个专题作了分类编排,这四个专题也可说是我们团队成员主要致力研究的方向,各人虽有所侧重,但总体也有联系,因此有的成员研究成果分列不同类目之中。从研究方法而言,注重生活与观念的联系、上层与下层的互动,也可说是我们团队的一个总体特色。当然每人的研究领域和研究方法,也有一些各自突出的特色,这体现在个人的系列研究成果之中。

还要说明的是,三十年来本团队成员在社会文化史领域的研究论文数量甚多,既有学科理论方法方面的探讨,也有更多专题研究论文,但限于篇幅,我们只能筛选出一些在社会文化史学科发展历程中具有一定代表性的论文,以期能反映团队在这一研究领域的总体水平。如果读者想对某一作者的研究成果作更多了解的话,可按名索文，参考其他论著。

  谨以此论集向学界作一汇报，也希望得到同行同好的批评指教。

  最后祝愿社会文化史这一新兴学科在回应中国发展道路与本土现代性的时代课题上，作出更多的理论创新成果！祝愿我们新时代的研究团队开创更加辉煌的学术景观！

2016 年 4 月 18 日
于北京东厂胡同一号

目　录

一　理论方法

复兴社会史三议 …………………………………… 刘志琴（3）
社会文化史：历史研究的新角度 ………………… 李长莉（8）
青史有待垦天荒
　　——《近代中国社会文化变迁录》总序 …… 刘志琴（15）
交叉视角与史学范式
　　——"社会文化史"回顾与展望 ……………… 李长莉（47）
从"新史学"到社会文化史 ……………………… 罗检秋（66）
从本土资源建树社会文化史理论 ………………… 刘志琴（83）
中国社会文化史研究：25年反省与进路 ………… 李长莉（96）
本土崛起与借镜域外
　　——社会文化史在中国的若干发展 ………… 吕文浩（113）

二　社会生活

中国人生活意识的觉醒 …………………………… 刘志琴（129）
饮食与伦理
　　——从吃饭解析中国传统文化模式 ………… 刘志琴（144）
清末民初城市的"公共休闲"与"公共时间" …… 李长莉（164）

日军空袭威胁下的西南联大日常生活 …………… 吕文浩（186）
近代同乡资源的流动与制度运作 ……………… 唐仕春（209）

三　风俗习尚

礼俗文化的再研究：回应文化研究新思潮 ……… 刘志琴（231）
从"杨月楼案"看晚清社会伦理观念的变动 …… 李长莉（249）
论清末彩票 ………………………………………… 闵　杰（282）
嘉道年间京师士人修禊雅集与经世意识的觉醒 …… 罗检秋（328）
评民初历法上的"二元社会" …………………… 左玉河（360）

四　文化信仰

坤角如何走红
　　——社会文化史视野中的民初京剧 ………… 罗检秋（387）
"民国"的诞生：清末民初教科书中的国家叙述
　　（1900—1915）………………………………… 毕　苑（408）
译介再生中的本土文化和异域宗教：以天主、上帝的
　　汉语译名为视角 ……………………………… 赵晓阳（425）
清末民初宗教迷信话语的形成 …………………… 罗检秋（447）
清末文庙祀典升格与人心失控 …………………… 李俊领（470）

一　理论方法

复兴社会史三议

刘志琴

一

　　1949年以来史学研究的内容有两点不足。一是把几千年的文明史全部归结为阶级斗争史，忽略了非阶级和跨阶级因素，如生态环境、传统习俗、生活方式、民族心理对历史发展的影响，从而把一部分史学研究的对象摒弃在视野之外，甚至作为唯心主义予以排斥。二是对几千年文明史的研究，又分割在精神文化和物质文化的各自领域，缺少对这两者相互影响、制约、渗透的综合研究；精神文化又偏重以思想家的思想为研究对象，对其当时的社会反响和群众意向缺乏真切的了解。思想家的思想虽然是一代文明之精华，但又高于群众，未必被群众理解，为社会所接受，甚至湮没无闻，到后世才被重新发现。无视这种现象，进行纯学理的价值判断，有可能导致文化的理想主义，脱离历史的实际。这两者都从不同方面反映了史学研究由于缺乏社会史的丰富内涵，造成学科建设的不平衡和研究内容的贫乏，这是史学长期以来难以摆脱简单化和概念化的学科原因。克服这种倾向，要在理论上匡正，还需要在学科建设上补偏，这对史学界是个迟到的任务，却是史学研究面临突破性发展的新的征程。

二

　　按照通常的说法，社会史以揭示社会发展规律为目的，正是在这一点上难以与社会发展史相区分,所以又容易被历史唯物主义所取代。社会史的终极任务是什么?这仍然是需要探索的基本理论。

  毫无疑问,社会史是以社会生活的发展和社会问题为基本内容,它不同于其他史学范畴的特点,是在于突出社会的主体,以人的问题为研究中心。人的生存、发展环境、习俗、生活、群体结构、文化观念的变迁都是研究的对象。古往今来,不同时代人们的生活风貌、行为模式、价值取向和人际关系的组合又形成文化体系的特质和传统。换言之,以研究人为主体的社会史的最高宗旨,是研究社会文化特质的形成、变易和流向的变迁史。从这个意义上说,社会史实际上是文化的社会史,文化史则是社会的文化史。社会史和文化史与政治史、经济史相比较,范围甚广。社会史以全社会为研究对象;文化史则广涉物质、精神和制度的各个方面。这两个领域最广阔的学科而又关系密切。它们的区别在于,文化史是从文化的结构和功能上认识文化现象,揭示社会文化的形态和特质,社会史则从社会的结构和生活方式上认识社会现象,揭示社会文化的形态和特质。社会史和文化史从不同方位出发,实际上是沿着同一目标双轨运行的认知活动。事实上,任何文化现象都是社会现象的反映,任何社会现象也是文化现象的表现,只有经过多层次、多轨迹地深入研究,才能揭示文化或社会现象的本质。

  例如,唐诗的繁荣是唐代社会的文化现象,从文学史上研究唐诗,重点是阐述唐诗的艺术成就、社会意义及其在文学史上的地位。对诗歌为什么在唐代达到其他王朝所不及的高峰,一般并不深究或泛泛归于唐朝社会经济的繁荣,却不能回答在经济衰退的情况下何以佳作迭出?从文化史上研究则要注意其他意识形态对诗的影响。例如,以诗赋取士的科举制度促使士大夫工于诗作;汉语单音节的语音易于朗朗上口流传;诗的艺术形式的成熟以及传统审美心理的积淀等诸多文化因素的综合作用。从社会史上来考察,唐诗的文体是民众习见的流行语;内容多是社会人情的抒发和实景的描绘;唐人的社交惯于以诗会友、表意;猜谜语、宝塔诗、回形文等文字游戏在民间的流行;市井艺人常以管弦配乐歌诗成为群众性的娱乐活动。正是在唐代文化积累和社会生活的深厚土壤中才滋育出唐诗这朵璀璨的奇葩。所以从社会史、文化史领域探索唐诗为什么成为古代文学的最高成就,这比单纯从文学内在规律或经济背景上探索,更能接近历史的原貌,得出真知。

又如,"法祖"是中国文化体系中突出的社会观念,它源于重老的习俗。在古代西方和东方的日本,都有把老人抛入深山的传统,华夏民族则绝无类似传说。如果说这是农业经济不同于畜牧经济,由于重视先辈劳动经验的传授而重老的话,这也不是唯一的原因,还要从宗法制的社会结构和以家族为中心的文化形态中去探索。这种观念在漫长的古代社会中有助于封建王朝的稳定,但不利于社会更新,所以历代改革和反改革的斗争,都在法祖、反法祖的争论中得到明显的反映。言必称三代、道先王,与小生产因循守旧的积习相结合使民族性格导向保守。宗法社会的瓦解使这些观念失去依存的支柱,可是未改造的小生产经济、宗法制的残余影响又使这种观念成为习惯势力,阻碍现代化的推进。从社会史上研究这一文化观念的盛衰和变革,很难区分这是社会史还是文化史课题,也不需要这样区分,因为社会史和文化史本身就是相互交叉、渗透的综合性学科。

三

文化史和社会史都是从 19 世纪末随着人类学、社会学、文化学而兴起的近代历史学,这两者在中国具有共生共荣的特点。中国素以古老的文明著称于世,更以五千年的文化传统从未中断为世界所罕见。与此相应的是,中国封建社会的早熟和难以解体,使得封建社会的长期停滞成为历史学中的重大课题。漫长的社会历史,丰富的文化积累和儒家重视教化风俗的传统,都吸引前人在不同程度上注意社会和文化问题的研究。但是至近代,此二者从来不是一门独立的学问,到梁启超提倡新史学,使史学研究的内容从帝王将相史转向民众史,文化史和社会史才成为新兴的科目,从而开创了中国史学的新阶段。

近代民族民主革命的斗争,促使社会史和文化史成为社会变革的前沿科学。20世纪初在东京的中国留学生中，出现了一批以省市地方命名的革命刊物，如《浙江潮》《洞庭波》《江苏》《云南》《四川》《关陇》等，召唤人们对国情、乡情进行调查，以唤起民众的爱国心，挽救民族危亡。这样，从现实追溯历史，就促使了社会史的兴起。"五四"时期，一批具有现代知识结构的知识分子，以对祖国深沉的爱，从西方引进民主、科学的武器，反对旧礼教，批判旧道德，激起中西文化论战的高潮。社会史和文化史的研究，促进了中国人民的思想启蒙。在论战的各种思潮中，马克思列宁主义最切合中国人民反帝反封建斗争的需要，又与中国文化传统有某些可以认同的因素，因此，很快被中国人接受，使中国革命焕然一新。大革命的失败，又使人们陷入对国情问题的思考：在资本主义不发达的中国，能不能成功地进行社会主义革命？这个问题的争论延及中国社会的发展是不是遵循马克思主义关于社会发展五个阶段的共同规律，古代中国是不是封建社会，近代中国是不是半殖民半封建社会等一系列新民主主义革命的前提问题。这场争论的高潮在30年代，实际上一直延续到新中国成立前夕。这场争论的结束，不是学理上的终结，而是新中国的成立，以无可置疑的事实宣告了争论的停息，但某些学术问题并未真正解决。1949年后社会史和文化史研究的中断又使某些问题长期无人问津。十年浩劫促使人们对国情再度进行思考，社会史应运而起，正是中国社会前进对历史学的召唤。

目前社会史的复兴，是以文化史热为前导，或者说文化史的发展必须要在社会史领域内深入。十一届三中全会以来，思想解放潮流的发展和深化，经济、政治变革的趋势要求突破传统的社会观念，转变民族心理，建立与现代化相适应的文化精神，促使人们热衷文化问题研究。80年代兴起的文化史热载负着中国人民的历史沉思和选择，具有宏伟的建设性和变革性。文化史热中提出的问题，基本上是"五四"时期的老问题，并且一步步深化。其高于"五四"时期的突出表现是民族文化心理问题，成为最吸引社会科学工作者的课题，并引起全社会的关注。追溯中国人生活方式、传统观念、思维方法、行为模式的形成和变迁，实际上是社会史的中心问题。从社会生活和人际关系方面探索那些成为集体无意识的习惯势力，为探索转换民族心理结构的机制，提高中国人的文化素质，提供历史的借鉴和可行性，正是社会史面向现实的使命。可以预见，文化史和社会史的繁荣必将迎来中国社会主义文化的新高潮。

（原载《天津社会科学》1988年第1期，
属名"史薇"是刘志琴笔名）

社会文化史：历史研究的新角度

李长莉

当今科学研究方法的发展呈现出分析化和综合化两种趋向，历史学研究也已经感受到这种发展潮流的冲击，以往满足于把历史研究分为政治史、经济史、社会史、文化史这种笼统的研究领域和研究方法，已经远远不够了。本文"社会文化史"这一概念，就是鉴于历史研究的现状，综合历史学、社会学、文化学及文化人类学的理论和方法，作为历史研究的一个新角度和新方法而提出来的。

一　社会文化史的概念

社会文化史可以说是社会史与文化史的结合形式，但它首先是一种广义的文化史。

文化学的一种观点将文化分为物质文化、社会文化和精神文化。① 文化史作为研究人类社会历史运动中的文化现象的学科，可以划分为以下三个层次。

（1）物质文化史：人类以往对自然界的认识、利用、改造的方式和水平的历史。即在一定历史时期，关于人的衣、食、住、行、用等物质制品的观念、生产方式、使用方法，以及它们在生活中的地位。

（2）社会文化史：人与人之间、人与社会之间的生活方式及其

---

① 美国学者 L. 怀特及中国学者梁漱溟等均持此观点。

观念的历史。即一定历史时期的社会组织、制度、道德、风俗习惯、娱乐方式、传播方式、语言文字等与思想观念之间的相互关系。

(3) 精神文化史：人类以往精神活动的方式、过程及成就的历史。即一定历史时期的信仰、哲学、思想观念、知识、科学等的发展和变化过程。

在这三种文化层次中，物质文化是一种表层文化，是凝聚在物上的文化形态。如一定的服装样式，反映了人们一定的生产、生活方式及审美、伦理价值观念等。这是一种文化的物化形态，具有一定的固着性和独立性，对思想观念的反映是以某种物质体为中介的间接反映，其对人们精神生活的影响也是间接的。

精神文化则是文化的核心，也是最深层、最抽象的文化层面，是人类所特有的意识、思维的最高产物和集中表现。它是对物质文化和社会文化的高度概括和集中反映，同时又影响、支配着人们的行为活动。

处于中间层的是社会文化，它是最丰富、最直接地体现人类文化的社会性、复合性的层面，是精神文化的社会体现。它既是抽象的，不是附着于某种物质性实体；又是具体的，是通过诸多具体现象构成和反映的。如某一时期的风俗文化，总体地体现了这一时期人们的信仰、价值观念，因而从整体上是抽象的。但它又是通过各种具体的生活方式表现出来的。比如敬祖习俗，表现为供奉祖先牌位、定时祭祀祖先、重视宗族关系、敬老尊老、续家谱、重门第等一系列具体形式和风俗习惯。因此，社会文化最直接地展现了人类社会生活的精神面貌。从文化史强调人类社会的整体性文化而言，社会文化史层面无疑是文化史的一个重要研究角度。

然而，从以往的文化史研究状况来看，主要集中于精神文化层面，即注重思想史，而且是少数精英思想家和政治家的思想。这种思想史研究虽然揭示了作为深层文化的思想观念的发展变化，集中地反映了时代的最高思维成就和水平，却因过于抽象，而难以表现广阔、丰富的社会文化的全景画面，而且两者之间的有机联系也被割断。

有鉴于此，近些年文化史研究开始注意大众文化生活方面，尤其是对物质文化层面的研究出现了新成果,如服饰史、烹饪史、建筑史、园林史、交通史、墓葬史、家具史,乃至国外有"厕所史",等等。这些无疑大大丰富了文化史的内容,但是仍然有其局限性。首先,这些物质文化方面与人们思想观念的联系比较间接,因而难以细致、准确地反映某一时代思想观念的社会化表现;其次,它们多是一些专史,不能全面地、综合地反映社会整体的精神面貌。

可见,欲对历史上某一时期社会的整体性精神面貌作出描述和解释,需要从社会文化史层面着手。近年国内已开始有一些这方面的尝试,但无论是从理论建设上还是从研究实践上都还是十分薄弱的,需要大大加强。

二　社会文化史的研究对象和方法

与精神文化只研究意识、思维领域和物质文化只研究物化的文化不同,社会文化史的研究对象是丰富多彩、繁复庞杂的人类历史上的整体社会生活,从这一点来说,它与社会史的研究对象是重合的。社会组织、制度、教育、法律、风俗习惯、文化传播方式、娱乐消闲方式等这些内容同样也是社会史所要研究的内容。但是,二者又有区别。

社会史主要研究社会结构、社会过程、社会行为的历史,研究阶级、阶层、集团的发展及其运动、冲突和协调等历史过程。它更注重社会结构和运动的客观性。而社会文化史则主要研究历史上人们的社会生活方式与思想观念之间的相互关系。它关注的是隐蔽在人们社会行为后面的精神因素。如果说前者主要是揭示历史上人类社会的客观面貌,则社会文化史旨在揭示人类社会活动体现的精神面貌。社会文化史相对于社会史来说,更具有文化性或思想性,相对于思想史来说则更具有社会性。

从研究方法来看,社会史主要运用社会学的理论和方法,更注重分解,追求研究的精确化。即把某一社会现象分解为若干子元素,如将人们分解为阶级、阶层、集团、群体,再可将群体进一步细分而有老年史、青年史、妇女史、儿童史等。风俗习惯可分解为婚姻习俗、节庆风俗、人生礼俗、丧葬习俗、交往风俗，等等。社会史力求对社会现象进行分解，并在分解基础上进行综合性研究。从这个意义上讲，相对于社会史的重分解而言，社会文化史则更重综合（当然也有宏观研究和微观研究之分），这种综合主要不是建立在分析基础上，而是建立在诸元素之间的相互关系和联系基础上。比如对于辛亥革命后社会生活的变化，社会史家关注的是产生了哪些新制度，出现了多少新式学校，有多少人出洋留学，社会阶层出现了哪些变化，以及有多少人剪了辫子，有多少人穿西装等，以这种比较直观、比较真切的分析来说明政治变革所引起的社会变动的范围和程度。而从社会文化史研究的角度，则更注重这些变动所反映的人们的思想观念、文化心理的变化，以及这些社会变动对人们思想观念所产生的影响。比如出洋留学的热潮反映了青年人对西方文化的向往，而有些人虽剪了辫子却藏着条假辫待用，则体现了他们的矛盾心理和某种处世哲学，这种种社会活动方式的变化反映了这一时期社会价值观念的矛盾和变化。

再就具体研究方法而言，社会史主要运用社会调查、统计，对社会资料的收集、归纳、分析，以及运用计量分析方法，使研究力求客观化、精确化，从而揭示社会结构、社会运动过程的一般规律。而社会文化史则运用资料归纳分析与抽象理论分析相结合的方法，力求通过社会现象来透视其文化内涵，即人们的精神状态。与社会史相比，它更具有理论性和抽象性。同时，由于它是以社会现象为中介来透视人的思想观念，所以它也不像思想史那样较单纯地运用抽象理论逻辑分析。

社会文化史面对独特的研究对象，运用独特的研究方法，它将为历史研究开辟一个新领域，从而会使我们在历史中发现一些新东西。

三　社会文化史研究的意义

开展社会文化史研究，沟通了人们的社会生活与思想观念这两个久已隔绝的历史研究范畴，为探索人类以往时代的社会精神面貌提供了钥匙。

1. 社会文化史的宏观研究，可以对某一历史时期社会大众的整体精神面貌进行描述和解释。

一个时代的思想观念，不仅存在于思想家、政治家的头脑和文字中，而且存在于广大民众之中。但是，一般民众不是思想家，甚至有些还是文盲，他们的思想、感情、价值观念不可能像思想家那样集中地、系统地、逻辑性地表达出来，而是融于他们日常的社会生活方式之中。我们要了解它们，只有通过对这些社会生活方式的理解才可能。社会文化史的研究就是把文化作为大众文化，从而使文化的覆盖面比思想史要广阔得多，不仅仅是少数思想家头脑中高度抽象化的思想，还是融化于整个社会、广大民众生活之中的文化形态，从中体现的是整个社会、广大民众所共同具有的思想、感情、观念、信仰，这样就可以通过对人民大众社会生活方式的分析和理解，全景式地展现某一时代的社会精神风貌。

例如，我们把中国19世纪中叶的社会与20世纪前叶的社会相比较，虽然同样受到西方的影响，但19世纪中叶大多数人仍然以传统方式生活着，对信洋教、上洋学堂、学洋话洋文、与洋人打交道的少数受西方影响的人持鄙视态度。清政府第一次招收派遣去美国的留学生时很困难，因为一般人家都不愿送子弟去外国留学，人们普遍向往的仍是科举入仕的传统途径。这些社会现象反映了那个时代大多数人仍然保持传统的价值观念，对西方文化抱排斥态度。而20世纪前叶，民众的社会生活方式则大大地改变了，人们不仅上西式学堂，读西书，争相出国留学，而且以穿西装、吃西餐、用洋物等更多的"洋化"为时尚，反映了人们价值观念的变化和对西方文化的崇尚。两种不同的社会现象反映了两种不同的社会精神面貌。

2. 社会文化史研究可以揭示某一时代的思想观念与社会生活之间的相互关系。

某一时代具有代表性的思想观念，虽然往往是思想家提出来的，但它并不是思想家凭空想象出来的，而是其对社会生活所反映的时代精神的高度概括和抽象，人民大众的社会生活方式是这些思想产生的土壤和基础。如"中体西用"是19世纪后半叶改良思想家和洋务派提出来的著名理论，然而对西方器物的使用早就在社会生活中存在了。明清之际，宫廷和王公之家就有西洋钟表，民间也有用西洋物品的。鸦片战争以后，更有日用洋货和洋布、洋火、洋油、洋烟等进入百姓家，这些都是器用，民间对这些东西的使用就是承认其应用价值，承认洋人的器物价廉物美，但这并不能抵消中国人对西洋人及其文化的拒斥心理，并不能取代中国人的道德价值观念。这说明在中国人的思维方式中，中西文化并不是决然对立的，它们可以在不同的层次上结合起来。人们生活方式当中的这种"中西结合"，实际上是产生接受西方器物而保持传统观念，从而形成"中体西用"这一思想的社会基础，"中体西用"的概念就是在这一基础上的概括和抽象。

反之，大众接受了某种新的价值观念，也会使社会面貌在短时间内发生明显变化。如20世纪初，随着人们对西方观念的改变和新政的实行（表明官方对新观念的认可），一时间，出洋留学、谈论西方、读西书、办新报、搞实业等蔚然成风，人们纷纷以效法西方、沾些"洋气"的"新派"相标榜。实则这种社会面貌的改观，正是观念变化的客观性社会体现，而且它能将观念变化的不同层次和内在矛盾生动而丰富地表现出来。

3. 社会文化史研究可以更全面地理解文化冲突、文化融合和文化变异的过程。

异质文化的冲突、融合，以及文化自身的变异，这是常见的几种文化运动形式。它们不只是思想观念变化过程，而且是社会文化变迁过程，因此只有放到社会文化当中进行考察，才能比较全面、深刻地把握这些过程的本质。例如19世纪中叶中西文化刚接触时，两种文化的冲突是其主要特征，而这种冲突最早表现出来并被中国人感觉到的是西方人特异的社会文化特征，除怪异的体貌之外，洋人的衣食习惯、宗教习俗（崇拜上帝而不敬奉祖先）、语言文字（文字书写方式与中国不同）、交往风俗（如接吻礼、握手礼、礼让女性而不是跪拜、作揖、男尊女卑）、行为方式（傲慢而不谦恭），等等，无不与中国习俗截然不同。中国人自己的习俗包含着一定的价值观念，并互相吻合，在固守这些价值观念的人们看来，违背这些习俗的人，就是不符合价值标准的人。这样，西洋人自然地被鄙斥为"夷"，是野蛮、低下、非文明的族类，因而应当排斥。这就是习俗的不同而导致的价值观念的冲突。

综上所述，社会文化史作为历史研究的一个新角度，不仅是可以成立的，而且可以大有作为。这一新领域的开拓，将会使文化史和社会史研究进一步深化，也会促进历史认识的丰富发展。

（原载《社会问题的历史考察》（论文集），成都出版社1992年版）

青史有待垦天荒

——《近代中国社会文化变迁录》总序

刘志琴

社会文化史是个大而不确定的概念，在众说不一的情况下，我们选择这一课题，花费五年的时间，经过四个人的集体努力，写出这一著作，其目的是用史实来说话，这比概念之争具体、翔实，因而也就可能有一定的说服力。

我们想说的社会文化这一概念，并不着眼于对社会文化作如何解释，社会文化是个新型的知识系统，不长的历史，跨学科而又界定不太清晰的领域，发展并不成熟，有关社会文化的定义，众说纷纭。不论是外国还是中国学者都可以沿袭前人或发挥创造，进行长久的讨论。但是历史学在当代的发展却亟须从社会文化的大视野，开拓自己的新领域。

记得20世纪80年代初，文化史作为一门学科在中断三十年后复兴。1982年12月在上海召开新中国成立以来第一次中国文化史研究学者座谈会，与会者面对这一古老而又年轻的学问，困惑于文化的多义多解，莫衷一是，史学界的前辈周谷城先生作了一个绝妙的比喻说："草鞋没样，边打边像。"这一言解惑，释放了各自的能量。随着文化热的兴起，文化史的著述层出不穷，成为20世纪末中国一大显学。

社会文化史是文化史的分支，与文化史有相似的命运，不相同的背景和起点。中国文化素以浩如烟海的文献典籍和从未中断的传统闻名于世，不论是先秦儒学、汉代经学、魏晋玄学还是宋明理学，都以鸿儒硕学各领风骚，这是中国文化的主力和精粹，由这些学人提炼的思想或制度，具有系统性、主导性和稳定性，可谓主流文化或大传统。丰富的文化遗存，灿若群星的文化精英，为今人的文化史研究提供了雄厚的基础和取之不竭的源泉。然而人民大众在生活方式、情感行为、文化心理和风俗习惯中所表现的种种形态和文化意识，因为自发性、多样性和易变性又与主流文化或大传统有一定的距离，成为非主流文化或小传统。由于资料分散，研究薄弱，留下许多未开垦的处女地。社会文化史是以大众文化、生活方式和社会风尚的变迁为研究对象，那也就从这一单薄的基础上起步。在文化史被冷落的时候，它固然被人们遗忘，在文化史兴旺以后，它仍然举步维艰。

这种情况在近代中国社会文化史的领域尤其突出，它不仅有许多空白，而且更无前人的成果可资借鉴。近代中国社会的急剧变化和西方文化的涌进，猛烈地冲击传统的社会生活，造成几千年未有之历史巨变。这种急剧的变化绝不限于社会形态的转化和大事变。在世界进入近代化的潮流中，中国是被迫而后发近代化的国家，伴随小农社会艰难地发展工业的进程，中国又从独立的封建国家蜕变为不完全独立的半封建半殖民地社会。这双重转变带来的震撼和阵痛，是整体性的变动，触及社会的各个阶层。多年来近代文化史的研究，关注的是上层、是精英、是意识形态和制度，而处于社会下层的民众是怎样生息、活动和喜怒哀乐，上层和下层又是怎样互相渗化和制动，很少进入研究者的视野。因此，探讨百年来人民大众在剧烈的社会变迁中，生活方式、风俗习惯、关注热点和价值观念的演变和时尚，成为我们这一著作的宗旨。

选择这一薄弱领域作为主攻方向，是因为经过多年的学科考察，我们确信历史学的发展和大众文化在当代的崛起，社会文化史的研究必将成为21世纪史学研究的热点课题，使人耳目一新。

一 20世纪初，"历史饥饿"留下的空缺

80年前，梁启超就说过这样的话："今日中国学界，已陷于'历史饥饿'之状况，吾侪不容不亟图救济。历史上各部分之真相未明，则全部之真相亦终不得见。而欲明各部分之真相，非用分工的方法深

入其中不可，此决非一般史学家所能办到，而必有待于各学之专门家分担责任。"①

"历史饥饿"这一句话，在20世纪初叶的中国学界，不啻惊世骇俗之语。

中国史学在传统文化中本是一门发展最早而又最成熟的学问，古希腊的《荷马史诗》、巴比伦的《创世纪诗》，都以耳传口授的神话传说为史学的发端，可信而不可全信；中国却以实实在在的文字记录，开其史学的滥觞。成书在三千多年前的《尚书·盘庚篇》，是商代帝王的文书，以可靠的信史为世界文明古国所罕见。甲骨文中的"史"字，是执掌文书的官员，这表明从有文字以来就有历史的笔录者，记下的是确实存在的人和事，后人从地下发掘的文物，往往能证实当初的文字记载，很少被推翻。中华民族就以这样清明的头脑和笃实的态度认识自身的历程，在史学中表现出理性早启，为其他国家难以企及。

然而，成熟并非完备。古代中国史学的资政性和史官制，使得官史所记载的内容，绝大部分是统治者的政绩训令、文治武功、礼仪大典、星变灾异、生产经济和征伐边务等国家和皇家大事。史书的编纂者是最高统治者推行政令的得力助手，这样的史官实际上是国家的职能机构，它不因朝代的更迭而兴废，只要有国家体制的赓续，史官的设置就相沿不变，代代相承，文献档案累积数千年不断。但也由于这一点，资政成为治史的第一要义，把这意图说得最彻底而又做出范本的是司马光及其《资治通鉴》，他强调阐明历史是为了"穷探治乱之迹，上助圣明之鉴"。这一思想事实上已成为官修史书的总纲，贯穿二十四史。所以梁启超愤而指斥这不是国民的历史，而是"帝王家谱"。同时，他又提出，要努力"使国民察知现代之生活与过去、未来之生活息息相关"。②

说二十四史是帝王家谱的论断虽有偏激之处，但要求历史与国民生活息息相关却是至理名言，然而这又是中国史学最为薄弱之处。人

---

① 梁启超：《中国历史研究法》，《饮冰室合集·专集》，商务印书馆1936年版。

② 同上。

们若要了解典章制度的沿革、社会经济的演变、国家的兴亡衰败,都可以在文献典籍中找到充分的资料,要想知道当时民众的感受、生活形态和行为方式,在正史中所见寥寥。被视为野史稗乘的笔记、小说,为后世保存了社会文化的大量资料,但由于正统史学的偏见和此类著作的良莠并存,杂乱无序,至今未得到系统的整理和充分的利用。那些市井工商、农夫村妇、贩夫走卒、佣工小吏,是怎样在中华大地上生息,创造出灿烂的文明?又从哪里一瞥他们的生活风貌,感受他们的喜怒哀乐?各类专史的缺失留下巨大的空白。梁启超正是为了探求历史上的全部真相,发出了"历史饥饿"的呼声。

历史是发生在过去的人和事,这是已经消失、永不复现的人情世态,由于时代的局限和治史的偏颇,古人留下的史料远不能反映社会的全息和事态的全貌,史学研究就是要充分发掘和运用已有的资料,恢复它的原来面貌,探究它的来龙去脉和发展的规律。梁启超呼吁建立各门专史,正是为了从各个侧面探求历史的真相而上下求索。

1949年后,巨大的空白正在从考古发掘中得到填补,楚文化、良渚文化田野考古的成就,说明中华文明的源头并不限于黄河流域,长江流域也是重要的发源地,这已是不争的事实。齐鲁、巴蜀、江浙、西北等各地区文化的新发现,也正在改变以往史书的定见。因此学术界的前辈有人提出重写中国历史[①],得到许多同行的认同。

引起历史重写的,不只是文物的新发现,某些思想观念的变化和视角的下移也会引起历史的全部或部分的重新考察。以马克思主义为指导的历史学,改变了以封建统治者立场阐述历史的旧史学,恢复了劳动人民的历史地位,把颠倒的历史再颠倒过来,这是历史著述的大改观,各门专业史的出版,使"历史饥饿"得到充实。然而,由于"极左"思潮的干扰,阶级斗争的绝对化,一部丰富多彩的历史,又变成人与人的斗争史。打开历史读物,只见风云变幻,制度消长,政权更迭。人民大众究竟以什么样的方式生存和生活?他们的衣食住行、婚丧喜庆、消闲娱乐、交际应酬是什么样子?有什么追求和时尚?对

---

① 参见季羡林《中国历史必须重写》,《光明日报》1997年6月11日。

于种种大事变、大人物，他们又有什么想法？诸多贴近民众生活和社会文化的课题，又沦为无足轻重或视而不见，往往模糊不清或语焉不详。在这样的历史著述中，穿梭来往的历史过客，没有生活，没有七情六欲，没有个性，千篇一律，形同一个模子刻出来的样板，充其量也是政治形态或经济规律的人格化。有名有姓的历史人物尚且如此，无名无姓的民众群体，又哪有他们的踪迹，这是史学最大的空白。有些耽于古人的记载不详，可能留下永远不解之谜。《礼记·曲礼》一句"庶人无故不食珍"，从古到今，阅遍正史和野史也弄不明白先秦的庶人究竟能不能有肉吃。虽然事关礼制和庶人的地位，那也爱莫能助，只能不甚了了。古人遗留资料的残缺，后人不能苛求。在报纸、出版传媒事业已经相当发达的近代，报纸杂志和出版读物，有相当大部分的内容已面向新兴的市民社会，此类记载不可谓不多，然而又有多少近代史的著作反映他们的生态和意愿？所以这不是不可知、不能知，而是没有进行这样的搜索、发掘和思考，观念的改变至关重要。

经典作家对有关社会生活的论述，有许多精辟的见解。马克思指出："现代历史著述方面的一切真正的进步，都是当历史学家从政治形式的外表深入到社会生活的深处时才取得的。"① 马克思对深入社会生活的历史著述的价值，给予这样高的评价，是因为他一贯强调有关生产方式、生产关系上的改变，归根结底表现为生活方式的改变，生活方式的变化又推动社会关系的变化。所以生活方式的变化是生产力发展的最终目的，又是促使社会关系变化的不可取代的物质力量。② 李大钊说得好："历史这样东西，是人类生活的行程，是人类

---

① 《马克思恩格斯全集》第12卷，人民出版社1962年版，第450页。
② 按：马克思说："'机械发明'，它引起生产方式上的改变，并且由此引起生产关系上的改变，因而引起社会关系上的改变，并且归根到底引起工人的生活方式上的改变。"（《马克思恩格斯全集》第47卷，人民出版社1962年版，第501页）。又说："随着新生产力的获得，人们改变自己的生产方式，随着生产方式即保证自己生活的方式的改变，人们也就会改变自己的一切社会关系。"（《马克思恩格斯选集》第1卷，人民出版社1966年版，第103页）。恩格斯在《卡尔·马克思》一文中说："一个人很明显而以前完全被人忽略的事实，即人们首先必须吃、喝、住、穿，就是说首先必须劳动。然后才能争取统治、从事政治、宗教和哲学等等。"

生活的联续，是人类生活的传演，是有生命的东西，是活的东西，是进步的东西，是发展的东西，是周流变动的东西。"①

按照马克思主义的思想，历史学不仅不能淡化社会生活的研究，而且是史学著述走向深化的表现。但是1949年后，直到80年代末才有社会生活史的出版，整整延迟了40年。这批著作的问世，令人可喜地看到史学著作贴近了人民，使人们看到历史的价值就在于使人类了解自己的过去，认识现代社会、国民性格与既往和未来息息相关。

社会生活是社会现象也是文化现象。人类来到这个世界，首先就要吃穿用，这是民族赖以生存的基本方式，也是唯物史观的基本出发点。只是在吃什么、穿什么、用什么，怎样吃、怎样穿、怎样用的方面表现出种种差别，发展自己的智慧，从而创造出独特的文化形态和民族传统。复原前人生活的本来面貌，是社会生活史的基本要求，但是对社会生活的研究又不能停留在这一步。社会文化史要求把生活放在一定的社会现象和文化现象中来考察，通过生活方式的变迁认识民族文化心理和社会意识的发展历程。

诸如穿鞋戴帽，本是纯粹的个人生活行为，但在近代中国引起轩然大波，成为一代先辈思想启蒙的先声，生活方式国际化的滥觞。

鸦片战争后人们痛感到国家的积弱是由于民智不开，欲启民智，必先革除恶风陋习对人民的禁锢，其中尤以吸鸦片、裹足成为摧残民体、有辱国格的两大公害。先进的知识分子莫不对此口诛笔伐。如果说禁烟是对少数人不良嗜好的整治，反对裹足却要变更上千年的陈规陋习，波及千家万户。19世纪末兴起男子剪辫子的风潮，成为维新运动和民族革命的动员号召。

反对女子裹足和男子留辫子，必然推动鞋帽服饰的改革。早在百日维新期间，康有为上书《请禁妇女裹足折》和《请断发易服改元折》，认为女子裹足，不能劳动；辫发长垂，不利于机器生产；宽衣博带，长裾雅步，不便于万国竞争的时代，请求放足、断发、易服以便于"与欧美同俗"，这就把变衣冠作为学习西方文明的一项重要内

---

① 李大钊：《李大钊史学论集》，河北人民出版社1984年版，第197—198页。

容，具有开启民智的意义。剪辫子与留辫子，从上到下分成两大派。主张留发的固然有上层的冥顽派，而下层民众尤其是闭塞的农村反剪的势力更大，辫子尽管不是汉族的装束，但已通行了几百年，由长期生活积淀形成的心理习惯已经积重难返。为失去辫子哭泣的、骂娘的、呼妈的，形形色色，有的自发组织保辫会进行抗议，甚至发生罢市。主张剪发的更把这一行动视为支持革命的召唤，到辛亥革命前夕形成高潮，人们欢欣鼓舞地选吉日，拜祖宗，放爆竹，剪辫子。有的地方"辫子"还成为一句骂人话，要说一句"你这人真是辫子！"如同被骂"不是东西"。对辫子的态度，是非荣辱的两极对立和迅速转化，极为敏感地反映了在革命风潮中社会风尚的起伏激荡。

  断发易服是在反封建思想指导下的风俗改良，不同于历代改元易服之举，历史上的变衣冠所变的是形制，不变的是伦理性和等级性，民国初颁布的《服制》规定官员不分级别都以西式大氅和燕尾服作大礼服，是对封建服式等级制的彻底否定。孙中山还提出"适于卫生，便于动作，宜于经济，壮于观瞻"。[①] 作为改良服饰的指导思想，这一与现代文明接轨的服装观念在中国的实施，使得人人须臾不可离身的服装，彻底摆脱封建伦理的规范，向着实用、经济、卫生、美观的方向发展，这是服装史上的重要转折。

  在服装变化中，穿洋装是一大时尚，这不能简单地归于崇洋的倾向。民主制的确立激励了人们对西方民主社会的向往，人们醉心自由平等、天赋人权的思想，认为由这种思想建立的生活方式代表了社会的前进方向，洋装是文明的象征，受到人们的喜爱。社会实践的结果是，洋装在中国的流行，并未取代中国服装，而是促进了中国服装的改良。中山装的出现，就是中西合璧的产物。它以西服为模本，改大翻领为立领，四个贴口袋，五个扣，去掉腰带。女性服装一改宽大直筒式的旗装，依照西方的人体曲线美加以剪裁，演变成今日的旗袍。这都是沿用西式服装的审美和价值观念，结合中国传统的某些形制而

---

  ① 孙中山：《复中华国货维持会函》（1912年2月4日），《孙中山全集》第2卷，中华书局1982年版，第62页。

创作的新服式，可谓西体中用最成功之作。穿什么、不穿什么是个人行为，一些先进的思想家们都把个人安排生活的自由视为个体自由不可分割的一部分，是神圣不可侵犯的个人权利。个性解放的呼声与商品经济的发展，刺激了人们的生活欲望，在穿着打扮上追新求异，合理的、不合理的浪急潮涌。西装革履，长袍马褂，袒胸露背，长靠短打，新旧土洋，千奇百怪，真正开始了服装自由穿着的时代。在剧烈的社会变迁中，服装的变化得风气之先，敏感地表现了文化气候的走向。

从社会、思想和文化变迁的角度看服装的变化，那服装就成为考察社会文化变迁的窗口。所以一部优秀的社会生活史必定是社会文化史；一部优秀的社会文化史必然要对社会生活做出具体翔实的文化和社会的阐释。这是从不同方位对同一课题的描述和解析，也是社会文化史和社会生活史的联系和区别。

社会文化史的内容并不限于社会生活，大众文化和社会风尚都是研究的大宗，这在90年代大众文化崛起以后，学科的主题愈来愈明确。

二　20世纪末，大众文化崛起的呼唤

80年代中国学术界最引人注目的现象是出现持续的文化热，这是从文化反思发端，包括文化史、文化理论、文化建设与展望等一系列重大文化课题的研究性热潮，它的发展已经超越传统的文史领域渗入各门学科，成为社会变革思潮的一部分。

毫无疑问，文化史的勃兴，时代的需要是决定性因素。更确切地说，80年代初的文化反思开始于对十年浩劫和1949年以来"左倾"错误的深刻反省。80年代中期随着经济改革的全面推开，突出了观念变革的问题，文化研讨与社会改革意识融为一体，推动了社会史的复兴。从社会史领域探索民族文化心理的形成、发展和改造，触动观念变革的深层结构，也是文化史进一步深化的趋势。人们从传统文化的反省、中西文化的比较和民族文化心理的剖析中，发掘有利于现代

化的因素，摒弃旧观念，吸收新思想，以建立与社会主义商品经济相适应的文化观念和心态，贯穿文化热。浓厚的意识形态与强烈的功利性，使得80年代文化热的思想解放意义更甚于学术意义。

90年代社会主义商品经济的大发展与市场经济的导向，使得人们的社会心理从关心意识形态向关注经济生活转化，文化热有所降温，文化人边缘化。其实这种降温只是政治色彩的淡出和文化视点的多元化。尤其是大众文化的崛起，那种凭借现代传媒技术，为大众消费而制造的文化产品，一改传统的说教面孔，走向商业化和娱乐化，对精英文化形成不小的冲击。本来，哪个时代都有大小传统、雅俗文化和主亚文化之分，大众文化即小传统和通俗文化，并不始于现代。但是大众文化真正显示它重要的社会价值，令人刮目相看，却是现代工业文明的产物，这在中国学术界有个适应和调整的过程。这是因为，长期以来对几千年文明史的研究，分割在精神文化和物质文化的各自领域，缺少对这两者相互影响、制约、渗透的综合研究。精神文化又以少数精英的思想作为研究对象，尤其是思想家的思想，这是主导大传统的精神资源，一部文化史实际上是思想文化学术源流史。思想家的思想固然为一代文化之精华，但又往往高于民众，未必被民众所理解，甚至不能流传，到后世才被人发现，这在文化史上屡见不鲜。自古以来雅俗文化的分野使得文化人有傲视俗文化的倾向，文人雅士崇尚大雅脱俗，与世俗生活有一定的疏离，有识之士也往往以大雅脱俗的态度，居高临下，以教化凡夫俗子的心态，看待俗文化。思想家们的智慧言论和提炼的思想命题，蕴藏深刻的文化内涵，但这是经过舍弃大量的生龙活虎的具体现象而后抽象的思维成果。人们常说理论是灰色的，生活才是常青树，这灰色意味着高度凝练的理论形态有相当简约的程式，仅仅靠理论的演绎和表述，难以充分反映丰富多彩的实际生活，对一般民众来说，只能仰视，可望而不可即。大小传统之间的隔膜，上层文化和下层文化的距离，在精英文化为主流的文化结构中是惯常的，也是难以避免的现象。社会主义文化面向劳动人民，大大缩小了上层文化和下层文化的差距。但是，不论是封建主义传统还是传统的社会主义，指导思想虽然有根本性质的不同，以精英文化为主流的一元化的结构，却没有多少变化，这大约是前现代社会文化的基本格局。

社会主义市场经济和现代科技的发展推动了新一代文化市场的发育，90年代大众文化崛起，以锐不可当的态势，改变雅文化与俗文化的传统定势。以信息高科技为生产和传播的新兴文化产业，以大量的影视、音响、多媒体和电子读物涌向市场，与此同时，学术成果通俗化蔚为潮流，把少数人享用的专业知识，变成大众欣赏的读物。文化消费不再是精英的特权，也是平民百姓的生活需求。现代工业和都市文明造就了广大的市民消费阶层，他们的选择决定了文化市场的取向。面对这一变化，现代学者有高度的评价。有的说："崛起于九十年代的通俗文化，已全然不同于以前的那种市井文化或乡俗文化，而是一种与城市生活直接相关的大众文化。……不管我们愿意不愿意接受，只要现代化进程不发生逆转，在相当一个时期里，通俗文化的主流地位恐怕是难以动摇的。"[①] 有的认为："大众文化反映着普通群众的精神要求，代表着大多数人的利益，是现实的中国文化的主要构成。"[②] 有的强调："大众文化、通俗文化的发展，在一定限度内体现了人民的文化需求和文化权利。它在文化领域内，形成多元化和多层次的局面，从而给人民提供了选择的条件。"[③]

大众文化由小传统、亚文化一跃而为中国文化的主要构成，史学也失去神圣的光环，从资政济世的高阁，下移到平民百姓的书桌，甚至变成茶余饭后消闲读物。史学研究者从代圣人立言、"帝王师"，沦为民众的一支笔。这对专事研究王朝兴亡盛衰，人类社会发展规律，那种大抱负、大事变、大业迹的治史传统是个挑战。史学著作从治国经邦之学向阅世知人的转化，不仅要开拓前人从未涉猎的历史荒原，也在改变研究课题的方向。芸芸众生的穿衣吃饭、婚丧嫁娶、休闲娱乐，登上了大雅之堂，有的还成为国家社科基金的重点项目。从文化史与社会史交叉的边缘而萌生的社会文化史，因为视角下移到人

---

① 许纪霖：《精英文化的自我拯救》，《二十一世纪》1993年第2期。
② 李宗桂：《论当代中国文化的主流》，《社会科学战线》1993年第4期。
③ 王元化：《对当前文化问题的五点答问》，《文汇报》1994年7月24日。

民大众，开辟新的领域，给历史学的建设又带来新的发展机遇。

文化史和社会史本是近代新史学起飞的双翼，1949年后双双中断，肇致史学建设的失调。它们命运相济，盛衰相连，是这两门学科发展的共同趋势。这主要表现在，社会史的繁荣往往以文化论争为先导，文化史的深入有待从社会史领域内发展。20世纪初社会学的引进和社会史研究的开拓，得力于19世纪末中学与西学、新学与旧学之争；30年代社会史的兴旺，又导源于20年代文化论战开其先河；80年代后期社会史的复兴，直接受益于文化热的推动。中国现代化的历史进程反复说明，对现实社会的思考不能脱离对传统文化的反省，变革中国的社会又必然从文化变革发端。社会问题和文化问题的交错、重叠、伴生是常见的普遍现象。①

然而，文化史和社会史又是相邻、相交而不相属的独立学科。文化史的研究广涉物质、精神和制度的各个层面，外延可跨入哲经文史各个部门，但并非百科全书，从各个侧面探索传统文化特质的形成、发展和演变是中心内容。因此偏重上层文化和精英文化，以便把握文化发展的脉络，也是当然之义。由于无视下层文化，那精英文化和大众文化相互的影响和制约，以及精英文化社会化的过程成为一大缺失。这种文化史只能是上扬的文化专史，而不是中华文化的全史。社会史以社会生活的发展、社会结构和社会问题为研究对象，通过具体、翔实的研究，复原已经消失的社会形态，务实、求真，描述性的写照是基本的要求。上扬的需要下移，从社会史的领域考察中国文化；描述的需要提升，从思想文化史的角度，对社会史的内容进行阐释。这一上一下接壤之地，是滋生新学科的一片沃土。大众文化入主文化结构的态势，呼唤创生自己的理论和学术系统，尽管在海外早已有文化社会学、社会文化史和公共史学的成就。但是，中国社会文化史将以自己的特色和传统有别于其他国别的社会文化史，开出新的天地。

这在中国又是一个待采的富矿。这不仅因为浩瀚的史书和数不尽

---

① 参见拙作《社会史的复兴和史学变革——兼论社会史和文化史的共生共荣》，《史学理论》1988年第3期。

的文物遗址,提供了取之不竭的史料,还因为中国人有浓厚的历史意识,看问题注重追根溯源,述先道故,使得人们重视历史经验的吸取,留下大量的野史、笔记。这些留存在正史以外的资料,最为丰富、生动,有待人们去整理、发掘。大众文化荟萃的近代报刊,百余年来累计资料数额惊人,薄弱的研究与丰富的资源形成极大的反差。一旦打开这个宝库,会使人们眼界大开,甚至有可能引起部分历史的改写。所以,中国社会文化史是最有发展潜力的阵地。

三 世俗理性,精英文化的社会化

在我们设计课题的时候,视线是向下,着眼于小传统,可是作为精英文化的大传统又是怎样影响和制约小传统的发展,这是理解上层文化和下层文化互动关系中一个至为重要的问题。沿着文化传统的脉络,揭示精英文化社会化的过程和特点是我们的思路。

中国古代社会的大传统表现为礼的意识形态和社会制度,这是起源最早而又最完备的社会规范,也是古人用以修身、理家、治国的准则,不论哪个学派都在这一领域得到不同程度的认同,这是精英文化的主流。小传统在古代表述为"俗",所谓俗者"习也"。郑玄在《周礼》注中说:"土地所生,习也。"这是从生活经验中自发形成的风俗习惯,具有地方性和多样性。有生活才有规范生活的礼,所以俗先于礼,礼本于俗。俗一旦形成为礼,上升为典章制度,就具有规范化的功能,要求对俗进行教化和整合。从《周礼》成书就强调"礼俗,以其驭民"。以礼化俗即为礼俗,这是驭民的统治方略,也是对民众生活的调适。礼作为观念形态,以高踞主导地位的优势渗进世俗生活,使分散的小传统对同一的大传统得到最大范围的认同。古人说:"夫礼之在天下,不可一日无者,礼行则道德一矣。道德一,则风俗同矣。"[①] 精英文化的价值观念渗进世俗生活,从而使世俗生活

---

① [明]邱浚著,林冠群、周济夫校点:《大学衍义补》(中册),京华出版社1999年版,第668页。

理性化，这就是世俗理性。精英文化通过以礼化俗的过程推向下层民众，所以又是精英文化社会化的结果。

　　世俗理性造成中国社会文化显著的特点是，伦理观念和文化意识渗入日常生活的各个领域，对此说得最坦率的是明清理学家们提出的"百姓日用即道"的思想命题，它要求人们以伦理之道观照日常生活；又从日常生活体会人伦事理，这为我们理解传统文化提供了一个重要的思路。以人人都要吃饭，这一最寻常的行为来说，伦理意识渗入饮食活动的倾向随处可见，从熟食的发明、原料的调配、烹饪的技巧、食具的选择、节令食品到菜名的寓意和审美，无一不受伦理的濡染，这里不一一而足。就以被古人视为国家重器的鼎来说，本是饭锅，它鼓腹，容量大；两耳，便于移动；三足鼎立，方便燃烧。炊具和餐具合而为一，比釜、镬、豆、簋更为实用。《说文解字》说它是"调和五味之宝器"。用这宝器，供奉祖先和神灵，行施重大礼仪，这就使日用饭锅蒙上神秘的色彩，尊为礼器。传说黄帝铸造三只鼎，象征天地人。夏禹铸九鼎，作为传国之宝。周灭商后，移九鼎于镐京，举行隆重的定鼎仪式，自此定鼎喻为国家政权的奠基，迁鼎则指国家的灭亡，问鼎乃是窥视政权的行为，由此演绎出许多历史故事。在古代西方和埃及，君主的权力是以权杖和连枷为代表，这是从生产武器和工具演化而来，比较直观，好理解，在中国则以饭锅为权力的象征，这在文明古国中是独一无二的现象。从这里也可了解"民以食为天"的另一面是"民以食为权"，饮食与权力、天理连为一体，这普通的事物就上升为意识形态。作为饭锅的鼎，在漫长的历史发展中其实用价值已被淘汰，但它所秉有的伦理意义，已成为约定俗成的文化符号，积淀在民族心理中源远流长。当代中国送给联合国的世纪宝鼎，纪念香港回归的盛和宝鼎，作为中国传统文化的象征得到海内外的认同。由食器到宝器，表现了由俗物而成为礼器和以礼化俗的过程。世俗理性，使普通日用品上升为"道"。

　　古人所说形而上者谓之道，这是观念；形而下者谓之器，这是百姓日用。作为日用器物可以变化更新，贯穿其中的观念一旦与伦理挂钩就经久不变。在西方商品大潮汹涌输入的清末，即使反对洋务的顽固派也不反对日用器物的引进和享用，这不仅是统治者的意志，也是百姓经常持有的态度。再以饮食为例，19世纪中叶广州、上海开埠后，西餐业即进入中国，起初只为外国侨民服务，到20世纪初才面向中国社会。1910年上海德大西餐社开张，这是较早为洋人也为华人服务的德式餐馆。时隔两年，1912年8月9日《晨报副刊》报道，在北京一次有关中西餐的民意测验表示，爱吃西餐和兼食中西餐的人数占调查总数的23%，几近四分之一。西餐与中餐的口味迥然不同，被调查的对象不论是市民还是买办、知识分子，他们是真爱吃还是赶时髦？短短几年中国人就以如此高的比例接受西方饮食，不可不谓发展迅速。但是作为西餐精神体现的以个体为本位的分食制，却难以在中国推行。一百年来吃西餐日益红火，中式的合食行为依然不变。到20世纪的80年代一些经济学家和营养学家大力呼吁，为了健康、卫生提倡分食制，收效甚微。这是因为合食制是以群体为本位，大家围在一起共吃一盆菜来表现亲情和友情，是中国伦理文化群体精神的体现。这说明不论是衣食住行还是日用器物，一经渗入伦理价值，那就获得稳定传承的机制，绵延亘久。最易变动不居的饮食行为尚且如此，其他可想而知。所以百姓日用在中国文化中往往蕴有深刻的内涵，甚至成为一种具有象征意义的符号，潜在的价值观念，潜移默化地影响和塑造民族文化心理。

一旦被民众认同的共同价值，代代相传，非有强大的冲击绝不会轻易变化。以美容化妆来说，爱美之心人皆有之，按己所好，采用他人之长，是常有的事。早在唐代长安妇女盛行学胡妆，在脸上贴花子、点乌膏、涂赭面、梳回鹘髻、戴帷帽，"时世流行无远近"，白居易这一首《时世妆》反映，美容的流行不论远近，最不容易排外，到近代，香水、唇膏等西式美容品长驱直入，很快得到中国仕女的青睐，可美容的最高技艺整容，却难以在中国推进。19世纪末，法国刚刚兴起面皮绷紧术，《申报》在1887年5月5日和26日就以毁体修容为题，连续发表文章评论，说这不宜在中国推行，因为身体发肤受之父母，不得轻易毁伤，整容术使人"蹈不孝之愆"，有违伦理之举，中国人难以接受。直到十余年后，美国整容医生吉凌汉在上海开业才开始风行。美容和整容都是为了人体美,为什么美容容易整容难?积淀在心理深处的伦理观念起了排拒的作用。可见伦理意识无处不在,深入社会生活的方方面面,构成了中国人独特的生活伦理意识。

中国人生活伦理意识之强,强到肆意夸大生活问题对国家兴亡的作用,食、色是人类生存和延续的基本生活方式,孟子说:"食、色,性也。"这是一句大实话,这一句如实反映自然生态的话语,扩展到国家观上,却以好食或好色为亡国的根由。西周亡于褒姒,商纣亡于妲己等女祸论横行中国数千年,有的还把王朝的灭亡看成饮食过度的恶果。《战国策》中就有夏禹禁酒,发出"后世必有以酒亡国"的预言。《五子之歌》说:"甘酒嗜音,峻宇雕墙,有一于此,未有不亡。"《墨子·非乐》指责夏启祸国的罪状是放纵游乐,史书上历数夏桀的酒池肉林,商纣的长夜之饮都是亡国之因。大吃大喝、纵情声色是王朝腐败的行为,但真正致亡的是造成这些腐败行为的社会机制不能遏制,这就不是食、色本身的问题。在食、色亡国论中什么阶级压迫、经济剥削、社会矛盾、国家关系,似乎都不存在,好食与好色成为社会的主要矛盾,这是把生活伦理推向极致的表现。这种思想习惯影响中国数千年,十年浩劫是从破四旧开场的,破四旧中震动面最大的,是在街头巷尾拦截行人剪辫子、剪小裤腿;80年代初,打开国门,牛仔裤、迪斯科初临中国引起风波,再次发生剪裤腿、围剿迪斯科的情况,这些非理性的行为都源于把穿牛仔裤、跳迪斯科看成精神污染,力图通过专政的办法加以干预。这虽然出于"极左"思潮的干扰,但沉潜在民族心理深处的生活伦理意识起了呼应的作用,是一个不容忽视的因素。

百年来西洋百货、公交用品涌进中国市场,洋布、火柴、洋皂、玻璃、电灯、电话、照相、邮票、马车、自行车、留声机、自来水、煤气灯、缝纫机、铁路、轮船等衣食住行用品,几乎无所不包。中国民众对这些琳琅满目的新器物,赞美的、诅咒的,态度纷呈。物美价廉,无违伦理的,受到欢迎;有违伦理的即使方便生活,也遭到抵制。火柴、煤气灯备受称赞,集邮在中国迅速发展成时尚。但曾纪泽乘小火轮回老家，乡民闹了风潮，说是坏了风水。吴淞铁路筑了拆，拆了筑，从1876年到1898年历经二十年才在上海立足。中国人接受什么、不接受什么，并不完全取决于国家态度和统治者的意志，那种见不着、抓不住，而又挥之不去的伦理意识，一旦被撞击，自发地形成排拒的屏障，非有极大的勇气很难突破。

民众文化心理是社会变革中最难触动而又必须触动的层次。胡耀邦说过这样的话："社会舆论，即社会的道德风尚力量，比起法律来，大得不可估量。"① 从这里也可以理解康有为为什么要在《上清帝第四书》中疾呼："非尽弃旧习，再立堂构，无以涤除旧弊，维新气象。"五四新文化运动的倡导者们为什么要以伦理觉悟为最后的觉悟。他们都从亲身的社会实践中得出这样的结论。遗憾的是，在学理的研究上却大大滞后于实践。从意识形态领域得出以伦理为本位是中国文化特质的看法，早已被海内外的思想史研究者所认同，却少有从社会风尚、文化心理的视野来着眼。中国人伦理意识积累的深厚，不仅靠意识形态的国家威力和文化圣贤的魅力，还来自世俗理性养成的思维方式和生活习惯。不论有文化、没文化，只要生活在中国社会，处处事事都笼罩在同一伦理的氛围和道德信念中，无处不受到潜移默化的影响，世世代代相沿为习。伦理价值通过精神生活和物质生活的双重作用积淀到民族文化心理的最深处，成为群体无意识的潜在意识，这样的文化具有在各种波澜曲折中得到稳定传承的机制，对各族人民具有高强度的凝聚力。但是，由于世俗理性的过度发育，又异化为诸多非理性的行为，肇成生活问题意识形态化，包括某些盲目排外的行为，百年来社会生活变迁中的风风雨雨有举不胜举的例证。

从世俗理性剖析历史上的社会文化，有助于现代人具体地认识社会生活与思想观念的双向联系，认识深潜在一般行为后面的文化内涵，这是真切地理解传统文化的复杂性和探索民族文化心理的重要途径。

---

① 《胡耀邦同志关于婚姻家庭问题的批语》，中国婚姻家庭研究会编《婚姻家庭文集》，法律出版社1984年版，第1页。

四 求索真相,贴近社会下层看历史

历史学是知识密集、疑团丛生的学科,古往今来的人们都力图在错综复杂的社会现象中,廓清历史的迷雾,揭示事物的真相。唯物史观为我们提供了正确理解历史现象的立场和方法,但并不是万能钥匙。由于时代和当事者的局限,前人留下的资料,远不能反映社会的全息和事态的全貌,即便是当事者的记录,也可能如鲁迅所说:"因为涂饰太厚、废话太多,所以很不容易察出底细来。正如通过密叶投射在莓苔上面的月光,只看见点点的碎影。"① 最大的空缺是社会下层民众的动向,史学研究需要从点点碎影中修复这历史的残缺,从社会下层发掘足以反映历史变动的轨迹,以最大限度地接近历史的真相。

这一残缺已经为近代史研究者所注目。美籍华人学者黄仁宇先生在《资本主义与二十一世纪》的著述中说:"过去的中国近百年史,过于注重上层结构,很少涉及低层。譬如说民国初年的立宪运动与政党,他们本身对社会是一种外来的异物。领导人不乏高尚的理想,他们后面却无支持的选民,满腹经纶也无从化为具体的方案,以透入民间,所以一遇军阀逞凶,就无能为力,而他们在历史上的意义也因而消失了。"立宪派的失败并不仅仅是因为立宪主张传之外邦,但是上层人物和下层民众的脱节使许多有为者陷入软弱无助的境地,在近代史上却屡见不鲜。有的比这种遭遇更复杂,最先敏感传统文化的积弊,力求正视现实,学习西方,引进西方文化的先进分子,往往遭受媚外忘祖的攻击,郭嵩焘的郁郁而终就是一例。近代史学者也深知历史上的先行者成为孤独哲人的悲剧,在探究这一现象时,多注意研究力量的对比,个人气质或者笼统地说是历史的局限,缺少对社会氛围的把握,要真正揭示这一现象的社会根源,还要深入下层民众了解他们的想法和行为,怎样制约或促动这些人物观念的形成和变化,甚至

---

① 《鲁迅选集》第二卷,人民文学出版社1983年版,第159页。

是个人命运的悲欢，现代的研究者们需要有这种超越。

由于对社会下层和民心的隔膜，对事态做出正确判断的，也往往过多看重个人行为，这样的情况不乏其例。袁世凯专权以后，掀起了一股祭天祀孔、读经复古的浊流，1914年成立礼制馆恢复帝王威仪，中小学教育复旧，甚至谣传废小学、复科举。一些守旧人士梦想这是扭转辛亥革命时代潮的灵丹妙药，闹腾了好几年，从19世纪60年代开始进行启发民智的努力，经过维新运动，直到20世纪初的民主革命，历经半个世纪的启蒙宣传和新文化的传播，为什么就那样轻易地毁于一旦？民众的倾向如何，他们又会作怎样的选择？这是耐人思索的问题。

1913年有个民意测验，这是江苏第一师范学校的一份考卷，应考的有300多人，都是中小学生，考卷中要求考生列举崇拜的人物，统计的结果是："计开崇拜孔子者157人，孟子61人，孙文17人，颜渊11人，诸葛亮、范文正8人，岳飞7人，王守仁、黎元洪6人，大禹、陶侃、朱熹、华盛顿4人，程德全2人，苏轼、康有为、袁世凯、屠元博2人，伯夷、周公、仲田、苏秦、张仪、秦始皇、张良、萧何、韩信、司马迁、马援、班超、陆九龄、韩愈、司马光、程颐、徐光启、顾宪成、史可法、曾纪泽、梭格拉底、亚里斯多德、马丁·路德、培根、卢梭、梁启超、武训、杨斯盛、安重根、蔡普成各1人，此外23人则无所崇拜者也"，① 这份答卷实际上是个难得的民意测验，答卷的是对社会问题有一定敏感的知识青年，属于中下层的文化人，他们的选择和追求反映了民众的思想走向。从这些答卷中可以发现，孔子和孟子的影响极其深远，崇拜者有200多人，占应答人数的三分之二，如果再加上儒学的其他名人，有绝对的优势。清末民初先进的思想家们虽然对封建礼教和儒学思想有过激烈的抨击，但只局限在高层文化人士和少数报刊，对中下层的读书人影响不大，在中小学生中尊崇孔孟的观念仍很流行，这是尊孔复古思潮几度泛滥的社会基础。值得注意的是孙中山名列第三，仅次于孔子和孟子，而数千年

---

① 《考师范之笑话》，《时报》（上海）1913年7月1日。

以来被奉为万岁爷的皇帝,已经失去神圣的光环,除了秦始皇有 1 票外,其他的全都名落孙山,这说明辛亥革命推翻帝制在读书人中已经深入人心,可见尊孔者未必拥护皇帝。此时声名显赫、威重一时的袁世凯只有 2 票。当袁世凯大搞尊孔复古时可以持续数年,这是有思想基础可依托,一旦登基复辟帝制,顷刻垮台,因为他没有群众基础,这份调查就显露端倪。历史的发展所以能够证实这个预测的准确性,是因为真正贴近了民众的心声。

这份答卷令人高兴地看到,美国独立战争的领袖,反对殖民统治的著名历史人物华盛顿,与中国古代的圣贤大禹、陶侃、朱熹得票相同,并列为第十名,一些西方著名的思想家和改革家如苏格拉底、亚里士多德、培根、卢梭、马丁·路德都受到中国人的崇拜,虽然得票不多,但犹如一叶报春,传来了西方先进的文化信息,这显示处在中国社会下层的知识青年已经从沉睡中觉醒,睁开眼睛看到世界前进的潮流。小小的一份测试,展现了 20 世纪初的时代风云和价值取向。

这份答卷也使人感受中国传统思想之深厚,致使变革维艰。它的艰难不仅表现在民众接受先进文明的迟缓,还表现在强大的传统对新事物的涵化,使之面目全非。在知识界盛行的西学源于中国说,虽然有援儒引进西学的一面,但是说西学是中国圣贤的遗绪;议会是哲王之均天下;新闻事业是古人陈诗以观民风;近代学校唯有三代最为完备,种种谰调只能引导人们向后看,加深对新事物的排拒。诚如邓实所说:"西学入华,宿儒瞠目,而考其实际,多与诸子相符。于是周秦学派遂兴,吹秦灰之已死,扬祖国之耿光。"[①] 梁启超对此评论说:"启超生平最恶人引中国古事以证西政,谓彼之所长,皆我所有,此实吾国虚骄之积习,初不欲蹈之;然在报中为中等人说法,又往往不自免。"[②]

古人所谓习俗移人,贤者不免。作为新思潮的领头人尚且不能免俗,更何况一般民众。精神生活是如此,物质生活也不例外。钟表,

---

① 《古学复兴记》,《辛亥革命前十年时论选集》第二卷,生活·读书·新知三联书店 1960 年版,第 57 页。

② 《与严幼陵先生书》,《梁启超全集》第一卷,北京出版社 1999 年版,第 71 页。

作为现代社会的计时工具，18世纪末在英国已普及到家家户户，但在中国到19世纪末依然是皇室和权贵的奢侈品，甚至做成纽扣缝在衣服上摆阔气。西方人也投其所好，做成各种玲珑的玩具送给中国人收藏，所以故宫博物院荟萃了18—19世纪的天下名表，然而令人汗颜的是，这样先进的技艺传到中国竟然与生产无缘。究其原因又在于落后生产方式的制约。一家一户的小农生产，自耕自食，自织自穿，日出而作，日入而息，跟随太阳的出没自然运转，只要不违农时，按季节春耕秋收，逢上风调雨顺就有好收成。缓慢的生产节奏，形成松懈而散漫的生活方式，养成的时间观念是粗线条的。古代夜间由更夫敲击竹杠报时，一夜分五更，一更约两小时，粗放而不精确。人们约会时间，惯用吃顿饭、抽袋烟的工夫来约略估算，这是因为生产和生活都无须争分夺秒。所以中国古代有世界最发达的天文学，却不能最早把计时准确的机械钟表运用到生产。近代中国最著名的启蒙思想家龚自珍抨击清政府的腐败，反对输入奢侈品，也把钟表归入此列。由此可见在工业文明尚未照临的小农社会，财富主要表现为土地，任何出类拔萃的人物也不能超越历史环境，发现时间具有创造财富的效益，当然也就不能理解钟表的真正价值。

西式马车输入中国后，也有类似的命运，这是加快信息交流、提高办事效率的交通工具，但马车在上海却很快被用于游乐活动，增加夜生活的喧闹，引起居民的不安。《申报》为此发表评论说："西人之尚马车，原为办事迅速起见，非徒为游观计也。若华人之坐马车者，大率无事之人居多，故马车若专为游观而发。"① 由此可见，民众那样抵制火车、轮船，固然是怕坏了风水，也由于小农社会生活的规模，不足以认识现代交通工具的真正价值。前现代社会陈旧的生产方式和生活方式限制了人们的眼界，狭小的眼界又排斥新鲜事物，甚至使新生事物变形，加盟陈旧力量。如此恶性循环，不得不付出沉重的代价。

这种情况在文化问题上表现更为复杂，有的优良传统在商品经济

---

① 《论示禁夜游事》，《申报》1896年7月16日。

中发生变异，甚至成为与现代化相抵牾的惰性力量。敬字惜纸是中华民族的优良风尚，这在海峡两岸出版的文化史上都对此称颂备至，然而当现代商品经济发展，出现商标这一品牌意识时，却明显地表现出落伍的倾向。1873年1月22日上海县令发出晓谕，通知各制鞋店铺不得在鞋上用文字标写店号，认为有损文字的神圣。对于某些纸制品更在禁止之列，同年12月3日两江总督李宗羲通令各纸坊铺"不准于草纸等项纸边加盖字号戳记，更不许将废书旧账改造还魂纸，以免秽亵"。老百姓并没有这些顾忌，按着方便行事，这年3月14日《申报》刊载消息说，一女子用字纸拭秽，扔入便桶，遭雷击跪倒。由此可见生活在下层的民众与上层的价值观念不尽相同，生活在底层的民众受经济生活的驱动，没有那么多的约束。日用品就是日用品，以便民适用为生产使用的价值，与伦理价值大相径庭。当现代商品经济刚刚在中国起步的时候，将日用品划分尊卑等级的伦理意识，误导敬惜字纸的传统去抵制某些商品，这是始料不及的后果。官方与民间对用草纸出现禁用与使用的两种生活态度，是伦理意识与商品意识的冲突与较量。这种矛盾只有当市场经济发展，日用百物进一步商品化的时候，才可以自然消解。

　　这些社会现象又启示人们，思想启蒙要收到如期的效果，还要有经济生活发展的推动和社会风尚的变化，这是召唤民众最坚实的力量。没有这个基础，启蒙者迟早会陷入曲高和寡的境地。要根本改变陈陈相因的习惯势力，只有依靠现代化的启动，加速推进小农社会向工业化的转化。这是全方位的、极其深刻的社会转型，是真正推陈出新的动力之源。这种力量引发的各种现象可能是无序的，不易规范的，但只要有这种力量在涌动，即使顽强的伦理价值观念也可能会打破缺口，女性与婚姻观念的变化就是突出的例证。

　　从19世纪以来，妇女解放的程度就被认为是社会普遍解放的天然标准，马克思就指出，社会的进步可以用女性的社会地位来精确地衡量。鸦片战争后，礼教衰微，许多思想家们对中国妇女的命运作过深刻的反省，但是女性解放形成社会思潮是在辛亥革命和五四运动前后，这是在知识界这个层面。实际上早在19世纪的80年代，沿海一些大城市就有一批处在社会下层的女性，以自己的行动勇敢地突破礼教的禁区，争取自己的社交自由和自主择偶，而这时社会上层尚未解冻。1878年中国驻英使臣郭嵩焘携其夫人宴请外宾，这是中国上层女性第一次进入官府接待外宾，引起舆论大哗，一时被"传为笑柄，而群指郭公为淫佚放荡之人"①。郭本人因此受到朝野上下的指责，多年不息。如果认为这就是当时社会的实际氛围，那就失之全面，从社会的下层来看又是另一番景象。1878年随着城市化和商业化的发展，农民进城打工日益增多，在江南城镇女性率先走出家门，走向社会成为工厂或家庭的雇工，大量单身女性流入城市，以及城市妇女的就职，扩大了女性生存的空间和社会交往，生活方式的变化突破了礼教的约束，追求婚外情的，自由恋爱的，出入公共场所找寻娱乐和消遣的也日渐其多，甚至出现"台基"这样的情人旅馆。有记载说："乡间妇女至沪佣工，当其初至时，或在城内帮佣，尚不失本来面目。略过数月，或迁出城外，则无不心思骤变矣。妆风雅，爱打扮，渐而时出吃茶，因而寻姘头，租房子，上台基，无所不为，回思昔日在乡之情事，竟有判若两人者。"有些大台基的女子往往是出自中产阶层的富裕之家。这种风气之盛，使得当时人惊呼："是将使上海之人，男无不有外舍，女无不有姘头夫也！"② 这些资料说明真正导致婚姻家庭关系松动的，并不在于思想启蒙的呼唤，在这背后潜动的是一种新的生活方式，在城市化的过程中大批单身女子和男子的独居，造成家庭的空隙和寻求爱情的渴望。这种"同居""露水鸳鸯"，被时人指责为世风败坏的现象，是不能简单地用道德观念来评判的，虽然其中也不乏道德问题，重要的是经济生活的发展、生活方式的变化必然要带来两性关系的新变动，这是不可逆转的潮流，比什么说教和宣传都有力量。

　　自古以来男女有别成为礼教之大防，近代新式学校开办以后为了男女能不能同校的问题，几多周折，几番起落。1907年7月19日京

---

① 《论礼别男女》，《申报》1878年11月15日。
② 《论禁令宜申》，《申报》1877年6月16日。

师万牲园开放，这是中国第一座西式动物园，游览规则制定男女不同游，一、三、五、日对男性开放，二、四、六对女性开放，"以昭严肃"①，可见男女壁垒之森严。1919年4月《新青年》发表《男女社交公开》一文，指出："自从有了'礼教'两个字，那么男女有起界域来了！有起礼防来了！男女的交际秘密起来了！男女的情感，变成不可以对人说的了！因为这种种的缘故，就生出什么'奸淫'、'贞操'、'节操'等的问题。"到五四新文化运动前夕，争取男女社交公开才形成高潮。即便如此，在1920年有的女校还要检查女生的信件，规定男教师要年满50岁，留胡须，讲课时双目仰视，不准看女学生。争取婚姻的自由更多磨难。所以从男女社交自由和自主择偶来看，当社会上层束缚重重难以突破的时候，社会下层却我行我素，无法无天地敞开了大门。所以贴近社会下层看历史，与社会上层的视角可能是一幅全然不同的景象。

　　对启蒙的研究如果只局限在思想文化领域，看不到经济生活的冲击对转换观念的重大作用，那就很难说是符合历史的实际。作为生活在下层的民众，由于文化水平的限制，很少看书读报接受文化人的影响，主要从社会实践中感受，因为生存在社会生活的第一线，容易从生活境遇的变化中，改变自己的行为和观念。这种自发的无序行为，对社会规范具有一定的破坏性。但是，不论在主观上是如何无意识，客观上是对传统礼教的藐视和挑战，从而汇入妇女解放的潮流。所以在社会解放的某些问题上，社会下层远比上层跑得快、跑得欢。这种自发的群体性的趋向，容易引发社会风气的变化，从而又推动知识分子对社会问题的思考，提出某些理论见解。从社会下层无序的变化，到文化精英们有序地思考和操作，社会风尚的变迁起了中介的作用，驱动这种变迁的真正动力是商品经济的发展和生活方式的变化②，思想史上缺少这一笔，不能不说是个遗憾，这是贴近社会下层看历史的一得。

---

　　① 《万牲园游览规则》，《大公报》1907年7月20日。
　　② 参见拙作《晚明城市风尚初探》，《中国文化》研究集刊第一辑，复旦大学出版社1984年版。

五 借助编年,走进历史的场景

马克思在《资本论》中说过这样一句话:"对人类生活形式的思索,从而对它的科学分析,总是采取同实际发展相反的道路。这种思索是从事后开始的,就是说,是从发展过程的完成的结果开始的。"现代人对历史的思考和著述,都是作为事后人对前者的追叙和总结,这种回溯是发生在历史事态已经完结以后,并非这一进程的同一时空,因此不论是作者还是读者与历史阐述的社会氛围都有一定的疏离,历史研究中最可贵的求真、求实精神,都是力图最大限度地缩短这种差距。人们用翔实的资料、精确的统计和科学的分析进行去伪存真,由表及里,以追求史实的准确和理解的得当,然而历史氛围的再现,却不能仅仅依靠理性的程式,尤其是社会文化史以贴近生活的主题和内容展现给读者,就不能不注意怎样有助于后来人进入特定的历史场景。历史不是小说,不容虚构,不能渲染,真实无误是它的生命,也是折服后人而葆有的永恒魅力。要求作者用流畅的文笔、清晰的逻辑来撰写历史著述是当然之义,然而这都是对研究者的主体而言,作为接受者的客体,能不能有一种体裁便于让读者进入特定的历史时空,浓化场景意识,具体而真实地感受当时当地的社会文化氛围?

鉴于这个考虑,对于这本书的体裁,有过多种想法和选择。

时下盛行的教科书式的章节体,是由史学界前辈柳诒徵参照日本《支那通史》为蓝本,撰写《历代史略》而开创的新史体。它打破沿袭已久的纲鉴体例,改为条理分明的篇章,按朝代顺序编写各朝带有共同性的问题,如生产、官制、礼俗、学术思想等各类专题,篇中有章,因事立节,各相统摄。与此相应的是《中国历史教科书》等新型历史读物的出版,从此成为定式。由于这种体裁便于教学和初学者掌握要领,流传近百年,至今还深受读者的欢迎。沿用这一史体,也许是轻车熟路。然而,单一的体裁能充分表现历史各个侧面的起伏和变动不居的社会风尚吗?有没有可能采用更大容量的体裁,容纳近代社会文化变迁的万千气象？瞿林东先生说："五四以来，特别是建国以来，我国马克思主义史学日益发展，取得了很大的成就。但是，在对历史内容的表达形式上，多数著作采用了章节体，而对丰富的传统史书体裁研究、借鉴得不够。对于这样一个缺陷，是无须讳言的。"因此他强调："对史书体裁的研究、选择和创新，是应当引起史学工作者的应有的重视。"① 正是因为如此，从历史上考察各类史学体裁的利弊得失是我们考虑和选择的开端。

中国史书有非常丰富的体裁，不论是学案、会典还是史评，都有令人瞩目的成就，但是综观各类史书，主要以编年体、纪传体和本末体为三大主干。编年史导源于《春秋》，由《资治通鉴》集大成；纪传体始于《史记》，继以历朝的正史；《通鉴纪事本末》以事件为中心，开创追溯本末的新史体，在明清有很大的发展。这三大体裁各有长短：编年体，时序明晰，要事精选，一目了然，但简于叙事，多有阙疑；纪传体，网罗一代，包举大端，巨细无遗，但同为一事，分在数篇，断续相离；本末体，事有终始，原委具备，但孤立成章，事不相属，有失综合贯通。凡此种种，古今史家多所辩难，但各种体裁并行不悖，谁也不能取代谁，谁都有辉煌的成果在史学史上闪烁。

史学体裁的多样化反映了人们对历史多种方式的理解和表述。从史学史上考察，史学体裁随着内容和写作宗旨的不同，不断有新的发展。教科书式的章节体是在近代新史学兴起和读者平民化的情况下产生的新形式，这是受西方著作影响的新体裁，比传统体裁具有跨越专题，便于综合的长处，但它并不能取代传统体裁的优点。因此史学史的专家一再呼吁："批判地继承（不是照搬）传统的史书体裁，把它们和今天流行的史书体裁结合起来，这不仅可以使马克思主义史学获得更多的表现形式，而且也有利于推动我国历史科学朝着民族化的方向前进，使其带有鲜明的'中国作风和中国气派'。"②

鉴于各类体裁的比较，这本书选用以编年为经，以本末为纬，以

---

① 瞿林东：《史学体裁的多样化》，《光明日报》1983 年 5 月 25 日。
② 同上。

史实为本，以论说为精髓的体裁。按年系事，追踪热点，考察本末，进行综合性的评述。集编年、本末和评论为一体，因此也就可能非驴非马，不伦不类。这种体裁可能比章节体有更大的容量，便于表现多方位多侧面的变化和社会热点问题的起伏流动，却难有严整的组织形式，不免有分散之弊，在鱼和熊掌不能兼有的情况下，我们不揣浅陋做出这样的探索，借助编年，进入历史的场景，还由于这样的考虑。

第一，历史是发生在过去的事情，它与哲学追求合理、科学注重实验不同的是，历史的基础是时间。没有时间的界定就不成其为历史，凡是属于历史的必定是已经过去的现象，再也不可能有重现的时刻。同一件事物放在不同的时间和方位，可能有截然不同的性质和后果。自主择偶在19世纪有振聋发聩的作用，在现代却不足一论。所以说时间是历史的灵魂，历史是时间的科学。我国史学的第一体裁当属孔子《春秋》开创的编年体，被后世誉为百代不易之史法，这倒不在于《春秋》是怎样的完备，而是按年月记事，表达了古人对历史严格的时间观念，这才是历史的真谛。

注意时间的准确性和连贯性，在中外史学都一样，亚里士多德的《诗学》说："历史不能只记载一个行动，而必须记载一个时期。"吉本在《罗马帝国衰亡史》中说："年代日期的混乱和可靠编年史的缺乏，给那些试图保持一种明晰连续的叙述线索的历史学家带来了同等的困难。"不论是中国还是外国的史学家，从撰写历史著作的伊始，就孜孜以求时间的准确定位，名著迭出，但以中国的编年史出现最早，时间顺序最明晰，这是中国史学的民族特色和科学精神的体现。

历史学又是通学，只有纵通才能横通，没有这一通，可能出现模糊误导的非科学甚至是反科学的倾向，这是史学著作的大忌。严谨的时间意识对现代读者有很强的感染力，因为任何人的活动都在构造自己或他人的历史，从这方面说，人人都有自己的历史，人人又都离不开社会的历史，因此人类天生就有一种历史的情结，寻根意识、家园意识、怀旧意识都表现出对历史的依恋。把读者引向一定的时间氛围感受历史，足以唤起强烈的历史感。黑格尔有个著名的美学命题是：

"诗人、画家、雕刻家和音乐家特别爱从过去时代取材。"① 恩格斯说:"黑格尔的思维方式不同于所有其他哲学家的地方,就是他的思维方式有巨大的历史感作基础。"② 历史感有助于深化思考、丰富创作,毫无疑义,时间引导社会背景和文化氛围的转换,使人们准确地把握历史环境,迸发出灵感的火花。

在史学著作中突出时间意识,无疑是以编年体为首选的体裁。

第二,社会文化史对社会现象的考察,与文化史、社会史有不同的特点,这就是它不仅要注意状态的研究,更要注意向下看,关注社会热点的转移和社会风尚的变迁。其中,变化多端而又难以估测的是社会时尚,这是民众生活、行为、情感和心态在社会生活中所表现出来的相互模仿和追逐的群体性趋向。由于群体性,在人群集中的都市生活中最容易发生此行彼随、你唱他和、相染成风的效应。它性质不一,有善有恶,善恶交错,甚或善恶莫测。可能清风徐来,可能动地狂飙,遽然而起,顿然消失。它在一定的社会环境、文化传统和生活方式中传承,又因时顺势,变动不居,时隐时现,起落无常。你方演罢他登场,千姿百态,川流不息,所以社会风尚又是流动的众生相。选择最有民众性、文化性的热点问题,考其源流,详其始末,按其问题的起点、高峰或终点,分别列入相应的年度。按年索骥,同一问题在此年和彼年反复出现,可能处于不同的发展阶段,从而有不同的风貌。这在连年动荡、风云迭起的时代,便于真切地把握年年不同的社会景象,清晰地再现事态发展的本来面目。至于同一年度,政治、经济、文化、生活,万象齐发,又形成特定年代的社会氛围,方便读者走进历史的场景。编年体具有显明的时序性、精确性和无所不包的容量。

第三,这部书力图以具体的、分解的、实证性的研究为自己的特色。在力所能及的范围,充分利用当时的报刊、档案、文集、外文期刊和译著,以及各类资料汇编,广搜博采,务求翔实可靠。为了避人

---

① [德] 黑格尔:《美学》第一卷,商务印书馆1996年版,第336页。
② 《马克思恩格斯选集》第2卷,人民出版社1995年版,第42页。

之所繁，详人之所略，对于研究有素、成果甚多或人所共知的历史事件尽量简略，甚或不录，着力发掘容易被忽视的问题和第一手资料的开发，因此汇集有丰富的资料，绝大部分属于第一次引用。为了便于同行在这一基础上进行再创造性的研究和查考，用编年方便检索，使这本书不仅系统地表述近代中国社会文化变迁的走向，还希望它能起着不是工具书的工具书作用。

对这种体裁运用的成败得失已无所顾惜，重要的是在探索中作出自己的努力，这是我们奉献给读者的心意。

六　不求完善，但求起步

对于这样一部多卷本的专著，在这三卷接近完成的时候就已有了遗憾，或许说在这课题立项之初，就已预感到有些问题并不是靠几个人的能力所能完成的，我们愿意坦诚地向读者公开我们的不足，希望同行们能够针对我们的弱点继续进行研究。当然，我们也有这个愿望在以后的续卷中弥补曾有的缺陷，用一代人的努力做好这一课题，建树社会文化史的学业。

细心的读者也许会发现，这三卷的划分与近代史的分期有相同的部分，也有不相同的部分。第一卷从鸦片战争到维新运动（1840—1894）；第二卷从戊戌变法失败到辛亥革命（1895—1911）；第三卷从辛亥革命以后到中国共产党的成立（1912—1921）。前二卷与近代史的一般分期相同，第三卷的下限却没有按照常规放在1919年五四运动，而是下延到1921年，这是因为中国共产党的成立才真正奠定新民主主义文化在中国的地位，从结构上改变了中国文化的组成。所以我们遵循文化结构的变动，考察近代社会文化史的分期，从而突出文化变迁的特点。

用这样一种想法来考虑问题，是因为传统文化从古代到近代已经几度变化，这种变化不是一般地进步或退步，而是从结构上已经解体和重新建构。每一种文化形态，都有核心的意识形态作为主导的价值取向。封建社会的文化是以封建伦理道德为本位，以等级为核心；到近代社会，旧民主主义文化是以资产阶级进化论为指导，以民权、平等为核心；由中国共产党成立而确立的新民主主义文化则是以无产阶级唯物史观为指导的民族的、大众的、科学的文化，从其实质来说是以民主与科学为核心。

从古代向近代社会的更进中，中国文化的核心构成从等级制到民权、平等，再到民主与科学，一变再变，愈变愈复杂。封建社会的文化是以伦理为本位，封建伦理本身即是以血缘为纽带的等级之间的道德关系，此种关系及其思想沿袭数千年，直到近代以前没有根本的突破。它的发展变化是以愈加严密为特征，诸多流派，万变不离其宗，经史子集一切意识形态都以扶持名教为宗旨，即便有异端思想也无力与之匹敌，所以封建文化的核心构成是单一的，也是稳定传承的。半封建半殖民社会不一样，既有封建主义文化、帝国主义文化，又有资本主义文化和新民主主义文化，多种文化形态并存。作为同一社会文化核心不再是单一的，而是呈现多元消长的态势。旧民主主义文化和新民主主义文化都是在复杂的条件下坚持平等、民权、民主与科学的内容，在与对立思想的反复斗争中艰难成长。这在社会文化领域表现得尤其错综复杂、变幻莫测。在我们阐释各种社会文化现象时，还缺乏把种种具体、生动的景象与思想家们的理论思考作一对应的考察，从整体的有机联系的角度，更深一步地揭示文化结构的变动，对中国社会各阶层带来的深刻影响。虽然我们作了这样的努力，但远不尽如人意。

近代社会变化的剧烈，中外文化的反复撞击，世态民风的新旧交替，使许多社会问题很容易变成敏感的文化问题或政治问题。不论是政治、经济生活的变动、大众文化的起落还是某些偶然的个人行为，都有可能酿成社会风波，滚动成社会思潮。1919年11月北京大学学生林德扬因病自杀，引起文化界名流的热烈的争论，涉及青年运动的方向和人生观的大问题。同月，在长沙又发生新娘在花轿中自杀的悲剧，毛泽东等一批新文化的斗士连篇累牍地发文抨击封建礼教，轰动一时。虽然是发生在同一年代的自杀行为，新娘是在个性苏醒后不愿任人宰割的自我反抗；大学生则是在身心交困中，找不到信仰的自我失衡。在浑浑噩噩的年代不容易发生的事,在"五四"以后接踵而起,新文化的启蒙已使某些敏感的年轻人走出迷失自我的心态,对自我的再发现,哪怕是无望的发现,都隐现了民主主义思想传播的种子已经发酵,在旧势力的压抑下作了扭曲的反应。此种悲剧性的结局,正是山雨欲来风满楼的回鸣。所以这些看似不起眼的偶发事件,蕴有深刻的文化含义。揭示这类隐性事态向显性转化的文化环境及其爆发性的反响,由此来追踪上层文化和下层文化相互促动和制约的关系,双向地理解和阐明社会文化变迁的规律,应该是近代中国社会文化史的重头内容,在这方面虽然也作了努力,也远不尽如人意。

中国是一个幅员辽阔、历史悠久、多民族统一的大国,各民族在自己的历史发展中创造了多姿多彩的文化,从而极大地丰富了中华民族的文化资源。从近代以来一度军阀割据,统一的大国几经处于被分裂的危机,政治、经济、文化发展的不平衡,导致从沿海到内地,从南方到北方,社会文化变迁的巨大落差。在沿海的大都市新潮汹涌,维新、变革轰轰烈烈之际,内地的城镇静悄悄,僻远的农村更是一潭死水,波澜不起。名为《近代中国社会文化变迁录》的社会文化史,理应是全国全面的近代社会文化变迁,各民族、各地区的社会文化都是重要的组成,但遗憾的是,由于资料的不足,不得不放弃许多应有的立意。我们也曾查找各地的地方志,这是目前相当繁荣的出版物,但是这类著述无一例外都是重古详今,唯有从古到今中间的近代部分,尤其是19世纪的中后期到民国以前,几乎都是寥寥数语,或者空洞无物。有的明知有的地方有些资料保存的,又困于经费不足,难以实地收集。所以这部著作的内容,实际上多集中在沿海少数大都市和附近的乡村以及有一定繁荣程度的内地城镇,基本上是现代化能辐射的地区。聊以自慰的是,这部书本是以后发型的现代化为背景,以新文化和新风尚的发生、反复和发展为主线,而这些大都市都得风气之先,最先敏感这种变化,要反映这种动向,也不能不以这些都市为首选目标,这也算既是无奈也是必要的选择吧。

在力所能及的范围,尽量注意边远和少数民族地区的变化,有的还使我们很兴奋。清末新政首先在蒙古的喀喇沁旗引起反响,喀喇沁王贡桑诺布尔"深慨蒙古之衰落,急谋所以补救之方",于1902年9月2日下谕成立蒙古历史上第一座学堂。① 他认为:"际兹时患深,非学莫兴;人才消乏,非学莫成。""采买书籍,盈筐果箧,动费千金,实为从古所未有。"② 组织人才编写《喀喇沁源流要略便蒙》《蒙文法启悟》等著作,又从南方采办茶桑,教民种植,开矿,并专程进京向各公使和学者名人咨询济时革新的良策。使沉寂的边陲之地,打开窗户,吸进了新鲜的空气,社会气象焕然出新,这在20世纪初的蒙古是非常难能可贵的。文中所引资料都是第一次公开披露,可以肯定,像这样初开风气的地区和资料可能还有许多未能进入我们的视线,那也是一种遗憾。

最使我们困惑的是经费不足,虽然我们幸运地得到国家社科基金的资助,列入国家规划的"八五"项目。近代史所的领导给了我们很大的支持,特地提供机会派遣我们到日本收集有关资料,这些待遇不可不谓优惠。但是对一门新的学科、新的课题,面临的是从未有人收集整理的浩瀚资料,所能获得的资助只是杯水车薪。在目前百物腾贵,唯有科研经费不增的情况下,囿于经济的拮据,不得不把收集资料的规模一再缩小。因此心有余,钱不足,造成许多人为的疏漏。

由于这些原因,不求完善,但求起步,成为我们由衷的愿望。

从立项到完稿历时五年有余,这五年的时间,对三位风华正茂的执笔者,是成熟的关键时刻,他们都是学有所成的博士和具有高级职称的研究人员,在事业上正处在继续攀登科学高峰的重要阶段。在这人生最宝贵的时间,不惜零点起步,从第一手资料的收集、考订、探索、思考做起。有的不计功利埋首书斋;有的长久看显微胶卷降低了视力;有的推迟个人专著的出版计划。为了同一志趣,进行这项合作,无怨无悔,是因为我们怀有这样的信心。瞻望21世纪,社会文化史的研究必将成为热点课题,充实和改变中国通史的面貌。

值得一提的是,感谢山东人民出版社和上海东方出版社,他们都

---

① 《记蒙古喀喇沁王创设学堂事并系以论》,《中外日报》1902年11月9日。
② 同上。

热情相邀将这部书列入他们的出版计划，由于浙江人民出版社有约在先，尤其是责任编辑汪维玲女士的敬业精神使我们感动，最后还是决定交给浙江人民出版社出版。

悟既往之不足，知来者之可追！这是我们在遗憾后的信念，也以此谨向支持和帮助过我们的同人略表心迹和谢意。

（原载《近代中国社会文化变迁录》，浙江人民出版社 1998 年版）

交叉视角与史学范式

——"社会文化史"回顾与展望

李长莉

　　史学是以实证为基础的综合性学科,其对象是丰富纷繁的以往人类社会现象及人们的所有活动,要予以认知,就需要一定的概括与分解。正因如此,近代以来的史学学科体系,形成了综合性通史与分领域专史两个学术路径,成为迄今史学研究的基本范式。主线式的通史,因史家设置的主线不同而各有重心,反映了不同时代、不同立场、从不同角度着眼的史家对历史的总体解释。而沿着分解式路径的专史,则使各专门领域的研究不断深入、精细。然而,人类社会和人的活动本身是复杂而丰富的,我们从当今课题着眼而要追究的有些问题,如"社会治理"和"文化统合"的一些相关问题,要求历史提供的知识,已经不只是简单地辨识真相、判断是非或作出评价,而是要向纵深处、多层面探究历史现象的内在源流与演变机制。如此则只限于某一专史领域、单一视角的知识是难以解答的,而如果我们从跨学科、跨领域的交叉视角进行认知,或可弥补单一视角的某些缺陷。"社会文化史"二十年来的发展历程,就是这样一种跨学科交叉视角进行研究的探索与尝试。这种跨学科的交叉视角,与通史和专史的史学基本范式相比有什么特色?具有哪些优势?存在哪些问题?其未来走向如何?对于史学发展具有怎样的意义?本文即针对这些问题作一反省与探讨。

一　回顾：兴起与发展

（一）社会文化史的兴起（80年代末至2000年的前十年）

"社会文化史"，是社会史与文化史相结合的交叉学科。虽然将社会与文化相结合进行历史研究的尝试早就有过，① 但作为一种跨学科的交叉视角而具有学科理论方法自觉的新学科概念，是在20世纪80年代末90年代初提出来的。80年代伴随着改革开放、思想解放，史学也开始发生变革。首先是80年代初由反省现代化而引发了文化史的复兴，形成了"文化热"。继而在80年代中期，由深入了解中国社会结构的需要而出现了社会史的复兴。到80年代末90年代初，开始有研究文化史的学者对文化史和社会史进行反省，感到文化史偏重精神层面，特别是精英思想的研究，而忽视大众观念及与社会生活之间的联系；社会史又多注重社会结构和具体社会问题的描述，而缺乏对人这一社会主体的关注及与观念领域的联系。针对文化史和社会史各有偏重，难以反映社会文化的一些纵深领域，其间留有诸多相互重合又模糊不清的空间，开始有学者尝试打通社会史与文化史，探索将二者结合起来进行交叉研究的新思路。在80年代末90年代初，一些学者陆续发表了多篇文章，提出了"社会文化史"的新学科概念，并开始进行学科建设和研究工作，随之引起一些学者的共鸣与呼应，由此"社会文化史"学科开始兴起。②

此后至90年代末的约十年间，可以说是这一学科的兴起与初创阶段。相关学者一方面进行理论方法的建构与讨论，一方面进行基础资料的挖掘与初步研究。对于"社会文化史"学科的定义，学者们

---

① 如瞿同祖早在1947年出版的《中国法律与中国社会》一书即为一例。
② 见史薇（刘志琴笔名）《复兴社会史三议》，《天津社会科学》1988年第1期；刘志琴《社会史的复兴与史学变革——兼论社会史和文化史的共生共荣》，《史学理论》1988年第3期；李长莉《社会文化史：历史研究的新角度》，赵清主编《社会问题的历史考察》，成都出版社1992年版；李长莉《社会文化史：一门新生学科——"社会文化史研讨会"纪要》，《社会学研究》1993年第1期。

虽各自有不同的表述，但基本思路是相通的。大致而言，即从社会史与文化史相结合的交叉视角，以文化视角透视历史上的社会现象，或用社会学的方法研究历史上的文化问题。主要强调社会史和文化史的交叉视角，而并没有严格的学科定义，始终是一个开放性的学科概念。社会文化史强调跨学科的交叉视角，与通史和专史不是替代关系，而是补充关系。从其研究的内容而言，与作为专史的社会史和文化史也有所区别。

社会史研究的主要领域是：社会结构（阶级、阶层、性别等）、社会组织（家庭家族、社团、群体等）、社会制度（如慈善、救灾、医疗等）、风俗史、区域史（城市史、乡村史、地方史等）等。

文化史研究的主要领域是：思想史、思潮史、观念史、学术（知识）史、教育史、报刊出版（传播）史、宗教史、文学艺术史等。

社会文化史则更注重研究那些社会与文化因素相互重合、相互渗透、相互交叉的领域，如社会生活（日常生活、生活方式）、习俗风尚、礼仪信仰、大众文化（大众传播、公共舆论）、民众意识（社会观念）、社会心理（心态）、集体记忆、社会语言（公共话语、知识）、文化建构与想象、公共领域（公共空间）、休闲（娱乐）文化、身体文化、物质文化、区域社会文化等。其研究领域也是多样的、开放的。

"社会文化史"学科概念提出后，一些学者开始自觉地以这一交叉学科视角展开研究，并取得了一批成果。① 关于这一时期社会文化史兴起与初创情况，笔者曾于2003年发表专文作过评介，在此不予重复。② 这一时期研究状况的特点是，研究成果陆续出现，数量不多，有基础性研究，专题研究的论题比较分散，也多带有开拓性、基础性、探索性的色彩。

---

① 刘志琴主编，李长莉、闵杰、罗检秋分别撰写的作为基础性研究成果的三卷本《近代中国社会文化变迁录》于1998年出版（浙江人民出版社）可以作为这一标志。

② 李长莉：《社会文化史的兴起》，《天津师范大学学报》2003年第4期；The Rise of Socio—Cultural History in China *Berliner China—Hefte* 24 Mai 2003（德国柏林自由大学东亚研究所主办《中国社会与历史》）。

（二）社会文化史的发展（2000年迄今）

自21世纪以来的约十年间，社会文化史研究稳步发展，逐渐深化，表现在研究领域不断扩展，研究成果成批出现，并出现了一些比较深入的专题研究论著和比较集中的研究领域。

下面根据《近代史研究》历年刊登的论著目录，统计出自2003年至2007年五年间，国内发表中国近代史论文和出版著作中，论题明确具有社会与文化双重意涵与交叉视角，可列为较严格意义上"社会文化史"趋向的论著情况以及论题内容的分布情况，列表如下。

表一　　2003—2007年国内中国近代社会文化史论著一览　　单位：篇，部

		2003年		2004年		2005年		2006年		2007年		合计	
		论文	著作	论文	著作	论文	著作	论文	著作	论文	著作	论文	著作
1	习俗风尚与礼仪信仰文化	11	2	13	4	5	1	7	1	14	3	50	11
2	社会（日常）生活	10	1	8	6	9	5	3	3	13	8	43	23
3	文化建构与想象	10		7		3		2	1	2		24	1
4	社会语言、名词、话语	8		1				1	2			11	1
5	大众文化、传播、公共舆论	7		15	1	8		15	1	8	2	53	4
6	社会心理、心态	6		6		8		4		7		31	
7	社会认同、社会角色	6	1	7	3	10		6	4	15	5	44	13
8	公共领域、公共空间	5	1	13	5	4		7		3		32	6
9	生活与伦理、社会与观念	4	2		1			2		8		14	3
10	休闲（娱乐）文化	2	1	2	1	5	1	1	2	4		14	5
11	物质文化、消费文化	2		4		4		1		2		13	1
12	社会记忆、集体记忆	2										2	
13	地域社会与文化				2	1		7	3		2	7	8
14	表象、象征					2				1		3	
15	社会与文化						2						2
16	身体文化							1	1			1	1
17	慈善救济及医疗文化									5		5	
	合计	73	8	76	24	58	10	56	17	84	20	347	79

表一统计分类虽然仅限于中国近代史领域,且不免带有笔者的主观性,因而不能说十分精确,但还是可以从中看出一些大致趋向,我们可以据此作一些分析。①

首先,以上统计表明,社会文化史已经形成了一个稳步持续发展的分支研究领域。由表一所示,这五年间每年发表的中国近代社会文化史专题论文数量在 56—84 篇,比较平衡,反映了研究的稳步发展与持续性。出版著作数量则少者为 8 部,多者 24 部,差距较大,应是研究者积累时间的交错所致,有一定的偶然性,但每年都有一定数量著作出版,也标志着研究的稳定性与持续性。专题论文是最直接、快速反映研究状况的指标,论文发表的数量,可在一定程度上反映研究者关注和投入的程度。社会文化史方面的专题论文每年 50—80 篇的数量,在每年中国近代史论文 2000—3000 篇的总量中似乎所占不多,但考虑到中国近代史的论文分为"总论专题、政治法律、军事、经济、社会、思想文化、中外关系、人物"八大类别进行统计,社会文化史的论文大多分布在社会、思想文化两类中,相对集中,从统计来看,社会和思想文化两类每年发表论文 300—400 篇,则社会文化史方面平均 70 篇的论文数量,在其中已稳占约 20% 的分量。因此可以说社会文化史作为一种介于社会史与文化史之间的交叉学科,已经具有了一定的学术生存空间和生命力,已经形成了一个具有一定特征的分支研究领域。

其次,从以上论著所涉论题内容的统计还可以看到,社会文化史

---

① 在此需要说明的是,这一统计的论题选择及分类,笔者以比较狭义的社会文化史定义为标准,即论题具有明确的、自觉的社会史与文化史双重意涵与交叉视角,因而不包括一些本身就具有社会文化多重意涵的论题,如风俗史、家庭史、新闻史、灾荒史之类,也不包括在某一主要论题文章中,只是作为次要补充而稍有兼及其他视角,如女性史、社会思潮史之类。如"对战争的认识"这一论题,只是一种我们以往惯用的某一主体对于某一对象认识的单一视角论题,不是社会文化交叉意义上的论题,作为具有社会文化史意义的"战争的集体记忆"这样一个论题,所要讨论的是"如何形成了这样的战争认识",即对"战争认识"形成的分析,亦即对"战争认识"的"认识"。在这种标准下所作的上述统计,可以说是一种比较保守的统计。此外,还要考虑到社会文化史的一些论题与其他专史有一些重合。由于对社会文化史的定义和理解不同,不同的研究者可能对于论题的理解和分类各有自己的标准,因而这些统计只能视为个人之见,仅供参考。

研究已经形成了一些相对集中研究的论题，研究领域也在拓展。这应是这一学科走向深入、走向成熟的反映。这五年间每年论著集中的论题虽有变化，但一些论题还是持续受到研究者的关注。下面按论题发表论文的数量多少进行排序。

表二　　2003—2007年国内中国近代社会文化史论题排序一览

排序	论题	发表论文（篇）	出版专著（部）
1	大众文化、大众传播与公共舆论	53	4
2	习俗风尚与礼仪信仰文化	50	11
3	社会生活、日常生活、生活方式	43	23
4	社会认同、社会角色	41	13
5	公共领域、公共空间	32	6
6	社会心理、心态	31	
7	文化建构与想象	24	1
8	生活与伦理、社会与观念	14	3
9	休闲（娱乐）文化	14	5
10	物质文化、消费文化	13	1
11	社会语言、名词、话语	11	1
12	地域社会与文化	7	8
13	慈善救济及医疗文化	5	
14	表象、象征	3	
15	社会记忆、集体记忆	2	
16	身体文化	1	1
17	社会与文化	2	

从这些论题的排序中，我们可以看到哪些论题受到研究者的较多关注，反映了怎样的研究动向和意义。在此我们仅对排在前两位的论题稍作分析。

论文数量排列第一的论题是"大众文化、大众传播及公共舆论"。近代报刊的兴起是中国社会文化生活中的一个重要事项，对近代社会变革及文化变迁产生了极大影响，因而报刊新闻史早就是近代文化史的一个重要领域，也已经有不少研究成果，但多为平面化的描述。从社会史与文化史交叉的视角来审视近代大众文化及大众传播，就要追究近代大众文化诸种形态的状况与作用为何？近代大众传播形成的社会生态为何？其社会影响力如何？公共舆论何以形成，其作用如何？大众文化与传播对于民众社会生活、社会交往、行为方式、社会心理、社会秩序及文化观念等发生了怎样的影响。近代大众文化与大众传播的兴起引发的"传播革命"，大大改变了人们的社会文化生活。如今席卷世界及中国的信息化浪潮，是又一次"传播革命"，因而深入追究近代历史上"传播革命"的社会文化效应这一论题，自然成为人们关注的一个焦点。相关论题的论文如：

"晚清社会传闻的宏观态势"
"晚清社会传闻盛行的信息环境因素"
"晚清画报中的帝京想象"
"抗战文学中的风景描写与民族认同"
"群体活动与社会舆论之互动"
"媒体、瘟疫与清末的健康卫生观念"
"抗战时期国共关系与《新华日报》中的工农女性形象"
"声音传播的社会生活：1927—1937年上海广播演变"
"20世纪上半叶月份牌广告画中的女性形象及其消费文化"
"20世纪30—40年代中国电影与受众辨析"
"抗日根据地的大众传播媒介及其政治社会化功能"
"晚清《申报》市场在上海的初步形成"
"从《苏报》看清季公众舆论的生成与表达"
"《时务报》与中国近代公共舆论空间的建构"
……

排序第二的论题"习俗风尚与礼仪信仰文化"，是影响人们行为规范、道德准则及社会秩序的"软制度"。社会文化史交叉视角不是停留在对风俗史、宗教信仰史的平面描述上，而是要追究近代以来习俗、风尚、礼仪、民间信仰等变化的机制,其蕴含的社会文化信息与意义,如何规范和影响人们的社会生活、观念及社会秩序,其成效和结果如何,等等。反映了在社会转型时期,随着社会制度、社会流动、经济活动方式的变动,习俗风尚与礼仪信仰等"软制度"也在发生着相应变化,而且其变化更为复杂、隐蔽而多样,却是最贴近人们的日常生活,对于人们的道德规范和行为方式发生直接和普遍影响的因素。这也是我们今天处于社会转型时期,应当对于社会习尚、民间信仰的演变及蕴涵进行深入研究和把握的返照。相关论题的论文如:

"'国货年'运动与社会观念"
"清末民初名片及其社会功能"
"民初民间日常生活禁忌"
"近代江浙农村人口流动与习俗变革"
"晚清关中农业灾害与民间信仰风俗"
"民国时期集团结婚与国家在场"
"祭祀消费:仪式传承与文化传播(晚清广州)"
"(民国四川)新生活运动与妇女奇装异服"
"民国时期华北农村迷信风俗"
"清末民初广东社会民俗中用糖的文化理念"
……

这两个论题论文数量最多,反映了研究者的关注最为集中。除此之外,排列第三、第四的"社会生活、日常生活、生活方式""社会认同、社会角色"两个论题,如果考虑到笔者由主观因素有可能造成的统计误差,则虽其论文绝对数量为40余篇,稍逊于前二位,但实则也应是研究者所集中关注的论题。2008年第12届中国社会史学会年会,以"日常生活"为会议主题就可为此佐证。除此之外的其他顺序论题,也都可以从它们的脉络中把握到沿着"社会文化"这一交叉路径向纵深的探究,以及这些史学研究者对现实生活的课题与挑战尝试作出回应,在此不予一一论及。

二 比较:独立发展及与西方"社会文化史"的呼应

在中国史学界"社会文化史"兴起发展的稍前或几乎同时,欧美史学界也出现了"社会文化史"(或称"新文化史""新社会史")兴起的趋向。据这一趋向的一位代表人物,英国剑桥大学社会文化史教授彼得·伯克(Peter Burke)在一篇专文介绍,自20世纪70—80年代以来,"新文化史"或"社会文化史"在欧美史学界兴起,历史学家发生了"文化转向"。即打通社会史与文化史,将文化分析引入社会史研究,目光向下,面向民众。如伯克所言,"社会文化史的'发明'是为了解决社会史与日常经验相脱节这一问题"。这场新运动肇始于法国(与年鉴学派"第三代"相联系),八九十年代波及欧洲和北美。伯克认为,欧美"社会文化史"的已有研究成果主要论题有七类,即物质文化史、身体史、表象史、社会记忆史、政治文化史、语言社会史、行为社会史。关于欧美"新社会文化史"的研究方法及撰述模式,伯克认为有五个特别值得注意的特征,即文化建构、语言学转向、历史人类学、微观史学及叙述史的回归。[①]

欧美"新社会文化史"强调社会史与文化史相结合的交叉视角,特别是将文化分析引入社会史研究,即所谓的"文化转向",强调对社会事象进行文化透视与分析,从这一取向来看,与中国在80年代末兴起的"社会文化史"取向是一致和相近的。虽然欧美"新社会文化史"肇始与兴起的时间比中国略早十年左右,但中国的"社会文化史"并非受其直接影响而引入的"舶来品",而是以本国学者为主体,在改革开放和思想解放的语境下,在社会转型的时代课题挑战下,由中国史学内部发展要求(文化史和社会史相继复兴及存在缺

---

① [英]彼得·伯克:《西方新社会文化史》,刘华译,《历史教学问题》2000年第4期。

陷）而自发产生的。当时及此后参与这一趋向的主要学者，也多是在本土成长的，而且欧美"新社会文化史"著作是90年代以后才开始陆续介绍进中国，引起人们注意的。因此可以说，中国的"社会文化史"是一种以本土学者为主体、在本土语境下、由本土问题而催生的本土性的新史学趋向。当然，在中国"社会文化史"兴起的思想资源中，自然也有陆续汇入中国社会科学内部的西方史学（包括法国年鉴学派）及其他社会科学理论方法的流脉，特别是到了90年代以后，随着西方"新社会文化史"论著陆续被介绍进来，也开始对中国的研究者产生一些影响，外来与本土的这一学术趋向日渐汇合而难分疆界，可谓殊途同归，反映了无论中国和欧美，史学内部发展及时代要求具有一些普遍趋向。

虽然中国和欧美"社会文化史"有一定的趋同性，但中国"社会文化史"的研究趋向还是有不同于欧美的自身特点。

首先，由于两者产生发展的社会背景不同，文化传统有别，面对的社会课题不同，问题意识不同，因而关注的重心也各有侧重。中国是处于向社会主义市场经济转型中的、经济开始快速发展的正在急剧变化的社会，而欧美则处于成熟发达、平稳停滞的后工业化资本主义阶段。由此形成中国学者与欧美学者所关注的问题点有所不同。如欧美"社会文化史"学者更强调关注"个人的自由"和"个人对历史的主体作用"。他们认为"个人，即使是普通的个人，是历史的主体而非目的，他们至少在日常生活中有自由的余地，从长时段来看，他们的行为对那些影响历史进程的趋势也会起作用"，因而出现个人史及微观史盛行的趋向，由此也导致出现研究"碎片化"的缺陷。① 中国的"社会文化史"学者虽然也出现了关注下层民众和普通人的"向下看"及"微观研究"取向，但所注重的是作为群体的民众，即使研究对象是某个人、个体，着眼点也在于其所具有的群体代表性

---

① ［英］彼得·伯克：《西方新社会文化史》，刘华译，《历史教学问题》2000年第4期。对于欧美"社会文化史"微观研究盛行的情况，以及由此导致将历史"碎片化"的偏颇，有欧美学者对其进行了批评。参见［法］弗朗索瓦·多斯（Francois Dosse）《碎片化的历史学——从〈年鉴〉杂志到"新史学"》，马胜利译，北京大学出版社2008年版。

和普遍意义，而并不刻意强调个体的特殊性。同时还注重个人行为与社会变动之间的相互关系，注重个人与群体和社会之间的关联性。这反映了与欧美成熟、停滞而稳定的社会环境下，人们对社会关怀的疏离而更多地转向对个人价值挖掘的个人关怀不同，中国学者则体现了处于社会转型时期，对社会变革与群体命运的社会性关怀。中国学者和欧美学者的这种差异，就反映在研究论题上虽然都有"向下看"的共同趋向，但具体而言则他们更注重"个体研究"，而我们更注重"群体研究"。

其次，从学术范式的开拓及理论创新路径而言，欧美"社会文化史"学者的理论创新意识，更强调对旧范式的"反叛"与"替代"，而中国的"社会文化史"学者则更强调对原有范式的补充、并存和交融，强调交叉学科视角的普遍意义。如欧美学者由"文化的转向"，突出强调文化的作用，甚至将这种作用强调到极端，如伯克所言，"他们力主是文化影响甚至决定了政治和经济行为。"① 而中国学者则仍然重视经济与社会，主张文化因素只是在经济基础之上影响社会变动的诸因素之一，只是原有的专史模式，对文化与社会的互动关系有所忽略，"社会文化史"视角旨在从文化与社会诸因素的相互关系中，透视不同因素之间的纠结和互动，考察文化在哪些方面、哪些层面上起了何种作用。因而，中国的"社会文化史"学者主张，社会与文化交叉的视角，会对全面地理解和解释历史现象起到更全面、更深入的补充作用。

最后，欧美的"新社会文化史"属于西方"后现代"的文化思潮，而中国的"社会文化史"则属于"现代性"的文化思潮。欧美的"新社会文化史"由于其产生于成熟发达、平稳停滞的后工业化资本主义的社会背景，缺少社会变革的动力，使得这些学者淡化了社会关怀，转而关注个人价值，以求在挖掘和彰显个人价值之中，寻找对抗社会、改变社会的方向和力量，由此导致寻求"史学革命"的

---

① ［英］彼得·伯克：《西方新社会文化史》，刘华译，《历史教学问题》2000年第4期。

"新社会文化史"的探索者,追求"个人化抒写",追求对传统史学范式的"反叛",刻意背离及消解主流价值,出现了解构"宏大叙事"、突出特殊个性、关注边缘领域的趋向。西方后现代思潮的领军人物福柯对于疯癫史的研究,即这一倾向的代表。① 因此,欧美的"新社会文化史"带有较多反叛和"解构"现代性的色彩,因而常被归入"后现代"的文化潮流之中,虽然往往不为研究者本人所认同。而中国的"社会文化史"则是适应中国社会现代化转型的需要而兴起,并伴随社会转型的进展而发展,研究者一般都具有深切的社会关怀,认同"现代性"的主流价值,具有较强的社会问题意识,自觉地顺应社会改革的需要而选择研究论题,站在民族民众的立场立论,内容注重个人与群体和社会之间的关联,因而具有鲜明的"现代性"特征。这一点我们纵观二十年来研究者的论题即可印证。其间虽然也有个别研究者时而出现消解"现代性"价值、猎奇、片面价值论等倾向,但都影响甚微,形成不了气候,影响不了主流。中国"社会文化史"趋向是改革开放以来史学伴随时代变革而发展前行的自然产物,是中国当今现代化社会转型所催生的史学新路径,是中国社会现代化文化思潮的一支流脉。这一点与欧美学派明显不同。

尽管有上述不同,中国和欧美的"社会文化史"学者,就跨越社会史与文化史的学科交叉视角这一学术趋向而言,还是具有相同性的,因而我们的一些研究论题也相近。80年代以后,欧美研究中国近代史的学者也开始受到"社会文化史"趋向的影响,出现了一些从"社会文化史"视角研究中国近代史的论著成果。如美国学者艾尔曼(Benjamin A. Elman)致力于打通思想史与社会史的著作《从理学到朴学》(1984年)和《经学、政治与宗族——中华帝国晚期常州今文学派研究》(1990年)。再如德国学者罗梅君(Mechthild Leutner)从民间文化与上层文化的关联中讨论北京民俗所反映的中国社会现代化变迁的著作《北京的生育、婚姻和丧葬:十九世纪至当代

---

① [法]米歇尔·福柯(Michel Foucault):《疯癫与文明:理性时代的疯癫史》,刘北成、杨远婴译,生活·读书·新知三联书店2003年版。

的民间文化和上层文化》（2001年）。① 这些欧美学者的成果被介绍进来，形成了与国内"社会文化史"研究的呼应。90年代以来，欧美研究中国社会文化史的论著持续增多，一直占有相当的分量。下面根据《近代史研究》所列论著目录，将2003—2007年五年间，国内中文与海外发表的论题明显为社会与文化双重意涵及交叉视角的中国近代史论著数量作一列表对比。

表三 2003—2007年国内与海外中国近代社会文化史论著情况对照

年份	论著	国内中文	国外西文	日文	台港澳
2003	论文（篇）	73	14	3	15
	著作（部）	8	8	0	1
2004	论文（篇）	75	21	8	23
	著作（部）	24	24	5	0
2005	论文（篇）	58	11	6	13
	著作（部）	10	18	1	2
2006	论文（篇）	56	14	4	11
	著作（部）	16	17	0	2
2007	论文（篇）	84	21	1	12
	著作（部）	20	12	0	2

如表三所示，主要以欧美学者为主的国外西文有关中国近代社会文化史的研究论著相对较多。从论文来看，虽然西文论文的绝对数量与中国国内论文相比要少得多，但如果考虑到欧美每年发表中国近代史论文的总数只有200篇左右，而中文论文有2000—3000篇，是其十多倍，就可知道西文有关中国近代社会文化史的论文在其总数量中

---

① ［美］艾尔曼（Benjamin A. Elman）：《从理学到朴学——中华帝国晚期思想与社会变化面面观》[*From Philosophy to Philology*，1984]，赵刚译，江苏人民出版社1995年版；《经学、政治与宗族——中华帝国晚期常州今文学派研究》[*Classicism，Politics，and Kinship: the Chang—chouschool of New Text Confucianisminlate Imperial China*，1990]，江苏人民出版社1998年版。［德］罗梅君（Mechthild Leutner）：《北京的生育、婚姻和丧葬：十九世纪至当代的民间文化和上层文化》，中华书局2001年版。

所占比重是相当大的。如 2004 年全部中国近代史的西文论文共 168 篇，在《近代史研究》统计分类中分属总论、政治、军事、经济、社会、思想文化、中外关系和人物。其中社会 22 篇，思想文化 29 篇，而属于中国近代社会文化史领域的论文就有 21 篇，与全部社会史论文数量几乎相当。这些社会文化史论文主要分布在社会、思想文化里面，在总论里也有少量，占全部论文总数的 12%，可见其分量之重。著作就更可观了，虽然中国近代史的西文著作出版总数，与中文出版总数悬殊，但是从上述统计可以看到，这五年间中国近代社会文化史论题的西文著作出版数量与中文著作相差不多，有的年份数量持平，甚至 2005 年西文著作有 18 部，超过了中文著作的 10 部！其中有如《中国鸦片社会生活史》《街头小贩：中国乞丐文化史》《修身：帝制中国晚期传奇故事中的身体和认同》《房子、家、家族：中国人的生活》等专题著作。虽然上述统计标准因笔者主观偏差而不能说十分精确，但即使从模糊统计的角度来看，连续五年的统计数据所反映的趋向一致，因而还是能够说明一个问题，即"社会文化史"的新视角，在欧美研究中国近代史学者中具有相当大的影响力和吸引力，即使从论著的绝对数量而言，也已经与国内的研究形成了有力的呼应。这也提示我们，应当进一步与欧美学者加强交流，以彼此促进，从更多元的方位推动中国近代社会文化史研究向更广阔而深入的方向挺进。

三　反思：趋向与问题

中国社会文化史经过二十年的发展，已经形成了一个以社会与文化交叉视角为特点，有较为集中的研究领域，稳定发展、不断深入拓展的分支学科方向，从研究路径和撰述形式上也形成了一些趋向，获得了一些有益的成果。主要有以下三个趋向。

第一，微观史与深度描述的趋向。由于社会文化事象丰富而复杂，具体而琐细，史学以记述为主的表现形式使研究对象的选择受到一定限制，因而导致一些论题选择趋于微观和具体。微观史和深度描述形成一种趋向，在联系观点的观照下，就某一微观事象从多维联系中去深入分析其各种因素的关联性与互动关系，以求揭示此一事象的社会文化意涵，成为不少研究者采取的研究路径。

第二，建构理论与概念等分析工具的趋向。社会文化史研究的对象虽然大多具体而琐细，但跨学科的交叉视角强调一事物与他事物之间的联系，强调多维联系的观点，强调多层意义分析方法。这种多维联系与多层意义分析的方法，使原有的一些比较单一和平面化的史学概念不足以贴切地表达，因而研究者越来越多地采用一些表达复合意义或新生意义的新概念作为分析工具。如公共空间、公共领域、建构、想象、社会记忆、话语、失语、合法性、正当性、权力、语境、场景、回归现场、叙事—宏大叙事、个案、微观研究、深描、地方性知识—普遍性知识、大传统—小传统、民间社会、范式—典范，等等。这些概念词语大多来自西方社会科学理论，首先被国内社会学、政治学、经济学等社会科学所采用，伴随着借鉴社会科学方法而引入史学，研究社会文化史的学者运用最为广泛。其中有的新概念已经被广泛采用，如"语境""建构"等，为社会文化史研究提供了有效的分析工具。

第三，以记述叙事为主要表现形式的趋向。社会文化史研究的对象以人的活动为重心，因而要对人的活动进行具体、生动的描述，故此主要采用叙事形式。文化分析的视角又要求有意义阐释，因而在叙事中有理论分析及意义阐释隐含或穿插其间，使得生动的叙事中有一定的内涵。由此社会文化史的论著一般内容比较生动、形象、有趣味，可读性强。

这些趋向使得社会文化史形成了一些学科优势，积聚了较强的生命力，有利于进一步的发展。与此同时，社会文化史研究也还存在着一些缺陷和仍有待探讨的问题，主要有如下几点。

第一，碎片化。具体而微的研究取向，在形成微观史和深度描述趋向的同时，也使得一些论题选择过于细小琐碎，同时又缺乏多维联系观点及深层意义阐释，由此造成论题成为缺乏联系、意义微弱的零星碎片，从而失去了史学研究的意义与价值。

第二，平面化。有的研究在采用具体描述的叙事形式时，只停留在人的活动平面化的记述，而缺乏理论分析和深层意义的阐释，成为浅薄、表面化的单纯叙事，使史学研究失去了深度和灵魂。

第三，理论与内容两张皮现象。社会文化史因研究对象的综合性与丰富性，以及注重文化分析，故需借鉴一些社会科学理论和概念工具，但其选择借鉴，是出于研究内容的需要与适用，并需对外来理论与本土经验的隔阂、不同学科之间的差异性抱有足够的警惕，要根据研究内容来进行选择、改造、活用、伸展，综合运用，融会贯通，最终目的还是要由研究内容而生成自己的理论解释，借鉴的理论只能作为辅助性的分析工具。但有的研究对一些理论和概念只是简单地移植，生搬硬套，使理论与研究内容缺乏有机结合，形成理论与内容两张皮现象，因而不能得出令人信服的研究结论。

第四，"片面价值论"。史学研究总要对研究对象作出一定的价值判断，传统研究范式是价值一元论的，只承认主流价值的合理性，不承认少数人或其他立场所持价值的合理性。社会文化史从下层着眼的视角，多维度、多层面的视角，在主流价值之外，也看到了其他价值的相对合理性，因而倾向于既承认主流价值的主导地位，也承认其他价值相对合理性，即承认主流价值主导下的价值多元立场。由社会文化史的观点看，正是由于多元价值的存在，才导致了社会不同利益集团之间的矛盾与博弈，也因而保持着社会变革的内在张力。但有的研究者则由此滑向"价值相对主义"或"去价值论"的立场，或认为一切价值意义均等，或认为无须作任何价值判断。有的甚至走向"片面价值论"，对一些只是代表少数边缘人群的边缘性、片面性的价值取向，加以抬高或夸大，甚至用以替代主流价值，以偏概全。还有的采取猎奇式的选题方式，专门从负面价值着眼，挖掘正面精英人物的个人生活小节或个人性格缺陷，并将这种负面因素放大，据此而对其进行根本性的否定，为人物评价"翻案"。这种"片面价值论"是对历史的歪曲。

四　展望：前景与趋势

中国的"社会文化史"经过二十年，由兴起到持续发展，已经形成了一个初具规模、稳步发展的史学分支领域，以其跨学科的交叉视角为特色优势，在当今文化生态和时代挑战下，将有更广阔、更光明的发展空间。展望其今后的发展前景，有如下一些趋势。

第一，时代挑战将促进社会文化史发展。当今中国社会转型时期面临的"社会治理"与"文化统合"两大课题，正是社会文化史研究的中心问题。特别是中国今天的社会转型，实则是近代一百多年来社会现代化转型的延续，许多社会文化问题是相通的，因此社会文化史的研究，应当会对于社会转型时期如何进行"社会治理"与"文化统合"提供更多的本土经验与启迪。而这种时代课题的挑战与相关性，也会促进社会文化史研究的扩展与深化，特别是与这两大时代课题相关的论题，会受到更多学者的关注。从社会文化史学科的发展逻辑而言，今后的目标是通过大量深入的研究，对于中国社会转型如何进行有效的"社会治理"和"文化统合"两大课题，提出一些基于本土经验而得出的理论，从而参与时代理论创新与推动社会进步。同时，社会文化史贴近时代、贴近民众、贴近社会、贴近生活的内容特点，具体生动叙事的书写表达方式，使得社会文化史的读物会更受知识大众的欢迎，因而有较好的阅读市场前景。

第二，史料数据化与网络化，为社会文化史学者利用大量民间史料提供了便利。社会文化史的研究对象主要在社会、民间、下层、民众，因而所需要的历史资料不再只限于官方记载这一传统史料，而更多地要利用报刊、私人笔记、日记、家谱、社会档案、民间遗存以及各种民间记载。近代以后由于出版业的进步，邮寄流通的便利，民间记载数量宏富。除了文字史料之外，还有大量图画、照片、影像等图像资料，是更为直观、生动、全息化的新史料。近代留存下来的民间历史资料十分丰富，可以说是海量。这种丰富的史料资源，也是导致"社会文化史"率先在中国近代史领域而非古代史领域兴起与发展的一个重要原因。对于如此海量而分散的史料，如果仍然如十几年前那样完全靠手工翻检查阅，作为个体的研究者利用起来无疑十分困难。以前选择研究论题出现微观史乃至细碎化倾向，即有这种史料利用困难的限制因素。但近年来，已有海内外多处学术机构开始对近代史料（包括官方史料和民间史料、文字史料和图像史料）进行数据化处理，而且其规模还在扩展、步伐还在加快。史料的数据化，并通过网络传输，无疑为社会文化史研究者利用海量分散史料提供了便利条件。而90年代中期以后研究者普遍完成电脑换笔，并伴随着电脑技术的快速发展而不断更新换代，加之网络化的快速发展，数码相机、复印机、扫描机、光盘传输等先进技术的普及应用，都使得利用和处理史料的效率无限倍地提高，这对于以海量分散的新史料为主要史料资源的社会文化史研究，创造了更为有利的条件。如图像资料是最能直观、全息反映社会文化内容的新史料，而研究者对其大量的利用与传输，只有借助电脑才能实现。史料是史学研究的食粮，预计社会文化史研究将伴随着史料数据化的发展而有更大的拓展，如近年海内外竞相出版图像社会文化史书籍与电子读物，就是这样一种趋势的印证。

第三，"社会文化史"的发展，昭示了"社会文化交叉视角"新史学范式的优势。经过二十年的发展，"社会文化史"跨社会史与文化史的交叉视角，已经显示了其特有的优势。虽然具体研究还存在一些不足与缺陷，需要不断反省与克服，但研究实践已经表明，这种新的学科交叉视角，使研究者对所研究的问题能够从多层面、多维度审视，因而对之认识更加深入与全面，其研究成果使得我们对历史的认识，推向了一些更纵深、更全面、更精细的领域。同时，社会和文化都是承载、覆盖和渗透于人类活动所有领域的因素，历史学作为一种综合性学科，无论研究主题是政治、经济哪一专门领域，如果借助社会或文化的交叉视角进行多面审视的话，相信都会看到一些只从单一专史视角所未见的面相，会使得研究对象更为丰富饱满，对其的认知更为深入、全面。因而，笔者以为，"社会文化交叉视角"不只适用于"社会文化史"的专属研究领域，也可以作为一种新史学范式，对于以往通史、专史单一视角的史学范式提供有益的补充。事实上近年已经出现了这种趋向，不少研究专史的学者，已经在自己的研究中引入、穿插了社会或文化的视角，或是社会与文化的交叉视角，使得其研究更显新意，显示出了有效的补充作用。因此，相信这种"社会文化交叉视角"的新范式，将不仅对社会文化史的发展，也会对其他史学领域的深入发展发挥有益的推动作用。

（原载《学术月刊》2010年第4期）

从"新史学"到社会文化史

罗检秋

近年来,作为文化史研究的新起点,社会文化史渐受学术界注意,成果增多。但研究现状仍不尽如人意,甚至陷入了无形的困境。这一定程度上缘于研究者理论视野的局限性。论者一般认为,社会文化史"以大众文化、生活方式和社会风尚的变迁为研究对象"。[①] 人们对此可能看法不一,而以大众文化为其研究重心则成为学术界的共识。它相对于以往史学界的政治史偏向和精英重心,可谓另辟蹊径。正因此,社会文化史的理论资源不像政治史、思想史那样积累厚重。在理论探索中,一些人青睐西方"新文化史",援引其理论和方法,将成果纳入这一框架。但事实上,社会文化史与西方"新文化史"虽有相同或相似,而价值取向、理论和方法仍多差异。中国文化具有生命力,文化史研究源远流长,不乏可资借鉴的优良传统。20世纪初,针对传统史学而产生的"新史学"思想曾孕育了众多文化史论著,其主要见解对于社会文化史仍有借鉴意义,值得重新阐发。

"新文化史"简析

20世纪80年代以来,欧美"新文化史"方兴未艾,文化史研究由宏观转重微观,由分析转重叙事,由精英转向大众,对传统史学领

[①] 刘志琴:《青史有待垦天荒(代序)》,见刘志琴主编《近代中国社会文化变迁录》第一卷,浙江人民出版社1998年版,第2页。

域和方法进行了较大调整。近年国内已有论著译介，一些人跟风影从，打出"新文化史"旗号，将或新或旧的研究成果纳入这一框架。有些成果虽不免粗糙、肤浅，但文化史论题因此更新，研究视野随之扩大，写作方法变得生动多彩，其积极意义无疑是值得肯定的。

"新文化史"摒弃宏观分析，转重微观叙事。美国文化史家林·亨特（Lynn Hunt）云：新文化史探讨方向的焦点是人类的心智。"文化史研究者的任务就是往法律、文学、科学、艺术的底下挖掘，以寻找人们借以传达自己的价值和真理的密码、线索、暗示、手势、姿态。最重要的是，研究者开始明白，文化会使意义具体化，因为文化象征始终不断地在日常的社会接触中被重新塑造"。[①] 新文化史偏重大众文化，激励人们写作"自下而上"的历史，关注下层社会和弱势群体，契合了20世纪以来的史学潮流和社会需要；新文化史扩大了研究领域，广涉大众物质生活、社会记忆、身体语言、自我或他者的形象、社会行为（如旅行）等，甚至人类历史上的疯癫、气味、幽默、疾病、欲望、情绪、遗忘、痛苦等都成为研究对象，这不失为文化史研究的一个重要转折和发展；另外，一些优秀的新文化史论著既求学术水准而又兼顾通俗性和大众化，借助"深度描述"而把书写得生动有趣，受众范围更加广泛。如戴维斯（Natalie Davis）的《马丹·盖赫还乡记》文史结合，获得众口交誉，有人称其比同类题材的电影更好。这些长处无疑值得借鉴，与发扬中国史学的优良传统本质相同。

文艺复兴是西方文化史的持续论题，19世纪的布克哈特（Jacob Burckhardt）与20世纪末英国"新文化史"家彼得·伯克（Peter Burke）明显不同。布克哈特以四分之一的篇幅叙述文艺复兴时期意大利的政治制度，凸显出政治对于文化的作用。他阐发了文艺复兴的思想内涵如文学、艺术中的个人主义、自我意识、竞争意识和人文主义倾向，主题包括意大利的道德、宗教以及科学。而彼得·伯克聚焦于意大利近代初期的身体语言、幽默和搞笑表演、英国人在米兰的旅行、热那亚的公共与私人领域、学者文化与大众文化的关系等。总

[①] 参见周兵《西方新文化史的兴起与走向》，《河北学刊》2004年第6期。

之，后者彰显了文化史的多样性，强调文化史反映不同群体的声音和观点，包括胜利者和被征服者、男人和女人、局内人和局外人、当时人和后来人。①

"新文化史"彰显文化传统的多样性和个性，注意认知不同民族文化，与近代学者偏重文化的趋同性，从西化或现代化背景研究民族文化史显然有别。这些学术特色对中国文化史研究仍有借鉴意义，但有些倾向仍值得谨慎对待。

首先，"新文化史"的泛文化观念值得怀疑。彼得·伯克指出：文化史学家的共同基础是"他们关注符号（thesymbolic）以及对符号内涵的解释。符号，无论是有意识还是无意识的，从艺术到日常生活，处处可见"。②"符号"随处可见，文化随处皆是，见之于万事万物。故"新文化史"强调把全部历史当作文化史加以考察，或者对一切现象进行文化史认知，陷入了"一切历史都是文化史"的偏颇。彼得·伯克注意到，"在这些年，几乎所有的事情似乎都已经写成了文化史"。2000年以来出版的一些著作标题或副标题就有"历法文化史，因果文化史，气候文化史，咖啡馆文化史，内衣文化史，考试文化史，美发文化史，恐惧文化史，疲软文化史，失眠文化史，神幻蘑菇文化史，自慰文化史，民族主义文化史，怀孕文化史，烟草文化史，等等"。③ 一切研究对象都被贴上"文化史"的标签，或者一切研究对象局限于文化史视角，这似乎未必恰当。

文化史的价值和特色在于较之政治史、经济史而偏重于人类社会的精神生活。"文化"本质上是精神传统，是不依靠行政命令而形成的自然习惯。物质生活、政治事件和人物固然需要文化史视角和诠释，但如果将社会生活泛化、标签化，则可能导致文化史趋于平庸低俗。有的"某某文化史"，实际上只是"某某史"，既无文化史视角，又缺少对其文化内涵的阐释和分析，本可去掉"文化"二字，名副

---

① Peter Burke, *Varieties of Cultural History*, Ithaca, Cornell University Press, 1997.
② [英]彼得·伯克：《什么是文化史》，蔡玉辉译，北京大学出版社2009年版，第3页。
③ 同上书，第151页。

其实。进而言之，泛文化观念导致"文化"一词成为掩盖庸俗趣味的学术外衣，给对文化一知半解者以可乘之机，甚至给怀疑、贬损文化史者提供口实。另外，漫无边际地将所有历史纳入文化史，则文化史与历史学的区别变得模糊不清。不能体现学科特色的研究，客观上可能导致该学科的淡化甚至消亡。

其次，"新文化史"侧重叙事的碎片化倾向也值得注意。历史学不能停留于"宏大叙事"，文化史研究也不能长期集中于精英思想，而应重视下层社会及不同群体。"新文化史"推崇"深度描述"，20世纪70年代以来，已出版微观史学论著数百种，涉及村庄与个人、家庭与习俗、骚动、凶杀与自杀等内容，丰富了历史题材，拓展了研究领域，但一些描述局限于某人、某地的生活细节，而缺少必要的分析和洞见，不免流于猎奇求异。"新文化史"家也认识到："如果是描述一件耸听但本质上不相干的暴乱或强暴的故事，或是怪人、恶棍或是神秘人物并没有意义。描述对象应该选择那些能使我们对过去的文化有新的启发的人或事。"① 但从微观叙述入手而展现人或事的新启发并不容易。就现当代人的历史常识和兴趣而言，人们一般还难以辨别、分析细小事件的描述，从而获得正确的历史认知。故史学著作既不能全无价值判断，也不能完全排斥有意义、有启发的"宏大叙事"。就发挥史学的社会功能来看，这比有趣、猎奇的"深度描述"或许能达到事半功倍的效果。

最后，"新文化史"的某些论题未必切合中国文化史的实际。中国与西方的文化传统不同，近世中国与欧洲文艺复兴虽多相似，但两者内容和特质仍有差异。近代一些人将两者比附，大多言过其实，体现了对中国文化的期望。中西文化内容出入甚大，论题不必等齐划一，简单照搬。比如，社会记忆和身体语言不失为史学研究的新领域，但近代中国的历史记忆不是自然形成，政府和党派在其建构过程中发挥了重要作用。撇开这些背景，只谈民间社会的历史记忆就可能

---

① 劳伦斯·斯通：《历史叙述的复兴：对一种新的老历史的反省》，陈恒、耿相新主编《新史学》第四辑"新文化史"，大象出版社2005年版，第25页。

见小遗大,似是而非。同样,"新文化史"看重的感观史、情绪史在中国或许不如欧美重要,诸如疯癫、气味、搞笑之类的论题也未必契合中国实际。

例如,"新文化史"系列著作中,柯尔本(Alain Corbin)的《大地的钟声:19世纪法国乡村的音响状况和感官文化》深入描述乡民对钟声的感觉,从而考察其乡村组织和地方认同,而中国的乡村组织和社会认同显然更依赖于宗族。如果研究者对中国宗族社会不甚清楚,而着迷于乡村钟声这类论题,岂非避重就轻,盲人摸象?又如,英国史家罗伊·波特(Roy Porter)的《心灵铸就的镣铐》研究不同时期的"疯癫文化",不同时期对异常人、对傻子的不同看法,自有其价值。而在中国,类似的精神疾病可能会掩盖在五光十色的宗教信仰中,忽视民间信仰的特色和复杂性,可能根本无法洞悉传统中国人的精神世界。至于有人研究的哭泣、排气、内衣等身体史,或者专注于垃圾、厕所等论题,如果缺少文化史的诠释和分析,则近乎猎奇求异、低级趣味了。

一些"新文化史"学者不乏自知之明,20世纪90年代以后亦有所反思,以至于彼得·伯克怀疑"是否会看到新文化史在形式上更加接近传统的历史学?"他认为可能性之一是,出现"布克哈特的回归","即重新对高雅文化的历史给予重视"。[①] 但在中国,一些论者仍亦步亦趋,对其理论和方法缺少省思。笔者以为,"新文化史"的一些经验(如大众文化取向、深度描述方法)不妨作为社会文化史研究的借鉴。但另外,社会文化史仍需要发掘中国史学的理论资源。

"新史学"的取向

在中国,"文化"一词源远流长,文化史也不失为古学。《庄子》"天下篇"综论先秦思想学术流派,可视为最初的文化史论。在晚清

[①] [英]彼得·伯克:《什么是文化史》,蔡玉辉译,北京大学出版社2009年版,第118—120页。

中西融合中,"文化"一词增添了近代意义和西学色彩。众所周知,近代广义的"文化"包括人类社会生活的全部内容,狭义则指精神生活,如知识、信仰、科学、艺术、道德、法律、风俗、习惯,等等。20 世纪早期,中国学者尝试对文化进行诠释、定义,运用其概念著书立说,文化史著作随之出现了。

近代带有民族主义色彩的文化史观,如国粹派、东方文化派凸显了文化传统的多样性和个性,重视精英文化尤其是儒家思想。这与重视大众文化的"新文化史"反差明显,与之更为接近的史学源头是清末出现的"新史学"。需要指出的是,20 世纪初,美国史家鲁滨孙(James Harvey Robinson)也提出建设"新史学",力图扩大史学研究范围,由政治史转重文化史,运用人类学、语言学、心理学等相关学科的方法。其某些倾向(如重视微观研究)与当代西方"新文化史"基本相同,故一些论者强调西方"新史学"到"新文化史"的学术传承性,甚者混而为一,统称为"新史学"。两者是否属于同一史学流派,有多少异同之处,这里姑置忽论,而西方"新史学"对中国史学的影响是在"五四"以后。鲁滨孙的"新史学"与清末"新史学"不无相同或相似,如扩大研究范围、进化史观等,但两者没有直接关联,且差异尚多。

1902 年,梁启超发表了《新史学》等文,汲取了日本学者浮田和民《史学原论》的思想,又直接针对中国史学而论,成为中国史学变革的标志。唯其蕴含丰富的民族性和文化内涵,其学术意义非翻译日人著作所能比拟。中国史学素称发达,较之东西各国而独占鳌头。中国"新史学"产生于民族文化和史学传统之中,本质上带有民族史学的深厚遗传。

"新史学"倡导历史研究由社会上层转向下层。所谓"叙人群进化之现象而求得公理公例者也"。[①] 所谓"人群"的重心不是上层社会,尤其不是帝王将相,而是广大民众。其创新性直接针对传统"正史",即所谓"知有朝廷而不知有国家""知个人而不知有群体"

---

① 梁启超:《新史学》,《饮冰室合集》文集之九,第 10 页。

"知有陈迹而不知有今务"和"知有事实而不知有理想"四大弊端。这种批评今天看来或许不免偏激,但当时并非无的放矢。针对以朝廷为核心的帝王家谱,梁启超凸显了研究民族、民众历史的重要性;针对传统史学的"好古"取向和陈述方法,梁启超重视经世致用的"今务"、赋予历史著作更丰富的思想蕴含。

"新史学"的另一新境界是由政治史转重文化史。历史上的金戈铁马,都市繁华,霸主英雄,皆如烟消逝,留下的只有不断积淀的文化。文化为人类活动的成绩,梁启超给文化的定义是"文化者,人类心能所开积出来之有价值的共业也"。它"是包含人类物质、精神两方面的业种业果而言"。"物质的文化"是指"衣食住及其他工具等之进步";而"精神的文化"则指"言语、伦理、政治、学术、美感、宗教等"。他借用佛语,称"文化"为"有价值的共业",人的"创造心、模仿心及其表现出来的活动便是业种",其结晶便是"业果"。此时,梁启超心中的文化相当宽泛,包括物质文化的成绩。①

1927年,梁启超构想了编撰《中国文化史》的宏大计划,但对于工作繁忙而健康每况愈下的他,这只能成为未竟之业,仅写出不到10万字的"社会组织篇"。该篇结构恢宏,征引繁博,共分八章,包括"母系与父系""婚姻""家族及宗法""姓氏""阶级""乡治"和"都市"七个专题。其中阶级一题分上下两章,叙说历代等级和阶层,与后来的阶级概念有所不同。② 该书运用近代观念,勾勒、分析了古代氏族社会、婚姻形态和宗法、等级制度。这些观念和方法在当时较为新颖且带西学色彩,体现了"新史学"注重民众、研究民族的取向。

《中国文化史·社会组织篇》内容宽泛,材料丰富,既不完全排斥"正史"资料,又没有集中于精英思想。该篇取材于历代典籍、正史,而有些叙述,如关于传统"姓"与"氏"的分析、以新会茶坑村为例来说明"乡治"的情况等,均独具价值。此篇之作,仍取广义的文化。

---

① 梁启超:《什么是文化》,《饮冰室合集》文集之三十九,第97—104页。
② 梁启超:《中国文化史·社会组织篇》,《饮冰室合集》专集之八十六,第1—100页。

按梁启超的说法，人类有了"社交的要求心及活动力"的"业种"，于是就有言语、习惯、伦理等"业果"；有了智识的、爱美的、超越的要求心及活动力的"业种"，于是就了著述、文艺、美术、宗教等"业果"；同样，有了"组织的要求心及活动力"的"业种"，就有了"关于政治、经济等诸法律""业果"。① 他把人类社会组织看作精神生活的直接产物，体现了注重精神和制度文化的特色。梁氏重视民间社会，所谓社会组织，显然是古代城乡的下层社会组织，而非政府结构。从倡导"新史学"到撰写文化史，其中学术逻辑一脉相承。

"新史学""新文化史"之异趣

中国"新史学"强调书写社会民众的历史，与西方"新文化史"关注市井小民的日常生活、感情和行为大致相同。但由进化论孕育而生的"新史学"是融合中西、衔接今古的近代史学，与西方后现代语境中产生的"新文化史"差异甚多，值得注意。

"新史学"受进化论滋润，体现了近代史学的科学化色彩，所谓"叙人群进化之现象，而求得公理公例者也"。故在梁启超看来，史学应重视对历史规律的认识和总结，是主观和客观的统一，历史哲学不可或缺。同时，历史研究也是一门科学，不排斥科学方法，比如整理史料运用归纳法，叙述社会运动而究其因果。唯其如此，"新史学"揭示民众生活的细枝末节，却不排斥"宏大叙事"。梁启超提出："故善为史者，必无暇龂龂焉褒贬一二人，亦决不肯龂龂焉褒贬一二人。"② 梁氏晚年的许多论题均趋于实证而深入，但多属"宏大叙事"。20世纪以来，中国史学一度因政治化、工具化偏向而误入歧途，"以论代史"的空虚学风，千篇一律的宏观叙述积弊成习，无怪乎成为近年史学反思潮流的众矢之的。但是，矫枉不必过正，相对主义、感觉主义则很难成为历史学的思想主流。

---

① 梁启超：《什么是文化》，《饮冰室合集》文集之三十九，第104页。
② 梁启超：《新史学》，《饮冰室合集》文集之九，第27页。

再则,"新史学"蕴含鲜明的价值评判。梁启超将文化看作"有价值的共业",强调史学的目的在于将过去的事实予以新意义和新价值,以供人资鉴。其研究对象的选择和论述均有鲜明的价值取向。故梁著"文化史"基本不涉及历史上负面的、落后的事物和现象。这与"新文化史"囿于后现代语境,淡化价值评判和规律性探索是显然不同的。

尤其值得注意的是,"新史学"没有忽视和排斥精英文化,与"新文化史"大异其趣。精英文化、大众文化之分的讨论已历半个世纪,见仁见智。两者虽非泾渭分明,但仍不失为研究文化类型与交融的有益途径。梁启超晚年对"文化"再加辨析,认为它有广义、狭义之分,"广义的包括政治、经济,狭义的仅指语言、文字、宗教、文学、美术、科学、史学、哲学而言"。梁启超重视精神生活,认为"狭义的文化尤其是人生活动的要领"。"人所以能组织社会,所以能自别于禽兽",就是因为有精神生活或狭义的文化。① 梁著文化史以精神生活为重心,涉及各社会群体的学术、观念和精神世界。

作为古代精英思想结晶的传统学术一直是梁启超史学的重心。在他看来,"学术思想之在一国,犹人之有精神也;而政事、法律、风俗及历史上种种之现象,则其形质也"。② 他重视分门分类地整理人类文化成果,列举的文化专史包括语言史、文字史、神话史、宗教史、学术思想史(其中又分道术史、史学史、自然科学史、社会科学史)、文学史、美术史等。这些专史以精英文化甚至是精英思想为焦点。当然,文化史不是专史的简单相加,而需要对文化现象和成就作整体、综合性的研究和阐述。尽管如此,专史仍然是深化文化史研究的必要台阶。

在精英思想的形成、建构、扩散和衰退过程中,在精英文化与政治运作、经济增长的相互作用中,大众文化是不可缺少的媒介和平台。反之,大众文化研究也不可能无视精英思想。近年一些文化史研究者追趋

---

① 梁启超:《中国历史研究法(补编)》,《饮冰室合集》专集之九十九,第124页。
② 梁启超:《论中国学术思想变迁之大势》,《饮冰室合集》文集之七,第1页。

"新文化史"，排斥精英思想，一定程度上是为了使文化史区别于哲学史、思想史。其实，它们虽然均涉及思想、观念，而差异是相当明显的：文化史重视一般民众零散的、不自觉的、缺乏理论色彩的观念和信仰，而思想史、哲学史聚焦于思想家、哲学家具有理论色彩、成系统的思想和观念，追求更严肃、准确的分析和论证。文化史虽然也涉及精英思想，但兼重一般个体或群体的情感和心态，研究思想产生、流播、变异和消亡的语境，这些均在一般哲学史、思想史范畴之外。

一个世纪过去了，文化专史不断产生，基于专史的综合性文化史亦不罕见，但不少是雷同、因袭之作，而所谓综合性研究又多流于专史的简单相加或改头换面。这些文化史偏重于精英文化，有些很难与现今的哲学史、思想史区别开来。一些文化史论著除了对政治、经济背景的概述之外，精英文化似乎与社会无关。这或许是有些文化史研究者排斥精英文化的另一缘由。

"新史学"：社会文化史的借鉴

20世纪90年代以来，文化史研究步履艰难，一些学者提出了"社会文化史"取径，相关专论也随之出现了。其中有些注重资料，为进一步研究奠定了基础；有些尝试理论探索，为深化研究提供资鉴。有关社会文化史的理论探索中，西方"新文化史"仍然可资借鉴，但如何发扬中国史学的优良传统？"新史学"思想仍有意义。

社会文化史"贴近社会下层看历史"，取重大众文化。近年海内外的大众文化史方兴未艾，研究大众生活、风俗习惯、民间信仰的论著接踵产生。这种转变弥补了以往偏重精英文化史的局限，也与"新史学"取向一脉相承。但是，社会文化史不能走向排斥精英文化的另一极端。其倡导者也提出注意精英文化和大众文化的相互影响和制约，关注"精英文化社会化"问题。[①] 近年有的研究者明确提出：

---

① 刘志琴：《青史有待垦天荒（代序）》，《近代中国社会文化变迁录》第一卷，第14页。

社会文化史"既不能脱离大众文化，亦不能忽视精英文化"。① 社会文化史不排斥精英思想，只是对其认识、论述的角度与哲学史、思想史论著不同。

这种学术包容性恰恰是缘于大众文化本身。大众文化与经济环境、政局变化相关，但直接受精英文化的引导。古人说"上行下效"，民风随士风而变。清中叶经世学者梁章钜曾云："昔人言变民风易，变士风难。变士风易，变仕风难。仕风变则天下自治。然仕风与士风却是一贯。士习果正，则仕风未有不清者，此正本清源之说也。"② 在缺乏制度建设而依赖道德修身的传统社会，士绅的社会角色无疑是重要而特殊的，士风对官风、民风的引导作用确实不可小觑。清末梁启超也指出："自古移风易俗之事，其目的虽在多数人，其主动恒在少数人。若缺于彼而有以补于此，则虽弊而犹未至其极也。"③ 他有感于晚清社会风气，推崇宋明士人的礼义廉耻之论，强调士人对移风易俗的意义。

风俗变迁很大程度上取决于精英思想与社会生活的交融和互动。晚清知识界改良风俗的主张既以近代生活方式为参照，而又有传统思想渊源，与清代士人观念、礼学主张无不关系。另外，近代改良思想又以不同形式渗透于民间，从不同渠道引导、塑造了社会风尚。两者对社会生活和风俗均有重要意义。因此，社会文化史的研究对象既有大众文化，又有士人文化；既关注社会风尚，又涵盖精英思想。这与"新史学"的广泛包容性完全一致。当然，与哲学史、思想史不同，社会文化史的重心不在精英思想本身，而是其社会运行，以新视角、新方法来研究精英文化的社会化。比如，思想史、哲学史家研究经典文本的内容，而社会文化史则考察该文本在不同社会群体中的流播、变异和影响等。

---

① 梁景和：《关于社会文化史的几个问题》，梁景和主编《中国社会文化史的理论与实践》，社会科学文献出版社 2010 年版，第 31 页。
② 梁章钜：《官常一》，《退庵随笔》卷四，上海文明书局"清代笔记丛刊"，民国元年刊本，第 1 页。
③ 梁启超：《新民说·论私德》，《饮冰室合集》文集之四，第 125 页。

就写作方法而言，历史著作既是生动有趣的故事，又不排斥科学化分析。"新文化史"的微观叙事和深度描述固然可为社会文化史借鉴，但并不是唯一途径。宏观的理论探讨，综合、贯通的研究，深入的分析和论辩，仍然是社会文化史不可或缺的。这方面，"新史学"的理论和实践仍有价值。梁启超晚年认为，"真想治中国史，应该大刀阔斧，跟着从前大史家的做法，用心做出大部的整个的历史来，才可使中国史学有光明、发展的希望"。① 梁氏心目中的"大历史"不是传统的纪传体通史，而是研究各社会群体的综合研究。这类著作理当建立在扎实研究的基础上，而不是简单拼凑，重编成果。同时，做"大历史"者需有成熟的理论创新和研究思路。他的《中国文化史》或许就是该主张的尝试，唯因精力、时间所限，仅撰写了"社会组织篇"。因种种局限，当代不易出现古代那样的大史家，但汲取中国史学的优良传统，避免史学研究的碎片化还是可能的。

同样，社会文化史仍然需要寻求意义和价值，不能排斥对历史规律的探讨。梁启超认为，"历史所以值得研究，就是因为要不断地予以新意义及新价值以供吾人活动的资鉴"。② 中国史学有载道、表道的传统，明义不详事的《春秋》便是其宗师。梁启超的主张并无新奇之处，但对于史学非价值化偏向仍然是药石箴言，对社会文化史研究也有启示。

社会文化史的新视野

社会文化史当然可以作为一种研究视角。历史上的政治事件、经济现象、英雄传奇都不是孤立地存在的，必然与文化环境、社会状况密切相关，从社会语境、人际网络、文化蕴含对其进行阐释和分析，都可看作社会文化史的研究范畴。但社会文化史的使命不限于研究视角，而有其特定的领域、论题。笔者以为，关于深化、拓展社会文化

---

① 梁启超：《中国历史研究法（补编）》，《饮冰室合集》专集之九十九，第168页。
② 同上书，第1页。

史研究的问题,不必过多地讨论定义,不妨具体地思考一下有待深化、加强的论题,故以下方面尤需注意。

1. 不同群体的精神生活。社会文化史关注社会生活,其研究对象无疑可以涉及物质生活的成果和轨迹,而重点是人类社会的精神生活或者说心智。多年来,涉及精神成果、精神生活的文化专史洋洋大观,但偏重于精英阶层或著名人物。对大众文化的研究则集中于物质生活、风俗习惯,国外的中国大众文化史也密集于民间宗教和地方戏曲,研究大众精神生活的论题略显狭窄而浮浅。文化和文化创造者不能完全等同。精英文化的创造者并不都是社会精英,下层民众也直接或间接地为精英文化的形成添砖加瓦。《诗经》作为儒家经典,长期作为精英文化而存在,但《诗经》中的"国风"则无论是古代的创造者,还是后来的传播者,皆有大众参与,而其文学形式也有民间文化色彩。反之,社会精英也可能是创造大众文化的积极参与者、引导者。民间宗教迷信一般被视为大众文化,但崇信者不限于乡民或城市平民,许多文人学者、官绅也是虔诚信徒。有的文人学者还参与了民间宗教仪轨和理论的创造过程,成为神灵的代言人。直到清末民初,因种种需要,官绅祭祀鬼神的仪式也较之民间更为隆重。

如果将研究视野稍加扩展,则精英和大众的精神生活均较以往的论题更为丰富。传统士人的精神生活不限于"孔门四科"(义理、经济、考据和文章)或者琴、棋、书、画等高雅休闲。有些仕宦之家的儒学不是信仰,而是生存之道。士、商的联姻网络、迷信观念、戏曲嗜好、游乐休闲等,皆足以展现不同时代、地域的士人心态和精神境界。这些看似平淡的精神生活是深入剖析其思想、学术,乃至某些文化现象的重要途径,甚者有益于认知一时一地的政局和风气,显然值得多加关注。

另外,下层社会和边缘群体的社会生活也不总是那些婚丧嫁娶和多神迷信等所谓世俗文化。他们的观念、信仰和精神世界原本丰富多彩,见诸日常生活的方方面面。比如,民谣、民谚虽由口头相传,却具有鲜明的时代性和社会意识。其中有些带有明显的政治色彩,反映了民众所思所想,隐含对政局和统治者的不满;有些则蕴含民众的生活信念和家教传统。

"五四"以后，一些学者面向大众文化，整理民间歌谣、民俗和民间故事等。其后，"整理"工作已卓有成效，但多为民俗学或人类学课题，史学家参与较少。于是，这些"整理""研究"偏重于描述，而忽略历史的、文化的阐释，因此大众文化的丰富蕴含也难以体现。严格地说，目前许多涉及大众文化的论著实为"文化研究"，而非"文化史研究"。

2. 社会视野中的精英文化。如同"新文化史"一样，社会文化史关注社会边缘群体和弱者，揭示他们的日常生活和精神世界，但并不排斥、忽视精英文化。精英人物生活于社会之中，精英思想孕育于复杂的社会环境。对于精英思想的研究不能囿于政治解说，或者说政治关联，而需要广阔的社会视野。社会文化史的长处在于揭示孕育精英思想的社会蕴含，对精英人物的个人经历、家族环境、社会心态和地域文化等予以充分注意和阐释。另外，社会文化史也当重视精英思想的社会化过程，梳理精英思想在不同群体间的流播、对大众观念和风习的影响及局限。

艾尔曼（Benjamin A. Elman）的《经学、政治和宗族——中华帝国晚期常州今文学派研究》一书，考察了常州庄氏与乾隆朝政、今文学派复兴的关系，被视为打通思想史和社会史的力作，无疑可资借鉴。但除常州庄氏之外，清代汉学群体尚多，皆各具学术特色；除朝政之外，影响汉学兴衰、衍变的因素非常复杂。目前人们对清代汉学的家学传衍、师承和地域性等方面研究仍相当薄弱。宗族环境不仅与朝政相关，而且对士人的学术认同具有广泛意义。如果说书院教育孕育一方学风，那么，家学对汉学趋于精深更显价值。同时，师承是汉学传播、衍变的重要途径，汉学家的学术交游、学术认同也带有地域性。总之，解析乾嘉汉学的社会、文化语境，或者说考察其社会运行，是认识汉学家的学术理念、包括"实事求是"旗帜的重要途径。

从社会视野中研究精英文化，论题超越了政治变局或经济兴衰，境界势必豁然开朗。比如，清代以来的官风、士风和民风的关系仍然是荆棘丛生的处女地。嘉道年间的士风变化引人注目，成果不少，而当时士风与民风的关系究竟如何？鸦片战争时期所谓"百姓怕官、官怕洋人、洋人怕百姓"的社会心理是如何形成的？这些目前仍缺少研究。① 民国知识界的思想变动是近年研究热点，论著集中于精英思想与五四运动、北伐、抗日战争等政治运动之间的政治解说。而对个人经历的偶然性、家族文化和地域文化等因素注意不够。在近代一些"没有意义"的年代，精英思想多少发生着静水深流般的变化，考察当时的多重语境和社会心理，无疑可加深对精英思想的认知。

3. 士庶文化的交融与歧异。精英文化与大众文化并非决然两分，却不失为分析文化类型的有益途径。近年文化史的热门论题，诸如社会风俗、休闲娱乐、戏曲观赏、大众阅读等都不乏论著，形成对以往精英文化重心的调整，既契合了"新史学"传统，又接近"新文化史"取向。但现有大众文化研究少有士人群体的影子，对精英文化与大众文化的复杂关系也缺少实证研究。所谓大众与精英间并不是泾渭分明，而是水乳交融，两者的异同离合、相互作用仍待进一步梳理。

值得注意的，首先是两者同异互见的情形。传统士人所谓"子不语"议题，多是儒家的冠冕之词，实际上却为士人深信不疑，这在清代士人的文集、笔记中有丰富记载。其次，近代不同文化传统的相互转化表现得相当鲜明。19世纪70—80年代的早期维新思想，开始只是一些商人、市民对传统经济体制、文化束缚的不满情绪和异议。这些思想最初与正统文化格格不入，但经过数十年的自强、维新，早期维新思想逐渐得到清末政府的承认，得以在"清末新政"中推行。同样，"五四"精英对三纲五常的批判和改造，契合了晚清以来的民间社会心理，反映了民间已有的部分事实，但又成为近代道德变迁的引擎。

精英文化与大众文化本来边际模糊，互相渗透，如何阐述两者的复杂关系虽是见仁见智，文章不少，但至今仍缺少力作。笔者认为，

---

① 鸦片战争前后士大夫内部的思想变动，仍可参阅 Polachek, James M *The Inner Opium War Cambridge（Mass）and London*：The Councilon East Asian Studies, Harvard University Press, 1992。

选择其中一些能体现两者复杂关联的论题进行实证研究，不失为有益尝试。比如，晚清以来的京剧最初属于大众文化，但在光绪年间"供奉内廷"后，京剧接受了士大夫的伦理观念，音乐、服装和表演艺术不断完善，忠孝节义的内涵更为凸显了，一些剧目在宫内演出时改换了思想主题。如民间《桑园会》包含对秋胡夫权思想的嘲笑和揶揄，宫中演出的秋胡戏妻却渲染了男尊女卑的意识；民间《连环套》《骆马湖》《恶虎村》等戏包含对黄天霸无义行为的揭露和谴责，宫中演出却渲染了黄天霸的忠于朝廷和大义灭亲。后者已经充斥了正统观念，宫中京剧体现了不同文化传统的融合。而京剧艺术趋于成熟的"五四"时期，新思潮对旧剧的冲击前所未有，剧界则不认同新文化人的激进主张。清末民初一度出现的中西戏剧融合之局，到"五四"时期则随着京剧与话剧渐趋成熟而明显分流。它反映了新思潮冲击下，精英思想与大众文化的明显歧异。① 总之，社会文化史既涵盖大众文化，又牵涉精英文化，且应研究两者的复杂关系。

4. 精神生活的正负面关系。文化史首先是研究"有价值的共业"，包括物质文化的进步，精神文化的成果。但伴随着历史进步，人类社会滋生了许多精神阴影和负面现象。如自杀、吸毒、奢侈、淫乐等现象皆不是某一社会群体的人性弱点，而是植根于辽阔的社会土壤。这些负面因素是认识、评判正面精神文化的参照。现有著述对这些负面现象不乏描述，有些近乎"黑幕小说"，但如果对其缺乏必要的分析和评判，则不是社会文化史追求的目标。

值得注意的是，负面现象与正面思想、观念并非毫不相干，两者往往是相反相成，甚至不乏种瓜得豆、求仁成恶的现象，如风行近代的文明风尚。"文明"，这个看起来全民信仰的价值理念，在近代中国实际上并非至善至美，而明显地带有工具化色彩。晚清许多人将来自外洋的日用器物、婚丧礼仪、饮食消费以及休闲娱乐都贴上了"文明"标签。至清末民初，"文明"引领着都市社会的生活时尚，

---

① 见拙文《士庶文化的貌合神离——五四新潮中的京剧舞台》，《人文杂志》2009年第5期。

也成为思想领域的价值尺度。但近代文明风尚一开始就与奢侈消费结下了不解之缘。许多人对其真实内涵一知半解,却借以附庸风雅,甚至为私利、私欲寻找依据。即使某些文明礼仪也不例外。受人推崇的"文明结婚"实际多奢侈铺张,较之旧式婚礼的繁文缛节并不逊色。当然,近代中国人的文明观念并非整齐划一,一些学者、思想家对西方文明观多有辨析,对蕴含复杂的文明风尚也进行了剖析和反思。①如何广泛而深入地探讨正面思想、观念与负面社会现象之间的复杂关联,仍然是亟待加强的学术课题。

以上所述,仅仅是拓展和深化社会文化史研究的一孔之见,类似论题当不止于此。总之,社会文化史不能长期停留于对风俗、风尚的描述,既需拓展原有的研究领域,又有待于理论提升与思辨。

(原载《史学史研究》2011年第4期)

---

① 见拙文《清末民初知识界关于"文明"的认知与思辨》,《河北学刊》2009第6期。

从本土资源建树社会文化史理论

刘志琴

一 走上人文学科前沿的社会文化史

史学在人文学科中是历史最悠久、知识最密集的学科。它广涉人类生存、发展的广阔领域，既有物质的、制度的内容，又包括非物质的精神活动和风俗民情。改革开放后，随着文化史和社会史的复兴，史学研究突破既定的框架，表现出生机勃勃的活力，以丰富的题材和多向度的视角，刷新了史学的风貌，史书从枯燥无味的说教，变为生动具体的叙事。

文化史本是历史学和文化学交叉的综合性学科，它是在近代中国形成的新兴的学术领域，兼有与社会史共生、共荣的特点，又各有特定的研究对象和知识系统。伴随现代学术的积累和开发，各门专业之间经常交叉，到一定程度发展出边缘学科乃是现代科学发展常有的现象。在法学与哲学之间兴起的法哲学，对法学的发展是具有革命意义的建构；从语言学与哲学交叉中产生的语言哲学，被认为是对思维和存在关系的一种突破。尽管这些新兴学科还很稚嫩，有的也存在学术分歧，但毫无疑义的是，它以跨学科的长处，提出新的见解，愈来愈引起学术界的重视。近年来在国外兴起大文化史的概念，国内有社会文化史的兴旺，不同国别有相似的学科出现，说明社会文化本身乃是人类社会共有的现象。社会文化融通物质生活、社会习俗和精神气象，从上层与下层、观念与生活的互动中，揭示社会和文化的特质，这对历史悠久、积累深厚的中国文化传统来说，更具有本土特色和发展优势。

在当前的社会文化史著述中，普遍存在叙述烦琐、细碎的现象，有的按词条堆砌材料，进行简单的描述。社会文化史研究的对象大都是具体的细节，但这不等于研究的碎化和支离，能不能对零散、割裂的资料进行统合研究，关键在于是否有理论的支点，这是建构学科大厦的重要支柱，有了理论来搭桥架屋，那些零散的砖石、瓦块才能成为有机的整体。

西方人类学、新社会史、大文化史、民俗学等最新理论和方法的引进，对正在发展的中国社会文化史研究起了重要作用。杜赞奇的《文化、权力与国家》、周锡瑞的《义和团运动的起源》、孔飞力的《叫魂：1768年中国妖术大恐慌》等著作中译本的出版，在学术界有热烈的反响，也有人尝试借鉴其研究方法，并取得丰硕的成果。一般来说，作为人文学科，有它普遍的法则，可以在不同的国家、民族中发挥作用，然而，基于西方文化背景形成的学术话语，未必完全符合中国的国情。如在西方民俗学中把渔猎民族的神职人员都叫萨满，可在中国，这一名称特指通古斯族的神职，用西方的萨满信仰来分析满族的萨满信仰，就会发生错位。中国自古以来的礼俗观念和礼治，在西方也很难找到相应的词汇。

一门学科的建构首先要有科学的概念，而概念的形成并非一蹴而就，有时通行已久的概念，也会经受新形势的挑战，当前哲学界关于有无中国哲学的争论，就源于哲学概念的不确定性。一个概念会关系一门学科的盛衰，这是新学科尤须重视的经验。

哲学史本是外来学科，"哲学"一词也是古希腊的用语，并非中国固有的词汇，19世纪末由传教士引进，成为西学的话语之一。而对"哲学"概念作出最早解释的是王国维，说"夫哲学者，犹中国所谓理学云尔"；又说"哲学为中国固有之学"[①]，将西来的哲学等同中国的理学。这说明中国学者最初是参照中国传统思想来认识哲学

[①] 佛雏校辑：《王国维哲学美学论文辑佚》，华东师范大学出版社1993年版，第1页。

的。五四新文化运动的领军人物胡适,其《中国哲学史大纲》成为中国思想史研究的开山之作,可这部著作在金岳霖看来,"难免有一种奇怪的印象,有的时候简直觉得那本书的作者是一个研究中国思想的美国人"。① 胡适不仅把中国哲学史写成西方化的哲学史,其笔下的哲学史与思想史也难分难解,此种套用西方哲学概念和框架写就的中国哲学史,对中国学人来说,既不生疏,也不熟悉。许多哲学概念,如感性与理性、个别与一般、存在与本体、假设与实验、唯物与唯心等,是中国传统典籍从未应用的语词,在观感上是陌生的,在内容上却依然相识,因为阐述的对象和内容仍是四书五经、诸子百家。所以这一新型的学说对中国人是不生不熟,从这方面说,中国哲学史从一诞生就成了夹生饭,这也势必带来不良的后果。

用西方哲学的观念和方法解释中国思想家的思想,这一思路主导中国思想史研究,造成思想史与哲学史的边界长期混淆不清,直到近几年才有将这两者相区别的自觉。试看现代著名的思想史或哲学史的著作,如胡适的《中国哲学史大纲》,冯友兰的《中国哲学史新编》,侯外庐的《中国思想通史》,钱穆的《中国思想史》,任继愈的《中国哲学史》,杨荣国的《中国思想史》,等等,诸多著作是哲学史又似思想史,是思想史又似哲学史。这两者所以很难区分,是因为思想史用以分析对象的概念、阐述的体例和框架与哲学史大同小异,学术词语极其相似,所以这两者既有分别而又分别不清,这已成为当今中国哲学史的通病。

一门学科发展一个世纪,竟然遭遇是否具有合法性的诘难,哲学面临如此重大的困境,自然也成为思想史的困惑,因此提出为中国哲学寻根,中国思想的根在哪里的问题。呼声最高的是贴近生活、建立中国的理论体系。汤一介提出,从中国典籍中发掘解释系统,创建不同于西方的解释学;李泽厚将生活提高到新高度,认为生活是历史的本体;黄玉顺则把传统儒学归结为生活儒学;葛兆光认为思想史应扩

---

① 金岳霖:《审查报告二》,冯友兰《中国哲学史》附录,中华书局1981年版。

大到一般知识和民间信仰的范畴。① 从当代哲学的自省中,可以看到生活研究对中国思想形成的重要价值。

20世纪西方文化哲学的一个重要倾向,是将日常生活提高到理性层次来思考。胡塞尔对"生活世界"的回归,维特根斯坦对"生活形式"的剖析,海德格尔有关"日常共在"的观念等,表明一代哲人均把注意力转向日常生活的研究。从物质生活到精神生活,将人类文化的外显形式与深层的价值内核结合起来考察,体现了人文社会科学研究深化的趋势。

社会文化史既以研究生活为本,责无旁贷地要担当从生活中建构中国文化观念的系统、建立自己的学科理论的重任,这一领域的研究成果必将丰富甚至改写中国哲学史和思想史,社会文化史也因此走向人文学科的前沿。

二 从生活日用中提升中国理念

社会文化史以生活方式、社会风俗和民间文化为研究对象。其研究的内容与社会史、民俗史和文化史有交叉,不同的是它不是个别的单个研究,而是对这三者进行统合考察,对生活现象作出文化解析和社会考察;从一事一物的发展和上层与下层的互动中,引出深度的阐释和思考。似文化史,可不是精英文化史;似社会史,但并非单纯描述社会现象;有思想史内涵,却迥异于传统的观念史。简而言之,可称之为富有思想性的社会生活史。这样一种研究思路,最能展现中国传统社会、文化思想的本土特色。社会文化史在中国有丰富而深厚的历史资源,足以创生不同于西方文化的中国理论。

生活包含物质的、非物质的文化遗产,内容广泛而丰富。以生活为本,具有人类性,不分民族、国别,无论中外古今,也不论文明发

---

① 汤一介:《创建中国解释学问题》,《学术界》2001年第4期;李泽厚:《历史本体论》,生活·读书·新知三联书店2002年版;黄玉顺:《复归生活重建儒学》,《人文杂志》2005年第6期;葛兆光:《为什么是思想史——"中国哲学"问题再思考》,《江汉论坛》2003年第7期。

展的先进和落后，凡是有人类生存的地方，都要对人类自身的来源、生存和发展作出自己的解释，这是一个族群生存发展必须具有的人生态度和对世界的认识。

首先要认识什么是中国特色的生活观念。

生活，是人类生存的基本需求。不同国家、种族和地区的人们，都需要吃饱穿暖，而对生活的理解却各有不同。生活作为研究的对象，是一个古老的命题。但生活是源于人的创造，还是神的恩赐，在中西文化中各有不同的解释。西方文化通常把生活来源追溯为上帝的恩赐，而在中国人的心目中，生活原料的创造者不是上帝和神仙，而是中华民族的祖先黄帝。古籍记载，从黄帝开始才有了衣服、旌冕、房车和播种耕作，蒸谷为饭，采药为医。传说中燧人氏取火，有巢氏筑屋，伏羲氏养牲畜，神农氏种谷，受到后代尊崇的先人们，无一不是在衣食住行中建功立业。

所以黄帝受到中国人的崇拜，不仅因为他是中华民族的祖先，还因为他教民农耕、熟食、建房、造车，是缔造中国人生活方式的始祖。由他发明的"饮食"成为儒家文化的核心思想——礼的本源。《礼记·礼运篇》说："夫礼之初，始诸饮食，其燔黍捭豚，污尊而抔饮，蒉桴而土鼓，犹若可以致其敬于鬼神。"爆粟粒，烤小猪，挖土坑盛酒，用手掬饮，再用草槌敲地取乐，这大约就是先民视为美食美酒的盛事，用自己最得意的生活方式祭祀鬼神，表示对祖先和神灵的崇拜和祈祷，这就开始了礼仪的行为。据王国维考证，在食器中盛放玉，是礼字的原初形态，此种食器也就成为至尊至荣的礼器。所谓礼之初始诸饮食，揭示了文化现象是从人类生存的最基本的物质生活中发生的，这是中华民族顺应自然生态的创造，也表现了日用器物与观念形态不可分解的因缘。

"生活"，在中国是古老的用语，它的原义只是生命的延续。《尚书》云："流谓徙之远方；放使生活。"《孟子》说："自作其灾孽，不可得而生活也。"东汉应邵的《风俗通义》记载，秦始皇释放燕国的人质太子丹，使他"可得生活"。在古人眼中，给犯人流放、释放人质回国，或诅咒对手不得活命，都称之为"生活"，这是让人活下去或不让人活，使生命继续存在或不存在，因此"生活"与"活命"是同一意义。

活着，是人类来到世界的第一需要，活着才能实现生命存在的意义。为了活着，首先要有供应身体成长的生活资料，古人对此统称为"日用器物""服食器用"或"百姓日用"。在《尚书》《诗经》中就已提出日用器物的概念，有关"服""食""器用"的用词，出现在《论语》中有111次，《孟子》中有218次，两者相加高达329次。① 以如此高的频率出现在儒家的经典著作中，充分表明早在先秦，百姓日用之学就已经成为儒家的经典之教。嗣后的诸子百家没有不对器用进行论述的。到明后期，在理学中出现泰州学派，王艮认为："圣人经世，只是家常事。"② 李贽提出："穿衣吃饭即是人伦物理。"③ 将日用之学提到新的高度，促使这一学说发展到极点，以芸芸众生穿衣吃饭的欲望，突破以天理克制人欲的禁锢，萌生早期启蒙思潮。

日用之学发生、发展的过程，也是伦理观念不断渗透到日用器物的过程。日用器物本是人类劳动的产品，按照人们的意愿，用自然界的原料加工成适合人们使用的器物，以改善和提高生活水平，这是社会文明和生产者聪明才智的表现。就这些成品本身而言，乃是无知无识的客观存在，古代思想家却给这无知无识的存在物赋予"道"的含义。"道"是什么？是伦理化的观念，"形而上者谓之道，形而下者谓之器"，这句出自《易经》的名言，在该书的注疏中释为："道是无体之名，形是有质之称。凡有从无而生，形由道而立，是先道而后形，是道在形之上，形在道之下。故自形外已上者谓之道也，自形内而下者谓之器也。形虽处道器两畔之际，形在器，不在道也。既有形质，可为器用，故云'而下者谓之器'也。"④ 王夫之对此补充说：

---

① 笔者据杨伯峻《论语译注·论语词典》（中华书局1962年版）和《孟子译注·孟子词典》（中华书局1963年版）统计。

② 袁承业：《王心斋先生遗集》卷一，"语录"，《王心斋全集》，江苏教育出版社2001年版，第5页。

③ 李贽：《答邓石阳》，《焚书·续焚书》，中华书局1975年版，第4页。

④ （魏）王弼、（晋）韩康伯注，（唐）孔颖达疏，陆德明音义：《周易注疏》卷11，"系辞上"，上海古籍出版社1989年版，第263页。

"无其器则无其道。"① 就是说器由道而生，无道不成器，故道在形之上，器为形之下，这上下之别，是因为道为器物之本源，但是无器也就没有道的存身之处，所以这道和器虽有形上和形下之分，两者却密不可分，道是器的内涵，器是道的外在形式，器有粗细之别，道也有深浅之分，两者相依共存。所以这"器"在常人看来是家常日用，在圣人看来却是"道"之所寓，即器即道是成圣的体验。一方面是圣人的眼光下移到家常事，另一方面是将日用事物伦理化，从这里可以理解朱熹所谓"盖衣食作息只是物，物之理乃道也。将物便唤做道，则不可。且如这椅子有四只脚，可以坐，此椅之理也。若除去一只脚，坐不得，便失其椅之理矣。'形而上为道，形而下为器。'说这形而下之器之中，便有那形而上之道。若便将形而下之器作形而上之道，则不可。且如这个扇子，此物也，便有个扇底道理。扇子是如此做，合当如此用，此便是形而上之理。天地中间，上是天，下是地，中间有许多日月星辰，山川草木，人物禽兽，此皆形而下之器也。然这形而下之器之中，便各自有个道理，此便是形而上之道。所谓格物，便是要就这形而下之器，穷得那形而上之道理而已，如何便将形而下之器作形而上之道得！饥而食，渴而饮，日出而作，日入而息，其所以饮食作息者，皆道之所在也"。② 从日用器物中体认天理人情的无所不在，由此得出"格物致知"的知识论。人们不仅从文本的传授和阅读中接受伦理教育，也从日常生活消费与物质用品中接受伦理教化，对不识字的"愚夫愚妇"来说，后者更是接受教诲的主要渠道，这就是百姓日用之学的价值所在。

对物的伦理化还形成中国思想史的一系列概念。从先秦儒学、汉代经学、魏晋玄学到宋明理学，历代的鸿儒硕学无不善于从日常生活中阐扬哲理，并从具体的器物层面，上升到抽象的理念。在中国思想

---

① 王夫之：《周易外传》卷5，"系辞上·传第十二章"，中华书局1977年版，第203页。
② 《朱子语类》第4册，卷62，"中庸一"，中华书局1986年版，第1496—1497页。

史中覆盖面最广的两个概念是"礼"和"法"。"礼"的字形据王国维考证是"盛玉以奉神人之器"①;"法"在甲骨文中又作"彝"字②,此乃米、丝和豕的字形组合,是祭品也是食品,所以这"礼"和"法"的原生态,都是从生活日用中发源。至于道和器、理和欲、义和利、阴和阳、形上和形下等常用概念,都不是脱离物质生活的独立存在,每个概念都有与之相匹配的对应物。其实质是将伦理观念寓入日用器物之中,将有形可见的器物内化为理性的东西,使之秩序化、信仰化。在这内化的过程中,器物已超越它的使用价值,成为人们沟通道体的媒介。因此形上有外在的形下表现,形下有内在的形上寓意,道器有分,而又无分,促使人们达到道器合一,即道即器的境界。对事物的认识是直接从器物一步登天,跃上形而上学,从形下到形上依凭对生活的感悟,而无须逻辑推理。概念的形成不是依靠逻辑思辨,而是基于人人可以感受的生活经验,所以生活日用在中国,是思想观念之源,从概念的发生学来考察,中国哲学的长处不在思辨的形上学,而是经验的形上学,这是中国人的思维方式。

生活与观念本是人类分别在物质生活和精神生活领域的行为和反映,生活是感官的满足和享受,观念是理性的思考和选择;在认知方面也有感性认识和理性认识的差异。这两者各有相应的范畴,并不等同。把伦理观念融入生活日用之中,使日用器物伦理化,这就可能把矛和盾置于相互冲突的境地。试想,伦理是道德精神、价值观,这是稳定的不易变动的因素;器物乃是人的享用物,它随着社会经济的发展和生活需求的增长不断更新,这是易变的不稳定的因素。这两者共生、共处引出发展中的悖论,即:一方面是生活日用承载伦理说教,扩大了教化的领域;另一方面又肇成生活日用对伦理规范的冲击。明末的中国早期启蒙思潮,就是在生活欲望不断追新求异、越礼逾制的浪潮中催生的。百姓日用之学的本意是在生活领域加强封建伦理教育,它的发展又对封建伦理起了削弱的作用,最后成为顾此失彼的双

---

① 王国维:《观堂集林·释礼》,中华书局1959年版,第291页。
② 参见詹鄞鑫《释甲骨文"彝"字》,《北京大学学报》1986年第2期。

刃剑，其根源就在于对"物"的伦理化。

中国人对"物"构成世界的理解，与西方迥然不同。例如五行说，《尚书·洪范》曰："五行，一曰水，二曰火，三曰木，四曰金，五曰土。水曰润下，火曰炎上，木曰曲直，金曰从革，土爰稼穑。"这金、木、水、火、土五种物质，是中国人对世界生成的看法。若论对单个元素的看重，与古希腊相似，泰勒斯提出"水"，赫拉克利特提出"火"等，都是有关世界本原的看法。但中国并不像古希腊那样，从单个物质追究世界的本源，而是讲究金、木、水、火、土的关系。这五行即这五种元素相生相克，木克土，土克水，水克火，火克金，金克木；金（铁）能砍木，木能扎进土，土可堵水，水可灭火，火可熔金。一物制一物，绕行一周是个连锁的圆。相反则是，水生木，木生火，火生土，土生金，金生水。木有赖水而生；木燃烧生火；火烧成灰土；土中有矿生金；金熔化成液体生水。一物生一物，也是一个连锁的圆。如此相反相成，周而复始，都是一环套一环，环环相扣，这反映在历史观上就是循环史观，天下大事，分久必合，合久必分。虽然在漫长的历史发展中也有柳宗元的《封建论》表现出进化史观，但循环史观长期占据正统的地位。每逢改朝换代，都要改正朔，易服色，以示崇尚的不同，要的就是一物克一物，以示今朝胜前朝。从自然代谢推向人事兴亡，自然观与历史观合而为一。把对天、对人、对物、对世界的认识充分伦理化，是中国思想史的重要特征。

三 礼俗互动是中国社会文化史的特色

在中国人心目中，大至天道运行，小如日用器物，深到修身养性，无不以伦理为本位，修身、齐家、治国、平天下概以伦理为出发点和归宿。伦理在中国，内化为修己之道，外化为治人之政，已超出一般意识形态的范畴，形成一系列的社会制度，即礼治秩序，这是礼俗社会的实质。

礼俗本于生活，但礼和俗并不是一回事。古人所谓礼始诸饮食，本于婚，揭示了这一文化形态是从饮食男女的生活习惯中起源的。礼的雏形，成形于氏族社会的祭祖仪式。商代人将其神化。祭祖的重点是祭君主的祖先，只有君主的祖先才能聆听上天的意旨统治人间，并按照与君主血缘的亲疏远近，界定尊卑贵贱的等级关系，使得原始的礼注进阶级统治的内容。周代形成系统的典章制度，以嫡长制为中心确立宗法制和分封制，用以维护贵族内部各阶层的特权，包括爵位、权力和衣食住行、日用器物的享用。"礼者，别尊卑，定万物，是礼之法制行矣。"[①] 礼和权力、财产的分配和日用消费结合在一起，展开法制的、经济的、文化的全面联系。春秋战国经过"礼崩乐坏"的震荡和孔子、荀子的再造，建构了系统的礼教学说，强调人不学礼，无以立身处世，因此要"道之以德，齐之以礼"。设立以礼为中心的六艺之教，教育及诲人概以礼为重要内容，使得法定权利与知识教育、道德修养融为一体。

礼制是王朝钦定的器物分配制度。历代王朝都以"会典""典章""律例"或"车服制""舆服制""丧服制"等各式条文，规范和统御人们的物质生活。所以，礼在中国不仅是道德信仰和思想观念，也是日用消费品分配的准则和人际交往的规范。日用器物对消费者来说兼有物质待遇和精神待遇双重价值。早在先秦时期，荀子就为这种分配方式提供了理念："德必称位，位必称禄，禄必称用。"[②] 有德才有位，有位才有禄，以物可以观位，以德又可量物，道德表现、社会地位与财禄器用相应相称。权力通过日用器物的等级分配，物化为各个阶层生活方式的差异，这是社会模式，也是文化模式，正如司马迁所说，礼能"宰制万物，役使群众"[③]。管天、管物也管人，这是意识形态与社会生活高度契合的形态。

对于"风俗"，中外文化有不同的认识和阐释。古人称之为"风俗"的，今人称之为"民俗"，这一字之差，表现了中国风俗的特色。"风"，出于《尚书·说命下》："咸仰朕德，时乃风。"后世解

---

① 《礼记·乐记》孔颖达疏。
② 《荀子·王制》。
③ 《史记》第4册，卷23，"礼书第一"，中华书局1997年版，第296页。

释为"风,教也"。"俗",郑玄在《周礼注》中释为"土地所生,习也"。所以风俗在汉语的语义中,带有对"俗"进行教化的寓意。这才有所谓"道德仁义,非礼不成;教训成俗,非礼不备"①。突出以礼治俗的统治思想,受到历代帝王的重视。为政必先究风俗,观风俗,知得失,这是历代君主恪守的祖训,帝王不仅要亲自过问风俗民情,委派官吏考察民风民俗,在制定国策时作为重要参照,并由史官载入史册,为后世的治国理政留下治理风俗的经验。

现代民俗学使用的"民俗"话语,是西方在19世纪形成的一个新概念,与中国的"风俗"观不尽相同。民俗虽然在各个民族中都有漫长的历史,但在近代以前并没有形成一门独立的学问,直到18世纪、19世纪之交,民族主义的兴起激发了人们对民族生存状态的兴趣,才引起对风俗习惯和信仰仪式的关注。1864年英国的古生物学家汤姆生创造出"民俗"(Folklore)这一由民众(Folk)和知识(Lore)组成的新词语,随后才有民俗学的诞生。即使如此,仍然有人视其为不登大雅之堂,打入另册,如在日本称为"土俗学",在美国与"赝品学"同义,这类名称在不同程度上表示这是又俗又土的学问,是专指下层的、民间的习惯。若从研究的内容来说,确实如此,但从学科来说,以土俗和赝品相称,反映了鄙视下层文化的精英观念和殖民意识,这与中国重视风俗的传统很不相同。概念不能取代内容,但概念却能影响资料的取舍和阐述。

所以,礼与俗,无论是就其社会功能还是就文化属性来说,分处于国家与民间的不同层次。孔子说"礼失而求诸野","礼从宜,使从俗"。有生活才有规范生活的礼,所以俗先于礼,礼本于俗。俗一旦形成为礼,上升为典章制度和道德准则,就具有规范化的功能和强制性的力量,要求对俗进行教化和整合。所以礼虽然起源于俗,却高踞俗之上,成为国家制度和意识形态的主流,其涵盖面之广,几乎成为中国文化的同义语,而在西方思想史中根本找不到与"礼"相似的语词,这是有别于西方,在中国社会土壤中形成的特有概念,理应

---

① 《礼记·曲礼》。

成为本土社会文化史的重要概念。

柳诒徵早在20世纪40年代就指出，以礼俗治国"博言之，即以天然之秩序（即天理）为立国之根本也"。在世界上并不乏遵循天然秩序生活的民族，但在中国"礼俗之界，至难划分"。① 这是中国特色。与此同时，社会学家费孝通经过社会调查，写成《乡土中国》一书，提出中国基层社会本于礼治秩序，乡土中国是礼俗社会的见解。值得注意的是，古代思想家经常运用礼、智、仁、义、诚、信、和、中庸等概念，其中的礼，不仅是思想观念和道德准则，也是制度的实体，更是唯一经过现代社会学家论证的，具有涵盖社会上下、贯穿精神和物质、得到全国各地最大范围认同的价值观念。这是中华文化历史悠久、覆盖面最广、传承力最顽强的重要原因。

从礼俗互动的视角考察中国人的衣食住行，有助于深入认识中国的国情和民性。例如中国人传统的住房多以平面建筑为主，为什么很少向高层发展？地理环境、建筑材料固然有影响，更重要的原因在于社会制度的制约和社会观念的崇尚，缘于礼制以尊卑贵贱的等级限定民居的高度，即使拥有钱财，也不能随意建高层。不向高处发展，就横向发展，因此形成一进或多进的深宅大院。

中国人崇尚金、木、水、火、土五行学说，土是承载负重的大地，木能建构空间，土和木是建筑平房的最佳材料，却不宜造高楼，所以中国的民居沿着地平线延伸，平稳舒缓、布局均衡。每所住宅由东、西、南、北四向构成四合院，正房、偏房、厢房、穿廊，主次分明，充分体现一家之中长幼有序、上下有分、内外有别的规则。宅院中最大、最好的为正房，由一家之长居住，子女儿孙分别居于附属的厢房或耳房。居室由面积的大小、方向的阴阳，表现权威性和仆从性。一家之主，往往是一夫多妻，原配居正房，小妾住偏房，因此古人常以"正室"称呼大夫人，用"偏房"称呼小妾，以正和偏表示不同的身份，用居室标志地位的高低。这比一般性的描述多了一分居家伦理。所以中国人的衣食住行、婚丧节庆，不论形制、仪式和内

---

① 柳诒徵：《中国礼俗发凡史》，《学原》第1卷第1册，学原社1947年版。

容，莫不体现出礼制的主导作用。

再以饮食为例，随处可见饮食烹调与伦理政治相通的倾向，普普通通的日用器物，一旦注以伦理政治的观念，立即神圣不可侵犯，鼎就是突出的一例。

鼎，自古以来被认为是国家的重器，其实是只饭锅。它鼓腹，比其他容器能盛放更多的食物；两耳，便于提携移动；三足鼎立，方便置火燃烧。炊具和餐具合一，比当时的簋、釜、镬、豆、篮等食器具有更大的实用价值。所以古人认为是"调和五味之宝器"。用宝器供奉祖先和神灵，施行祭祀的重大礼仪，这就不同凡响，因而被尊为礼器。传说黄帝铸造了三只鼎，以此象征天、地、人；夏禹收罗全国的金属，铸成九个大鼎，作为传国之宝。周灭商后，移九鼎于镐京，举行隆重的定鼎仪式，自此，定鼎喻为国家政权的奠基，鼎也就成为权力的象征。鼎有了这样特殊的价值，就不能再为普通人所拥有，因此又有列鼎制度。天子可以有九鼎，诸侯七鼎，大夫五鼎，士三鼎。士、大夫、诸侯、天子，权力愈大拥有的鼎数就愈多。调和鼎鼐这一本来纯属烹饪的术语，在古代亦可作为宰相治理国政的代称。春秋时晏婴对齐景公谈论君臣关系时，以和羹作比喻。孙子论兵学是烹饪之学，《淮南子》论治学以烹饪为例证，老子的"治大国若烹小鲜"传诵千古。这些都是古代著名的政治家，他们不厌其详地从烹调方法论及国家大事，是治国理政高度权术化的表现，也是伦理政治对生活强力渗透的结果。诸如此类在服饰文化中更有充分的体现，这里不一一列举。

总之，在传统中国，衣食住行，百姓日用，无不具有伦理的意义，有的已成为政治伦理的符号，这种生活方式在世界上也属独一无二。从这里可以理解任继愈先生为什么强调，外国人学汉学要从认识中国人的生活方式开始。

贴近生活日用，从礼俗互动中认识中国人的生活和思想，撰写具有本土特色的社会文化史，是建设这一学科的重要使命。

（原载《近代史研究》2014年第4期）

中国社会文化史研究:
25 年反省与进路

李长莉

"社会文化史"作为一个新兴交叉学科,在中国史学界自从 1988 年最早提出学科概念,至今已经过去了 25 年。反省其实践探索轨迹,清理缺失与盲点,诊断症结与瓶颈,有利于我们思考今后的进路、调整方向,促使学科进一步深入发展。

"社会文化史"是社会史与文化史相结合的新兴交叉史学流派,其兴起与发展有多条路径,学者们从不同路径进行探索与开拓,汇聚成社会文化史(或称"新社会史""新文化史"),可谓殊途同归。依循不同路径进行探索的学者,对这一新兴史学流派进行过一些回顾与反省,迄今这类综述性文章已有多篇①,也有不同的角度和侧重。在此笔者对社会文化史自 1988 年以来 25 年的发展作一宏观回顾与反省,并对学科现存的缺陷及未来可行的进路提出一些个人看法,供同道交流与讨论。

---

① 2010 年前的社会文化史相关文章大多收入梁景和主编《中国社会文化史的理论与实践》(社会科学文献出版社 2010 年版)论集中。此外还有一些社会史方面的综述文章也有所涉及。近年还有李长莉:《交叉视角与史学范式——中国"社会文化史"的反思与展望》(《学术月刊》2010 年第 4 期);李长莉、毕苑、李俊领:《"中国近代社会与文化史"2009—2011 年度研究综述》(《河北学刊》2012 年第 3 期);李长莉、唐仕春、李俊领:《2011—2012 年中国近代社会与文化史研究》(《河北学刊》2013 年第 2 期);李长莉、唐仕春、李俊领:《中国近代社会史研究扫描:2013》(《河北学刊》2014 年第 3 期)等。

一 1988—1998年约十年——兴起奠基期

这一时期"社会文化史"新学科逐渐兴起到基本成形，主要取得以下三方面成就。

（一）提出了"社会文化史"学科概念，形成了基本理论与方法

"社会文化史"是社会史与文化史相结合的新兴交叉学科。社会史与文化史相交叉的研究领域，如风俗史等，早就有人开始进行研究，也有一些研究成果。① 但一般成果比较宏观、综合，运用一般性的史学理论方法，没有自觉的学科交叉意识及学科特色的理论方法。明确标明"社会文化史"为一种新的史学研究路向或学科概念，是在20世纪80年代，随着改革开放、思想解放而发生史学变革，文化史和社会史相继复兴的基础上，在80年代末90年代初提出来的。

较早明确提出文化史与社会史相结合作为一种研究路向的，是刘志琴先生1988年发表的《复兴社会史三议》②《社会史的复兴与史学变革——兼论社会史和文化史的共生共荣》③ 两篇文章。文中虽然还没有明确提出"社会文化史"这一学科概念，但提出了社会史与文化史相结合、相交织的"社会文化"及"社会的文化史"这一新研究思路，可以说标志着"社会文化史"这一新学科方向的初型。其后90年代初李长莉撰文明确提出了"社会文化史"学科概念，并对其研究内容、理论方法等作了比较完整的界说。④ 此后十余年间，一

---

① 早期著作如张亮采：《中国风俗史》（商务印书馆1911年版）；陈东原：《中国妇女生活史》（商务印书馆1928年版）等。后来还有一些社会风俗史的研究成果。
② 史薇（刘志琴）：《复兴社会史三议》，《天津社会科学》1988年第1期。
③ 刘志琴：《社会史的复兴与史学变革——兼论社会史和文化史的共生共荣》，《史学理论》1988年第3期。
④ 李长莉：《社会文化史：历史研究的新角度》，收入赵清主编《社会问题的历史考察》，成都出版社1992年版。

些学者在社会文化史理论方法上作了一些探索①,达成了一些基本共识,可归纳如下。

1. "社会文化史"学科概念的内涵与定义。有人认为可称为一个新学科,有人认为是一种新研究视角和新方法。虽然学者们说法不尽一致,但对于社会文化史是社会史和文化史相结合的交叉学科或交叉视角,应当打通社会史与文化史,综合运用两种学科的方法进行研究这一点取得了基本共识。关于社会文化史学科定义,广义而言,主要指其研究范围,即社会文化史是研究以往社会发展过程中各种社会文化交织现象的历史。狭义而言,主要指其研究视角或研究方法,即社会文化史是研究以往社会发展过程中社会生活与文化观念互动关系的历史,是用社会的视角来研究历史上的文化问题,或用文化的视角来研究历史上的社会现象。

2. "社会文化史"的研究对象和内容。广义而言,凡属社会与文化交织领域如社会生活、风俗习尚、礼仪信仰、大众文化、民众意识、社会心理等,以及它们之间的相互关系都属研究范围。狭义而言,强调社会与文化的交叉视角,重心在于二者的联系与互动,即社会生活、大众文化与观念的联系,大众文化与精英文化的互动等。总体取向是关注民间与民众,"目光向下"。就研究范围而言,"社会文化史"与社会史和文化史有较多重合,至于具体的研究论题可能有所偏重,故此,"社会文化史"与"新社会史"或"新文化史"可以互通。

3. "社会文化史"的研究方法。由于研究对象的复杂性和互渗性,在主要运用社会史和文化史相结合方法的基础上,根据研究内容的需要,综合而灵活地借鉴社会学、文化人类学等其他人文社会科学的任何方法进行研究。因而社会文化史的研究方法具有鲜明的综合性、交叉性、多样性特点。最为突出的是注重交叉性视角,体现在社会与文化相结合、微观与宏观相结合、大众文化与精英文化相结合、具体与抽象相结合、生活与观念相结合等。

---

① 其中大部分相关文章后来收入梁景和主编《中国社会文化史的理论与实践》论集中。

4. "社会文化史"研究所依据的主要史料。与以往历史研究的"政治取向"以官方档案、政书、人物文集等为主体史料不同，由于社会文化史目光向下，以民间社会为关注重心，因而民间史料是其史料主体，如报刊读物、家谱族谱、日记笔记、私人文集、戏剧唱本、蒙学读物、民间善书、神话传说、民谚俚语、野史小说以及实地调查、口述资料、图片影像等，即使利用一些官方资料，也主要是从中搜求与民间有关的记载，特别是方志、判案记录及社会调查报告等。这是由社会文化史主要关注民间社会这一特点所决定的。

综上所述，关于社会文化史的理论与方法，在初创时期经过十余年的讨论和积累，虽然在各个问题上都存在着诸多不同的表述，但也已初步形成了一些基本共识。如果大而化之作一概括的话，依笔者之见，社会文化史学科可以定义为：它是一门社会史与文化史相结合的新兴交叉学科，是综合运用社会学、文化学、文化人类学、社会心理学等人文社会科学方法，研究社会生活、大众文化与思想观念相互关系变迁历史的史学分支学科。

（二）出现了一批具有学科色彩的研究论著和学科概念

从社会与文化相结合的视角考察一些历史论题，其实早就有人有所尝试，只是以往没有明确的新学科意识，研究者或是由于研究内容属于社会与文化史交叉领域，因研究内容的需要而涉及社会史与文化史领域，如风俗史、社会生活史即典型一例。或是有一定的社会史与文化史相结合的自觉，如社会心态史研究。在"社会文化史"作为一种新学科方向提出后，一些学者开始有意识地从社会文化史交叉学科的视角，运用这一新研究方法进行研究，开始积累研究成果。这类成果研究方向更为明确，社会文化史的新学科特色也更突出一些。

综观这些初期的中国近代社会文化史研究成果，可归纳出以下几个特点。

1. 出现一些社会文化史方面的专史著作。这些研究大多是沿着社会史或文化思想史前行，有的是旧领域的新成果，有的是有意识地对旧方法进行改造或创新，自觉地将社会与文化结合研究而进入新领域。这些成果既可属于原领域，如果从社会文化史角度看，也可划入新领域，因而也是社会文化史研究的基础性成果。如社会风俗史方面，较早有严昌洪的《西俗东渐记——中国近代社会风俗的演变》（湖南出版社1991年版）和《中国近代社会风俗史》（浙江人民出版社1992年版）二书，是有关中国近代社会风俗史的开拓之作。此后还有李少兵的《民国时期的西式风俗文化》（北京师范大学出版社1994年版）、梁景和的《近代中国陋俗文化嬗变研究》（首都师范大学出版社1998年版），分别对西式风俗和陋俗文化作了系统研究。社会心态史方面，如乐正的《近代上海人社会心态（1860至1910）》（上海人民出版社1991年版）一书，运用城市史与心态学相结合的方法，对清末时期上海社会生活的变化对上海人社会心态的影响作了比较深入的研究。还有周晓虹的《传统与变迁：江浙农民的社会心理及其近代以来的嬗变》（生活·读书·新知三联书店1998年版）一书，对江浙农民群体的社会心理作了专门研究。社会生活史方面，如忻平的《从上海发现历史——现代化进程中的上海人及其社会生活》（上海人民出版社1996年版）一书，是较早的近代社会生活史专著。社会与思想互动史，如杨念群的《儒学地域化的近代形态——三大知识群体互动的比较研究》（生活·读书·新知三联书店1997年版）、罗志田的《权势转移——近代中国的思想、社会与学术》（湖北人民出版社1999年版）。

2. 出现社会文化史色彩的新概念。这一时期的研究成果，起初是旧有领域研究"自然长入"社会文化史新路向，如风俗史、社会生活史等，且大多沿用旧有的概念、框架、词语及分析工具，一般没有新学科特色的新概念、新理论和新词语，因而对于新学科基本处于一种非自觉状态。但自90年代中期开始，研究论著中出现了一组明显具有社会文化史色彩的新概念，即"公共领域""公共空间""公民社会""市民社会"等概念群。[①] 这组相互关联的概念群，是从西

[①] 如杨念群：《近代中国研究中的"市民社会"——方法及限度》（《二十一世纪》1995年第32期）；王笛：《晚清长江上游地区公共领域的发展》（《历史研究》1996年第1期）；马敏：《历史中被忽略的一页——20世纪苏州的"市民社会"》（《东方》1996年第4期）；熊月之：《张园：晚清上海的一个公共空间研究》（《档案与史学》1996年第6期）、熊月之：《晚清上海私园开放与公共空间的拓展》（《学术月刊》1998年第8期）等。

方社会理论中引入的，显然相关学者认为这些概念对于解释中国近代社会文化比较有效，因而加以借鉴、运用与讨论。这一现象也可说是中国史学界引入西方当代社会理论来研究中国近代社会史实践的一个发端。此后"公共领域"和"公民社会"等论题仍然受到学界的持续关注，其意涵和应用也有所演化和拓展，成为社会文化史研究中一个比较有代表性的概念组。

3. 出现综合性学科通史著作。一个学科的成形，往往以综合性学科通史的出现为标志。这一时期具有代表性的社会文化综合通史性著作是刘志琴先生主编，李长莉、闵杰、罗检秋执笔编写的三卷本《近代中国社会文化变迁录》（浙江人民出版社1998年版）。这套书明确以"社会文化变迁（史）录"为标题，是综合性、基础性、开拓性的近代社会文化通史著作。

（三）出现一批学科基地，形成基本研究队伍

新学科的成长发展，需要有一批研究基地和一定规模的研究队伍作为"孵化器"和发展平台。从20世纪80年代末开始，一些社会文化史相关的研究基地先后建起。如北京地区有中国社会科学院近代史研究所文化室群体，以及首都师范大学、中国人民大学清史研究所一些学者陆续进行社会文化史研究。华南有中山大学和厦门大学的一些学者，主要借鉴文化人类学方法进行华南地区社会史研究。此外还有华中师范大学、湖北大学、上海社会科学院、山西大学等更多分散各地高校和研究机构的学者，也自觉或不自觉地引入社会文化史方法进行研究。

自1988年以后的十余年间，社会文化史学科理论方法的提出与形成，一批相关领域的专史和综合史著作的出版，以及一些研究基地和研究团队先后形成，标志着社会文化史这一新学科基本成形，可以说是中国社会文化史学科的兴起与奠基期。

二 1998—2008年约十年——发展兴盛期

经过约十年的发展后，社会文化史研究进入了兴盛时期，表现为

研究论著持续增多，逐渐成为一个新兴热门领域。在此期间社会文化史的发展具有以下两个特点。

（一）自觉运用社会文化史交叉视角进行研究的专题论著增多，并出现具有学科特色的热点领域和新概念群

社会文化史新视角被越来越多研究者认同和吸收，更多的学者开始自觉地以这种新视角来进行研究，研究论著开始成批量出现，并稳步持续发展。笔者据《近代史研究》附载的历年论著目录，统计2003—2007年五年间国内发表中国近代史论文和出版著作，论题明确具有社会与文化双重意涵与交叉视角，因而可列为较严格意义上"社会文化史"取向的研究成果，共有专著78部，论文346篇。可以说社会文化史已经具有了一定的学术空间和生命力，形成了一个具有一定特征的分支研究领域。

从这些论著的论题分布情况可以看到以下几个特点。

1. 出现热点论题。这些论著出现一些比较集中的论题，如生活史、风俗信仰、大众文化（传播）、社会认同、公共领域（公共空间）等论题，总数都在约40篇（部）以上，平均每年8篇（部）以上。其中有些是与传统旧领域重合的，如风俗史、大众文化史。有的虽然是旧领域，但是一直被忽视而如今则上升为热点领域，如生活史，在这一时期论著数量升至第一位，可见其得到研究者集中关注而成为热点。这些论题无论新旧，也大多有自觉的社会文化交叉视角的色彩，因而多具有一定新意。

2. 出现新领域。除了上述这些旧有领域之外，还出现了更多具有社会文化学科特色的新研究领域和论题，如公共领域（公共舆论、公共空间）、话语分析、概念史、文化建构史、表象史、记忆史、身份认同史、身体史、休闲文化史、物质文化史、区域社会文化史等。这些新领域和新论题，都有一套相应的有一定新意的理论方法，可以说是学术研究中层理论的创新性发展。

3. 出现新词汇。词汇是进行学术研究、逻辑分析的最小概念单位，也是进行史学研究的分析工具，具有一定学科色彩的学科性词汇，是一个学科用以分析、解释、建构研究对象的基本工具。这一时

期的大量论著中，可以看到一些不同于传统史学词汇而具有社会文化交叉特色的新词汇，并被日益广泛地运用。如公共领域、公共空间、公共舆论、语境、话语、文化建构、文化想象、历史记忆、表象、现场等。这一系列新词汇的出现及广泛应用，标志着社会文化史学科特色更为突出，理论方法更具创新性。同时也与传统史学形成更大反差，进而出现扩散渗入效应。

（二）与西方社会文化史合流

这一时期社会文化史发展的另一个突出特点，就是与西方社会文化史合流[1]。如果从国际史学界范围来看，社会史与文化史交叉视角的"社会文化史"（或称为"新文化史""新社会史"），作为新的研究路径和理论方法，最早出现于西方[2]，比中国早约十年。其研究成果及理论方法到90年代后开始被陆续引介进来，中国史学界也开始借鉴、吸收这些理论方法，引入运用一些新的学科概念和理论进行研究，前述90年代后期出现的"公共领域"讨论就是典型一例，此后国内外社会文化史逐渐合流。

中国学界之所以热衷吸收西方社会文化史理论方法，究其原因大致有二。

一是西方社会文化史理论源自法国年鉴学派及西方文化人类学、社会理论等交会流变，具有深厚的哲学传统和史学理论基础优势，因此社会文化史理论作为西方理论的分支发展，无论是理论体系、概念工具，还是研究方法，都更加成熟、规范与适用，中国学者引为己用，自然相对便利，这是学术发展的自然规律。

二是中国近代以来处于从传统社会向现代社会的转型期，西方社会文化史理论大多基于对西方社会现代化过程的研究得来，与中国近代社会发展阶段相近，因而具有较强的对应性。同时，社会文化史以

---

[1] 关于中国学界与西方社会文化史合流以及两者的异同，笔者曾在《交叉视角与史学范式——中国"社会文化史"的反思与展望》（《学术月刊》2010年第4期）一文中有所述及。

[2] ［英］彼得·伯克：《西方新社会文化史》，刘华译，《历史教学问题》2000年第4期。

关注民间社会的视角研究近代社会文化交叉领域,而中国原有史学理论方法对于这一新领域的研究分析力和解释力较弱,借助这些西方已有的社会文化史理论方法则分析和解释更为有效,特别是一些概括性和建构性的中层理论,如"公共领域""公民社会"等概念,"文化建构""语言分析"等方法,"记忆史""表象史"等领域,对于中国近代社会文化相关领域的研究都更为有效和适用,因而被中国学者拿来应用,就是顺理成章的事了。

当然,作为由西方人研究西方社会而形成的理论方法,移入中国会有一定的"水土不服"效应,一些理论概念可能与中国实际社会文化状况显得隔膜不适,我们更需要的是真正由研究中国社会文化状况而产生出的既是"地方性"又具"普遍性"的本土社会文化理论,但这需要一个过程,而首先吸收、逐渐消化西方理论即最为便捷的一条路径。可以乐观地预见,中国学者久已呼唤的"本土理论",最有可能是在西方理论与中国实际相结合的深入研究中经再度创造而产生。

三 2008—2013年约五年——深化扩散期

关于2009年至2012年中国近代社会文化史方面的研究概况,已有专文进行了梳理,[①] 在此不再详述。总体而言,近五年社会文化史向着各个领域的分支路向深化发展,特别是一些集中的热点领域向纵深发展,同时社会文化交叉视角的理论方法出现扩散化趋势。下面仅归纳近五年社会文化史发展的一些特点。

(一)热点领域的研究成果出现系列化、规模化、国际化发展态势

如"社会生活史"原是旧研究领域,较早进入社会文化史研究视野,到20世纪90年代以后上升为社会文化史的热点论题,同时也

---

① 可参看李长莉、毕苑、李俊领《"中国近代社会与文化史"2009—2011年度研究综述》,《河北学刊》2012年第3期;李长莉、唐仕春、李俊领《2011—2012年中国近代社会与文化史研究》,《河北学刊》2013年第2期。

加入了"公共领域（公共空间、公共生活）""物质文化史""休闲文化史""个人史""微观史""区域史"等社会文化史新理论元素。经过二十余年的积累，近五年进入成熟期和收获期，不仅研究成果层见叠出，呈"涌出"状态，而且成果出现系列化、精细化、规模化的新动向。"上海城市生活史"系列研究成果就是一个典型例子。上海学者群体组织出版"上海城市生活史丛书"（上海辞书出版社），在 2009—2011 年短短三年间，共推出了两批共 25 部有关上海城市生活史的专题研究著作，将这一领域的研究推向了相当精细、深入及成系列、成规模的水平。

（二）有学科特色的热点论题推动一些新研究路向的发展

"仪式节庆"是近年引起诸多关注的新论题。仪式节庆作为国家礼仪制度，是向社会大众传达一定的政治或文化意义，有的也是历史记忆的固化形式，是塑造大众文化、民众习俗、民众观念的一种社会管理方式。近年这一论题渐受到研究者关注，一些学者运用文化建构、历史记忆与政治文化等新理论方法，对近代以来的仪式节庆及其意涵的变迁进行研究，出现了一批颇具新意的成果。

除了由热点论题推进一些研究路向深化之外，一些研究方法的应用也得到新的开拓。如通过关键词语的建构与传播，考察中国近代文化观念变迁和知识传播过程，这种"词语分析法"是近年兴起的一种新研究方法，海内外都有一些新研究成果。①

（三）研究路径向分化与综合双向延伸发展，学科影响弥散性扩展

1. 分化。伴随研究的深化，研究领域进一步分解，出现更多分支路向，并有持续性发展。如在原有的"社会文化史""历史人类学""区域史"之外，又有"城市社会文化史""概念史""文化建构史""生活方式史""身体史""图像史"等更加细化的分支，成果不断增多。

---

① ［德］郎宓榭、阿梅龙编著：《新词语新概念：西学译介与晚清汉语词汇之变迁》，山东画报出版社 2012 年版；黄兴涛：《近代中国"黄色"词义变异考析》，《历史研究》2010 年第 6 期。

2. 综合化。与细化分化相反的另一趋向，是综合化的总体史成果也有增多。如山西大学社会史研究中心倡导的"区域总体史"，已经取得了富有特色的系列成果。还有上海、天津、北京、成都、武汉等各大城市史研究带动了城市史研究的兴旺局面。

3. "时段后延"。近年社会文化史拓展的另一趋向，是出现由近代史向当代史延伸的"时段后延"现象。相对于政治的断裂性，社会文化则更具连续性，因而，一些研究近代社会文化史的学者，沿着近代以来社会文化变迁的轨迹而延伸到了1949年后的当代阶段。如首都师范大学中国近现代社会文化研究中心，研究范围由近代向1949年后扩展，组织人员对新中国成立后婚姻家庭变迁进行口述史研究，取得了系列成果。又如山西大学对新中国成立后集体化时代的研究等，都反映了这种"时段后延"趋向。

4. 学科交融。近年社会文化史与其他学科领域相互交融的趋势日益显著，彼此界限更加模糊。如社会生活史，从其内容来说，同属于社会史领域，如果更多地运用社会与文化交叉视角、多元联系的观点、关注民间社会，以及运用公共领域、词语分析、符号象征等方法进行研究，也可说是社会文化史。与此同时，社会文化史交叉视角及研究方法，也被其他领域一些研究者吸收，引入其研究中。如一些政治史研究论著，也从社会文化交叉视角，运用公共领域、词语分析、文化建构等理论方法进行研究，作出一些具有新意的研究成果。如王奇生的民国政治史著作《革命与反革命：社会文化视野下的民国政治》（社会科学文献出版社2010年版）一书，就比较典型地反映了这种政治史引入社会文化视角的探索。这反映了社会文化史理论方法的优势，影响的扩散，日益向其他研究领域渗入的趋向。

四 学术贡献与问题反省

回顾中国社会文化史25年间从兴起到发展日渐成熟的历程，有对史学革新与推进的学术贡献，也存在局限与发展瓶颈，由这些回顾与反省，我们方可更清晰地展望未来发展进路。

(一) 学术贡献

纵观社会文化史在中国 25 年的兴起发展历程，可以看到，这一新兴交叉学科成为历史学中一个以理论方法创新为主要特征、具有鲜明特色的新学科路向。这一学科的发展对于历史学创新具有以下贡献。

1. 理论方法创新，开辟史学新生长点。以往的学科分野是以研究领域和对象不同而区分，是一种平面式、领地式划分，是有限资源的分割。而社会文化史研究路向，主要是研究视角与理论方法上的创新，开辟了观察和解释历史的新角度、新路径。社会史与文化史的交叉，打破了传统学科以研究内容相区分的隔阂，打通了社会生活与文化观念、社会状况与精神世界的关联，并形成了一系列具有学科特色的新概念、新理论，为新的研究视角提供了更加有效的分析工具。这种理论方法创新，丰富了历史学，开辟了一条史学革新之路，推动史学由"描述性研究"向更加深入的"解释性研究"趋进，成为史学深入发展的一个生长点。其丰富多彩的研究成果，也展现了史学研究的新风貌和现代生命力。这是社会文化史的主要学术价值。

2. 推动中国近代史研究超越"革命史范式"及"现代化范式"，走向"本土现代性"。以往"革命史范式"偏重革命运动主线，对社会整体转型有所忽略。"现代化范式"强调现代与传统的断裂，以西方现代化为评判中国社会发展的标尺。虽然这两种范式对中国社会近代变革的某些层面有一定解释力，但相对于丰富的中国社会近代转型而言，又都有一些层面的忽略和盲点。而社会文化史强调回归本土，关注民间，贴近国情，以社会与文化相结合的内在立体考察为主要路向，重在考察民间社会的动向、社会文化生态、上层与下层的互动、传统与现代的内在联系、个人—社会—国家的互动关联等取向，使史学立足中国本土国情，为探索中国社会近代转型特征及独特发展道路，提供了一个更加有效的研究路向。这是社会文化史的主要现实意义。

3. 关注民间社会，挖掘内在社会文化资源。民间社会是民族文化的母体,是民族之根与民族之魂的栖息处,是民族生命力的本源所在。民间社会蕴藏着中华民族数千年历史文化积淀下来的丰富宝藏和民族生存密码。尽管近代一百多年来,社会表层经过了多次天翻地覆的变动,民族特征已几近消失,但在民间社会,却蕴藏着支撑中华民族数千年顽强生命力的生存密码,因而也是解开中国近代社会转型特征与中国独特道路的锁钥所在。这些文化密码就蕴藏在民间社会之中,蕴藏在亿万平凡民众的生活方式和心灵世界之中。社会文化史的关注重心从政治舞台走向民间社会,正是走向这个民族文化宝库去挖掘内在社会文化资源,以探索中华民族走向现代化独特发展道路的根源,寻求在全球化冲击下民族生存与复兴之路,寻求人类和平共生之路。当今中国正面临社会转型的困惑与阵痛,亟须适应中国发展的本土社会发展理论,社会文化史关注民间社会、挖掘本土社会文化资源的研究路向,可能就是一个有效的途径。这是社会文化史的主要理论意义。

(二) 反省问题与瓶颈

社会文化史经20多年的发展至今,也面临着一些质疑,存在着一些局限与问题,遭遇到发展瓶颈。在此稍作梳理与回应。

1. "非学科"。自从社会文化史兴起直到今天,一直有质疑"社会文化史"是否是一个独立"学科"的声音,特别是有些也运用一些同类方法进行研究的学者,更产生一种身处"学科"内外的困惑,或是"学派"划分的疑虑。对"社会文化史"是否为"学科",行内学者在最初阶段也曾有过讨论,后来则趋于沉寂,也可以说形成了某种默契。笔者认为,行内学者虽然对此也有不同看法,但也有一定的基本共识,即社会文化史是跨社会史与文化史的交叉视角,与原有学科的区别主要不在研究领域这一传统的学科区分,而在于研究视角和理论方法的独具特色,因而与相关学科如社会史和文化史有一定的重叠性,边界并不清晰。"社会文化史"是否是个独立学科的名目并不重要,也可称为新视角、新学派,或是"准学科",重要的是自觉地以新理论方法,沿着新研究路向,推动历史研究的革新和深化。特别是在当今史学分支日益细化,在各学科交界的边缘处日益生长出更多新支流的情况下，传统意义上的学科区分日益显得难以界定。因此，不必偏执于学科名目之有无，而更需注重这种视角和理论方法的有效性。依笔者之见，如果有一定的"学科"意识，可能更有利于自觉地沿着这一新路向走史学创新和深化之路。就这一意义而言，标示"社会文化史"为一新学科，并非出于别立门户、自树帮派之意，而只是希望强化研究者的自觉创新意识，更好地凝聚同道同好的学术追求，以推动这一史学新路的进一步开拓。本文将社会文化史作为一个"新学科"加以梳理，就是出于这一考虑。

2. "碎片化"。① 指不少社会文化史研究者选择的论题细小琐碎、缺乏联系的现象。笔者曾对此有过专文讨论②，在此不必过多重复，只想提请注意的是，由于社会文化史主要研究对象是民间社会、大众生活，因而需要进行具体而微的微观研究，这就导致与微观研究发展而来的"碎片化"有一定的伴生关系。我们需要警惕这个"陷阱"，以联系论、网络论、整体论、建构论及选择"中观问题"等方法进行矫正，使微观研究的"碎片"，通过这些方法而连结为宏观研究的"珠串"和"网络"，如此才能避免跌入"碎片化"的泥沼。

3. "描述性"。伴随社会文化史研究的兴起，在历史书写方式上也出现"叙事史"（或称为"讲故事"）、"描述性"特征，这也是社会文化关注民间社会的一种伴生物。如果只是"描述史实"，则社会文化史因论题细小而与其他学科相比更无深度。这里涉及与传统史学"实证"方法的关系问题，对此笔者在前述文章中有过讨论③。诚然，叙述历史事实、回归历史现场、还原历史原貌，是社会文化史研究的第一步，但若仅停留于此，则并不是真正意义上的社会文化史研究。因为"描述性研究"是所有史学的基本书写方式，社会文化史更重要的特色是在此基础上的"解释性研究"，而且是具有一定新路向和理论方法的"意义阐释"。社会文化史与其他学科不同的一个突出特

---

① 《近代史研究》2012年第4、5两期，连续刊登《中国近代史研究中的"碎片化"问题笔谈》共13篇。
② 李长莉：《"碎片化"：新兴史学与方法论困境》，《近代史研究》2012年第5期。
③ 同上。

色，是其"解释工具"有所不同，因而我们需要建构和运用这些"解释工具"进行研究。要借鉴已有的理论方法，以及不断吸收其他学科的理论方法，以不断调整和补充社会文化史学科的"解释工具"——理论方法。选择研究论题时，可以本着"从解释着眼、从描述入手"的路径。通过这种路径展开研究，或可改变"描述性研究多而解释性研究少"的缺失。

4."无意义"。由于社会文化史研究论题往往具体而微，因而常常受到"意义稀薄""价值缺失"的质疑，甚至有的研究被讥为"自娱自乐""猎奇""把玩"等。对此社会文化史研究者只有用能够被认可的真正具有学术和社会价值的研究成果予以回应。据笔者观察，大多数社会文化史研究者，是秉承着中国知识分子"经世"传统，以高度的社会责任感和学术创新意识进入这一领域的。但是如果在研究实践中缺乏问题意识，缺乏时代眼光，缺乏理论素养，缺乏社会关怀，缺乏对民族和人类命运的思考，就有可能在不自觉中使自己的研究走上"意义稀薄""价值缺失"因而被边缘化的歧路。这是需要我们加以警惕的。因此，笔者以为，在中国近代社会文化史研究实践中，虽然具体论题可能具体而微，但需紧紧扣住近代社会文化转型这一时代变革的主线，在与这一主线的联系中来把握和分析具体的社会文化事象，这可能是一条避免"价值缺失"的可行路径。

结语　未来进路展望

通过上述回顾中国社会文化史走过25年的来路，可以看到当下社会文化史学科所处的方位与面临的问题，由此再向前展望前进方向，可以有以下一些期待。

首先，时代呼唤社会文化史的理论创新成果。当今中国正处于从经济转型向社会文化转型的关键阶段，即社会改革进入"深水区"。所谓"深水"，就是广阔深邃的社会文化大海。从20世纪80年代开始的前三十年向市场经济的转变，如今遭遇到社会、文化、政治领域的失调与不适，造成社会结构重组、社会矛盾增多、价值观念混乱、伦理道德失范、社会秩序失序等一系列问题，使社会发展遭遇瓶颈，需要寻求如何解决这些问题、突破瓶颈、实现社会长治久安发展的路径。实际上，这也是近代一百多年来中国社会从传统向现代社会转型的延续。社会文化史的研究视角，就是沉入社会文化这一"深水区"里探索航程的一种路向，是回归"民间社会"挖掘本土社会文化资源来熔铸社会发展智慧的一条路径。当今社会的种种问题，大多都可从近代社会文化变迁中寻找到其源头，或有相似的路径。因此，我们从当今时代需要出发，就有无数可供研究的论题，有广阔的有待开拓的学术空间。可以期待，未来这一学科路向还会有更多、更具有问题意识和时代价值的成果问世。

其次，中国社会文化史经过20多年的发展，已经有了比较丰厚的学术积累，研究成果数量已蔚为大观，形成一些相对成熟的研究领域，研究队伍已日益壮大，理论方法不断丰富提高，研究路径更加分化多元。特别是在全国已经形成了多处研究基地和研究团队，更多具有新知识素养的年轻一代加入这一领域，还有更多分散于各处的学者自觉或不自觉地吸收借鉴社会文化交叉视角和理论方法进行不同的研究，这些都使得社会文化史形成弥散化扩展趋势。

展望未来中国社会文化史发展的进路，笔者以为，一些历史与现实关联度较高的论题，可能会成为今后一段时期社会文化史的热门论题。具体而言，以下几个可能会是今后一段时期社会文化史较受关注的"关键论题"。

1. "民间社会"。与此相关的论题有市民社会、公民社会、民间文化、大众文化，以及公共领域、公共空间、公共生活等概念群。传统中国社会是一个以民间社会为重心的"半自治化"社会，但自从清末以来开始近代化社会转型，国家逐渐强化对民间社会的渗入和控制，直至数十年后，民间社会的独立性几近消失，其后果在造成国家控制社会力量无限增强的同时，民间社会所承载的民族社会文化资源也丧失殆尽。而伴随市场经济和城镇化快速发展，民间社会又开始恢复，市民公共生活领域出现大块空白，同时民间社会缺乏自组织、自管理机制，这也是造成当今社会上下失调、政民矛盾的一个重要原因。因而现在有"重建民间社会"的必要,也需探索中国近代"民间社会"的结构、功能,及其近代变迁的机制与得失,这些探索也会对当今所谓"新市民运动"等社会问题,提供一些历史经验。

2. "社会治理"。这是社会文化史的一个重要理论"个人—社会—国家互动"理论所指向的一个核心问题,也是当今中国"创新社会管理"要解决的核心问题,近代社会转型过程中围绕这一中心有众多各个层面的论题,这些会成为研究者关注的重点。

3. "生活方式"。与此相关的论题有社会生活、日常生活等。生活方式是亿万民众一切物质活动和精神活动的基础,无论上下,各类人物,概莫能外。生活方式也是形成民众感情、行为方式、道德伦理、社会规则、法律礼俗、社会观念的基础和土壤。以往我们过于注重意识形态的作用,随着社会和时代的变化,生活方式对社会文化的影响力日益彰显,也是我们重建当今社会文明和精神文明的基础。

4. "价值系统"。近代百余年来,中国人的价值系统经过了几次伤筋动骨性的颠覆和重构,当今更处于价值混乱与道德失范的困境,如何重建民族价值系统,是一个急迫的课题。社会文化史学者从蕴藏着丰富的民族社会文化资源的民间社会入手,或可为今天的价值重建提供一些历史资源。

笔者以为,上述几个"关键论题",有可能会成为社会文化史学者为中国社会发展理论创新作出贡献的生长点。

(原载《安徽史学》2015 年第 1 期)

本土崛起与借镜域外

——社会文化史在中国的若干发展

吕文浩

在中国，社会文化史是从20世纪80年代末90年代初兴起的。由于中西学术之间的隔阂，此时倡导社会文化史的学者刘志琴、李长莉等人对于西方已经繁荣发展的所谓新文化史几乎毫不知情。她们倡导社会文化史，是出于20世纪80年代国内史学界相继兴起社会史、文化史的研究潮流，而又各自有所不足，因此才产生了结合这两种新兴的分支学科，开展社会文化史的愿望。初创时期大家的想法还是比较简单的，基本上是出于对日渐兴盛的社会史研究的回应，希望引入社会史的维度来使文化史的研究不再局限在精英文化范围内，同时也能以文化史的深度来给社会史的精确客观叙述增添思想的深度和文化的蕴涵。这种本土取向的社会文化史经过二十余年的不断探索、不断深化，已经产生了一些具有重要影响力的作品，在国内史学界已经获得相当程度的承认和肯定。

大约本土社会文化史兴起十年之后，国内史学界开始接触西方的新文化史研究，了解到这是一个在国际史学界已经产生了广泛影响的学术潮流，加上先行一步的台湾学者的推波助澜，新文化史迅速在国内流传开来。新文化史在理论体系、概念工具、研究方法等方面比较规范、成熟，比较资深的本土社会文化史学者在初步了解其特征之后，迅速做出反应，一方面是吸收其合理成分来完善自己的理论表述和研究实践，另一方面也对其不适于中国实际的若干方面提出了疑义。更年轻的一批学者，似乎对新文化史热情更高，径直将新文化史作为主攻学术方向,不过,他们鉴于国内新文化史是社会史的自然延伸,往往以"社会文化史"这个在西方学术界局部使用的名词来指代新文化史。

目前,这两种取向的社会文化史研究尽管取得了一些共识,但在学术路径上的差异还是比较显著的,甚至出现了一些青年学者刻意撇清与本土社会文化史关系,认同新文化史研究取向的倾向。① 笔者以为,不管是本土崛起的社会文化史取向,还是自西方引入的新文化史取向,在强调从社会生活的角度探讨文化观念的影响面,以及从文化思想的角度来阐释社会生活事实的意涵上并无二致。所以将它们归结为社会文化史研究的旗号之下应该是没有问题的。当然,指出这一点并不是把它们混为一谈,也不是要以一种取向来取代另一种取向,而是希望它们各自深化,不断完善,最后在拿出成熟作品的基础上探讨两者会通的可能途径。

本文主要从理论方法上总结概括本土社会文化史研究取得的主要成绩,其中当然也包括学者们选择性吸收西方新文化史研究之后取得的若干新认识。

一 本土社会文化史研究在理论方法上的主要收获

从1988年刘志琴呼吁结合社会史和文化史的研究路向开始,②

---

① 刘永华心目中的"社会文化史",应是以业已发展成熟的西方新文化史为典范,详见他主编的《中国社会文化史读本》(北京大学出版社2011年版)。李志毓所讨论的社会文化史理论来源和典范作品,全部来源于西方新文化史著作,包括若干已翻译成中文的海外汉学著作,详见李志毓《关于社会文化史的几点思考》,《河北大学学报》(哲学社会科学版)2011年第1期。余新忠则将"社会文化史"视为新文化史在国内学术背景中的新称呼,详见余新忠、杜丽红主编《医疗、社会与文化读本》(北京大学出版社2013年版)"导言"。

② 史薇(刘志琴):《复兴社会史三议》,《天津社会科学》1988年第1期;刘志琴:《社会史的复兴与史学变革——兼论社会史和文化史的共生共荣》,《史学理论》1988年第3期。两文均收入梁景和主编《中国社会文化史的理论与实践》,社会科学文献出版社2010年版。

到 1998 年 3 卷本《近代中国社会文化变迁录》①出版之前，除了社会文化史兴起时刘志琴、李长莉的提倡与大致界定范围以外，10 年间社会文化史的理论方法探讨比较少。值得一提的是，1992 年 10 月 30 日中国社会科学院近代史研究所文化史研究室联合中国社会科学院社会学研究所《社会学研究》编辑部主办的"社会文化史学术研讨会"。这次会议具有跨学科的特点，研究历史学、社会学和文化问题的 40 余位学者，围绕社会文化史的特点和研究方法，以及学科建设等问题进行了广泛的讨论，提出了许多富有建设性的思想。②尽管当时可资参考的具体研究成果不多，但学者们对于社会文化史研究路向的意义、特点以及研究方法等诸多问题，提出的意见仍然是比较成熟的。这对于以后社会文化史的健康发展具有一定的导向作用。如有学者提出社会文化史研究的主要内容是上层文化和下层文化的互动，精英文化的社会化过程，以及大众文化和社会生活中的文化意识等。这种意见，对于社会文化史既深入社会领域同时又注重对社会现象作出文化解释的特色，把握得相当准确。对于社会文化史这种学术特色的追求和坚持，会使得这门新生的研究方向从一开始就注重对社会文化问题的整体把握，避免了盲目猎奇、鸡零狗碎的流弊。

1998 年，刘志琴为 3 卷本《近代中国社会文化变迁录》而写的长篇代序《青史有待垦天荒》是一篇比较重要的社会文化史文献，它是中国社会科学院近代史研究所文化史研究室研究团队 10 年探索经验的总结。刘志琴明确提出，"社会文化史是以大众文化、生活方式和社会风尚的变迁为研究对象"，③并对社会生活史和社会文化史的区别与联系作了比较清晰的论述。她认为："复原前人生活的本来面貌，是社会生活史的基本要求，但是对社会生活的研究又不能停留

---

① 这套书由刘志琴主编，李长莉、闵杰、罗检秋分撰，浙江人民出版社 1998 年出版。

② 李长莉：《社会文化史：一门新生学科——"社会文化史研讨会"纪要》，《社会学研究》1993 年第 1 期，收入梁景和主编《中国社会文化史的理论与实践》。

③ 《青史有待垦天荒（代序）》，载自刘志琴主编，李长莉等著《近代中国社会文化变迁录》第一卷，浙江人民出版社 1998 年版，第 2 页。

在这一步。社会文化史要求把生活放在一定的社会现象和文化现象中来考察,通过生活方式的变迁认识民族文化心理和社会意识的发展历程",①"所以一部优秀的社会生活史必定是社会文化史;一部优秀的社会文化史必然要对社会生活作出具体翔实的文化和社会的阐释。这是从不同方位对同一课题的描述和解析,也是社会文化史和社会生活史的联系和区别。"② 鉴于中国文化具有伦理本位和生活伦理化的特点,刘志琴将其提炼概括为"世俗理性",试图以此来揭示精英文化社会化的过程和特点。她还结合《近代中国社会文化变迁录》的具体材料,论述经济生活的变动对思想观念转换可能产生的巨大冲击作用,这是以往只局限于从思想文化领域讨论启蒙思想所看不到的。她认为生活在社会下层的民众从生活境遇的变化中,自发地改变自己的行为和观念,对社会规范具有一定的破坏性;这种自发的、群体性的趋向,容易引发社会风气的变化,从而又推动知识分子对社会问题的思考,提出某些理论见解。这种将从社会下层无序的变化和文化精英们有序地思考和撰述结合起来的研究路向,生动地揭示了思想观念从生活实践中萌发、流播到知识分子的整理、思考、提炼的动态过程。

2001年7月,中国社会科学院近代史研究所文化史研究室主办的"近代中国社会生活与观念变迁学术研讨会"是又一个学术界比较集中讨论社会文化史理论、方法与发展趋向的会议,与会学者讨论的焦点主要集中在社会文化史是一门独立的交叉学科,还是一种独特的研究视角。两种看法各有其主张者,各有其理由,很难形成一致的意见。也有人认为讨论这个问题短期内未必会有一致的意见,可以考虑先做一些具体研究,把地理、人物、人口迁徙、文化、经济、语言等弄清楚,然后提出自己在研究实践中需要解决的问题;不必要讨论一时不能达成一致意见的概念问题来束缚自己的手脚,"只需有一个大致的研究范围和研究方向就够了"。在这次会议上较有共识的是:社会文化史必须把社会生活现象和思想观念结合起来进行研究,既可

---

① 《青史有待垦天荒(代序)》,《近代中国社会文化变迁录》第一卷,第7页。
② 同上书,第9页。

以对文化现象作社会史的考察，也可以对社会现象进行文化的阐释；社会文化史研究应关注上层与下层的相互沟通和流动，它不能取代思想史的研究，但对于传统思想史那种从这种观念到那种观念的线性思想史，将会起到改进作用，使思想得以形成和发挥作用的"上下左右前后的关联"因素得到更加充分的揭示。①

2002年李长莉的《晚清上海社会的变迁——生活与伦理的近代化》是较早出版的成熟的社会文化史专题研究著作。她在这本书里申明自己是明确地、自觉地采用社会文化史的视角，研究上海开口通商至中日甲午战争前50余年间民众生活方式的变动如何逐渐引起社会伦理观念的转变，而社会伦理观念的转变又如何以其约束和规范的力量来改变民众的生活方式。她认为在民众的生活世界里，生活方式是外在的、显性的客观世界，社会伦理则是沉积在民众意识观念中比较稳定的行为规范和价值观念，属于内在的、隐形的主观世界；二者之间的相互作用将会改变社会的整体面貌。生活方式原分属于社会史的领域，社会伦理观念原分属于思想文化史的领域，这本书以社会文化史的视角，将二者结合起来，"以社会史的方法来解读文化观念的变迁"。② 在2007年出版的《中国人的生活方式：从传统到近代》一书中，李长莉又提出了"公共生活领域"的概念，用以概括近代工业化发轫以来出现的物质生活的市场化、社会生活的公共化和文化生活的大众化等纷繁复杂的社会现象；她认为，"正是这种公共生活领域的形成与扩展，使人们的生活状态和相互关系发生了极大改变，成为现代公民社会的生活基础"。③ 一门学科或一个研究方向的发展成熟，与是否提出了较为成熟的概念和研究命题密切相关，李长莉对于生活方式与社会伦理关系的探讨，对于"公共生活领域"的论述，

---

① 左日非：《"近代中国社会生活与观念变迁"学术研讨会综述》，《近代史研究》2002年第2期，收入梁景和主编《中国社会文化史的理论与实践》。
② 李长莉：《晚清上海社会的变迁——生活与伦理的近代化》，天津人民出版社2002年版，第8页。
③ 李长莉：《中国人的生活方式：从传统到近代》，四川人民出版社2008年版，第4页。

是社会文化史理论方法探索的重要收获,也是社会文化史开始逐渐趋向成熟的重要标志。

致力于知识分子社会史研究的许纪霖,在近代中国的公共领域以及知识人社会等问题上有深入的探讨。他认为近代知识分子延续了中国古代士大夫的清议传统,借助报纸、学会、学校等近代化的基础建制,以及集会和通电等新形式,形成凝聚知识分子的社会文化网络,即"知识人社会",对于公共舆论产生了重要的影响。其作用在19世纪中期至20世纪20年代末期政治不稳定的时代尤其显著,在20世纪三四十年代国民党控制了全国舆论后受到很大的摧残。① 许纪霖对于哈贝马斯"公共领域"理论这一基于欧洲经验提出的"理想类型"与中国经验的关系,做了相当深入的分析;对于"知识人社会"赖以形成的社会文化条件及其中国特色等都有具体的展开。这是对于社会文化史的中层理论建构具有重要意义的贡献。

社会文化史从20世纪80年代末90年代初兴起以来,国内学者的主流意见,社会文化史强调社会与文化的双向互动,无论是揭示文化现象背后的社会因素或精英文化的社会化过程,还是对社会现象进行文化的阐释,都可以归入社会文化史的范畴。也就是说"社会的文化史"和"文化的社会史"两种倾向兼而有之,不过从研究实践和理论论述而言,"社会的文化史"比较充分,而"文化的社会史"则相对比较薄弱。一向钟情于文化史的黄兴涛在2007年发表文章,认为自己2001年在"近代中国社会生活与观念变迁学术研讨会"上的发言"表达了对'社会文化史'研究取向的热烈认同",而彼时尚未明确意识到和强调"文化的社会史"这一重要的取向。经过对若干中国近代新名词的社会化过程深入研究以后,他意识到"文化的社会史"这一研究取向更关注思想观念、文化价值的社会化过程,

---

① 许纪霖:《近代中国的公共领域:形态、功能与自我理解——以上海为例》,《史林》2003年第2期;许纪霖:《精英的社会史如何可能——从社会史角度研究近代中国的知识人社会》,山西大学中国社会史研究中心编《中国社会史研究的理论与方法》,北京大学出版社2011年版;许纪霖等:《近代中国知识分子的公共交往(1895—1949)》,上海人民出版社2008年版。

很可能更能体现文化史研究的特色。在他看来,"揭示文化与社会的互动史,的确是目前文化史和社会史研究走向深化的重要途径。它有助于社会史研究者更加重视思想文化的向度,避免简单僵硬的政治经济解释和缺乏灵智的结构分析,增强思想的穿透力和精神的感受力;同时也可使文化史研究者尽可能免除空洞化和表面化"。① 他以近代同乡观念为例,说明对于一种思想观念的研究,必须要考察它在社会上的载体、传播渠道以及发挥作用的方式。

李长莉在2010年发表的文章,将社会文化史的研究领域列举为社会生活(日常生活、生活方式)、习俗风尚、礼仪信仰、大众文化(大众传播、公共舆论)、民众意识(社会观念)、社会心理(心态)、集体记忆、社会语言(公共话语、知识)、文化建构与想象、公共领域(公共空间)、休闲(娱乐)文化、身体文化、物质文化、区域社会文化,等等。其中不少类别是早期提倡社会文化史时期所没有考虑到的,反映了近年来吸收新文化史观念后国内学术界的进展。对于社会文化史的地位和作用,她认为"社会文化交叉视角"不只适用于"社会文化史"的专属研究领域,完全可以走出社会文化交织领域,深入政治、经济等专史领域,作为一种新史学范式对以往专史乃至通史中盛行的单一视角的史学范式提供有益的补充。她还提出为迎接社会转型提出的时代任务,将"社会治理"与"文化统合"两大课题作为社会文化史研究的中心问题,以社会文化史的研究为这两大课题提供一些基于历史经验的理论,从而参与时代理论创新与推动社会进步。在研究手段上,她特别强调充分利用史料数据化与网络化带来的便利,也要重视在文字史料之外的大量图画、照片、影像等图像资料。②

罗检秋在2011年发表文章认为,作为一种研究视角的社会文化史,当然可以从社会语境、人际网络、文化蕴含等方面研究历史上的

---

① 黄兴涛:《文化史研究的省思》,《史学史研究》2007年第3期,修订稿收入黄兴涛《"她"字的文化史》,福建教育出版社2009年版,第188页。
② 李长莉:《交叉视角与史学范式——中国"社会文化史"的反思与展望》,《学术月刊》2010年第4期。

政治事件、经济现象、英雄传奇等；但社会文化史的使命不止于作为一种研究视角，还有其特定的研究领域和论题。他结合自己的研究体会，提出了四个方面有待深化和加强的论题：（1）不同群体的社会生活；（2）社会视野中的精英文化；（3）士庶文化的交融与歧异；（4）精神生活的正负面关系。①

梁景和在2014年发表文章，提出将在社会学、心理学、经济学和医学等领域已经广泛使用的概念"生活质量"引入历史学领域，强调如果从史学角度来研究生活质量，将会开辟出社会文化史研究的新维度。生活质量具有客观的物质生活条件的内容，也有涵括生活满意度和主观幸福感等主观层面的内容。梁文对于史学中"生活质量"研究设想了三个梯度的内容，又提出了六个方面的研究方法，尽管都是宏观的粗线条勾勒和举例式的说明，但其探索之大胆仍给人留下了深刻的印象。② 笔者认为，社会史、文化史的资料和成果已经相当丰硕，将它们整合在"生活质量"这一主题之下，对于物质生活、生活方式、价值观念以及主观感受等多个层面的内容加以综合性地呈现和分析，将为社会文化史从局部的专题研究走向整合思考提供一条途径，同时也会促使人们在接受新鲜的、易于感受的知识之余，思考更为深刻的哲理问题；在史学研究领域中，似乎不必刻意追求其他社会科学领域中研究生活质量时所习见的量化的指标体系，因为遗存史料恐怕难以支撑面面俱到的量化数据。在社会文化史领域研究历史上不同人群和个体的生活质量问题，反映了目前中国社会注重群体和个体的生存状态，改善生活条件，提高生活满意度和增强主观幸福感的客观需求。这也表明社会文化史学者具有与时俱进，刷新学术课题，参与时代变革的敏感性。

在社会文化史本土化理论的建设上，特别值得一提的是刘志琴关于中国文化中礼俗互动的研究。从1987年发表《礼——中国传统文化模式探析》开始，20余年来，刘志琴对礼俗互动问题作了很多论述，

---

① 罗检秋：《从"新史学"到社会文化史》，《史学史研究》2011年第4期。
② 梁景和：《生活质量：社会文化史研究的新维度》，《近代史研究》2014年第4期。

其中比较有代表性的文章还有《从社会史领域考察中国文化的个性》《礼俗文化的再研究——回应文化研究的新思潮》《礼俗互动是中国思想史的本土特色》《从本土资源建树社会文化史理论》等。[①] 这里以最晚出的《从本土资源建树社会文化史理论》一文为依据，简要介绍一下刘志琴关于礼俗互动问题的见解。刘志琴认为，礼俗均本于生活，因有生活才有规范生活的礼，所以俗先于礼，礼本于俗，它们分处于国家和民间的不同层次；俗上升为典章制度和道德准则形态的礼之后，就具有规范化的功能和强制性的力量，要求对俗进行教化和整合，"所以礼虽然起源于俗，却高踞于俗之上，成为国家制度和意识形态的主流，其涵盖面之广，几乎成为中国文化的同义语，而在西方思想史中根本找不到与'礼'相似的语词，这是有别于西方，从中国社会土壤中形成的特有概念，理应成为本土社会文化史的重要概念"。在中国特有的礼治秩序之下，衣食住行、百姓日用无不具有伦理的意义，有的已经成为政治伦理的符号，从礼俗互动的视角可以考察中国的国情和民性，这种生活方式在世界上也属独一无二。

这些新认识的取得，大多与学者们个人研究实践的积累有关，并非凭空立论；另外也与西方新文化史理论方法的引进与刺激有关，面对较为成熟的西方理论方法的进入，中国社会文化史学者必须提出自己的见解。

二 对西方新文化史的选择性吸收

长期以来，中国学者受马克思主义影响，普遍使用社会生活、生活方式的概念，社会文化史学者也不例外。李长莉在《晚清上海社会的变迁——生活与伦理的近代化》和《中国人的生活方式：从传

[①] 刘志琴：《礼——中国传统文化模式探析》，《天津社会科学》1987 年第 6 期；《从社会史领域考察中国文化的个性》，《传统文化与现代化》1993 年第 5 期；《礼俗文化的再研究——回应文化研究的新思潮》，《史学理论研究》2005 年第 1 期；《礼俗互动是中国思想史的本土特色》，《东方论坛》2008 年第 3 期；《从本土资源建树社会文化史理论》，《近代史研究》2014 年第 4 期。

统到近代》二书里,对此有比较深入的论述。梁景和对此也有专文论述。① 不过,专长于社会史的常建华则表达了不同的意见。他吸收了匈牙利哲学家奥尔格·卢卡奇、法国学者昂利·列菲伏尔以及中国学者衣俊卿等人的意见,更加倾向于以"日常生活"来取代中国学者最为常用的"社会生活";他还批评"中国社会文化史研究借鉴人类学的理论与方法,在生活与文化的研究层面并未有效展开,心态史研究没有太多的进展",其原因在于对新文化史理论吸收不足、学术理念转换迟钝。他呼吁在西方新文化史的观照下将日常生活史作为社会文化史研究的基础,"现在的中国社会文化史或许到了需要突破自身的时候,即引入'新文化史'的理念,进一步调整研究策略,将文化作为能动的因素,把个人作为历史的主体,探讨他们在日常生活或长时段里对历史进程的影响"。② 看来,这不仅是名词概念之争,其背后实际上还蕴含着研究路径的差异。

黄兴涛坦言自己关于"她"字文化史的研究在一定程度上受到西方新文化史的影响,③ 但他认为对于新文化史应该采取"借鉴和反省的双重态度",不应一味高唱赞歌。他理想中的文化史,"固然可以置重'叙述',但也不应简单排斥'论析',更不应限制分析工具",其根本旨趣,"或在于更为多样生动的叙史方式,更为广泛灵活的材料使用,更为自觉的意义寻求和反思精神,更为浓烈的语言兴致……还有对于展示'过程'高度看重,对于曾经存在的各种可能性尽量'呈现',等等。而归根结底,其基础不外是对于文化'主动性'作用的极度重视,以及从文化和社会互动的角度透视、把握、反思各种范围历史的空前自觉"。④ 他明确指出"现代化"或"现代性"这两个概念仍是分析清末民国时期特定历史的有效工具,不过

---

① 梁景和:《社会生活:社会文化史研究中的一个重要概念》,《河北学刊》2009年第3期。

② 常建华:《日常生活与社会文化史——"新文化史"观照下的中国社会文化史研究》,《史学理论研究》2012年第1期。

③ 黄兴涛:《"她"字的文化史——女性新代词的发明与认同研究》,福建教育出版社2009年版,第210页。

④ 同上书,第153页。

作为一种分析方法它们有可以改进、发展的必要和空间。他所谓的"改进、发展"就是对于新文化史的吸取和借鉴。在某些方面，他对新文化史是相当欣赏的，对关于新文化史的误解也有辨析。如他认为那种以为新文化史只该关注微观问题的看法仅是皮相之见，"与其说新文化史的旨趣在乎揭示微观现象，不如说其志在洞悉微观问题背后的意义更符合事实"。① 他熟悉中西方学术界对于新文化史某些极端化偏向的批评，在自己的研究实践中执着地坚守传统史学的几个特征：求真、适度的因果追寻（尽量摆脱"目的论"的诱惑）以及以古鉴今的信念。他进一步说，新文化史完全可以和民国文化史研究的旧传统相通，如陈寅恪的以诗证史和晚年熔心智、心态、语言文字与性别史于一炉的独特努力等，都和新文化史的诸多表象不谋而合。② 在2009年发表的一篇文章中，黄兴涛对于新文化史的核心特点以及对其已有的各种批评意见加以概括后，充满自信地认为，在中国史学界几十年文化史和社会史研究的丰厚实践之后，再加上对于西方新文化史的规模性、整体性引进，已经逐渐具备了较为充分的学术条件，"可以更为从容、理性地对之加以选择。比如，在精英与大众、区域与整体，中心与边缘，宏大叙事与微观深描，历史文本的真实性与'文学性'，乃至现代性观念和后现代思想等等之间，我们的研究未尝不可努力从方法上，去更为自觉地寻找某种合适的平衡点，而不至于一定要走到非此即彼、无法融合的偏颇境地"。③

李长莉在2010年发表的论文中比较了国内的社会文化史和西方新文化史研究。她认为两者的区别主要表现在：（1）由于两者产生与发展的社会背景不同，文化传统有别，面对的时代课题不同，问题意识不同，因而关注的重心也各有侧重。中国学者更重视群体研究以及个人行为与社会变动之间的关联，而西方学者更强调"个人的自由"和

---

① 黄兴涛：《"她"字的文化史——女性新代词的发明与认同研究》，第210页。
② 同上书，第210—211页。
③ 黄兴涛：《文化史研究的再出发》（该文是中华书局2009年出版的《新史学》第3卷序言），载黄兴涛《文化史的追寻：以近世中国为视域》，中国人民大学出版社2011年版，第12页。

"个人对历史的主体作用",因而盛行微观史和个人史。(2)从学术范式的开拓及理论创新路径而言,西方学者更强调新文化史对于社会史的"反叛"与"替代",而中国学者更强调对原有范式的补充、并存和交融,强调交叉学科视角的普遍意义。(3)新文化史属于西方"后现代"的文化流派,而中国的社会文化史则属于现代化的文化潮流。对于新文化史沉迷于微观史、个人史以至于出现碎片化的倾向,刻意突出文化的作用,以及解构"宏大叙事"、突出特殊个性、关注边缘领域的趋向,甚至出现猎奇求异、专搜特例的倾向,李长莉都提出了不能认同的态度。①

罗检秋于2011年发表文章,指出中国学者在借鉴西方新文化史成果时需要"谨慎对待"某些倾向,其中包括:(1)"一切历史都是文化史"的泛文化观念;(2)侧重叙事的碎片化倾向;(3)某些论题未必切合中国文化史的实际。相较于后现代语境中的新文化史,他认为清末梁启超所提倡的科学化的、蕴含价值评判的、不忽视精英文化的新史学,对于中国的社会文化史更具有借鉴价值。②

张俊峰在2013年发表文章,比较了西方新文化史、中国台湾的新文化史研究和中国大陆的社会文化史研究的区别,也指出中国大陆社会文化史的主流并未像西方那样与社会史分庭抗礼,有时候甚至是作为社会史的一个分支学科或分支领域的面目出现的;在学术旨趣和定位上,甚至可以将社会文化史视为中国文化史研究者的一次"社会史转向",与西方新文化史的"文化转向"是大有出入的。③

总体上来看,中国社会文化史学界的主流意见是,在现代化史观的基点上吸收新文化史的理论方法,希望能够以此对于史学论题的拓宽和叙述方式上的多样化起到积极的作用。

---

① 李长莉:《交叉视角与史学范式——中国"社会文化史"的反思与展望》,《学术月刊》2010年第4期。
② 罗检秋:《从"新史学"到社会文化史》,《史学史研究》2011年第4期。
③ 张俊峰:《也谈社会史与新文化史的关系——新文化史及其在中国的发展》,《史林》2013年第2期。

结　语

中国的社会文化史研究兴起于20世纪80年代末90年代初，至今已有二十余年的历史。从一个新的研究领域的发展来说，二十余年只不过是短暂的一瞬，至多可以算是开局阶段。本土崛起的社会文化史研究，在社会史和文化史的交叉地带用力，甚至将社会文化的触角伸向政治、经济等领域，在传统学科起初不屑顾及或无力顾及的薄弱环节，以社会文化交叉视角打开一片新的天地。从这个意义上来说，它尽管在形式上显得边界不清晰，但确实有其明确的研究重点所在，并非漫无边际，无从把握，它的独到之处也不是其他传统学科能够取代的。另外，它不能也不必取代政治史、经济史、思想史、文化史、社会史的研究，但它的交叉视角所打开的新视野所体现的是一种史学分支学科之间相互交融、相互深化的综合化趋势，并在许多具体问题上补充了传统学科的不足之处，甚至对传统学科的某些结论加以颠覆。

本土社会文化史在生活方式、社会伦理、知识人社会、生活质量、礼俗互动等方面的研究，结合了中国历史文化和现实社会的情况，具有浓厚的时代气息和理论创新意识。像这样的理论探索，还应该继续下去。一个脱离时代语境，无力参与时代理论创新的研究领域是没有生命力的。社会文化史学者所能达到的思想高度，与提炼出了多少有生命力的概念、命题息息相关。

对于某些学者来说，本土社会文化史缺乏分析形象建构、权力关系等新文化史所擅长的手段，因而对于传统史学理念和方法冲击力不够大。这种批评当然是有道理的。国内社会文化史理论方法探索的主要收获是在结合中国实际，以现代化史观的形式呈现出来的。在此基础上，适度地采用分析形象建构、权力关系的研究路径并不是不可能的。像陈蕴茜和李恭忠两本关于孙中山形象建构的著作所显示的那样，[①] 揭示党治国家

---

① 陈蕴茜：《崇拜与记忆：孙中山符号的建构与传播》，南京大学出版社2009年版；李忠恭：《中山陵：一个现代政治符号的诞生》，社会科学文献出版社2009年版。

通过孙中山符号把自己的意志推广及于社会生活领域，潜移默化地影响广大民众的社会意识，这种政治文化史研究在目前中国的学术主流里是能够被吸收的，也是会获得好评的研究。本土社会文化史对此尽管不够擅长，但也绝不会排斥，相反，在研究理念以及研究实践中，本土学者已经在吸收新文化史的这些优长时为我所用了。

不太容易为本土社会文化史所接受的，倒是新文化史对于历史客观真实性的怀疑，以及对于某些太过细碎的课题的研究。不过，这些方面在西方史学界也是有不同声音的。中国的社会环境和学术语境目前还很难有这种研究的位置。

本土崛起的社会文化史，经过独立发展的十年，迎来了新文化史的冲击和挑战。中国学者除了一些主攻新文化史研究的学者以外，其他人也都多多少少吸收了新文化史的一些理念和方法，在原有研究基础上继续前行。我们有理由相信，这两种并行发展、时而交叉的社会文化史取向对于丰富中国社会文化史研究内容和研究手段必将起到促进作用。

（原载《南京社会科学》2015年第5期）

二　社会生活

中国人生活意识的觉醒

刘志琴

生活,是人类与生俱来的生存方式,人来到这世界都需要吃喝住穿,这是延续生命的基本保障,认识这人人都已耳熟能详的道理,似乎是不言而喻的事。然而,在中国生活研究几多坎坷。在现实中"生活方式"往往伴随"资产阶级生活方式"出现,遇有不良作风经常是以"有生活问题"论处,将生活纳入否定性的价值判断。所以在以阶级斗争为纲的年代,"生活"在中国学术界并没有作为科学范畴,生活方式的研究几近销声匿迹。改革开放以后,思想解放运动唤醒了人们对美好生活的向往,这才有生活研究的兴起,到21世纪生活方式的研究成为一个热点,由于基础薄弱,缺少理论深度,这与以人为本的理念很不相称。当今经济发展全球化和生活方式国际化的趋势,使得中国人的生活风貌日新月异。"生活研究"成为既熟悉又陌生,既传统又现代的话题,对生活观念进行历史考察,是建树中国生活理论研究的必要前提。

一 从传统到现代的生活观念

生活,是人类生存的基本需求问题。不同国家、种族和地区的人们,生活需求相似,都需要吃饱穿暖,而理解却各有不同。对于什么是生活,中外古今,从圣贤哲人到凡夫俗子,各有各的理解,各有各的说法。

中国古人很早就有"生活"这一用语,最古老的史籍《尚书》

记述："'流'谓徙之远方；'放'，使生活。"① 《孟子》说："自作其灾孽，不可得而生活也。"② 东汉应劭的《风俗通义》记载，秦始皇释放燕国人质太子丹，使他"可得生活"③。在古人眼中，给犯人流放、释放人质归国，或诅咒对手自作孽不得活命，都称之为"生活"，这是让人活下去，使生命继续存在，因此"生活"与"活命"是同一意义，此种理解乃是统治者的对敌方略，而对驯服的臣民来说，"生活"自有不一样的说法。《尚书注疏》说："化世俗，重养下民也。此言'生民'。宣十二年《左传》云：'分谤生民'，皆谓生活民也。"④ 臣子对皇帝感恩戴德的常用语是："仰希陛下生活之恩。"⑤ 此"生活"是被"养活"的意思，是统治者的恩赐。

从老百姓方面理解生活，是浅显、直白的，生活就是有饭吃，有衣穿，有维持生存的必需品。"民非水火不生活。"⑥ "奉宗庙，共粢盛，人所食以生活也。"⑦ 因此生活在中国的延伸意义，又是"谋生"的同义词，如"寒士欲谋生活，还是读书"⑧ "认媪为假母，稍作烟花生活"⑨，等等。

佛家和道家对生活的看法也是如此，《抱朴子》说一位仙人用松脂药救了瞿某一命，"瞿谢受更生活之恩"。《一钵和尚》云："亦解剃头亦披褐，也学凡夫作生活。"此种说法都与活命有一致性。在民间升斗小民中，流传最广的一句俗话是："一日不作，一日不食。"明代思想家明确指出："流传俗语，最有深意。事业谓之'生理'，勤者谓之'做活'，懒者谓之没'营生'，或'做生活'，言奔走营

---

① 《尚书注疏》卷八，《舜典》第二。
② 《孟子注疏》卷三下，公孙丑章句上。
③ 应劭：《风俗通义》卷二。
④ 《尚书注疏》卷八，旅獒第七。
⑤ 《后汉书》卷七十八。
⑥ 《孟子》卷十三，尽心上。
⑦ 《汉书》卷二十五下。
⑧ （清）王永彬著，汪晓志评说《围炉夜话》，希望出版社1991年版，第259页。
⑨ 赵吉士：《海𭌒冶游录》卷中，《章台纪胜名著丛刊》，世界书局民国二十五年版，第7页。

运则生活,安逸惰慢则死亡。"① 因此谋生叫"糊口",工作叫"饭碗",以及"干活""生计""生理""做生意""做生活""营生"种种以劳动求得报酬的术语,都与"生"或"活"相连,是维持生命的基本保障。

让生命延续,以求得生存,是生活的第一要义,从这意义上说中外古今都相同。

然而,生存虽是生活的第一要义,可这是人类最原始的本能,是活命的最低需求。1943年美国心理学家马斯洛在《人类动机的理论》中提出人类生活需求有五个层次,即生理需求、安全需求、社交需求、尊重需求和自我实现的需求。1954年又推出《激励与个性》一书,进一步提出求知需要和审美需要。自此人们将生活需求概括为五层次或七层次,更多的是将后两者归入自我实现的层次。从此生活需求五层次学说在学术界成为主导性理论,影响至今不衰。

人是有欲望的生灵,欲望受需求的激励,不断提升。当吃饱穿暖的生理要求满足后,就会产生安全保障、社会交往、情感归属和发挥个人才能的要求,这五个层次从低级向高级逐步推进。欲望无止境,需求也就无止境,一种欲望满足后,又向更高的欲望攀登,欲望不止,攀登不息,人类文明就是在欲望不断满足和攀登中创造的业绩。在各种生活观念中,以这种理论最能激励人的积极性,推动社会前进,所以一般都以五层次论表现现代人的生活观。

在现代人的生活理念中,最有价值的是突出自我实现的问题。人,作为一个生命的存在,是有血有肉、有形有体的生命,饥饱渴饮,喜怒哀乐,爱恨情仇,都出于一己的感受。一切感受又都有赖于自我的存在,有自我才能感触到世界的万事万物,一切欲望、命运、功利、荣辱都由此而来,自我是人生的入口处。有自我意识才能认定自身的社会价值,激励自己为实现理想的人生而奋斗。在古希腊德尔斐神庙上镌刻一句箴言:"认识你自己!"突出人的价值就在于自身

---

① 吕坤:《实政录》卷一《小民生计》,张希清、王秀梅主编《官典》,吉林人民出版社1998年版,第60页。

的开掘，这是发现自我、发展自我的起点，卢梭高度评价这句话："比伦理学家们的一切巨著都更为重要，更为深奥。"① 因此"自我实现"可以视为古希腊人文思想在现代的发扬光大。

活着，是人类来到世界的第一需要，活着才能实现生命存在的意义。为了活着，首先就要有供应身体成长的物质资料，大自然的恩赐是有限的，也是缺少保障的，这就需要生产活动，因此马克思将生产生活资料的生产方式视为人类的第一创造活动。这第一创造活动的主体是人，马克思在《共产党宣言》中指出："每个人的自由发展是一切人自由发展的条件。"在《资本论》中又再次强调，每个人自由而全面的发展，是共产主义的基本原则。所以，自我是每个人生活、思想、行为的出发点和驱动力。自我实现，就是充分发挥自己的聪明才智，这是自我存在的最高形态。人的能力有大小，智慧有高低，只有充分发挥自己的才能，实现自我的理想，使生命意义得到最大发挥，这才是生活愿望的最大满足，马克思设计的共产主义，是保障人类潜能最大发挥的社会制度，这是马克思主义追求的最高境界，也是共产主义理论最吸引世人的社会理想。

按现代生活理念，观照中国古人对生活的理解，那只限于活命、谋生、恩养的范畴，属于生存的最低要求。中国人难道就停留在低度的生存水平？否！中国人不是没有对生活的高层次需求，而是中国人的生活境界与西方有不同的特色。

中国从三皇五帝以来就高度重视生活，传说中燧人氏取火，有巢氏筑屋，伏羲氏养牲畜，神农氏种谷，受到后代尊崇的先人们，无一不是在衣食住行中建功立业。古籍记载黄帝作胹冕，制衣裳，烹谷为粥，蒸谷为饭；炎帝教民播种耕作，石上燔谷。这种把人类进化的发明创造，赋以具体生动的个体创造，贴近生活解释先人的活动。作为中华民族的祖先炎黄二帝，不仅赋予了我们生命，还是中国人生活方式的缔造者。尊崇他们是中华民族的人文初祖，以养我、育我的生命之基为中华文化的象征，这是高度重视生活的表现。

---

① ［法］卢梭：《论人类不平等的起源和基础》，商务印书馆1979年版，第62页。

中国不同于西方的是，生活从活命的最低要求，一跃而为意识形态，以伦理观念教化生活，使生活高度伦理化，这就是儒家的百姓日用之学。百姓日用，是古人对服食器用的生活用语，早在先秦古籍《诗经》中就已有"民之质矣，日用饮食"的记载，有关"服""食""器用"的用词，出现在《论语》中有111次，《孟子》有218次，两者相加共有329次。服食器用以如此高的频率出现在儒家的经典著作中，甚至高于儒家一贯崇奉的"礼"和"德"，引导人们关切社会生活和现实的人生。

所以古人对生活的重视，并不表现在个人的自我实现，而是以高度的理念对待生活用物，中国有世界上独一无二的"百姓日用之学"，这是中国人生活观念的理论形态和表述方式，明末的泰州学派就以百姓日用的学说而在中国思想史占有重要地位，其理论支点就是日用器物的观念化。

服食器用是人类赖以生存和发展的前提，也是消费生活的主要内容。日用之学发生、发展的过程，实际上是伦理观念不断渗透到日用器物的过程。日用器物本是人类劳动的生产品，按照人们的意愿，用自然界的原料加工做成适合人们使用的器物，以改善和提高生活水平，这是社会的文明和生产者聪明才智的表现，就这些成品本身而言，乃是无知无识的客观存在，古代思想家却给这无知无识的存在物赋以道的含义，道是什么？是伦理化的观念，"形而上者谓之道，形而下者谓之器。"这句出自《易经》的名言，在该书的注疏中释为："道是无体之名，形是有质之称。凡有从无而生，形由道而立，是先道而后形，是道在形之上，形在道之下。故自形外已上者谓之道也，自形内而下者谓之器也。形虽处道器两畔之际，形在器，不在道也。既有形质，可为器用，故云'而下者谓之器'也。"① 王夫之说得更明白："无其器则无其道"②，可见道能生器，无道不成器，故道在形之上，器在形之下，这上下之别，是因为道为器物之本源，但是无器

---

① 《周易注疏·系辞上》。
② 王夫之：《周易外传》系辞上传第十二章，中华书局1977年版，第200页。

也就没有道的存身之处，所以这道和器虽有形上和形下之分，两者却密不可分，道是器的内涵，是观念；器是道的外在形式，是形体。器有粗细之别，道也有深浅之分，两者相依共存。

但是，生活与观念是人类分别在物质生活和精神生活不同领域的行为和反映，这两者各有相应的范畴和相对的独立性，并不等同。但在百姓日用之学中，生活与观念之间相互胶着，难分难解，甚至混为一谈。道是理念，器是实物，朱熹著名的"格物致知"说，却把这两者沟通一气。"所谓格物，便是要就这形而下之器，穷得那形而上之道理而已，如何便将形而下之器作形而上之道理！饥而食，渴而饮，'日出而作，日入而息'其所以饮食作息者，皆道之所在也。"①这吃喝住穿的器物并非简单的生活用品，它承载深刻的含义，一般民众并不明白，所以是愚夫愚妇，这就要靠君子的教化。明代思想家陈献章、湛若水倡导"日用间随处体认天理"，就是要求人们从"形而下"的器物中悟出"形而上"的道理，到生活中去体认日常器物中所蕴含的天理人情。

由此可见，中国古人对生活的理解大致是两个层次，一是活命需求；二是体认天理。从形下到形上，由器物直悟天道，因此形上的观念有外在的器物表现，形下的器物有内在的观念寓意。道和器，这观念与器物的不同指称，有分别而又无分别，促使人们达到道器合一，即道即器的境界，使日用器物与天理人情直接沟通。

士大夫们对教化民众生活有强烈的使命感，诸子百家没有哪一家不对生活问题不表态的。孔子论学，大至德和礼，小至吃饭、行路、待客、排座次、放碗筷、喝汤、吃肉都不厌其详地循循教诲。日用器物的消费本是满足人们生存、发展和享受的欲望，在中国却与地位、伦理融为一体，日用器物对消费者来说兼有物质待遇和精神待遇的双重价值。早在先秦，思想家们就为生活方式提供了思想理念，《荀子》明确宣告："德必称位，位必称禄，禄必称用。"这就是说"用"，必须与德、位、禄相称，有德才有位，有位才有禄，有禄才

---

① 《朱子语类》卷六十二《中庸》。

有用，道德表现、社会地位和财禄器用一体化，由此构成以礼为中心的一系列的意识形态和社会制度，它以等级分配为核心，以伦理道德为本位，渗透政治、经济、文艺、教育、生活的各个领域，从权力财产的分配到生活日用的消费，无所不在。历代王朝都以"会典""典章""律例"或"车服制""舆服制""丧服制"等各式条文，规范和统治人们的物质生活。礼制在中国不仅是道德信仰和思想观念，也是日用消费品分配的准则和人际交往的规范。权力通过日用器物的等级分配，物化为各个阶层生活方式的差异，就其构成来说，它具有生活方式、伦理道德、等级序列一体化的内容，正是这三位一体的文化结构，构成中国传统的生活模式。在这种模式中，以物可以观位，以德又可以量物，贵贱之别不仅溢于形表，道德上的良莠也力图物化为消费生活的等级之别。正如太史公在《史记·礼书》中所说，礼能"宰制万物，役使群众"。管天、管物，也管人的生活。在这种制度中日用器物不仅是消费品，也是非文本的伦理教本，致使生活方式高度伦理政治化，是中国人生活方式的重要特征。

　　从这里可以理解晚明一代，泰州学派提出的"百姓日用即道"的命题，细微到"穿衣吃饭，即是人伦物理；除却穿衣吃饭，无论物矣"。① "圣人经世，只是家常事。"② 其用意就是将衣食日用提高到封建伦理的说教，这种生活方式最能适应以小农业生产为基础的自然经济形态，使极端分散的小农户从居家过日子就笼罩在同一的伦理氛围中，无处没有生活，无处不受到教化。目不识丁的农民无须懂得思想意识为何物，只要生活在这里，就能从切身生活的体验中潜移默化地接受封建伦理政治的影响，世世代代相沿为习，从而积淀为民族文化心理，成为群体无意识的自发倾向，培育成生活方式意识形态化的普遍心态。这是中国传统文化模式，也是中国人的生活模式，所以中国古人对生活的理解是两极化的，一是最低的活命层次，二是高度伦理政治化。

---

　　① 李贽：《续焚书》卷一《答邓石阳》。
　　② （明）王艮著，陈祝生主编：《王心斋全集》卷一《语录》，江苏教育出版社2001年版，第5页。

古代中国人生活方式与传统文化同构的这一形态，肇致生活方式的变迁，必然伴随传统文化结构的松动或解体。中国生活方式从传统走向现代化的变革，始于戊戌变法，维新派要求放足、断发、易服，把变衣冠作为学习西方文明的一项重要内容。中华民国结束数千年的封建礼制，从自由着装进行生活方式的改良。1949年后施行向苏联"一边倒"的政策，男女老少都穿上列宁装。改革开放首先迎来的是五彩缤纷的时装潮，生活方式与政治变革紧密相随，几乎成为中国社会从传统向近代转型中的普遍规则。

二 重视休闲意识，提升生活观念

改革开放以来，中国人的生活观念已有很大改变，生活方式已摆脱政治性的干预，复原到生活本身，回归为个人的自由选择。衣食住行和休闲都是物质生活的主要内容，从社会整体来说，生活水平与经济发展是同步提高，对个体而言，生活并不一定是经济水平的直接反映。你嗜好山珍海味，我喜欢萝卜白菜，这叫各有所爱，中外古今的小说中不乏大富翁选择俭朴生活的事例。时下提倡的素食运动，并非经济发展不足，相反，而是在经济高度发展后，要求保护地球，生态平衡，从更高层次上改善人的生存环境。2009年联合国公布调查人类幸福指数的结果表明，经济发展不一定与幸福感同步，由此可推知幸福感与生活质量也不一定同步。从这意义上说，吃什么、穿什么、用什么，并不取决于政治模式，也不限于个人经济条件，而是一种个人信念和时尚。

休闲，是指在谋生的工作或劳动以外，全由个人自主支配的时间。这有两种内容：一是休息、娱乐；二是自行选择爱好，发展特长，增加智慧和才干，这看似为非物质的形态，却兼有创造物质和精神价值的双重功能。

对休闲，文化人是最敏感的阶层，他们都是有产、有识之士，不愁衣食，不必为谋生操劳。读书、休闲是生活的主要内容，中外都有相似之处，其中尤以休闲是生活价值的关键所在，中西文明古国各有各的特色。

亚里士多德在《政治学》一书中，把休闲誉为"一切事物环绕的中心""是科学和哲学诞生的基本条件之一"。他创立的学派又称为"散步学派"，因为许多思想的生成，是在散步闲谈中撞击的火花，不仅如此，雅典的文化人多在野外聚会，社会交往和争论也多半在户外，甚至在喧嚣的街市和运动场上都能听到文人雅士的滔滔雄辩。不仅如此，"学校"一词源于希腊文，本意是休闲，这就是说学校是一个休闲的场所，可以自由地追求知识，用现代语言说这是快乐阅读。而中国人标榜的是头悬梁、锥刺股，是玩命地苦读。

虽然古希腊思想家将休闲看作学习知识的条件，给予高度评价，但把休闲作为一门学问，以人的休闲方式、休闲心理和休闲观念为研究对象，才有一百多年的历史，马克思是始创者之一，他高度评价休闲的作用，在他笔下的"休闲"，又译为"自由时间"，即非劳动时自由支配的时间，马克思曾预言未来的社会："衡量财富的价值尺度将由劳动时间转变为自由时间。因为增加自由时间'即增加使个人得到充分发展的时间'。"又说："自由时间，可以支配的时间就是财富本身。"① 现代瑞典哲学家皮晋尔认为，休闲是一种精神状态，是沉浸在创造过程中的机会和能力。美国心理学家凯利认为，休闲是人一生中最能持久发展的舞台。毫无疑义的是，随着时代的前进，休闲的价值愈来愈得到重视。这是生命活动的最佳状态，人类发展自我的必要条件。因此在西方思想史上提倡休闲、享受休闲，高度评价休闲作用的思想家不胜枚举，而在中国思想史研究中，对休闲几乎不置一词。中国人怎样看待休闲？

休闲，从字义的象形来看，"休"是人倚木而息；"閒"是倚门望月，都表现为一种宁静、安闲的状态，形象地表现了我们祖先对休闲的最初认识。在古籍中的用语，也是指非劳动时的休息状态，如"民亦劳止，汔可小休。惠此中国，以为民逑"② "劳农夫，以休息

---

① 《马克思恩格斯全集》第26卷第36册，人民出版社1975年版，第280—282页。
② 《诗经·小雅·民劳》。

之"① "劳而不休，亦将自息"。② 从先秦民歌《诗经》到政治家的高论，都是将休息看成劳动的补充，是恢复劳动力的手段。在改革开放以前，列宁的一句名言"不会休息的人，就不会工作"，明确表示休息的目的是为了工作。休息既然服务于工作，是工作的附属品，为了工作牺牲休息那就是理所当然的事，因此无休无止的义务劳动联翩而来，"大跃进"中连续劳动数月不下岗；学大寨，号召每人掉20斤肉，弄得人困马乏，难以为继，不得不保证八小时睡眠。"文革"中，林彪的一句话："一首歌就是一堂政治课。"把休闲娱乐纳入政治教育的范畴，看戏只看样板戏，唱歌只唱颂党的歌，中国人对此笃信不疑，奉为经典，固然有政治因素，也与中国传统对休闲的认识不无关系。

要说中国人都是此种认识，也不尽然，早在晚明启蒙思潮中，就有一股对休闲新思维的萌动。这是在传统社会向近代转型的前夜，中国尚未遭遇外来的干扰和影响的条件下，纯属内生性的变化，剖析这一变化的特点，可加深对中国人生活观念的认识。

明人说的"休闲"，惯用的语词为"清闲"，别小看这一字之差，却有境界的不同。对"清"字，中国人是情有独钟，在汉语词汇中，许多美好的称誉，往往是清字当头：卓越的才能是清才，志行高洁的称清士，儒雅的文章称清文，廉洁奉公的官员称清官，纯洁的友情为清交，还有清秀、清名、清醇、清流等，凡属令人敬重的人品、举止，物性、事理，几乎都要冠上一个"清"字。休闲以"清"当头，极大地提升了休闲的品位。

从明人对"清闲"的欣赏中，也表现出它不凡的价值：

> 读书，最乐之事，而懒人常以为苦；清闲，最乐之事，而有人病其寂寞。就乐去苦，避寂寞而享安闲，莫若与高士盘桓，文人讲论。何也！"与君一夕话，胜读十年书。"既受一夕之乐，

---

① 《淮南子》卷五"时则训"。
② 《说苑》卷十六"说丛"。

又省十年之苦，便宜不亦多乎？①

春去春来，白头空自挨。花落花开，红颜容易衰。世事等浮埃，光阴如过客。休慕云台，功名安在哉！休想蓬莱，神仙真浪猜。清闲两字钱难买。②

所谓闲者，不徇利，不求名，澹然无营，俯仰自足之谓也。而闲之中，可以进德，可以立言，可以了生死之故，可以通万物之理。③

他们藐视功名，浮云富贵，把清闲看成人生的最大快乐，不论是独坐空庭，还是谈学论辩，无拘无碍。清闲不是无所作为，"凭虚独得超然意，万物尽从静里观"。这是中国士大夫的思考方式，在明末风动一时，具有启蒙建树的李贽自称"四海闲人"，标榜"闲中无事，好与前辈出气"。④ 前文所引"闲之中，可以进德，可以立言，可以了生死之故，可以通万物之理"。表明中国思想家与古罗马哲人一样，也是在清闲中思考万物之理，所不同的是思考的内容不一样。在古代西方引起人们激辩的是世界的本原是水，是火，是气，还是数？这是对哲学的探讨。而中国士大夫热衷的是三不朽，即立德、立言、立功。身闲心不闲，念念不忘进德明理，所以清闲在中国士大夫中，是一种立身处世的境界。

缘于观念的不同，在中国找不到古希腊哲学家称道的休闲出哲学的命题，相反中国的杰作往往产生在危难之中，这就是司马迁在《史记·太史公自序》所说："西伯拘羑里，演《周易》；孔子厄陈蔡，作《春秋》；屈原放逐，著《离骚》；左丘失明，厥有《国语》；孙子膑脚，而论兵法；不韦迁蜀，世传《吕览》；韩非囚秦，《说难》、《孤愤》。诗三百篇，大抵贤圣发愤之所为作也。"不仅这些名著多是激愤之作，作为学派的思想体系也是形成在乱世之秋，不论是

---

① （明）李渔：《闲情偶寄》"颐养部"。
② （明）蒋一葵：《尧山堂外纪》卷九十一"国朝"。
③ （明）谢肇淛：《五杂俎》卷十三"事部一"。
④ （明）李贽：《续焚书》卷一"书汇"。

先秦诸子、魏晋玄学、程朱理学都诞生于乱世中的争鸣，明末启蒙思潮也萌生在改朝换代之际。士大夫们并非因为休闲而是忧国忧民的情结，造就了他们的学术成就。

休闲不能造就思想名著，却发展了快乐人生。自命清高的士大夫，在晚明的一大变化是走出书斋，热衷凡夫俗子的生活，张扬世俗的生活欲望。

满足生活欲望是人类优化生存的本能活动。水往低处流，人往高处走，谁不向往不断提高生活质量！程朱理学把追求美好生活的愿望贬为人欲，施以各种教化和压抑，在这样的氛围中，从士大夫中兴起一股追求快乐的论调，王艮的日用之学别树一帜，对天理作了重新的解释，他说："天理者，天然自有之理也。才欲安排如何，便是人欲。""天性之体本是活泼。鸢飞鱼跃便是此体。""良知之体，与鸢鱼同一活泼泼地。"这是"自然天则，非人力安排"。"人性上不可添一物"，[①] 人的本性是自然，自然趋向快乐，因此作《乐学歌》："人心本是乐"，以歌颂快乐人生。他儿子王襞解释说："鸟啼花落，山峙水流，饥食渴饮，夏葛冬裘，至道无余蕴矣。"穿衣吃饭是自然要求，顺应自然要求，就是至道和快乐。这就从理论上提出了"人同此欲"是"自然天则"的命题，强调人欲与天理并非天生对立，顺应自然的发展，以己欲度人欲，乃是顺人意应天理的行为，鼓动人们享受生活，满足人生欲望，这被明代正统观念斥为异端的思想，在晚明勃然兴起，蔚为社会思潮。

怎样得到快乐？袁宏道认为人生有玩世、出世、谐世和适世四种生活态度，最上乘的当为"适世"，首先有热爱生活的"恋世"、寻找乐趣的"娱世"，这才是谓"自适之极"。他有句名言："目极世间之色，耳极世间之声，身极世间之新，口极世间之谈。"此乃是他倡导的"五快活"之一，此外还有大宴宾客、家藏万卷书、姬妾成群，荡尽家产，一身轻松的四种乐事，他公然向世人宣称吃美食、宴嘉宾，穿华裳、迷声色，是合理、合情的人生追求。江南才子张岱在自

---

① （明）王艮著，陈祝生主编《王心斋全集》卷一《语录》，第10、19、11、9页。

撰的墓志铭中向世人告白："少为纨绔子弟，极爱繁华，好精舍，好美婢，好娈童，好鲜衣，好美食，好骏马，好华灯，好烟火，好梨园，好鼓吹，好古董，好花鸟"[①] 在程朱理学主导的晚明社会，如此坦诚地张扬自己的生活信念，以享受为乐，以奢华为荣，这要有过人的勇气才能冲撞理学的禁忌。

生活方式是人的解放的杠杆，追求享乐对个人有从生活伦理化的禁锢中解放的意义，却少有积极的建树，与现代生活观相距一个时代。真正使生活还原为个人的权利，是在辛亥革命之后，以民权、平等为核心的民主主义文化，取代以等级为核心的封建主义文化，给予生活个人选择的自由。民国一成立即颁布新式服制，孙中山提出服装改革的四原则："适于卫生，便于动作，宜于经济，壮于观瞻。"用卫生、实用、经济、美观的标准来制作和选择服装，打破衣冠之治的等级之别，使人人拥有自由着装的权利，这是政治民主深入生活民主的大变革。消除服装的身份歧视，淡化服装的意识形态，是生活方式与现代文明接轨的重要途径。

现代生活意识的真正觉醒，是人权的觉醒。人有没有生活的自主权，是人存在价值的体现，这在中国经历了两个波澜。

第一个波澜是在20世纪初，章太炎发表《正仇满论》，批评梁启超"君主为国家统治的主体，而领土及臣民为国家统治之客体"的论调，提出"自性"问题，认为"何得言离人以外别有主体？"确认主体在人的观念。并在《明独》篇中，呼唤发扬"大独"精神，说："大独，大群之母也。""群必以独成"，没有"独"就没有"群"的存在，明确阐明在群体与个体关系中，是以个体为本、为母，这对扼杀个性的封建宗法伦理是一大冲击，所以在抨击封建伦理思潮中，以主体在人是理论发挥的最强音，这是"自性"思想的新高度。

"自性"的基点是人，章太炎认为人是自然性和社会性的统一

---

① （明）张岱著，云告点校《琅嬛文集》卷五《自为墓志铭》，岳麓书社1985年版，第199页。

体。他在《菌说》一文中用细胞学说来论证人的自然本能,认为人的欲望和生理需求是各种器官活动的结果,这些器官是由许多物质元素构成,"人之嗜欲,著于声、色、香、味、触、法,而仁义即由嗜欲而起"。① 有了肉体就有各种欲望,有了欲望才有扼制欲望的礼义道德。人的社会性是在社会生活和社会关系中形成,是后天教养的产物。由于"自性"充分尊重人的自然本能,追逐高消费,满足感官享受,也就是正常的生活欲望,章太炎赞扬奢靡是"适其时之所尚,而无匮其地力人力之所生"。② "人非草形之虫矣,慧亦益启,侈亦益甚。"③ "侈靡则日损,损则日竞。"④ 随着经济发展,智慧进化,生活消费愈益提高,竞争愈益加剧,"自性"思想调动人的主体精神,激励人们提高竞争意识,这是在传统农业社会谋求工业化必须培育的社会心态,章太炎站在文化转型的前沿,率先地反映了主体在人的生活意识。

随着辛亥革命结束封建王朝的统治,生活方式得以破除等级制度的约束,分离出来,受到新一代学者的重视,从文化领域重新考察生活成为一代学人的新视角。胡适在《我们西洋近代文明的态度》中说:"文化是一种文明所形成的生活方式。"李大钊的《史学要论》指出:"历史这样的东西,是人类生活的行程,是人类生活的联续,是人类生活的传演。"朱谦之在《文化哲学》中说:"人类生活的表现自始即是文化史的表现。"将生活视为文明的进程和历史的传演,以文化进化的平常心看待生活,使生活回归为人人可以享用的平等权利,这是中国人生活意识的新觉醒。

第二个波澜在改革开放以后,在十三届三中全会的《决定》中指出:"在创立充满生机和活力的社会主义经济体制的同时,要努力在全社会形成适应现代生产力发展和社会进步要求的,文明的、健

---

① 章炳麟:《菌说》,《章太炎政论选集》上册,中华书局1977年版,第137—138页。
② 章炳麟:《读管子书后》,《章太炎政论选集》上册,第33页。
③ 同上。
④ 同上书,第35页。

康、科学的生活方式,摒弃那些落后的,愚昧的、腐朽的东西。"以文明的、健康的、科学的生活方式给"生活"定位,开启了新时期生活的新观念。

21世纪的到来为生活研究的兴旺开创了新时机。这不仅要继往开来发展既有的成果,更要面对信息社会、知识经济的迅猛发展,作出应有的回应。高科技愈发展,愈要呼唤人文精神,这是学术界的共识,人们说21世纪是人的世纪,是高扬人文精神的世纪,这一主题与生活研究天然合拍。

国内外思想研究的新动向已经把这个问题提上了日程。20世纪西方文化哲学一个重要倾向是将日常生活提高到理性层次来思考,使思想史研究贴近生活,胡塞尔对"生活世界"的回归,维特根斯坦对"生活形式"的剖析,海德格尔有关"日常共在"的观念,余英时在《现代新儒学》序言中表示关心"形而下"的取向,种种言说表明一代哲人把注意力转向日常生活的研究。对此国内哲学界已有回应,哲学研究者已经提出,建立人间哲学的呼声,让哲学融于生活,使哲学与生活保持同步发展;在国学热中有的进而提出生活儒学的新概念,李泽厚在近年出版的《历史本体论》中提出,生活是历史本体的见解,中国思想史从此将因贴近生活而丰富多彩。

瞻望未来,随着高科技的发展,生产水平的提高,生产时间的缩短,有可能出现闲暇时间多于工作时间的趋向,因此未来学的学者预言,未来社会是"闲暇社会"或称之为"服务社会",闲暇问题将在现代生活中愈来愈有重要价值,怎样在生活中体现人与自然、人与社会的和谐发展,以及人的身心培育,在社会文化史研究中是一个最有潜力的课题,值得研究者思考。

(原载《河北学刊》2012年第3期)

饮食与伦理
——从吃饭解析中国传统文化模式

刘志琴

一 伦理化,是中华饮食文化的特色

"民以食为天",这一句在中国妇孺皆知的古训,在一个有神论国家无疑是石破天惊之论。试想,穿衣吃饭虽是人类生存的第一要事,但在一切都是上天和主恩赐的观念中,哪有以天的名分称呼芸芸众生的寻常事。即使天上、人间集政权、神权于一身的国君,也只是天的儿子——天子,发号施令都承受天命,又何敢妄言与天争威。在中华饮食文化中却不然,人人不可须臾分离,而又习以为常的饮食被推崇为天,进入至高无上的信念。相形之下,孟子说:"食、色,性也。"墨子说:"食为性命之基。"以及《周礼》所谓"食为民之本。"这都不过是对人类生存的本能和自身发展的物质前提而表述的大实话。出自《汉书》的"民以食为天",却对人类最具有求生欲望的饮食行为,赋以民食即天理的伦理观念。以人事和天相通,这是先秦"民之所欲,天必从之"[①] 天命观的发展,也是汉代董仲舒天人合一思想体系向日用消费深化的体现。

"饮食"在中国的出世不凡,还由于它是儒家文化的核心思想——礼的本源。《礼记·礼运篇》说:"夫礼之初,始诸饮食,其

---

① 《尚书·泰誓》。

燔黍捭豚，汙尊而抔饮，蒉桴而土鼓，犹若可以致其敬于鬼神。"爆粟粒、烤小猪，挖土坑盛酒，用手掬饮，再用草槌敲地取乐，这大约就是先民视为美食美酒的盛事，用自己最得意的生活方式，祭祀鬼神，表示对祖先和神灵的崇拜和祈祷，这就开始了礼仪的行为。所谓礼之初始诸饮食，揭示了文化现象是从人类生存的最基本的物质生活中发生，这是中华民族顺应自然生态的创造。

　　祭祀礼仪从饮食行为中发端，盛放食物的食器就成为礼器。食字在甲骨文中的字形就似食物盛放在容器中，比其茹毛饮血的原始生活，有了食器的发明，这是饮食的进化，这一进化深深烙在文明的标志文字的创制之中，食器也就成为饮食的符号，至今中国人还习惯用铁饭碗来表示有吃有喝的保障。"礼"字的成型也可溯源到食器，据王国维在《观堂集林·释礼》中考证："盛玉以奉神人之器谓之丰，推之而奉神人之酒醴亦谓之醴，又推之，而奉神人之事通谓之礼。"在食器中盛放玉，是礼字的原初形态，所以普通的日用品食器，也就成为至尊至荣的礼器。

　　礼，有多重含义，礼貌之礼、仪节之礼、伦常制度之礼，无不是协调、沟通和规范人与人的伦理关系，这种观念对饮食行为的渗透和主导，使得有限的口腹之欲，寓有超乎具体物质享受以外的精神内涵，拓展了饮食活动的社会价值和功能，由此衍生出多姿多彩的内容，是中华饮食文化与世界各国相区别的最重要的特色。

二　伦理，是怎样导向饮食的

　　礼，从远古饮食习俗中发源，经过孔子的发展与集大成，构建成治国理政处世为人的思想体系和社会制度。这是古人用以别尊卑、定亲疏、辨是非的准则。它以等级分配为核心，用各种伦常制度规范社会各阶层的思想行为、人际关系和生活消费，用以维系"天有十日，人有十等"层层相隶属的统治序列。

　　等级统治本是封建社会的属性，这在世界各国都不例外。在中国保障这种秩序的特殊形态是礼制，历代王朝以"会典""律例""典章"或"车服志""舆服制"等各种条文颁布律令，管理人们的物质生活和精神生活：

> 礼者，贵贱有等，长幼有差，贫富轻重皆有称也。故天子袾衣冕，诸侯玄衣冕，大夫裨冕，士皮弁服。德必称位，位必称禄，禄必称用，由士以上则必以礼乐节之。从百姓则必以法数制之。①
>
> 君子小人，物有章服，贵有常尊，贱有等威。②
>
> 奇服文章以等上下而差贵贱，是以高下异，则名号异，则权力异，则事势异，则旗章异，则符瑞异，则礼宠异，则秩禄异，则冠履异，则衣带异，则环佩异，则车马异，则妻妾异，则泽厚异，则宫室异，则器皿异，则饮食异，则祭祀异，则死丧异。③

这就是说，社会各阶层的成员，从权力、财产的分配，到日用器物的消费，从应酬往来到穿衣吃饭，该享用什么，不该享用什么都有严格的等级规定。值得注意的是，所谓"德必称位，位必称禄，禄必称用"，明确规定了俸禄与日用消费必须与其权位和道德实践相称，这本是士人以上统治阶层生活方式的物质基础。此类贵贱有等、尊卑有别的生活样式扩大到众庶百姓，并"以法数制之"，成为社会制度和意识形态，所以禄与德、位的一致性，揭示了封建社会生活方式与等级序列、伦理道德的三位一体化。这种由认知、器用、法权和道德等主要文化要素而构成的方式，通过礼整合为稳定的范式，是为华夏民族传统的文化模式。这种文化模式以伦理道德为本位，以等级分配为核心，渗透政治、经济、文艺、教育和衣食住行社会生活的各个方面。所谓礼制、礼法、礼律和礼治都从不同层次和领域表述了这种文化模式的内容和功能。饮食行为在这种文化模式中，不单是满足充饥、营养、保健的自然欲求，还是社会地位、伦理道德的体现。

---

① 《荀子·王制》。
② 《左传·昭公十二年》。
③ 《荀子·王制》。

连篇累牍的礼书不遗琐细的条文规定，深入消费生活的各个方面，对活人的饭食、宴请和死人的祭祀品，供什么、吃什么、怎样吃，都有详细规定。饮食是最难分等的，吃什么、怎样吃都是短时间的行为，随意性大，很难进行监督和考察。天子食太牢，牛、羊、豕三牲俱全，诸侯食牛，卿食羊，大夫食豕，士食鱼炙，庶人食菜，这种等分出自古代的记载。《尚书·洪范》述："惟辟作福，惟辟作威，惟辟玉食。"这就是说只有君主才能作威作福，吃玉食。《礼记·王制》说："庶人无故不食珍。"究竟施行如何，难以查证。但是据现代学者考证，当上古之时"庶人除老耄之外不肉食，是可信的"。① 据《礼记·曲礼》记述，吃瓜的方式有严格的等级划分：为天子切瓜，先剖成四瓣，再横切为八，用细葛布覆盖；为诸侯切瓜，中剖为二，再横切为四，用粗葛布覆盖；为大夫切瓜，亦如君王，但不用葛布；为士人切瓜，横断两半，去掉瓜蒂；庶人食瓜，只能去掉瓜蒂，啃着吃。这样条分缕析在今天看来甚为可笑，尽管在实际上未必都能办到，但在古代却是上了礼制的，成为经典的明文。由此可见，中国的饮食习俗，不仅受到生产水平、地域、气候、民族、宗教等自然生态和社会生态环境的影响，更要受制于礼的规范，这对饮食行为有全面而深刻的影响。促成中华饮食的食俗、食性、食规和烹调理论的伦理化。所以中华饮食文化的伦理化是中国传统文化模式结构性的特征，这种导向具有的稳定传承的内在机制，绵延数千年，它在饮食习惯、人情事理方面蔚为传统，至今仍有深刻的影响。

神圣性是中华饮食伦理的又一要义。民以食为天不是抽象的，它是具体实在的人人可及的观念。发明熟食、善于烹调的先人，都被奉为圣人，就是这一信念的具象化。诸如"《古史考》曰，古初之人，未有火化，后世圣人钻燧出火，教人熟食。""《周书》曰，黄帝烹谷为粥，蒸谷为饭。"② 此类记载不绝于书。燧人氏钻木取火，教人熟食；伏羲氏织网捕鱼，驯养家畜；神农氏播种耕作，石上燔谷。莫不

---

① 瞿同祖：《中国法律与中国社会》，中华书局2003年版，第152页。
② 王三聘辑：《古今事物考》卷七《饮食》，上海书店出版社1987年版，第147页。

是因为开辟食源、教人熟食和烹饪的丰功伟绩，被后世尊为中华民族的始祖。古史上第一个有年代可考的厨师，是近四千年前的国王少康，他因父亲夏相被叛臣寒促所杀，投奔到有虞氏当过庖正即厨师长，后来复国，成为夏朝第六代君主。据《说文》称，少康就是传说中的杜康，还是酒的发明家。善于烹饪而又官至国家重臣的，在史书上也不鲜见。屈原在楚辞《天问》中咏："彭铿斟雉事帝何飨"，王逸注云："彭铿，好和滋味，善斟雉事帝尧。"这个号称活了八百岁的长寿老人彭祖，有一手烹调野鸡的绝活，博得尧的欢心，官至守藏史。商朝最著名的宰相伊尹，出身厨师，因为善于制作雁羹和鱼酱，被后世推为烹调之圣。周朝的开国元勋姜尚从政前钓鱼、屠牛、卖饭，传说中的姜太公钓鱼成为韬晦的美谈。

在中国人的伦理观念中，圣人是道德的楷模；这些圣人又是权力显赫的君主和功臣，位列统治序列的顶端；烹饪的创始人和大师同时也是生活方式的创造者。这三者的一体化，正是中华文化模式结构的具体反映，也是饮食伦理化寄寓人事的生动体现。

这种观念深入社会下层，家家户户都有管理烟火饮食的灶神，别小看这一差事，传说中的灶神有黄帝、炎帝、祝融之说，这都是大神；祭灶在先秦还是重典，列为五祀之一。此灶神从执掌灶火开始，权力不断扩大。《敬灶全书》说："受一家香火，保一家康泰；察一家善恶，奏一家功过。"《灶王经》说："家有灶王经，水火不能侵。"一家人的生活、安危、善恶、功过全由灶神包了，此权力之大，只有人间的王爷可比，因此灶神又称灶王爷，这是三位一体文化模式人格化的典型表现。这个灶王爷，不在天上在身边。人们与上天的信使，共处一个屋檐下，声息相通，相濡以沫，对此常以诙谐的情趣来表示对他的亲切和期望。"上天言好事，下地保平安。""好话多说，不好少说。""黏糕堵你的嘴，糖瓜粘你的舌，今夜上天去，好话要多说。""送君醉饱登天门，杓长杓短勿复云，乞取利市归来分。"这些五花八门的灶联，无一不生动地表现出，人们是按照自己的面貌和意愿来塑造心目中的神灵。在众多的神灵当中，大约只有这主管饮食之神，最能体现中国人对神的人伦观念，灶王爷才享有这样充分的人情味。

对神的人情味还促使饮食的各种行业，攀附某个圣贤或名人，作为本行的祖师爷，以便就近取得保护。例如，开肉铺的供奉屠狗起家的樊哙；金华火腿供奉宋朝抗金名将宗泽；糖坊供奉明朝开国功臣刘伯温；豆腐店供奉的是西汉宗室淮南王刘安；菜铺供奉的是东汉文人蔡邕，酱园供奉书法家颜真卿等，宗泽曾用火腿犒军，刘安发明豆腐，刘伯温挑过糖担，这些还算有些出典和沾亲带故。至于蔡邕、颜真卿由于谐音而成为菜铺和酱园的祖师爷，就属无稽之谈，更有甚者受到蛋商供奉的太乙真人，就因为在《封神演义》中的哪吒出生时是个肉球，被太乙真人收为徒弟，生拉硬拽地把肉球和蛋扯在了一起。这些看来是荒唐的联系，居然赢得众多的信徒。泛神信仰和饮食伦理化的导向，肇致饮食行业这些千奇百怪的行业神。饮食伦理的拟人化，是这种文化心理的深层因素。

按礼制的规定，饮食不单是满足口腹之欲的个人行为，也是礼制精神的实践，这促使文人学士在享受美味的同时，不吝笔墨著书立说。孔老夫子的"食不厌精，脍不厌细"脍炙人口不说，一部《论语》出现"食"与"吃"字就有71次，其频率仅次于"礼"（74次）。《周礼》《礼记》《仪礼》《晏子春秋》《吕氏春秋》《淮南子》《黄帝内经》等诸子的经典名著都有关于烹调的精辟论述。有关烹饪的专书层出不穷，从西晋的《安平公食学》、南齐的《食珍录》、北齐的《食经》，一直到清代袁枚的《随园食单》、朱彝尊的《食宪鸿秘》，佳作迭出。这里有世界上最早的烹调专著，琳琅满目的食谱。有关烹饪的技法如烧、烤、煎、炙、爆、焙、炒、熏、烙、烹、煮、涮、脍、蒸、煨、熬达数十种之多，可谓世界之最。以美食家自诩，甚或亲自执厨、附庸风雅的不胜枚举。晋朝的愍怀太子有出色的刀工，随意切割一块肉，就能掂出分量，斤两不差。唐穆宗的宰相段文昌，自撰《食经》五十章，又称《邹平郡公食宪章》，厨房称为"炼珍堂"。卓文君当垆视为千古佳话，太和公炙鱼，东坡肉，谢玄的鱼，陆游的素馔，张瀚的"莼鲈"名盛一时。美酒佳肴的诗篇名作更是连篇累牍。如果说古代士大夫鄙薄技艺，对科学技术甚少关注的话,那么对烹饪技艺的钻研和在著述方面的投入,却是一个例外。烹饪园地风景这边独好,是中国文化史上一个独特的现象。

我们的祖先把伦理观念导向饮食,不仅促进了烹调技术的高度发达和烹饪著述的繁荣,而且创造出有浓厚伦理色彩的烹调理论。

众所周知,在人类的理念中,最高的观念是解释宇宙,这在中外概莫能外。中国人习惯用天地乾坤来表述这种理念,用阴阳五行学说说明它的生成结构和运转秩序。《周易》讲阴阳,《尚书》讲五行,一阴一阳谓之道,金木水火土相生相克谓之五行,这被视为万物生成的要素和法则。战国后期齐人邹衍推衍出五德终始说,用金、木、水、火、土这五种物质属性的相生相克和终而复始来比附王朝的兴亡盛衰。西汉董仲舒集其大成,用天人相应和阳尊阴卑的学说解释自然现象,使自然现象伦理化。什么人际代谢、物性事理、祸福灾异、四时变迁,莫不纳入这个宇宙图式。自然界有金木水火土为五行,人间就有仁义礼智信为五德,君臣、父子、夫妇、长幼、朋友关系为五常,人与人之间的这种等级和道德关系就是人伦之理。在这伦理中,天道人事打成一片,自然现象预兆社会现象,社会现象又是自然现象的演化,天人相应,天人合一,这是古代思想家们观察自然和社会现象的终极至理。因此,天有五行,人有五脏,食有五味,三者相生相应,饮食理论的建树遵循这个法则,这是饮食伦理化的理论渊源。

中国地处北温带,得天时地利之惠,物产丰饶,食品原料充足,作为肉食的猪牛羊鱼和素食的菜蔬瓜果,应有尽有。《四气摄生图》说:"天以五气养人,地以五味养人。"天有五行,人有五脏,食有五味,人是通过"养"获得天地之气,吃什么,不吃什么,都要遵照阴阳搭配的原则,《礼记·月令》中将食物分为五谷与五味和五行相应,详细规定:春天食和鸡,味酸属木,可补肝;夏天食粟和牛,味甘属土,可补心;秋天食稻与马,味辛属金,可补肺;冬天食豆与猪,味咸属水,可补肾。《黄帝内经》说:"五谷为养,五果为取,五富为益,五菜为充。"在这众多的食物中以谷物为主,以菜蔬果肉为辅,从这里可以理解中国人为什么以吃饭而不以吃菜为进餐的代称，就源于这沿袭数千年的以谷物为主的饮食结构。

既然每一种食物的原料都有阴阳之性，食物的制作就需要通过调配，使阴阳分布不均的原料相互渗透，达到阴阳平衡才能可口。阳尊阴卑，有主即有副，吃饭要有下饭菜，这菜是在饭之下故称为副食。同一副食中还要有主料、配料和辅料的搭配，下料的次序轻重主次不能颠倒，此种专用术语叫"君臣佐使"，俨然如同君臣关系，序列严明才能协调，所以中国菜的制作最重视调与和，五味调和百味香。这"味"千变万化不可言喻，只能用品尝加以鉴定。这一套程序就是出味之道，又称味道。味道人殊人异，变化万千，但都不出五行之数，《淮南子》说："味之和不过五（甘酸咸苦辛），而五味之化，不可胜赏也。"又说："味有五变，甘其主也。……炼甘生酸，炼酸生辛，炼辛生苦，炼苦生咸，炼咸皮甘。"这五味的变化，是由阴阳互补，五行相生相克的学说加以主导的，高明的厨师能做出百菜百味，烹饪技艺全在于搭配的适当、调和的技巧和火候的掌握。这与西餐不一样，在西式菜中肉食与蔬菜往往是两相分离的个体，各自独立制作，中式菜却是综合混成的。烹饪家们解释这是由于地域、物产的因素，哲学家们认为这是中国人长于综合思维的反映，这些都不无道理。然而究其直接动因，乃是阴阳五行学说导向饮食，促使烹调理论伦理化。

在中国烹饪史上最杰出的烹饪专著，清代著名才子袁枚撰写的《随园食单》把这一套理论发挥得淋漓尽致。关于原料的选择，他说："凡物各有先天，如人各有资禀，人性下愚，虽孔孟教之无益也；物性不良，虽易牙烹之亦无味也。"对于食物的搭配说得更明确："谚曰：'相女配夫，记曰拟人，必于其伦。'烹调之法，何以异焉。凡一物烹成，必需辅佐，要使清者配清，浓者配浓，柔者配柔，刚者配刚，方有和合之妙。""味太浓重者只宜独用，不可搭配，如李赞皇、张江陵一流，须专用之，方尽其才。""一物有一物之味，不可混而同之，犹如圣人设教，因才乐育，不拘一律，所谓君子成人之美也。"这样阐述烹调的理论，无异是在进行礼义说教。教化人们从烹饪这具体而有限的操作活动中，体认伦理的无限意义。从这里也可以理解孟子在《告子》篇中所说:"理义之悦我心,犹刍豢之悦我口。"这位仅次于孔子的大圣人,不惮粗俗地把理义比作牛羊猪肉,正是饮食与伦理相通的认识。

与此相应的是,在日常生活中随处可见饮食烹调与伦理政治相通、相融的倾向。被古人视为国家重器的鼎,本是饭锅,它鼓腹,能容纳较多的水、粮、肉、菜;两耳,便于移动;三足鼎立,方便置火燃烧。炊具和餐具合一,比其笾、釜、镬、豆、簋等食器具有更大的实用价值。《说文》说:"鼎,调和五味之宝器。"用这宝器供奉祖先和神灵,行施祭祀的重大礼仪,这就使得日用容器蒙上神秘的色彩,尊为礼器。传说黄帝采首山之铜,铸造三只鼎,象征天地人;夏禹收罗九州的金属,铸成九个大鼎,作为传国之宝。周灭商后,移九鼎于镐京,举行隆重的定鼎仪式,自此定鼎喻为国家政权的奠基,鼎也就成为权力的象征。由于这鼎的特殊身份,就不能为普通人所拥有,因此又有列鼎制度。按礼制的规定,天子可以有九鼎,诸侯七个,大夫五,元士三。这士、大夫、诸侯、天子,权力愈大拥有的鼎数就愈多,违背这规定,就是僭越,这与犯上作乱一样,要受到重裁。《左传·宣公三年》记有一则故事:周朝衰弱,楚庄王崛起,在中原称霸,周定王派使臣去慰问,楚庄王踌躇满志地打听周鼎的轻重大小,使臣反驳说:"周德虽衰,天命未改,鼎之轻重,未可问也。"自此,问鼎成为窥视政权的行为,就缘于这个典故,迁鼎则是指一个国家的灭亡。在古代西方和埃及,君主的权力是以权杖和连枷为代表,这是从武器和生产工具演化而来,比较直观好理解,在中国则以饭锅为象征,这在文明古国中是独一无二的现象。从这里也可了解,"民以食为天"的另一面是"民以食为权",所以荀子提出德、位、禄的相称,是从意识形态领域反映了食与权、天的一体性。

饭锅从食器演变为礼器——鼎,是这样神圣不可侵犯,能在鼎上操作的自不同凡响,所以调和鼎鼐这一纯属烹饪的术语,在古代亦可作为宰相治理国政的代称。《晏子春秋》记述,晏婴对齐景公谈君臣关系时,以和羹比喻说:"和如羹焉,水火醯醢盐梅,于烹鱼肉,之以薪,宰夫和之,齐之以味,济其不及,以泄其过,君子食之,以平其心。"《吕氏春秋》记述，被后世奉为烹饪之圣的商朝宰相伊尹，用烹饪技巧对天子议政的一番话，说："夫三群之虫，水居者腥；肉者臊；草食者膻。臭恶犹美，皆有所以。凡味之本，水最为始，五味三材，九沸九变，火为之纪，时疾时徐，灭腥去臊除膻，必以其胜，无失其理。调和之事，必以甘酸苦辛咸，先后多少，其齐甚微，皆有自起。鼎中之变，精妙微纤，口弗能言，志不能喻。若射御之微，阴阳之化，四时之数。故久而不弊，熟而不烂，甘而不浓，酸而不酷，咸而不减，辛而不烈，澹而不薄，肥而不月侯。……天子不可强为，必先知道，道者止彼在已，已成而天子成，天子成则至味具，故审近所以知远也。"烹调是精细微妙的操作，用这来比附君主驾驭臣僚的统治术，真是绝妙的议论。孙子论兵喻以烹饪之学，淮南子论学以烹饪为证，老子的治大国若烹小鲜更是脍炙人口。

　　这些思想家们不厌其详地从烹调论及国家大事，并非个人所好，而是生活方式、伦理道德和统治序列三位一体文化模式的反映。这种模式把衣食住行都纳入伦理教化的轨道，不同于说教的是，人们从日用品的消费和享用中，处处感受伦理审美的经验。在物质上满足生命本能的自然欲求是有限的，在精神上潜移默化地受伦理道德的感召却是无限的。衣冠服饰是衣食住行之首，它最显著、最充分地表现人们的身份地位。衣冠服饰与意识形态的结合，在中国形成衣冠之治的规章，这是礼制的大宗内容。① 饮食较之衣冠有很大的随意性，礼制对各阶层的食用虽有详尽的规定，但大都局限在礼仪和庆典，人们吃什么，怎样吃，主要受制于经济生产和生活水平，这是权力干预难以奏效的领域，因此礼制体现在饮食方面的伦理导向，比等级限制更为重要。

　　正是因为饮食承载着伦理教化的重负，夸大饮食的政治功能，就成为古人习惯的思维方式。最常见的是把王朝的灭亡看成饮食过度的恶果。《战国策》中就有夏禹禁酒，发出"后世必有以酒亡其国"的

---

① 参见拙作《衣冠之治的解体和思想启蒙》，刘青峰编《民族主义与中国现代化》，香港中文大学出版社1994版。

预言。《尚书·酒诰》认为,商朝的灭亡无非是酗酒所致。《五子之歌》说:"甘酒嗜音,峻宇雕墙,有一于此,未有不亡。"《墨子·非乐》指责夏启的一大罪状是放纵野餐嗜酒。史书上历数夏桀的酒池肉林,商纣的长夜之饮都是亡国之由,《荀子》还把饥而欲饱,口好味,看成人性恶的本性。这些王朝的兴亡衰败是否就在于嗜食酗酒,可当别论。毫无疑问的是,保留在先秦典籍中劝诫节制饮食的言论,主要不是从健康出发而是从政治、品德着眼。由于这个缘故,古人把戒贪吃的训诫绘成有首无身的恶兽,铸在权力象征的铜鼎上。《吕氏春秋·先识》说:"周鼎著有饕餮,有首无身,食人未咽,害及其身,以言报更也。"青铜时代最具盛名的艺术代表作饕餮纹,是向世人宣示,贪吃要遭受报应,这一可怕的寓意才是它创生的真正来由。

　　从先秦发端的寓伦理于饮食行为的导向,在中国源远流长。许多时令节庆的饮食风俗,起因往往带有浓郁的伦理或政治色彩。端午节吃粽子,是为了悼念爱国诗人屈原,他的忧国忧民,悲怆人生,得到民众的同情,每年农历五月初五在他自沉的汨罗江投下粽子,希望他死而复生。八月节吃月饼,传说是民族英雄张士诚为了串联民众反抗元朝统治,利用互赠面饼的机会,在其中夹字条约定中秋起义。寒食节禁炊火,吃干粮,是因为春秋时介子推割股肉熬汤,救了落难的重耳,后来归隐山林,重耳即位为晋文公,为请他出山,用火焚攻,不意,他在大火中抱树而死,晋文公为纪念这一忠臣义士下令每年的这一天举国熄火,吃冷食。春节吃年糕,传说是伍子胥对越王勾践的野心早已有洞察,可叹的是吴王夫差不听劝告,反而遭受谗言,被迫自刎,但他事先在吴国的城墙下埋了用糯米粉做的城砖,后来都城被围,炊断粮绝,有人记起伍在生前的嘱咐,在城墙下掘起糯米砖,解了燃眉之急。人们为感戴他的先见之明,每年做年糕以示缅怀。梁红玉率军击退金兵,用糕饼慰问浴血奋战的将士,以表示点点心意,"点心"就成为小食品的又一名称。这些壮烈悲愤的故事难以一一查实,传说也不限于一种,然而古人宁可对这些节庆食品寓以种种与政治行为相联系的动人传说,不能不视为伦理意识深入饮食领域的一种心态。在这种心态中,人们自然要以吃食表示自己的信仰和节操。自古以来"不吃嗟来之食"就是优良传统;伯夷、叔齐饿死首阳山,以不食周粟来表示对故国的忠贞;陶渊明甘守清贫,不为五斗米折腰,都令后人肃然起敬。最令古人称道的操守"清白",在《礼记》中的本义只是指酒的纯洁和透明度。王逸在《离骚序》中这样颂扬屈原说:"不忍以清白久居浊世,遂赴汨渊,自沉而死。"从秦汉以后,"清白"遂成为人们歌颂的嘉德美行,用品酒的标准评人,并不是偶然的。

  人们用某种食物来表现自己的爱,也会用吃某种特定的食物来表达恨。据《新唐书》记述,唐玄宗时京城有三个贪虐成性的暴吏,左台侍御史王旭、监察御史李嵩、李全交,称为黑豹、赤豹和白豹,合称三豹,人们特意用乌鸡皮(黑色)、猪皮(白色)、海蜇皮(粉色)切成三丝,加佐料拌成凉菜,隐喻剥三豹的皮,后来"三皮丝"成为长安的名菜。在中国人的心目中,陷害岳飞的秦桧是最大的奸臣,只有处以极刑下油锅方才解恨,油炸桧因而成为油条的别称;鸡头中有个貌似身着古装,头挽发髻,双手反缚下跪的软骨(一说是鸡脑)形状,也被称为秦桧。螃蟹壳中一个盘腿而坐的人形被说成民间故事《白蛇传》中恶势力的代表人物法海。这些传说的广为流布,还不在于自然界造型的惟妙惟肖,而是人们在那样细密的观察和丰富的联想中,所寄寓的是非爱憎,得到最大范围的认同。抗战时重庆有一道菜叫"轰炸东京",这是用滚烫的汤汁浇在油炸锅巴上发出噼噼啪啪的声响,以象征东京吃了炸弹,这样别出心裁地表示同仇敌忾,也是源于这种文化心理的影响。

  饮食的伦理化还表现在中国菜名的别开生面。菜名大致有两种类型:一种是写实性的如青菜豆腐、榨菜炒肉丝,一看就明白它的原料;另一种是写意性的,这最能展现伦理想象的空间,因而在中国发展到极致。菜肴中常有八宝的名称,如八宝饭、八宝鸭、八宝肘子等,据《辍耕录》记载,所谓八宝,是指帝王行使权力的八枚印章,即行玺、之玺、信玺、天子行玺、天子之玺、天子信玺、神玺和受命玺。宋徽宗改玺为宝,南宋期间落入侵者金人的手中,皇帝失去行使权力的宝印,又命人复制了八宝。臣民为庆祝重新有了八宝,设宴欢庆,称为八宝宴，后来临安酒楼为纪念此盛宴，将一些菜肴命名为八宝。这其实是一个不光彩的历史，但由于与权力挂钩，表现出光复故土的愿望，为人们喜闻乐见，传到后来成为八种珍味和配料的代称。有的菜名洋溢着权势的气息，例如，名菜"御带虾仁"，将虾剥皮时，中间留一段虾壳，炒熟后，拦腰一圈红色，形似官员朝服上的革带，以显示为官的气派。又如，"带子上朝"，用一只鸭子和一只鸽子配制，意思是父子当官，代代上朝。再如，"怀抱鲤"，用大小鲤鱼各一条，烧好后，以大鱼面向小鱼，表现孔子对儿子鲤怀念的亲子之情。"御笔猴头"，用鸡茸做毛锋，用火腿、猴头蘑切成丝和末，装饰成12支笔的造型。在孔府的家菜还有"诗礼银杏""一品豆腐""五侯鲭""神仙鸭子"等成为鲁菜精品。在《山林清供》中记录的素菜汤就有"太守羹""玉带羹""锦带羹""玉糁羹""碧涧羹"，珠光宝气，官味十足。平民与官场无缘，却由于向往吉利、发财的意愿在菜名上精雕细刻，把豆芽称作"如意"、鸡脚称"凤爪"、菜心称"玉树"、蛋饺称"元宝"、竹笋炒排骨是"步步高升"、发菜炖猪蹄是"发财到手"、冬菇烧青菜是"金钱满地"、豆芽烧豆腐是"金钩挂玉牌"、海蜇皮拌萝卜丝是"金声玉振"、番茄豆腐白菜是"珍珠玛瑙翡翠汤"，另外还有"四喜丸子""黄金万两""全家福"等。

菜名本是原料和制作方法的称谓，如土豆烧牛肉、鱼香肉丝，使人一目了然，便于选择，但是，舍此最简单的道理，把辣椒炒肉丝说成"踏雪寻梅"，鱿鱼炒鸡片叫"游龙戏凤"。这些华而不实的辞藻，使人不知所云，猜不到碗里盛的什么菜，名实不副，并不方便，可又偏偏为古人喜闻乐见，如果仅仅认为是骚人墨客的舞文弄墨是附庸风雅，那就低估了以伦理为本位的文化意识对饮食的渗透，使得人们自发地选择这样的口彩，成为一种民族的心理和时尚。

从熟食的发明，原料的调配，烹饪的技巧，食具的选择，节令食品到菜名的寓意和审美，无一不受伦理的濡染，这是中华文化无往而不在的伦理意识向饮食行为全方位渗透的结果。人人都要吃饭，这种再也普通不过的日用消费，蕴有如此深刻的内涵和寓意，并且与人际关系中最高级的政治活动相通相融。由此可见生活方式是如何与伦理道德、统治序列结为一体的。饮食与伦理的关系提供了深一层理解中华文化模式的窗口。

三 解析中国传统文化的窗口

饮食是日用消费生活中最大宗的内容，最大的消费者是广大的人民群众。人民大众是饮食的主体这一事实，深深地烙在古代对人民大众的称谓"庶"这一字中。这一"庶"字，从字源来看，与烹调术有密切的关系。上古时代的熟食曾普遍使用过石烹法，这种方法是将食物放在被火炙热的石上烤熟，或者将烧热的石块，投入有食物的水中，待水沸腾，食物煮熟为止。《古史考》云："神农时，民食谷，释米加烧石上而食之。"这是烙炕成烹的，也有采用石烹的。据于省吾在《甲骨文字释林》下卷《释庶》中考证，甲骨文中的"庶"字，"从火石，石亦声"，是个会意兼形声字，与煮相通，所以他认为："庶之本义乃以火燃石而煮，是根据古人实际生活而象意依声以造字的。"由人人习见的、家家都能操作的石烹法，所发出的peng声创制成"庶"字，以此为人数最广大阶层的称谓，"庶"是与贵族相区别的社会地位低下的群体。《礼记·曲礼》及注说："拟人必于其伦"，"拟，犹比也；伦，犹类也"。在古人的心目中，人，不是独立的个体，而是以群体相类别的一员，不同的群体形成不同的阶层和等级之别，这就是"伦"，所谓伦理，就是人与人之间的关系和维护等级关系的道德体系。从庶字和石烹的契合，无异于把饮食这纯系个人的消费行为纳入人际关系。发明文字的先人们并没有意识到这深层的含意，但朴素的描述，却比后世文人把熟食的发明权归于某个圣人更切合实际。

重视进餐礼仪是饮食介入人际关系的重要表现。作为至圣先师的孔子，在《论语》中谈到"食不言""割不正不食"等有关食的说教有41处之多。《礼记·曲礼》详细记有古人宴饮的程序和规范。"将即席，容毋怍，两手抠衣去齐尺。衣毋拨，足毋蹶。"入席前要从容，不要变脸色，两手提着衣裳，离地一尺，不要掀动上衣，不要顿足发出声响。"凡进食之礼,左殽(带骨肉)右胾(纯肉);食居人之左,羹居人之右;脍炙处外,醯酱处内,葱处末,酒浆处右。以脯置者,左朐右末。""羹之有菜者,用梜(箸);其无菜者,不用梜。""共食不饱,共饭不泽手。""毋搏饭,毋放饭,毋流饮,毋咤食,毋啮骨,毋反鱼肉,毋投与狗骨,毋固获,毋扬饭,饭黍毋以箸,毋羹,毋刺齿,毋饮醢。"陈设菜肴要有顺序,带骨肉、纯肉、羹汤和调料,分别放在就餐者的左右远近,不能放乱。进食时不要光顾自己吃饱。用手抓饭,不要带汗泽。吃饭不要发出响声,到口的鱼肉不要再放回菜盆。不要把骨头扔给狗。不要大口喝汤。不要当人的面调汤汁,也不要当众剔牙齿。主客长幼之间彬彬有礼,"侍饮于长者,酒进则起,拜受于尊所。长者辞,少者反席而饮。长者举,未釂,少者不敢饮。长者赐,少者贱者不敢辞"。"长者不及,毋言。正尔容,听必恭。毋剿说,毋雷同。必则古昔,称先生。"陪长者饮酒见到长者要递酒,赶快起立拜受,等到长者回话,不用客气,才能回到席位饮酒,如果长者没有举杯饮尽,少者不能先喝。席间谈话,长者没有提及的不要乱说。表情要庄重,听讲要虔诚,不要打断别人的话头,也不要随声附和。讲话要有历史的根据,或者引用先贤的名言警句。"卒食,客自前跪,撤饭齐以授相者",主人婉谢后,客人再坐下,如此等等。从迎送宾客、入席仪态、陈设餐具,到吃肉喝汤,都有详尽的规章。这些礼仪体现了共餐的卫生要求和谦恭礼让的人际关系。

在古人的心目中,以吃喝为主要内容的宴饮,它的意义远在吃喝以外。《周礼·春官·大宗伯》说:"以乡燕(宴)之礼,亲四方之宾客","以饮食之礼,亲宗族兄弟",《左传·成公十二年》说:"飨以训恭俭,燕以示慈惠"。用宴饮联络宾客,敦睦亲属,亲善友谊。从这里可以理解中国人为什么那么重视吃喝这一最寻常的举动,元宵节吃元宵,端午节吃粽子,中秋节吃月饼,重阳节吃重阳糕,腊八吃腊八粥,送灶吃灶糖,春节吃团圆饭。生日吃面条、生孩子吃红蛋,加冕、册封、庆功、结盟,没有哪个节庆不以吃喝为特色。人们见了面往往用一句"吃了没有"来代替向对方的问候。以吃交好,以吃释怨，以饮消愁，从婚丧喜庆到喜怒哀乐，莫不以吃喝为高潮，吃喝成为中国人团结群体、整合关系的润滑剂和增凝剂。

人们品菜的口味还导致审美意识的发源。美在甲骨文中是从羊字衍化而来，据《说文》解释，美字是从羊从大，本义为甘。甘是一种味道，口食肥羊感受的那种味道，就是美。以吃的感受为美的选择，这就是中国人美感的原始形态。

吃，这一字意所造成的词语，还延伸到人际关系的各个领域。诸如吃得开、吃不开、吃不消、吃得消、吃老本、吃官司、吃败仗、吃大锅饭、吃回扣、吃偏食，吃独食、吃家伙、吃透精神、吃准时机、吃香的喝辣的、吃苦、吃力、吃醋、吃亏、吃瘪、啃书本、啃骨头，人生百态几乎都与吃字分不开。还有那与食物相连的词汇所表现的世情风貌更是丰富多彩，如回味无穷、添油加醋、坐吃山空、挑肥拣瘦、食古不化、脍炙人口、醉翁之意不在酒、姜还是老的辣，等等。食，还渗入人们最隐秘的生活——性爱，秀色可餐是优雅的说法，太监与宫女的畸性恋名为对食，宫女称其配偶为菜户。《诗经》所云"中心好之，曷饮食之"，则是赤裸裸地指性交，所以圣人也不耻言"食、色，性也"。"饮食男女，人之大欲存焉"，这一千古圣训都在"吃"与"食"的概念中得到充分的发挥。从这里可以回答为什么在《论语》中孔子对吃与食这两字情有独钟，出现的频率仅次于礼，而高于道和学，正是饮食伦理化的结果，促使饮食活动对中国人的社会生活与人际关系有全方位的影响。

这种影响还扩大到与周边民族的交流，早在《尚书·旅獒》中就指出："四夷咸宾，无有远迩，毕献方物，惟服食器用。"文化交流首先从食物引进，三千多年前周武王时，西南少数民族就以茶为贡品，输送到中原。交通不便，旅程艰难，都挡不住人们对商品交换的渴望，步行马载，跋山涉水，传播文明的种子，改善物质生活，累累事实不胜枚举。现在人们最爱吃的菠菜、黄瓜、茄子、西红柿、石榴、西瓜、胡桃、涮羊肉、烙饼，以及《齐民要术》中的胡羹，都是古代的舶来品。中原的美味更令异邦的食客倾倒。宴请成为和睦民族关系不可或缺的重要环节。

饮食,是衣食住行中的支柱,是生活方式的物质基础。由饮食活动而产生的食风和食俗植根民众生活,贴近社会实际,富有多样性和自发性,这在文化学中称为小传统;伦理意识,是由思想家们提炼的思想体系或制度化的意识形态,是为封建社会的大传统,它高于生活又指导生活,成为传统文化中的主体,具有系统性、导向性和稳定性。从一般民族来说,小传统与大传统有一定的间距和相对的独立性。但在中国由于生活方式与伦理道德、统治序列的三位一体这一特质,大传统依靠权力的干预和道德灌输,全面而深刻地对小传统起着制约和规范的作用。礼制是最集中的表现形态。这种制约表现在意识形态上,历代的思想家们都非常强调把人伦之道与百姓日用消费结合起来,宋代以后提出"百姓日用即道"的学说。理学家王艮明确地表示:"圣人经世,只是家常事。""圣人之道,无异于百姓日用。""百姓日用条理处,即是圣人之条理处。"在这种制度和思想体系中,大、小传统之间差异甚微,饮食与伦理高度契合。用伦理之道观照衣食住行,也从衣食住行中感受伦理之道,在满足生命和生活欲求的同时,得到超乎物质以外的心灵体验和感悟。中国文化模式这种特有的结构,最大限度地强化了以伦理为本位的社会功能,使一个人数最多、土地辽阔、生产方式最分散的国家,具有高度的向心力。人们生活其间,处处事事都笼罩在同一的政治氛围和道德信念中,无处不受到潜移默化的影响,世世代代相沿为习。伦理价值通过物质生活和精神生活的双重作用,积淀到民族文化心理的最深层,成为群体的无意识的自发行为,这样的文化才真正具有在各种波澜曲折中得到稳定传承的机制。

饮食的伦理化,提供了解析这一文化模式的窗口。

四 现代社会对饮食变革的要求

由于饮食伦理化在中国发展的极致,有的学者进而认为中国文化可以说是饮食文化。毫无疑问,这一高度发达的形态,造就了中国菜的丰盛和繁荣,美味佳肴享誉全球,为中国古老的文明成就赢得很高的荣誉。然而,由于饮食和伦理的高度契合,本是用以充饥、营养和保健的饮食行为,承载了表现尊荣、法权、富贵和亲疏关系的重负,又肇致饮食的某种异化现象。

饮食本是以大自然的产物为原料,这些原料经过烹饪进入口中,首先表现的是人和自然的关系。由于以礼为主导的中国饮食向人际关系的绝对倾斜,无视这些生灵的生存和保养,产生"虐吃"的行为。在许多笔记野史中,常常有这种记载:吃猴脑,讲究的是将活生生的猴子套在桌子中心,把头套在桌面上,当场用锤击破脑袋,用勺掬出还冒着热气的脑浆大啖;吃鸭掌,把鸭子放在烙铁上,让它蹦跳不止,直到两掌被炙烤得又红又肿,取下烹制,据说这才肥嫩;吃甲鱼,有一种吃法,是将甲鱼套在特制的锅里,用火炙得它不断张嘴吞下调料,然后才烹烧。这种残忍的烹调视为美味中的一绝。虽然保护生物和生态平衡是现代意识,在古人中也不乏反对虐吃的议论,但在中国的伦理观念中,飞禽走兽是礼义不及的对象,食物的选择以稀为贵,以贵为好,这也助长了暴殄天物的行为。佛教不食荤腥、伊斯兰教不食猪肉以及宰杀牲口的各种规定,都使得这些民族和教民在食物的选择和烹调中有所不为。华夏族则百无禁忌,只要入口不择手段。唐朝皇帝姓李,由于避讳字与鲤同音,下令禁止捕食鲤鱼,可在唐人的著述中并不乏食鲤鱼的记载。《酉阳杂俎》说:"句容赤沙,湖食朱砂鲤,味甚美。"贺朝在《赠酒店胡姬》一诗中说:"胡姬春酒店,管弦夜铿锵。……玉盘初脍鲤,金鼎正烹羊。"白居易在《渭上偶钓》中说:"渭水如镜色,中有鲤与鲂。偶持一竿竹,县钓至其傍。"这反映在禁令的前后,并未停止食鲤鱼的行为。连皇帝的"讳"都照吃不误,还有什么不能吃的。

时下偷猎偷食国家保护动物的恶行,屡禁不止,虽然是无知和不懂法,但与这吃胆包天的传统不无关系。

过分注重用饮食增进人际关系,使得饮食成为一种特殊的工具,促使人际之间的腐败行为在这一领域恶性发展。当前在吃喝方面的奢侈浪费就是一大弊端。《安徽日报》1994年1月27日载文披露,农民吃喜酒成风,已经不胜负担。根据31个县对3100户农民的抽样调查，从 1988 年到 1992 年，农民人均喜酒钱的支出增加 2—5 倍，比用于衣食住行的必须开支高出 15 个百分点，比农民人均收入的递增速度高出 23 个百分点，数字之大，令人惊叹。名目日益繁多，出生有满 12 天酒、满月酒、周岁酒、6 岁时的毛头酒；死则有入地酒、五七酒；嫁娶有定亲酒、下礼酒、接亲酒、新女婿上门酒。此外如盖房、升学、参军、开店、办厂形形色色，只要有喜事，沾亲带故的全都登门，这在连油也吃不起的农户是一笔多么大的开支！有的不得不用卖血换钱来了却人情债。礼金的多少，宴席的厚薄，成为人情深浅的砝码。礼尚往来异化为压迫自身的沉重负担。这还属于个人吃，吃个人的。至于用公款吃喝，更不可扼制。民间流行的打油诗，生动描绘了吃喝者心态："迎宾十菜一汤，尝八宝鸡、凤凰腿、全家福，山珍海味，直吃得挺腹伸腰，花公款何必小气？陪客一桌十座，品五粮液、杏花村、味美思，佳酿美酒，喝他个昏天黑地。"有一对联说："厂庆、场庆、矿庆、社庆、店庆、校庆，处处可庆；卅年、廿年、十年、五年、两年、一年，年年能吃。"横批是"普天同乐"。四川紫阳县有一个只有 8000 人的乡，1990 年全乡的农业发展基金 291 万元，竟被吃掉 138 万元，还拖欠 15 万元的烟钱。这真是穷吃，吃穷了一个乡。1994 年统计每年吃掉的公款竟达 800 亿元。有的餐馆推波助澜，居然以奖金 20 万元奖励吃喝的中奖者。由大吃特吃，蚕食、鲸吞国家和集体财产，吃成社会一大公害，这在世界上也不多见。为什么造成这一局面？民间有一句话一针见血，这就是"无酒不成宴，无宴不办事"。宴请是为了办事，办事一旦与成事无关的吃喝挂钩，又岂能遵循办事的原则和程序？拉拢、行贿、走后门，无所不至。为在吃食中增进人际关系，不惜一切手段劝酒，用暴饮暴食作为宴饮的高潮。《华商时报》1994 年 3 月 23 日的发文《中国宴席的警告》说，从 1986 年以来，十年中在宴席上因过量饮酒而引起酒精中毒致死的高达数千之多。现实体制的弊端，强化了饮食文化的不良传统，致使百弊丛生。罪咎当然不在饮食本身，食品是无知无识的，问题是贯穿在饮食交往中的那种人际关系的意识，亦即伦理意识得到恶性发展，使正常的饮食活动异化为腐败的行为。

以阴阳、五行、天人合一学说建构的烹饪理论，过度的人事附会和人伦导向，冲淡了对食物自然属性的研究。在饮食结构中缺乏营养指导意识，在日常生活中营养失衡的问题十分突出。根据《上海科技报》1996年7月10日报道，上海居民营养调查结果显示，在我国最精于吃的上海人，"盐超脂肪多，钙少铁不足"，这已成为富贵病及死亡率上升的元凶。技艺精湛的厨师能做出各种美味佳肴，却说不清营养价值，1986年世界烹饪杯大赛，号称"烹饪王国"的中国菜肴，仅获得第十名，其中重要的原因之一，是拿不出参赛菜点的营养成分表，这已成为严重的教训。

中国菜肴的制作讲究味道，从吃客来说，口味至上，制作越来越追求精良，大量的精制食品，不仅破坏了人体必需的微量元素，也导致心血管病成为高发病。从厨师的操作来说，味道是供品尝而不能言传的，百人掌勺百样味，过度的依赖经验的制作，很难规范。当前肯德基、麦当劳等大量洋快餐的涌进，中国传统的快餐面条、包子、馄饨在餐馆节节败退，其原因之一，就是操作的不规范，质量难以统一，不易推向集约化生产。

用进餐来表示团圆和欢情的心态，造成共餐制的经久不衰，这一传统在现代生活中的弊端已日益显著。全世界有2亿乙型肝炎病毒的携带者，中国人占了一半，从烹饪大国到乙肝大国，共食一盘菜，不能不成为致祸之由。然而分食制虽经多方提倡，很难推广，其根源也在于用饮食增稠人情的观念，历经数千年而根深蒂固。对于这些弊端，我们的先辈早有洞察。孙中山在《民生主义》和《建国方略》中对中国饮食的利弊，作了精辟的论断。他在高度赞扬中国烹饪成就的同时又指出："倘使更从科学卫生上再做工夫，以求其知而改良进步，则中国人种之强，必要驾乎今日也。"这科学、卫生，极其准确地击中传统饮食之弊。然而，一百多年来中国饮食的积弊不仅没有改进，在某些方面还有所发展，饮食伦理化的传统积淀在民族心理的深处，已经成为改良饮食的潜在障碍。

（原载《传统文化与现代化》1999年第1期）

清末民初城市的"公共休闲"与"公共时间"

李长莉

引 言

  成熟现代社会的特征之一是公民社会,即民众作为相对独立自由的个人而共享一定的公共空间,参与一定的公共生活,形成一定的公共意志,并可以通过一定的途径予以公开表达,这是现代民主社会制度的基础,是西方社会现代化得出的经验。近十几年来,在哈贝马斯"公共领域"和"市民社会"理论的启发下,一些学者也开始关注中国近代公民社会或市民社会问题,并取得了一些研究成果。已经有越来越多的学者认为,中国近代也出现了某种程度上的公民社会或公共领域形态,迄今学者们论及的大致分为两种形态:第一种是民间社会组织,即认为商会组织、行会会馆、慈善机构、社区社团、学会等民间社团组织是中国近代公民社会的主要形态;[①] 第二种是公共空间,包括市民可以自由出入聚集的公共活动空间和公共生活场所,如街头

[①] 如马敏、朱英:《传统与近代的二重变奏——晚清苏州商会研究》,巴蜀书社1993年版;朱英:《转型时期的社会与国家——以近代中国商会为主体的历史透视》,华中师范大学出版社1997年版;王笛:《晚清长江上游地区公共领域的发展》,《历史研究》1996年第1期;闵杰:《20世纪80年代以来的中国近代社会史研究》,《近代史研究》2004年第2期。但这些由某一特定人群组成的社会组织,与传统社会组织有一定的沿袭性,大多带有较多地缘、业缘色彩,其公共性有一定限度,其活动范围也有一定限度,因而受到一些学者的质疑。如杨念群:《近代中国研究中的"市民社会"——方法与限度》,(香港)《二十一世纪》1995年12月号,总第32期。

茶馆、公园、学校、博物馆等场所，以及人们可以自由共享的虚拟文化空间，如作为大众传播媒介的报刊。① 笔者曾撰文认为娱乐场所、文化事业、大众传媒、公共语言等组合成综合性的公共文化空间。② 无论是社会组织形态，还是公共空间形态，都可以说是近代公民社会形态的组成部分，但还不能说是全部。例如，人们无论是在社会组织里活动，还是在公共空间里活动，都需要有一定的共同时间，即人们要在共同的时间里同时聚集，才有可能共享、交流、互动，展开各种公共活动。所以公民社会或公共领域形态还需要日常的大众化的"公共时间"这一维度。这是除社会组织、公共空间之外的第三种形态，也是公民社会的公共领域得以形成的一个必要条件。

人们要有用于公共活动的"公共时间"，首先需要放下生计，利用闲暇，也就是人们首先要有共同划一的公共休闲时间。所以，是否能有"公共时间"，是由人们的休闲方式决定的。中国近代以前的传统农业时代，人们过着自给自足小农基础上聚族而居、城乡一体的村社生活，生产生活基本上是以个人和家庭为单位的独立分散行为，人们的休闲活动也基本上是以个人、家庭、邻里、村社为范围的独立分散活动，以"私人休闲"为主，因而不需要大范围的统一时间和固定场所，除了年节之外，人们日常也很少有大范围的公共休闲活动。此外，计时工具的缺乏，简陋粗略的计时方式，也使人们难以掌握准确划一的时间，现时生活也无此必要。这些都使人们的作息时间以个人自由掌握为主，而无须日常性、大众化的"公共时间"。

但是，到了19世纪中叶开口通商以后，在内外诸因素的交互作用下，中国社会开始发生近代化变迁，民间社会组织和公共空间等公共领域开始形成。那么，在此过程中是否也形成了日常化、大众化"公共休闲"基础上的"公共时间"了呢？如果有的话其形成过程如何、形态如何、机制如何、影响如何？这些都是需要探讨的问题。本

---

① 如王笛：《晚清长江上游地区公共领域的发展》，《历史研究》1996年第1期；熊月之：《晚清上海私园开放与公共空间的拓展》，《学术月刊》1998年第8期；丁晓原：《公共空间与晚清散文新文体》，《学术研究》2005年第2期。

② 李长莉：《晚清上海的新知识空间》，《学术月刊》2000年第10期。

文就试图对此作一初步考察。

一 晚清以后城市"公共休闲"的兴起

开口通商以后，随着通商城市商贸发展，人口聚集，大范围、社会化的工商贸易等活动，以及由此带来的社会互动和社会交往增多，需要一致的工作和协调活动，社会组织和公共空间等公共领域日益拓展，公共生活日趋活跃，生活的商业化程度不断提高，由此首先是通商城市市民的休闲方式开始发生改变，休闲娱乐行业日渐发达，公共休闲活动日趋增多，开始形成大众化的"公共休闲"以及相应的"公共时间"。

上海是商贸发展最快最盛的通商城市，也是休闲娱乐行业最早兴盛起来的城市。自1843年开口通商后，因处于交通要道的地利之便，商贸快速发展，很快成为全国第一大通商埠。随着商贸的繁盛发展，人口的激增，对休闲娱乐的需求也大增。商家们从中看到商机，在洋行商号林立、商贾往来不息的商业繁华街区，竞相开设茶馆、餐馆、酒楼、妓馆、烟馆、戏园等休闲娱乐商业，特别是在官方不能控制、商业相对自由发展并迅速繁盛起来的租界地区，在鳞次栉比的各种洋行、商号之间，穿插着各种休闲娱乐商家，并随着人口的增多、需求的扩大而数量大增，开埠二三十年，便形成了休闲娱乐行业兴旺的局面。到19世纪六七十年代，上海租界地区休闲娱乐商家已遍布街头，不计其数。茶馆、餐馆，既可供人们吃饭、喝茶，兼有休闲、社交、娱乐功能，是最普通的休闲场所，大大小小遍布各个街区。其他休闲行业也为数众多，甚至成百上千。如妓馆，据1869年《上海新报》的一篇报道说，当时上海租界内有名号的妓馆就有数千家。① 再如烟馆，据1872年《申报》报道，当时租界内鸦片烟馆就有1700余家。② 除了这些数量繁多的茶馆、餐馆、酒楼、妓馆、烟馆之外，还

---

① 《上海新报》1869年10月23日。
② 《附录笑笑山人烟馆月捐纪事》，《申报》1872年5月25日。

有戏园、说书场、浴室、赌馆等其他消闲场所。1869年《上海新报》有一篇文章论到上海娱乐业的兴旺道:"上海之洋泾浜甚胜地也,中外杂处,商贾辐辏,俗尚繁华,习成淫佚,故妓馆之多甲于天下。辅之以戏场,衬之以酒肆,又有茶居、烟室以点缀之。月地花天,灯山酒海。耳谋郑卫之声,目熟冶荡之态。"[1] 1874年《申报》有一篇报道历数上海各类休闲娱乐业的数量之多:"花街柳巷,雏女妖姬,各色名目,实难数计。酒楼不下百区,烟馆几及千处,茶室则到处皆是,酒肆则何地能无,戏园、戏楼亦十余所。"[2]

天津1860年开埠以后,很快发展成为北方地区最大的通商城市,休闲娱乐业也随之兴旺起来,成为与南方的上海并立的北方地区新兴休闲娱乐中心。天津商业街区餐馆遍布,无论白天晚上都有食客往来,相当繁华。19世纪80年代有竹枝词题咏外来商贾在餐馆里豪饮快食的情形:"灯火楼台一望开,放怀那惜倒金罍。朝来饱啖西施吞,不负津门鼓棹来。"汉口在19世纪60年代开埠以后,休闲娱乐业也随着通商贸易的发展而兴旺起来。有记载道:"汉镇自中外互市以来,习俗益靡。阛阓多仿西式,服饰宴会,多为豪奢。歌馆舞台,茶寮酒肆之间,冶游者车水马龙,昼夜无有止息。"[3]

除了上海、天津、汉口等通商巨埠外,其他通商城市,在商贸业集中的商业区域,也无不同时相伴出现了休闲服务娱乐业。到了19世纪八九十年代,在这些通商城市里,都可以看到在洋行、商号林立的商业区里,有茶馆、餐馆、酒楼、妓馆、戏馆、烟馆等休闲娱乐场所穿插其间,休闲娱乐业已经成为这些城市商业繁荣的一个不可或缺的行业。

单从形式上看,这些新兴行业与传统城镇中的休闲娱乐业相类似,但与传统娱乐业不同的是,传统城镇的休闲娱乐业数量少,规模

---

[1] 《上海新报》,1869年11月13日。
[2] 《论上海繁华》,《申报》1874年2月14日。
[3] 张仲炘、杨承禧:《湖北通志》(湖北省长公署1921年版)第21卷,"舆地志"21,"风俗",第7页。引自章开沅等主编《湖北通史(晚清卷)》,华中师范大学出版社1999年版,第615页。

小，只是作为城市休闲生活的补充，主要为外来士商及一部分中上层市民服务，消费人群数量有限且较为固定，因而是城市生活补充型行业。而在晚清时期通商城市里兴起的休闲娱乐业，已形成了数量繁多，规模庞大，集中常设，面对众多而流动的消费人群，初步形成休闲生活商业化规模，成为各类人等日常都可自由消费的公共休闲娱乐场所，使城市居民休闲生活开始商业化。马车、人力车的普遍应用，使人们市内跨街区流动更为便捷，所用时间缩短，以往流动所受交通的阻隔大大减少，散居四处的居民们，可以方便地到达商业区去聚集活动。在通商以后至19世纪末的几十年间，通商城市休闲娱乐业伴随着商贸的发展而兴起，商业化、规模化、大众化的休闲娱乐业。特点是数量多，行业集中，消费者包括一般市民的大众，这是一种与传统休闲娱乐形式有所不同的"公共休闲"。

1900年以后，随着新政的展开，各地城市工商实业、市政建设、文化教育等各项新政事业陆续兴办，人口增加，社会流动加剧，城市生活活跃，人际交往增多，城市交通进步，人们对公共休闲娱乐活动的需求也逐渐增长，因而休闲娱乐业随之有了普遍的发展。特别是一些发展较快的都市省城、工商城市等大中城市，休闲娱乐业有较大的发展，市民的休闲娱乐商业化程度有了较大提高。

首先是原来休闲业就已有一定发展的通商城市，工商业发展和人口增长进一步加快，原来就比较发达的休闲娱乐业有了更大的发展。如上海、天津，仍然是全国南北两个最大的休闲娱乐业中心。通商城市的特点是休闲娱乐业数量多、规模大、档次高而且多样化，特别是许多新式和西洋式娱乐业为其特色，如西餐馆、西洋花园、弹子房等，往往为他处所少有。上海人养成了到休闲娱乐场所消遣的风气，一般市民出入各种娱乐场中，视以为常。有记清末上海消遣娱乐风气之盛："上海之骄奢淫佚甲于通国，多娼寮，多舞台，男子嗜冶游，女子嗜观剧，凡中流社会以上之人，几已悉有此嗜。"[①] 民国以后，上海娱乐业随着城市的发展而更加兴旺。20世纪20年代有人讽刺上

---

① 徐珂：《清稗类钞》第四册，《冶游观剧》，第1747页。

海人热衷于消遣娱乐，使各娱乐场所天天人满为患的情形道："每日午后南京路车马之繁，半淞园游踪之盛，游戏场瞻瞩之娱，无非赶热闹也。又如每夕各戏园之座位拥挤，与各大菜馆之笙歌嗷嘈，乐园天韵楼之列炬争辉，与福州路宝善弄之香车络绎，亦无非是赶热闹也。"①

天津作为北方通商巨埠，也是休闲娱乐业的中心，而且渐有接近上海之势。1897年京津火车开通以后，两地半日可到，因而清末民初许多北京的官僚政客，纷纷把天津作为后院，日常来往，交际娱乐，给天津的休闲娱乐业带来不少繁荣。时人记清末时情形道："都门赌博狭邪之禁尚严，官吏多不能逞欲，于是联袂赴津，既托庇于外人卵翼之下，亦可无所顾忌于僚属。故天津殆为政界嫖赌俱乐部。"②1908年一位经常来往于京津之间的京官，在天津吃洋餐、逛妓馆，游览之余，对天津娱乐业的繁荣不禁感叹道："天津繁华日甚，不减沪上，且骎骎有驾而上之之势。"③

除了这些通商城市之外，其他城市，特别是京城和省会等大中城市，伴随着工商业、新政事业和市政建设等发展，城市生活日趋活跃与丰富，休闲娱乐业也有相应不同程度的发展。北京清末娱乐业的兴旺就是典型的例子。

北京为元、明、清三朝京城，政治和文化的中心，历来官吏、文人、商贾聚集，特别是清代，满族亲贵、八旗兵民聚居内城，汉族官吏、文人、商贾汇聚外城，众多靠朝廷俸饷生活的官吏、旗人，以及较多的流动人口，形成了比其他地方大得多的消费市场。但由于清廷对于满人和官员娱乐活动限制较严，因而休闲娱乐行业发展缓慢，商家数量有限，规模也较小。庚子以后，城内官员、旗人出入娱乐场所之禁不复存在，纷纷进酒馆、入戏园，内城也出现了妓馆、茶园等娱乐场所，后来清廷也便不加限制。官员和旗人有钱有闲，是消费能力和娱乐需求最强的人群，加之新政展开，崇尚工商实业，社会流动增

---

① 胡朴安：《中华全国风俗志》下篇，卷三，《上海风俗琐记》，第132页。
② 胡朴安：《中华全国风俗志》下篇，卷一，《北京辎轩录》，第5页。
③ 恽毓鼎：《恽毓鼎澄斋日记》，第403页。

加,京城的休闲娱乐行业遂兴盛起来。在短短数年时间里,正阳门外大栅栏地区,茶馆、戏园、餐馆、烟馆、妓馆等数量大增,益形繁华,这里的茶馆戏园和妓馆林立的"八大胡同",都成了著名的娱乐消遣去处。

除了通商城市和北京,其他一些省会及交通比较便利的城市,在清末新政以后,随着工商活动增多,人口流动和社会互动增多,官方的鼓励,以及城市交通工具的进步等,促使休闲娱乐业都有了程度不同的发展,日益形成规模化,有的形成了一些休闲娱乐业集中的娱乐商业区。同时,一些适合大众化休闲的传统场所也多有发展。如四川省城成都向来街头多设茶馆,人们有到茶馆喝茶休闲的风俗,尤其是夏季,茶馆更是人们消暑休闲的好去处。清末民初时期,随着城市生活的活跃,成都的街头茶馆数量也有增多,据统计这一时期全市有茶馆四五百家。①

清末民初城市休闲娱乐业的普遍发展,使城市居民的休闲娱乐活动商业化程度大为提高,市民的休闲活动趋于日常化、大众化、商业化,公共休闲活动日趋增多,与此相应也带来人们作息时间上的同一化、公共化,"公共休闲"带来了"公共时间"。

二 城市夜生活的兴起

人的自然生理节律,每天需要睡眠约 8 小时,占一昼夜时间的三分之一,其他三分之二的时间,除少量时间用于吃饭之外,都可以从事劳作与休闲等各种活动。但人们的活动还要受一种外在自然的限制,就是太阳出没所形成的白天与黑夜的区隔。如果不分冬夏按平均每天白昼与黑夜各 12 小时计算,夜间除去 8 小时睡眠之外,还有 4 小时可用于活动。传统农业时代,由于照明工具的落后及交通不便等因素,白天和黑夜几乎是决定人们活动的一个绝对界限。人们的日常

---

① 王笛:《街头文化:成都公共空间、下层民众与地方政治(1870—1930)》,中国人民大学出版社 2006 年版,第 59 页。

作息时间，基本是依太阳出没的自然节奏，日出而作，日落而息。除了白天用来劳作谋生之外，夜晚的4小时空闲时间，基本被限制在家庭室内的私人空间里打发。一至入夜，无论城乡，人们只能关门闭户，守在家中，油灯如豆，家人相守，休闲活动不外乎灯下读书、床前教子、女红针线、麻将纸牌、老人讲说故事、夫妻念叨家常之类家庭室内的活动而已。

近代通商以后，煤油灯、煤气灯、玻璃灯罩及电灯等先后由西方传入，使照明工具的照明度和安全性大幅提高，特别是适于公共场所集中使用的煤气灯和电灯的普及，给城市休闲娱乐业带来了革命性的变化。最早和最普遍使用这些新式照明工具的就是餐馆、酒楼、戏园、茶楼、妓馆、烟馆等休闲娱乐行业，因为只有这些娱乐业才是人们结束了白天劳作之后，在夜晚数小时空闲时间里要寻求休闲娱乐的场所。于是通商城市的娱乐场所，借助新式照明工具，适应人们夜晚休闲娱乐的需要，纷纷做起了夜晚生意。每当太阳西下，无论是商贾文士还是工人仆役，劳顿忙碌了一天之后，纷纷来到这些娱乐场所消遣娱乐，放松身心，交际应酬，享受愉悦，由此都市夜生活开始兴起。

如上海自从19世纪60年代以后商业区主要街道和娱乐场所装上煤气灯，便成了一座"不夜城"，夜晚出游成了上海人的一大消闲娱乐项目。白天从事各行各业的市民们，往往午后或傍晚结束了一天的劳作事务，便纷纷涌到各个娱乐场所去消闲，因此形成了夜生活的繁荣。如戏馆是人们夜晚消遣的地方，有竹枝词题咏大小戏馆每至入夜便张灯结彩、锣鼓喧天，好似过年闹元宵般热闹的情景道："洋场随处足逍遥，漫把情形笔墨描。大小戏园开满路，笙歌夜夜似元宵。"①繁华热闹的夜生活，成为上海租界生活的一个突出特征，使千百年来习惯于昼起夜伏、入夜后只能待在家里的人们，开始改变传统习惯而享受夜生活。时人多有记述上海夜生活的繁荣兴旺景象。如有记上海租界闹市区的夜生活道："自宵达旦，灯火辉耀，与日市无异……游

---

① 晟溪养浩主人稿《戏园竹枝词》，《申报》1872年7月9日。

人以群聚,几于踵趾相错。"①

19世纪80年代以后又自上海开始引进更加明亮安全的电灯,到20世纪初,电灯开始在全国各大城市推广使用,各大城市的娱乐场所和商业中心街道开始遍设电灯,餐馆、酒楼、戏园、茶楼、妓馆等娱乐行业借助电灯而大做夜晚生意,使夜生活在各地大城市普遍兴盛起来。如上海娱乐业使用电灯以后,夜生活更为繁盛。有记商业娱乐区夜生活的热闹情形道:"自午后以至夜间十二点钟,无一刻不车水马龙,声如鼎沸。……朝朝寒食,夜夜元宵。"② 此后直至民国时期,上海的夜生活一直最为兴旺繁华,为全国之冠。有记云:"沪为吾国著名之商埠,屋宇栉比,商肆如林,歌管楼台触处皆是,马龙车水彻夜不停。一种繁华景象,殆非瘠壤居民所能梦见。"③

1900年以后,随着新政展开,鼓励工商实业,各大中城市市政建设也渐次推行,休闲娱乐业随之兴盛,也开始出现夜生活。即使皇帝脚下的京城,随着清廷禁律的松弛,电灯的使用,饭馆、酒楼、茶园、妓馆等夜生活也日益兴旺,戏园也开始演出夜戏,清廷不再禁止。清末宣统时有记云:"京师向无夜戏,现各班均以义务开演,争奇斗胜,日盛月增,从此夜夜演唱,不复禁止。"④

照明工具的进步使白天和黑夜的界线弱化,人们对睡眠以外的夜晚时间可以更自由地安排,可以消遣娱乐,也可以继续劳作。城市夜生活的兴旺,使人们在白天之外,还有数小时之久的夜晚时间,也可以外出到娱乐场所去休闲娱乐,从而使人们参与公共活动的时间大大延长,人们出外到公共场所进行娱乐休闲活动更为自由方便和日常化。城市夜生活兴起以后,白天劳作、夜晚外出娱乐的方式日益流行,成了一些城市市民的作息方式。特别是在上海、天

---

① 王韬:《海陬冶游录》卷二。
② 《论洋场地气之迁移》,《申报》1889年12月7日。
③ 刘豁公:《上海竹枝词》(1925年刊),见顾炳权编著《上海洋场竹枝词》,第242页。
④ 兰陵忧患生:《京华百二竹枝词》(宣统年间铅印本),见杨米人等著、路工编选《清代北京竹枝词》,第133页。

津、北京等夜生活兴旺而又士商云集的大城市，一些官宦、士绅、商贾、纨绔、世家贵族、新兴权贵、闲散旗人、职员店伙等各类人等一般市民，白天做事之外，晚上到娱乐商业区会客吃饭、喝茶听戏等享受夜生活，几乎成了他们的日常习惯。

三　星期休息制度的实行

人们除了昼夜作息之外，日间在终年劳作之余，也需要一些间歇性的休闲娱乐来调节。中国虽相传自古有"十日沐浴"之法，但民间一般只是依年节农时等间隔长时段地进行休闲娱乐活动。因而在人们的观念里，除了年节遵从礼俗放下活计事务而休息娱乐，其余的日子都应当用于生计劳作。所以，终年勤勉、一日不息地劳作被视为美德，如果非年非节而不去劳作，却用来休息娱乐则被视为"旷日废时"、懒惰败家的恶德。人们的计日方式也是以年、季、月等为单位，一年中分春夏秋冬四季，又分十二月或加一闰月，每月若再细分则以十天为一旬，但并没有定期休息的习俗。

但是，通商以后，西人带来了七日礼拜休息的习惯，并开始影响人们的生活。西方人信仰基督教，有每七天一个安息日，去教堂作礼拜的习俗。他们来到中国通商口岸居住后，也把这种生活习俗带来。每至礼拜日，西人开设的洋行、机构、学校等都关闭，男女纷纷到教堂作礼拜以及会友、娱乐等休闲活动。由此影响到与外商相关的华人商家的商务活动，不仅是一些进出口贸易的商家店号，甚至连聘有洋员洋匠的海关、机器局等官办机构，也不得不于是日停工休息。于是，在洋行作事的买办、细崽，在西人机构中做事的文人、职员、仆役、小工，及西人主持的机器局工人等皆受此影响，在这一天也不得不停止业务，随之休息。1876年时人所撰《沪游杂记》中，记述上海的礼拜休息、中西人士游玩娱乐的情形道："七日一礼拜，为西人休息之期。是日也，工歇艺事，商停贸易，西人驾轻车，骑骏马，或携眷出游，或赴堂礼拜。华人之居停西商者，于先一日礼拜六夜，征歌命酒，问柳寻花，戏馆、倡寮愈觉宾朋满座。"① 1884年出版的反映天津风俗的《津门杂记》也记述天津西人七日一礼拜休息的习惯道:"是日也,工歇艺事,商停贸易,西人或赴堂礼拜,或携眷闲游",作者以中国传统的养生观念对此表示理解说:"缘人六日操作,必精神倦怠,以此日游目骋怀,以均劳逸,是养生之法,殆亦七日来复之理也。"②

通商城市以商贸活动为社会生活的主轴,主要商贸活动的停止,也就意味着整个城市工作劳动的停歇。在外商习惯的连带影响下,逢礼拜休息便成为这些地区商业生活的节奏,也成为商、工乃至其他市民的作息节奏。如在休闲娱乐业最为发达的上海租界,到1870年代以后,礼拜休息已成为商业活动以及人们休闲娱乐活动的主要节奏。每逢礼拜天,洋行及西人各种机构停业关门,与西人洋行有关的各种商务业务也随之消歇。后来商贸活动的礼拜休息节奏,对其他商业及服务业影响日大,以礼拜为生活安排节奏的人们也日益增多,渐及一般市民。一到礼拜,经过数天忙碌生活的人们,无论是富商大贾,文士贩夫,仆佣工役,便群趋商业繁华区遍布街头大大小小的茶馆、餐馆、书场、戏馆、烟馆、妓馆等各消闲娱乐场所,各遂其意,各取所好,随意消遣,使这些娱乐场所变得熙熙攘攘,热闹非常。时人有竹枝词题咏上海市民礼拜休息、纷纷上街消遣的习俗道:"不问公私礼拜度,闲身齐趁冶游天。虽然用意均劳逸,此日还多浪费钱。"③还有竹枝词描述商贾每逢礼拜便豪游娱乐:"每逢礼拜公司放,百万朱提散客家。"④一到礼拜休息日,人们便纷纷来到戏园看戏:"演剧每逢礼拜朝,规模最好在芳霄。"⑤ "恰逢礼拜闲无事,好把京班仔细看。"⑥ 礼拜六晚上娱乐场所最为热闹,有记云:"礼拜日任人游玩

---

① 葛元熙:《沪游杂记》,第13页。
② 张焘:《津门杂记》卷下,第134页。
③ 黄式权:《淞南梦影录》,第56页。
④ 袁祖志:《续沪江竹枝词》,见顾柄权编《上海洋场竹枝词》,第21页。
⑤ 袁祖志:《上海茶园竹枝词》,见顾柄权编《上海洋场竹枝词》,第23页。
⑥ 苕溪洛如花馆主人未定草:《春申浦竹枝词》,《申报》1874年10月17日。

焉，前一日曰礼拜六，是夜尤为热闹。"① 从当时这些民间流行的竹枝词可以看到，礼拜已经成了上海人生活的一种作息节奏，礼拜一词也成了人们日常挂在口头的常用语。到 19 世纪 80 年代以后，上海、天津、汉口等其他外国租界及西人聚集的新兴地区，礼拜休息都成了商业生活的一种主要作息习俗。

对于礼拜休息这种来自西人的新作息习俗，起初中国人依照传统的眼光是看不惯的。有人以传统观念来衡量，认为这种间隔几天就在大白天停止劳作、完全休息，是浪费时间，"玩日愒时"，既耗费资财，又使人懒惰，而中国人终年劳作，很少闲暇之日，因而批评西人这种经常休息的习俗，显然不如中国人勤劳。如 1886 年《申报》有一篇文章中就记述了某人的这种看法，他说："西人每七日一礼拜……一年之中其休息者已有五十日，又加以大伏期内往往赴乡间避暑，则又当旷废三四十日。华人则皆无之……统计一年三百六十日，无日不孜孜矻矻而为之，是其勤且较西人为过之。"②

然而，也有人通过对西人休闲习俗的日常观察，通过身历其中的亲身体验，以及对于西国情况了解的增多，逐渐认识到，西人虽有七日一息的习惯，但是其休闲的内容并不纯粹是无益的消耗，西国虽然有这种礼拜休息制度但又富又强，中国虽然没有这种经常性休息的习俗，人们还崇尚终日勤劳不息，却比西国贫弱。这种现实的鲜明对比，使一些人开始从实际效果出发，而不再固执于道德的立场，来比较中西休闲习俗的优劣。如 1872 年上海《申报》有一篇评论西人礼拜休息习俗的文章，以传统的知命乐生观念为依据，认为人生"百年易过，何须劳碌以终身？"指出西人七日一息，届时人们都放下工作，进行各种消遣娱乐活动，"或携眷属以出游，或聚亲朋以寻乐；或驾轻车以冲突，或骑骏马以驱驰；或集球场以博输赢，或赴戏馆以广闻见；或从田猎以逐取鸟兽为能，或设酒筵以聚会宾客为事"。这样活动使得人的身心得到调节，"六日中之劳苦辛勤，而此日则百般

---

① 袁祖志：《海上竹枝词·续沪北竹枝词》，见顾炳权编《上海洋场竹枝词》，第 12 页。
② 《与客论中西勤惰》，《申报》1886 年 3 月 14 日。

以遣兴；六日中之牢骚抑郁，而此日惟一切以消愁"。反观中国"日日不息"的传统习俗，作者认为，实际上许多人是每天多行"无功之举动，卒之心劳日拙，身劳日疲，万事蹉跎，一生废弃"，结果"反同日日皆礼拜休息"。因此作者认为，西人七日一息的习俗，比中国传统的日日劳作习俗对人更有益，也使劳作更有效率，由此提出中国也应当仿行西人七日一息之法。但直至19世纪末，礼拜休息习惯还只是在通商城市的一定范围里实行。

1895年甲午战争以后，维新人士开始在一些地方兴办学堂、学会等，他们仿照西人礼拜休息之俗，使星期休息习俗开始向内地城市里扩展。学生在学堂从师读书，以往无论是官学还是私塾，只有按年节放假，间隔时间较长，平时没有一定的休息日。通商后外国传教士在通商地区开办了一些教会学校，实行礼拜休息制度。19世纪60年代以后一些地方开办的官办洋务学堂，也由于洋教员的习惯及课程安排，或实行礼拜休息，或在礼拜日减少学业，不学西学而只习中学。维新运动兴起以后，一些地方民间人士开始兴办新式学堂，大多参照西人定期习俗，有的略仿"汉唐休沐之制"，以一旬十天为休息之期，有的仿行礼拜七日一息制度，但为了避免效法西教、"以夷变夏"之嫌，依据中国传统天文历法中的二十八宿值日法，以房、虚、星、昴4日对应西人每月的4个礼拜天，而将礼拜称为"星期"，使这个本来充满基督教色彩的西洋化的作息习惯名称，一变而为只代表天象时间意义的中国化的习俗名称。一时间以星期或间隔数天休息的作息节奏，及以星期安排课程，成了新式学堂区别于旧学堂的一种模式。此外，一些维新人士兴办学会团体，也以仿行西法、改良风俗相号召，往往以星期天——礼拜天为聚会日期。如1898年1月在京师创立的关西学会，其会章就规定："每一星期聚会一次"，这是因为"会友多习西文者，故必用星期，即礼拜日是也"。① 在其他地方维新人士开办的一些学会团体，有的也以星期为单位安排活动。如1898年湖南维新人士创办的长沙南学会、延年会及法律学会等维新团体的

---

① 《京师关西学会缘起》，见中国史学会主编《戊戌变法》第4册，第427页。

会章中,就都标明以房、虚、星、昴日为活动周期,有的规定以这几日"为讲论之期",有的规定这几日为休息日,"遇休息日,可请客,可游行",而"非遇休息日,不得博弈、听戏、撞诗钟"。① 但是,在这一时期星期休息之法还未在社会普及,这些新派人士的做法被视为"崇洋""媚外"而受到保守人士的批评。

　　星期休息在全国范围内普及推广并体制化,是20世纪初新政期间由教育改革、兴办学堂而开始的。清廷开始新政,令全国各地兴办新式学堂,新式学堂皆为仿行西方学校制度,因而也沿行西方学校七日一休息的模式。1902年8月清政府颁布的第一个新学制章程《钦定学堂章程》,在中学堂和高等学堂章程里就明确规定了星期放假制度:"除年假暑假合计在七十日之外,每岁恭逢皇太后皇上万寿圣节,皇后千秋节,至圣先师诞日,仲春仲秋上丁释奠日,端午中秋节,暨房虚星昴日,各停课一日。"② 可以看出,这是一个混合新旧中西两种元素的学堂休假制度,而仿自西方的礼拜休息制度,也披上了民族色彩的"房虚星昴日"即"星期"的外衣。这份钦定章程,是清廷在官方正式法规中,首次公开宣布承认并实行星期休息制度,标志着此前在局部地区已经存在多年的七日一息的休息方式,开始进入体制化实行阶段。在第二年修订颁发实行的《奏定学堂章程》中,已更明确地以"星期"为安排课程的单位。这些新学制法规的颁发实行,使星期休息成为一种官方学校制度在全国范围推行,此后,随着各地新学堂的普遍兴办,星期休息制度率先在全国教育界推展开来。1902年北京创办的专以儿童为对象的《启蒙画报》,其报头便印有"星期停印"字样,可见这时北京文化界、报刊界已通行用星期,星期休息的习惯已经开始流行。

　　后来,随着清政府设置新政机构及官制改革,北京一些官署衙门也开始陆续实行星期休息制度。先是1903年设立的商部、1905年设立的学部,由于都是新设机构,主持者多为新派人士,设立之始即实

---

① 《延年会章程》,《湘报》第4号。
② 朱有瓛主编《中国近代学制史料》第二辑上册,华东师范大学出版社1987年版,第380、568页。

行星期休息制度。1906年各部实行官制改革，各部官署也相继实行星期休息制度，成为新衙门不同于旧衙门的一个标志。当时有报纸评论道："星期休息一节，真是与众不同，这就是新衙门的特色。"① 至1911年夏，连没有进行官制改革的吏部和礼部，也实行了星期休息制度。至此，清政府中央机构已一律实行了星期天休息制度。甚至连这一年宣统小皇帝开始典学读书，关于其作息制度是循祖制还是行新法的问题，经过朝臣帝师们的一番讨论，也决定放弃祖制而实行星期休息的新制度。有中央机构倡行于上，1907年以后各地方的衙门官署也纷纷仿效，陆续实行星期天休息制度。特别是那些新设立的新政机构，设立之初即多以星期休息制度为当然规则。一时间，实行星期休息制度似乎成了官署衙门新政改革的一个标志，很快在全国各地官方机构推行开来。

在清末自1902年至1911年的约十年时间里，学堂、官署相继实行了星期休息制度，学界、政界人士的日常休闲生活也随之以星期为周期，在一些北京及各地省会等城市里，他们也是一个对于公共活动需求较多，相当大的消费群体。特别是这一时期兴起了各种社会团体，频繁举行社会活动，主力便是学界和政界人士。星期休息制度的实行，使他们有了更多的休闲娱乐和社交时间。因而这些城市的休闲娱乐业也随之发生了营业节奏的变化，休闲娱乐业因此而兴旺，也由此形成了比较明显的休闲娱乐业商业活动的周期。民国以后，星期休息制度在城市里已经普遍实行。如一位年已五旬，对民国及新事物态度历来保守的清朝旧宦，在民国以后的日记中，也改用星期来记事了。② 可见这时星期已经成为社会上通行的用法和作息社交方式了。

七日一息的星期休息制度，由最初通商城市因西人而最早在商界开始，是一种起于民间商业生活变化的自然过程，到1902年新学制开始先在教育界体制化，继而在中央机构实行，直至清末，然后波及城市市民生活，但一般在政界、学界等公共机构即吃公家饭的阶层中

---

① 《大理院星期休息》，《正宗爱国报》（第157期）1907年5月1日。
② 恽毓鼎：《恽毓鼎澄斋日记》，第636页。

实行较为普遍，而对商家及一些工厂，以及靠出卖劳动谋生的下层人民来说，星期休息是一种奢侈，因为他们要尽量多地劳动以挣钱，停一天劳动就没有收入，可能就一天没有饭吃。在乡村，除了学校和官家机构人员外，农民因生产方式未变，仍然是依农时、沿行传统年节休息习俗。这样就形成了城市与乡村、公家人与私人、社会中上阶层与下层分别实行星期习俗和传统习俗的二元并存的休息制度，作息方式也成为不同阶层人们生活方式差别的一种表现。

星期休息制度的实行，对人们的生活产生了影响。

首先，星期休息制度使人们的休息娱乐时间得到了保证，生活质量提高。一般而言，劳作是为了谋生，休息娱乐是一种享受。在传统生活中，由于生产水平低下、生存艰难，人们为了获取更多的劳动报酬以求得生存，不得不把尽量多的时间投入劳作之中，而尽量减少休息娱乐时间，因而人们劳作之苦多而享受之乐少。中国传统是年节式休息娱乐方式，日常生活几乎没有整天休息娱乐的位置，因而人们劳多逸少，生活质量相对低下。而实行星期休息制度后，人们可以每七天就有一整天的时间停止劳作，用于个人的休息娱乐等私人活动，使休闲娱乐活动时间得到制度上的保证，在人们的生活中所占的比重增多，地位上升，使人们及家庭的休养生息有了时间的保证，因而生活质量得到了提高。同时，星期休息制度使公私时间领域有明确的区分，个人支配的时间增多，并且合法化、常规化，增强了个人的自主性和自由度，为个人的发展创造了一定条件，增进了个人利益。

其次，星期休息制度促进了社会交往与公共活动。每七日一休息的星期制度，使人们有了日常相同的、固定的休息日，便于开展公共活动。清末时期，在城市中以政界、学界人士为主，兴起了办学会、集会演讲、组织社会团体、开展各种社会活动的热潮，星期日休息制度的实行为这些公共活动的展开提供了方便条件。社会团体等各种活动大多利用星期天，不同行业、不同部门、不同职业的人，都可以在这同一天进行相同的活动。因而星期制度为开展跨行业、大规模的公共活动提供了共同的时间。在清末民初北京一位旧官员的日记中可以看到，当时北京上流社会有诸多学会、集会、社会团体等各种活动，大多都安排在星期日举行活动,这位旧宦人士一到星期日,便会到各处去参加多个不同团体的活动①。星期日成了这些热衷于政治和社会活动的人们的公共活动日与聚会日,可以说,星期休息制度的实行,是清末时期社团活动兴起热潮的一个重要社会条件。

最后,星期休息制度的实行,有利于人们日常活动的计划性。每七日一星期使人们在月和年之外,有了一种更短、更精细、更简便、更整齐划一的计日单位,更便于人们安排日常活动,使人们的日常活动更有计划性,从而提高了效率,更加容易把握。这一点在学堂教学中体现得最为明显,将一学期的教学内容,按照星期作好课程安排,以使教学计划确保完成。清末星期制度实行以后,星期日益成为人们安排日常生活计划的一个最常用的计日工具,为城市工商业化生活节奏的加快,为社会公共活动的增多,提供了方便。人们的工作、休息、娱乐、商业活动和社会活动等,日益形成了以星期为单位的新的周期,星期也因而成了近代城市生活的一种主要节奏。

然而,星期制度自清末开始实行,到民国时期在城市中日渐普及,但一直只是在城市政界、学界、文化界、公共事业,以及部分工商企业中实行,因而享受这种作息制度的主要是城市中上层,而许多工厂工人、车夫、小工、小商贩、小手艺人、艺人等下层劳动者,为谋生而不得不长年劳作,很少有星期休息。至于广大农村,除了学堂学生及少数公务人员外,几乎仍然沿袭着传统农业生活形成的作息方式。城乡之间、城市上下阶层之间这种作息方式和节奏的不同,也成为拉大双方生活方式差别的一个因素,给双方的相互适应造成了一定困难。

四 作息定时习惯的形成

与星期休息制度相关的,还有做事定时与作息区分的习惯与观念。即平日劳作时间与休闲时间的区分及做事定时观念。以往人们的

---

① 恽毓鼎:《恽毓鼎澄斋日记》。

清末民初城市的"公共休闲"与"公共时间"

农业生产及家庭手工业生产,都是个人或家庭成员的私人化活动,依自然昼夜及农时季节等进行活动,不需要精确的时间来区分劳作和休闲,一切时间完全由个人按实际情况而自行安排。人们也缺乏活动定时的习惯和观念,时间区分界限模糊,以相当于两小时的"时辰"作为基本时间划分单位,在实际生活中则用人们最熟悉并易于掌握的"一顿饭工夫""一袋烟工夫""一炷香工夫"等。如果需要多人约定时间集会等,也以诸如"饭后""午后""掌灯时"等模糊的时间概念。人们的时间概念模糊,作息活动时间也分界不清,作息起居,基本上是依自己情况自行掌握的自然状态。城市生活也基本如此,商家的营业也往往在昼夜自然节奏之内,依商家的勤惰和需要而营业,开门营业或闭门打烊一般并不定时。人们的活动也往往在昼夜自然调节之下,比较随意而缓慢。因而人们没有精确的劳作与休闲时间的区分观念,没有精确定时地安排活动的习惯,也不需要精确的时间观念。

开口通商以后,最早是通商城市的人们看到西人作息定时的习惯,与中国作息不分的习惯不同。西人做事定时,注重效率,集中精力于一事,讲求效率的勤谨习惯,使人们开始认识到定时与注重效率的重要。然而,直至19世纪末,虽然在通商城市里西人洋行、事业实行定时作息制度的影响下,那些在西人事业中做事的人,已经习惯了作息定时的生活,人们也已经开始认识到作息定时习惯的好处。在通商城市的一些与外贸相关的商业行业,由于受到西人洋行定时习惯的影响,时间观念也有所增强。但是,大部分中国人的商业、事业,还仍然沿袭着作息不定、自由自主的传统习惯。至于通商城市以外的广大城乡,人们的生活作息更是沿袭传统习惯而少有变化。

进入20世纪以后,各地大城市工商业及新式事业开始普遍发展,人们的各种经济和社会活动增多,节奏加快,商务接洽、车船开行、商品运送交接、工厂做工、社会事务等群体协作性活动增多,都需要更精确固定的时间。人们社会交往和互动增多,活动的时间安排更趋精密与短促,特别是城市生活的公共性增强,需要众人以共同的时间节奏来协调。同时,照明工具进步使昼夜活动界限淡化,人们的活动不再严格受着昼夜及农时的限制,可以比较自由地安排时间,而不同的活动如劳作、社交与休闲等需要一定的时间区隔和安排。城市生活的这些变化,使以往劳作时间和休闲时间不加区分,以及人们各自活动时间不定的活动方式,已经不能适应城市生活及公共生活的需要。人们的劳作时间与休闲时间需要加以区别,并使众人的活动时间和节奏尽量一致,以便于统一步调,进行公共活动。特别是一些群体性的活动需要人们一起集合进行,更需要精确的时间限定。如学校上课,每个班级有数十人需要有确定的集合时间;商业生活节奏加快,需要更精确的商品交接与交易时间;社交活动增多,也需要更精确的时间约定以会合多人;戏园演戏,需要有确定的演出时间以便于众多观众按时到达;等等。总之,城市生活公共性的增强,人们活动内容的增多和可支配时间的延长等因素,都促使人们需要更精确地安排时间。钟表的普及,使人们有了可以精确掌握时间的工具。这些都促使城市人们的活动趋向定时化,作息时间趋向区隔化、同一化。

正是适应这种城市生活的需要,清末以后,首先是新式学堂开始实行课程定时制度,新学制规定学堂授课需有定时,一些政府机构在实行星期休息制度的同时,也开始实行工作定时制度。后来在学习西方、移风易俗风气的影响及教育界的示范下,一些文人团体聚会,也规定集散时间,以示革新风俗,节约时间。时人有记云:"晚近士大夫,颇知仿效西法,其团体之治事也,有定时,以某时始,以某时终。"① 如1906年《大公报》刊载某一阅报处和说报所事务的社会团体制定的会议规则,其中便有专条关于会议定时的规定。规定会议于下午一时开始,参加者需准时出席:"来会者订于一钟点到齐,如届时不到,恕不多候。"还对定时散会作了限定:"来会者须俟四钟一齐散,倘随便来去,恐一切应研究之事难竟,其诸如有要事,请预先声明。"② 做事定时的新风俗首先开始在知识阶层中流行开来。

此外社会上一些企业、事业也开始仿行工作定时制度。如天津就

---

① 徐珂:《清稗类钞》第四册,《暑假》,第1868页。
② 《茶话会》,《大公报》1906年2月10日。

有华人工商企业仿效西人企业而工作定时,有记云:"光绪中叶……天津某财团之治事,效法西人,有定时,职员晨集暮散,迟到早退者曰旷,竟日之治事为七小时,是为法定时刻,在此时内,不得治己事。"① 但中国企业事业效法西俗进行工作定时管理,在这时候还不多见,人们以传统习惯衡之,认为这种工作定时的管理制度对人束缚太过刻板,这种管理方式被人们讥笑为"成人自侪于儿童",把工作定时及区分工作与私事时间的管理制度,认为是把成人当儿童一样管着。可见当时人们对于工作定时的管理制度还抱有相当的成见,人们的习惯和观念还难以很快转变过来。虽然清末以后,一些官署、学校、事业等相继实行定时工作制度,但人们一时还难以适应,工作时间往往仍然沿行着作息不分、公私事不分的习惯。

千百年来的农业生活,人们已经习惯于缓慢从容的做事节奏,习惯于作息不分的自由自在的生活方式,习惯于劳作时也偷闲休息的悠然从容,习惯于办公事时也兼顾私事的实惠乐趣,这种充满情趣、顺乎天然的生活习惯,使人们感觉舒适愉悦,而不习惯西人把做事和休息时间、办公与私事时间截然分开的生硬刻板的作息方式,甚至认为西人作息定时方式,将大块时间划定为个人休息及处理私事,因而是浪费时间、耽误正事,不如中国人以更多的时间来做事,不致耗费时日。但是,随着人们对西人情况的了解,城市生活的变化,人们的观念也开始发生变化,一些人在中西习惯比较下,对于中国传统作息习惯开始反省。如当时有识者指出:"西人办事,功课之密、规则之勤,胜我国几百十倍。而我国人乃误认,反以为逸于我。辄曰:'若西人治事,但须每日上午几点钟至几钟,下午几点钟至几钟,而礼拜日悉停工。是其赴工之外,余皆归自用,较之我国逸多矣。'殊不知彼所谓几点钟至几点钟,此实在到工之时刻,而到工时又极辛苦。……且各国凡办公之地,为事皆极烦冗,诸人运笔如飞尚恐不及,非若吾国挽近,虽定入署时刻而实无事可作,咸相聚谈笑或辩发

---

① 徐珂:《清稗类钞》第四册,《成人自侪于儿童》,第1742页。

剃头，甚至任售什物者入，诸司员恣意看古董字画或珠宝也。"①

清末民初以后，由学界、政界开始，后来所有公共设施、工商企业等也都逐渐实行工作定时制度，虽然作息时间不分、公私事务不分是中国人千百年沿袭的传统习惯，与中国人知命乐生的人生观相表里，并不能一下子改变过来，但是，作息时间区分，公私事务区分，是近代工商业生活所需要的时间管理模式，人们也开始逐渐适应和习惯。

随着工作定时制度的普遍实行，人们也开始产生对于个人休息时间的权利意识。民国以后，政府机关、学校、公共事业等，仿效西方国家的一般通行制度，基本实行了8小时工作制。而以往一直每天工作10—12小时的工人，也开始仿效西方国家的工人，争取8小时工作制，要求有更多休息和自己支配的时间。如民间对于民国制定的"五一劳动节"的理解，就是工人争取8小时工作制，人们对此也给予理解。如福建古田地方志中就对"五一劳动节"作注释道："工人要求解放，每日以八小时工作、八小时休息、八小时睡眠，均劳逸也。"② 随着社会的变动，工作定时制度的推行，人们已经把个人拥有休息时间作为一项基本的个人权利而捍卫，即使是下层劳动者也开始起而争取了。定时工作，保证休息时间，成为人们普遍认可的基本人权，休息权成为合法与正当的个人权利，至此，中国人的作息习惯和作息观念发生了根本性的改变。

结　语

由以上对晚清至民初时期城市"公共休闲"和"公共时间"形成的考察，我们可以得到以下一些认识。

第一，自开口通商后，首先从通商城市开始由休闲娱乐业兴旺而出现市民日常化、大众化的"公共休闲"兴起，并以夜生活兴旺、

---

① 汪康年：《汪穰卿笔记》，第56—57页。
② 福建《古田县志》（1942年本），见《中国地方志民俗资料汇编》（华东卷下），第1290页。

星期休息制度及作息定时习惯为主要标志，形成了相应的市民参与公共活动的"公共时间"。直至清末民初时期，伴随着全国大中城市工商业、新市政的发展，这种市民大众化的"公共休闲"和"公共时间"也扩展到了全国大中城市，成为引导市民休闲消费的主导趋向。

第二，这一时期城市市民"公共休闲"和"公共时间"的形成，是以城市工商业经济发展、市民人口增多、市民生活商业化发展，以及交通、照明等技术的进步为基础的，亦即以近代工业化和城市化发展为前提，以这种发展引起人们生活方式、休闲方式的变化为契机，是市民生活城市化、社会化、公共化的自然要求和必然结果。

第三，清末民初时期城市市民"公共休闲"和"公共时间"的形成，成为城市市民生活公共领域的一个重要组成部分。正是有了大众化的"公共休闲"和"公共时间"，才使这一时期民间社团活动十分活跃，涌起了一股股社会、政治和文化波浪；使得人们通过独立自由地参与公共活动，思想交流和互动空前频繁，激发着观念的激烈碰撞和新思潮的勃兴，形成趋同的思想变革节奏和价值取向。这正是近代公民社会公共领域所形成的社会效应。

（原载《史学月刊》2007年第11期）

日军空袭威胁下的
西南联大日常生活*

吕文浩

引 言

有关西南联大的研究成果已经颇为不少。这些研究大多着意于联大史上所经历的重大事件、教育思想，以及各院系的课程设置、师资力量、治学风格等方面。对于联大师生所创造的战时教育奇迹人们往往欣羡不已。但是，在这期间，联大师生经历了多少物质困苦和精神不安，他们的感受如何，诸如此类的史实在严肃的学术作品里往往语焉不详，被一笔带过。人们要了解联大师生的物质生活与精神风貌，不得不求诸大量回忆录性质的文章。这些文章由于各人的立场不同，文章的主题不同，加之年深日久，记忆误差，可堪略窥概貌，未足视为信史。亟须对联大的社会生活史做出严肃的、系统的、学术性的整理。本文即这种尝试之一。

日军空袭从1938年9月28日开始，持续至1943年年底。其中以1940—1941年为最激烈，其后随着"飞虎队"的投入战斗，空袭的威胁渐趋稀疏，以至于消歇。在1940—1941年，空袭确为影响西南联大社会生活的重要因素。以往的西南联大史研究尚未将此题加以专题性的研究，有关的论著和回忆文章对此大多谈得比较笼统，缺乏

---

* 本文的写作承西南联大校友何兆武教授的勖勉及具体帮助，初稿写成后复蒙何兆武教授、闻黎明教授等诸多师友拨冗指正，二稿在近代史研究所第三届青年学术讨论会上又得到许多批评意见，张振鹍教授细阅了三稿，多有指正。在此向各位师友一并致谢。

细致、准确的论述。① 本文力图重建空袭频繁时期西南联大围绕空袭而展开的社会生活的详细画面，评估空袭在对联大造成种种物质损失、人员伤亡的同时，对联大师生的日常生活带来了什么样的影响，联大师生是以什么样的精神状态来克服困难，维持联大的弦歌不辍和较高的教育品质的。除了关注西南联大这个社会组织的品质以外，本文还试图呈现日军空袭威胁下不同的人有不同的反应这一生存政治的复杂内容，从而打破把联大各色人等视为一个整体，全都在面临生命威胁时从容不迫的迷思（myth）。在更广泛的意义上，本文尝试着拓宽史学研究的问题领域，引起人们对特定社会历史背景下人的生存状态予以关注。

在切入正题之前，先对日军空袭与西南联大的防空状况略作交代。空袭是抗战时期后方城市经常会遇到的事情。昆明的空防力量十分薄弱，名义上组编了高射炮团，实则仅有高射机枪两营。因武器口径小，有效射程短，武器数量不多而防护面积大，火力分散，除了能在一定程度上威胁敌机在低空飞行以外，难以对高空投弹的敌机形成有效打击。在1941年12月18日飞虎队来昆明担任云南境内的对空作战任务之前，制空权完全掌握在日军手中。

昆明和联大在防空设施上比不上重庆，没有天然的优良防空洞，建造的防空洞也极为有限。梅贻琦的夫人韩咏华在多年后的回忆中提到西仓坡清华办事处有一个小型防空洞，同时又说"西南联大也没有什么防空设施"。② 在昆明，一有警报，别无他法，大家就都往郊外跑，叫作"跑警报"。"跑"和"警报"联在一起，构成一个语词，成为战时的流行语。朱自清写道："警报比轰炸多，警报的力量

---

① 西南联大北京校友会编著的《国立西南联合大学校史》（北京大学出版社1996年版）在第一编的"校舍""迁校之议与叙永分校""三次从军热潮"三节分别叙述到了有关空袭的若干史实；易社强的《西南联大史》（JohnIsrael, *Lianda: A Chinese University in War and Revolution*, Stanford University Press, 1998）第271—276页"空袭"一节扼要地叙述空袭、警报的一般情况。这两种文献是对本题目学术性的研究，但还不是专题性的论述。其他回忆文章谈到空袭的甚多，因其探讨不是学术性的，故而大多较为笼统。

② 《箫吹弦诵在春城——回忆西南联大》，云南人民出版社、北京大学出版社1986年版，第59页。

其实还比轰炸大。与其说怕轰炸,不如说怕警报更确切些。轰炸的时间短,人都躲起来,一点儿自由没有,只干等着。警报的时间长,敌机来不来没准儿,人们都跑着,由自己打主意,倒是提心吊胆的"。①倘若要了解空袭在联大社会生活里的影响,跑警报要比直接遭受轰炸更为重要。因为跑警报持续时间更久,波及面更广,引起的人际关系变化更大。以下依次论述轰炸和跑警报对联大社会生活造成的影响。

一 日军轰炸对西南联大的影响

日机直接轰炸到联大校舍者共有两次。一次是1940年10月13日,另一次是1941年8月14日。

1940年10月13日下午2时左右,日机27架飞入市区,投弹百余枚。这次轰炸主要对象为联大和离联大较近的云大,俯冲投弹,联大损失部分为师范学院男生宿舍全毁,该院办公处及教员宿舍亦多震坏。该院的校舍系租自省立昆华中学之一部分,其中昆中北院中数十弹,损毁甚巨;昆中南院房屋,仅稍震坏。此外,联大全体教职工、眷属和学生均未受到伤亡,翌日即上课。在这次轰炸中,清华在西仓坡设的办事处前后也遭到两枚落弹,幸而房屋建筑尚且坚固,仅仅玻璃窗、屋顶遭到相当损坏。办事处后院荒园内筑有一个简易的防空洞,用来存储重要卷宗,落在屋后的炸弹紧逼洞口,将防空洞全部震塌。经发掘后,发现物件损失不大,卷宗完好。最为不幸的是,躲避到防空洞里的两名工友,被埋在洞里,以身殉校。

1941年8月14日的轰炸较1940年10月13日的轰炸严重得多。这次轰炸使图书馆、饭厅、教室和宿舍都有损坏,当时正值暑假,抗战时期来自沦陷区的学生们无家可归,成年四季都待在联大,为了解决住宿问题,现存的教室多改作宿舍暂用。一位学生描述当时的情况写道:"联大同学当时是'床床雨漏无干处',便在此时,在图书馆

---

① 朱自清:《论轰炸》,《朱自清全集》第3卷,江苏教育出版社1996年版,第418页。

看书要打伞，在寝室睡觉也要张伞，真别致！"①

1940年6月法越当局向日本屈服，日军进占越南，云南局势顿时紧张。联大曾有迁校之议。因学校规模大、人数多，迁移起来十分困难，便先在四川南部的叙永设立分校，1940年入学的一年级新生在那里上课。后来局势缓和，校方决定1940年下半学年叙永分校撤销，全部学生在昆明上课。被炸当天，联大校方给叙永分校发电报，"急，叙永西南联大分校，昆市连日被炸，本日本校新旧校舍被炸房约200间，分校员生来昆无法容纳，请转知暂缓启行"。②

当时，梅贻琦常委不在昆明，正在重庆接洽校务。8月23日他才回到昆明。8月27日下午召开联大常委会，他看到新校舍被炸后没有计议修复事宜，有人在会上提议延期开学，"心中大不为然"。③决议赶快筹备，设法如期开学。具体的议决事项有三条："（一）本大学各部分此次被炸毁之校舍，无论租用或原属本校者，倘不需购置大宗材料，或有现成材料，经加工修葺后即可应用者，应即尽速修理。〈通知〉（二）本大学应即由总务处会同校舍委员会主席黄钰生先生尽速于昆明市区内或市区附近觅定房舍备作校舍之用。〈通知〉（三）本大学倘能于最短期中在昆明市区内或附近觅定校舍，足敷应用，本学年本校各院系应仍在昆明市区内或附近上课。〈通知〉"④ 梅贻琦显然在决定过程中起了重要作用。

经校方人员的多方努力，仅仅一个月多一点时间，劫后创伤已全部修理完竣，屋宇焕然一新，而学校当局原定的开学日期，得以如期举行。9月29、30日两日二、三、四年级注册，远在叙永的一年级同学也早已首途，到9月30日前已到了十之八九。10月6日在开学典礼上，梅贻琦常委作了一个简短精警的报告，他说，8月14日本校遭到

---

① 光远：《片段的回忆》，《联大八年》，西南联大学生出版社1946年版，第67页。
② 《西南联大关于校舍被炸电叙永分校》（1941年8月14日），《国立西南联合大学史料》第6卷，第271页。
③ 黄延复、王小宁整理《梅贻琦日记（1941—1946）》，清华大学出版社2001年版，第90页。
④ 常委会第187次会议记录（1941年8月27日），《国立西南联合大学史料》第2卷，第191页。

轰炸，校舍损毁甚巨，同学间各自推测，以为决不能如期开学，最早当在12月初，留昆同学自己懈怠之不足，复致函返籍同学告以此种聪明之推测，阻其准期返校，此种心理实在最要不得。① 据1946年年初《申报》上刊登的一篇文章称，"某一暑假中，学校被炸，梅先生（指梅贻琦——引者）亲自提着汽油灯，日夜赶修，卒能如期开课，可证明他们办学的精神了"，② 文章中提到的"某一暑假"，揆诸史实，应指1941年暑假无疑。由此段所叙述的史实，我们不难间接地判断出8月14日轰炸造成的损毁是何等的严重，联大校方为赶修校舍做了多么大的努力。

在此还需要补充叙述一下轰炸对联大师生人身伤亡和物质损毁的情况，以及校方的若干应对措施。

在轰炸中，昆明市民不时有数十、数百人伤亡，在《吴宓日记》和联大社会学系教授陈达的《浪迹十年》（商务印书馆1946年版）里屡有记述。综合各种材料，联大师生含眷属由空袭直接间接造成的人身伤亡，估计死10人左右，伤10人左右。《浪迹十年》引述防空司令部的统计数字，自1938年至1941年，昆明由空袭造成的死亡数为1044人，伤者数为1414人。比较一下，联大的伤亡数应该是比较小的。推究其原因，大抵是由于以下两点：一是联大校舍位于城郊，疏散远较市区方便；二是联大的主体是青年学生，体力充沛，较短时间内疏散五六里地至七八里地不感到困难。

常委会第166次会议（1941年1月8日）议决：本校教职员因空袭受伤，所需治疗费用，由学校设法补助，学生因空袭受伤，应由学生空袭救济金中拨付。常委会第167次会议（1941年1月15日）梅贻琦主席报告：本校同人因前数次空袭所受到损失的情形，并已成立本校同人遭受空袭损害救济委员会，聘郑天挺、潘光旦、冯友兰、吴有训、黄钰生诸先生为委员。常委会第177次会议（1941年5月21日）上，议决事项里有总务处函请在以前拟订的职教员空袭损害

---

① 参见《联大被日机狂炸后秋季如期开学梅贻琦作精警报告》，《北京大学史料》第3卷（1937—1945），第450页。
② 沈石：《西南联大群相》，收入《北京大学史料》第3卷（1937—1945），第507页。

救济费标准之外，请本校同人遭受空袭损害救济委员会再就直接炸毁和因震受损议定标准。在常委会179次会议（1941年6月4日）上，议决：此后本大学同人因空袭遭受损害时，其因私物被毁向本校请求救济者，应以居处直接中弹或临近中弹而居处倒塌或燃烧，致个人财物遭受损失者为限。①

由于资料不完整所限，我们无法准确地判断出联大师生遭受轰炸得到救济的详情，但可以肯定的是，空袭对教职员的居住环境带来了不少麻烦，使他们居住增加了不适感。吴宓日记有不少记述宿舍受震后的情景，兹摘录如下，以见一斑：

> 夜中，风。宓所居楼室，窗既洞开，屋顶炸破处风入。壁板坠，壁纸亦吹落。弥觉寒甚。（1940年10月23日）②
>
> 舍中同人皆外出，宓即扫去窗上之积土，悄然安寝。寓舍仅斋顶震破数方，檐角略损，玻窗震碎。及宓归，飞落之瓦石尘土已扫除净尽矣。（1941年1月29日）③
>
> 4:00抵舍，则本舍仅萧蘧小室屋顶洞穿方寸之孔。一铁片落床上。宓室中尘土薄覆，窗纸震破而已！（1941年4月29日）④
>
> 我这间屋子虽不漏雨，那边FT（指联大外文系教授陈福田——引者）和岱孙的房里，已经大漏特漏，雨水一直滴流到下面皮名举的房里，湿了一大块地。……你看，我们这窗子是开敞的，对面板壁上轰炸震破的宽缝，用厚纸糊着的，纸又都吹破了。我的床正迎着窗口进来的过堂风，所以昨夜我受了寒。——今晚，陈省身先生已经用他的行李包把窗口严密的堵起来，现在风雨一点都不能侵入。（1941年5月28日）⑤

---

① 分别见《国立西南联合大学史料》第2卷，第164、165、176、179页。
② 《吴宓日记》第7册，生活·读书·新知三联书店1998年版，第251页。
③ 《吴宓日记》第8册，生活·读书·新知三联书店1998年版，第21页。
④ 《吴宓日记》，第79页。
⑤ 《吴宓日记》，第86—87页。

轰炸除了直接的物质损毁和人员伤亡以外,也给日常生活带来诸多不便。

首先,敌机轰炸增加了物价的上涨速度,进一步恶化了联大师生的生活状况。昆明的物价本来是很低的,抗战军兴,成千上万的沿海省份的难民涌入昆明,这些人带来的国币在和滇币兑换方面占有优势,一下子增加了许多消费,昆明本地人都说物价就是这批人抬高的,从而对涌来的难民相当头痛。每当战局逆转昆明必然同时受到灾殃,对人民日常生活造成的最大影响是物价不断上涨。北大校长、联大常委蒋梦麟写道:

> 物价初次显著上涨,发生在敌机首次轰炸昆明以后,乡下人不敢进城,菜场中的蔬菜和鱼肉随之减少。店家担心存货的安全,于是提高价格以图弥补可能的损失。若干洋货的禁止进口也影响了同类货物以及有连带关系的土货的价格。煤油禁止进口以后,菜油的价格也随之提高。菜油涨价,猪油也跟着上涨。猪油一涨,猪肉就急起直追。一样东西涨了,别的东西也跟着涨。物价不断上涨,自然而然就出现了许多囤积居奇的商人。囤积的结果,物价问题也变得愈加严重。钟摆的一边荡得愈高,运动量使另一边也摆得更高。①

据联大经济系杨西孟教授的统计,自 1938 年下半年以来昆明薪津增长速度大大落后于生活费指数的增长,致使薪津实值急剧降低。物价上涨之速,原因肯定是多方面的,因为物价上升速度与空袭频率并不完全成正比例变化,但是空袭显然在物价上涨中充当了一个因素。

其次,许多教授为避空袭,举家疏散乡下,物质生活更加清苦,每次进城出城往返费时。

王力教授写过一篇名叫"灯"的小品文,文中谈到 1939 年为了

---

① 蒋梦麟:《西潮》,辽宁教育出版社 1997 年版,第 207—208 页。

避免空袭的危险,疏散到乡下,告别了电灯,点起了煤油灯。后来因为煤油太贵了,买不起,于是又改点菜油灯。无可奈何之中,勉强找了一个点菜油灯的理由,说是电灯比不上菜油灯有诗意,聊以自慰。还说电灯像一切的物质文明,在增进人类幸福的同时,也添加了社会的罪恶,它能使人奢,能使人淫。这点自我欺骗的理由自己也是很清楚的——"无非因为我享受不着电灯。葡萄并不酸,但是,吃不着的葡萄就被认为酸了"。① 在乡下住了一年多,他听到村里有装电灯的机会,欣喜若狂,但是装电灯的代价实在不小,显然是被菜油灯搞得困苦不堪,王力居然破费装了一盏电灯。他写道:"我住的房子距离电线木杆五十公尺,该用电线二百余码,计算装电灯的费用,是房租的百倍。我居然有勇气预支了几个月的薪水以求取得这一种既不能吃又不能穿的东西。于是瓮牖绳枢,加上了现代的设备。每一到了黄昏,华灯初上,我简直快乐得像一个瞎了十年的人重见天日。那个一年来的良伴菜油灯,被我抛弃在屋角上,连睬也不去睬它了。"②

疏散到乡下使教授们到校极不方便,费时费力。据冯友兰回忆,当时疏散在乡下有两个中心,东郊是龙泉镇(距城大约十七八里地),西郊是大普吉,这两个地方住的联大教授很多,很自然地形成了文化中心。物理系教授周培源一家疏散得很远,在昆明城外的西山脚下,离联大新校舍约有四十里。周培源只好自己养一匹马,骑马来到教室跟前,把马一系,就进教室,保证了按时上课。③ 吴大猷疏散在昆明北门外5公里外的岗头村,他说:"从岗头村步行到学校,要一小时,我住在岗头村早上五点多钟起程,六点三刻左右到学校。有时刚刚到走到学校,便逢着警报,立刻又要赶回岗头村。累不必说了。皮鞋走石子铺的路一天来回廿里,不几天便要打掌。"④

疏散还会有特殊的麻烦。1940年10月13日的轰炸毁坏了费孝

---

① 王了一:《龙虫并雕斋琐话》,中国社会科学出版社1993年版,第117页。
② 《龙虫并雕斋琐话》。
③ 参见冯友兰《三松堂自序》,第99、102页。
④ 吴大猷:《抗战期中之回忆》,《传记文学》第5卷第3期,1964年9月。

通在文化巷的住所，14日他便疏散到呈贡县古城李保长家租住，一住就是5年。他租住了一间厢房，厢房下面一半是房东的厨房，另一半是房东的猪圈，楼板的材料是结实的，可是板与板之间的缝却没法拼得太紧密，楼下的炊烟和猪圈里的气味可以上升到厢房里来。厢房靠院子的一半板壁还没有起，只用草席挡着风。他希望两件事：把猪圈搬开，把板壁起好。交涉了半天，只是把板壁这一件事做到半件，至于猪圈，则没有任何进展。房东说猪的收入比全部租金大好几倍，出租房子是为了交情，而且带一点救济难民的性质，并不等钱用。费孝通更大的麻烦是住了不久以后，房东出乎意料地给了他一个警告：他的孩子决不能在这里出世。房东绝不是有意为难他，仅仅是为了遵照当地的风俗，据说一家人的住宅，若被别人家的孩子的血光一冲，则殃及这家人的子子孙孙。费孝通本已请妥了一位相熟的助产士来乡下接生，这一计划不得不放弃。政府虽有明令，郊外房东不得刁难疏散居民，尤其应保护孕妇，但是乡下人碍于风俗不准在他家生育也有他们的道理。费孝通转而求助于卫生院，不巧的是卫生院设在该县的圣地文庙，在其成立之初，就已接受了人民的要求，绝不容留产妇。此事真是急得费孝通团团转，最后不得已找到县城的一位广东太太，以5元一天的代价，租了一间白天黑得看不清楚钞票数字的房间，孩子总算可在屋内出世了。①

1941年年底以后，空袭渐稀，经过一段时间的观望后，不少疏散在乡下的教授陆续搬回城里；但此时昆明物价上涨，房租上涨，也有一些教授还留在乡下居住。

二 联大师生的跑警报及其带来的负面影响

警报有三种。一是预行警报，表示日机刚刚起飞，表示方式为在五华山上悬挂三个很大的红色气球（一说为在市区醒目的地方挂一

---

① 参见费孝通《疏散——教授生活的一章》及《疏散与生育——致某杂志编者的信》，均收入《费孝通文集》第5卷，群言出版社1999年版。

个大红灯笼，解除预行警报时挂两个大红灯笼①）；二是警报，表示日机飞入云南省境内，表示方式为拉一短一长的汽笛，呜—呜——呜—呜——；三是紧急警报，表示日机已经飞入昆明境内，表示方式为拉连续短促的汽笛，呜—呜—呜。警报在那个年头是人们很熟悉的生活常识。

一有预行警报，市里的人就开始向郊外移动。联大的师生见到预行警报，一般是不跑的，都要等听到空袭警报才动身。1941年1月9日，梅贻琦日记上记述道："上午9点有预行警报，到办事处后，见办事员有先自离去者，严予告诫"。②原因是联大的校舍位于市区的西北和东南，东南部是在拓东路的工学院，其余校舍均在西北部。这两处校舍都在城郊，跑警报比较方便。由于预行警报不跑，何兆武先生说他根本不记得预行警报是以什么方式来表示的，因为他们从来不去关心预行警报。③

跑警报大都没有准地点，漫山遍野。西北校区的师生一般是到城北或城西的小土山上去躲避。但人也有习惯性，跑惯了哪里，愿意上哪里。大多是找一个坟头，这样可以靠靠。说是漫山遍野，但也有几个比较集中的"点"。

1939年入学的中文系学生汪曾祺回忆道："空袭警报到紧急警报之间，有时要间隔很长时间，所以到了这里的人都不忙下沟，——沟里没有太阳，而且过早地像云冈石佛似的坐在洞里也很无聊，大都先在沟上看书、闲聊、打桥牌。很多人听到紧急警报还不动，因为紧急警报后日本飞机也不定准来，常常是折飞到别处去了。要一直等到看见飞机的影子了，这才一骨碌站起来，下沟，进洞。联大的学生，以及住在昆明的人，对跑警报太有经验了，从来不仓皇失措。"④警报时间经常是很长的，不总是那么新鲜有趣，也很"腻味"。易社强教

---

① 参见费孝通《疏散——教授生活的一章》及《疏散与生育——致某杂志编者的信》，均收入《费孝通文集》第5卷，群言出版社1999年版。
② 《梅贻琦日记（1941—1946）》，第3页。
③ 2001年6月2日电话采访何兆武先生。
④ 《中国当代作家选集丛书·汪曾祺卷》，人民文学出版社1992年版，第364页。

授写道:"起初,学生们对空袭泰然处之,他们喜欢坐在阳光下,与朋友们闲聊,打桥牌,或是读书。后来随着警报越来越频繁,时间越来越长,漫长的下午待在乡村就是一件怪腻的事儿了。在那儿待在户外就意味着吃不上午饭,而学生们几乎都没有钱向当地的农民买东西吃。"① 何兆武先生说,那时学生大多很穷困,很少人有手表,他们便在地上画一个日晷大致推测时间。②

前面说,跑警报时最常见的消磨时间办法是闲聊、打桥牌或是读书。这几种人都会有的。特别勤奋的人会觉得跑警报太浪费时间,往往夹一本书看,吴宓在日记中提到他在避警报的过程中,在野外读的书有《维摩诘经》《涅槃经》《佛教史》等。不过跑警报最方便最自然的方式还是闲聊,吴宓跑了几年警报,大都是以闲聊消磨时光,读书的记载很稀少,所提到的书也仅限于前面提到的那三种佛教书籍。跑警报时间长了,个人都有比较固定的地点,所遇往往是熟人,跑警报也就成了大家聚谈的好机会。费孝通写道:"而且,疏散时,大家都觉得逃过工作是应当的,反正在旷野里也没有工作可做。有时我还带本书在身上,可是心里总究有点异样,念书也念不下去。最好的消遣是找朋友闲谈了。"③

跑警报时,大都要把一点值钱或自己珍重的东西带在身边,是所谓"警报袋"或"疏散袋"。据汪曾祺记述:联大师生跑警报时没有什么可带,因为身无长物,一般大都是带两本书或一册论文的草稿。④ 金岳霖先生抗战时写完了一生的代表作《知识论》一书,有一次空袭警报时,他把书稿包好,跑到昆明北边的蛇山,自己就坐在稿子上,警报解除后,他站起来回去,把书稿忘在那里,等到记起来时再回去找,已经找不见了。后来,他只好把几十万字的书又重写了一遍。⑤《知识论》是金岳霖

---

① John Israel, *Lianda: A Chinese University in War and Revolution*, p. 272.
② 2001年7月27日电话采访何兆武先生。
③ 费孝通:《疏散——教授生活的一章》,《费孝通文集》第5卷,第271—272页。
④ 《中国当代作家选集丛书·汪曾祺卷》,第365页。
⑤ 《知识论》作者的话,收入刘培育编、金岳霖著《哲意的沉思》,百花文艺出版社2000年版,第348页。

花精力最多、时间最长的一本书，不慎丢失，他当时的心情是可以想见的。

跑警报打乱了学校正常的教学研究秩序。根据空袭的紧张与松弛程度，联大多次调整上课及办公时间，大致是上午7时至10时、下午3时至6时上课办公，力争减少空袭带来的损失，其效果是良好的，因为昆明的警报一般是上午10点钟左右来，午后解除。早晨7—8点钟或晚上来警报的次数很少。

要说跑警报对师生的学习研究工作负面影响不大，是不大符合实际的。据联大社会学系1942年毕业生徐泽物统计，自1940年5月2日至1941年12月24日昆明共有预行警报95次，空袭警报72次，紧急警报52次。在这些警报中，自空袭至解除，共约300小时。以联大学生而论，若每人每学期选读40学分，每周上课20次，每次40分钟，跑警报所费时间，等于两三周的上课时间或一个半学期。① 倘若我们再把此前此后（即1940年5月12日之前和1941年12月24日之后）跑警报花费的时间也算进去的话，估计跑警报所费时间，应约相当于两学期多一点。冯友兰在《联大被炸以后》一文里说，跑警报占用时间较多，是学生读书空气淡薄的原因之一。② 1939年入学的联大经济系学生叶方恬写于1945年的文章说："上课的时间是缩短了，重要的图书和仪器疏散了。极度疲乏的时候念书效率的锐减也是意料中的事情。"③ 陈达的《浪迹十年》里有一条"社会学系学生读书报告"（写于1943年1月7日）说抗战以来，大学生的英文程度愈见降低，其主要原因一是中学程度受战争影响渐行降低，二是大学一年级学生因书籍缺乏，空袭频仍而课程欠严。④

---

① 陈达：《浪迹十年》，商务印书馆1946年版，第203页。
② 冯友兰：《联大被炸以后》，《当代评论》第1卷第8期，1941年8月25日。
③ 叶方恬：《苦难中成长的西南联大（外三章）》，原作于1945年5月1日，收入《云南文史资料》第34辑，1988年。
④ 陈达：《浪迹十年》，第307页。

三 跑警报：心态、心理效用及其人际关系的微妙变化

联大师生面对空袭警报，作何反应？综合各种资料，可以看出大体上是因时而异，因人而异。所谓因时而异，指的是初期和中后期之别。初期因对敌机轰炸规律尚不清楚，跑警报也没有经验，心里没有把握，自然容易慌乱，别人紧张自己也跟着紧张，此时笼罩群体的气氛是惊慌和逃命要紧。甚至谣言的流播也容易调动起大家的情绪，引起大家的行动。钱穆在《师友杂忆》里曾生动地记述了联大7位教授初期遇到空袭谣言时的反应。当时是在蒙自，联大大部分师生已迁回昆明，钱穆、汤用彤、吴宓、沈有鼎等7人租住蒙自城外的法国医院，准备在几个月后昆明开学后返校。此时，传言将有空袭，引起了7位教授如下的反应：

> 沈有鼎自言能占易。某夜，众请有鼎试占，得节之九二，翻书检之，竟是"不出门庭凶"五字。众大惊。遂定每晨起，早餐后即出门，择野外林石胜处，或坐或卧，各出所携书阅之。随带面包火腿牛肉作午餐，热水瓶中装茶解渴，下午四时后始归。医院地甚大，旷无人居，余等七人各分占一室，三餐始集合，群推雨生（指吴宓）为总指挥。三餐前，雨生挨室叩门叫唤，不得迟到。及结队避空袭，连续经旬，一切由雨生发号施令，俨如在军遇敌，众莫敢违。①

其他关于初期遇到警报或传言时人们惊慌的记载，亦复不少，在此不再一一列举。后来，人们对敌机出没的大致规律和破坏严重性的可能心里有了一定的把握，跑警报也更有经验了，此时便不像初期那

---

① 钱穆：《八十忆双亲师友杂忆》，生活·读书·新知三联书店1998年版，第218页。

么惊慌失措了。情绪反应的趋于平易，其中也夹杂着一些"疲"的成分。适应性提高了，反应的敏感度也就随之降低了。

所谓因人而异，费孝通先生在《生育制度》里曾写过一段很有趣的话："生活历史不同的人也不容易对于一个象征有相同的反应。一个曾在炸弹下逃过命的人和一个从来就没有见过敌机的人，对于警报所有的认识在程度上可以有很大的差别。不但甲无法使乙同感他恐惧惊惶之感，而且警报所引起的行为反应在甲乙两人也不易相同。甲认为非走出二十里躲在山洞里不能安心，而乙却可以据床高卧，满不在乎。这两人就不能合作一同跑警报。"① 有人心理十分紧张，"逃警报"；有人满不在乎，连跑都不跑的；不过绝大多数人还是要跑的，不过不那么狼狈罢了。

联大同学有不跑警报的，这里可以举几个例子。何兆武先生说，他知道有一位姓杨的同学就不跑警报，有一次他正在喝茶，炸弹落在附近，震翻了茶杯，他不但没有害怕，还捡了一个弹片作为纪念。②汪曾祺说他知道的，有两个人，"一个是女同学，姓罗。一有警报，她就洗头。别人都走了，锅炉房的热水没人用，她可以敞开来洗，要多少水有多少水！另一个是一位广东同学，姓郑。他爱吃莲子。一有警报，他就用一个大漱口缸到锅炉火口上去煮莲子。警报解除了，他的莲子也烂了。有一次日本飞机炸了联大，昆明[华]北院、南院，都落了炸弹，这位郑老兄听着炸弹乒乒乓乓在不远的地方爆炸，依然在新校舍大图书馆旁的锅炉上神色不动地搅和他的冰糖莲子"。③

"逃警报"也可以举一个例子。据何兆武先生讲，联大历史系一位政治上很激进的教授跑起警报来十分仓皇、十分狼狈，在小山坡上连滚带爬的。这一幕给了他深刻的印象，使他认识到，面临生命遭受危险时能否从容应对，与这个人的政治觉悟没有关系。也许与人的本能有关。他还记得有一次紧急警报来时，一位同学仓皇之间，竟然钻

---

① 费孝通：《乡土中国生育制度》，北京大学出版社1998年版，第134—135页。
② 2001年6月2日电话采访何兆武先生。
③ 《中国当代作家选集丛书·汪曾祺卷》，第366页。

到他的腿下,也许情急之下,本能地觉得那是一个安全的地方。①

"跑警报"而能从容应对的,梅贻琦可以说具有典型性。何兆武先生回忆,梅贻琦平时总是挂一把伞,安步当车,遇到跑警报时,他不是跟着人们拥挤在一起跑,而是疏导人群,很有绅士风度。② 这个记忆大概是准确的,梅贻琦1941年1月29日的日记中说当天敌机轰炸西仓坡一带,"寓中门窗及室中零物又有损毁,但不如上次之甚。幸已于前日移住乡间,否则虽自己无所畏惧,将使照看之人勉强留守,而又遭此一番震动,太觉抱歉矣"。③

联大师生是善于苦中作乐的,即使是当时心里十分惊慌,他们也总是找另一种方式来寻求解脱,减少生活的苦涩艰难。费孝通在1946年的文章中说跑警报"即便不说是一种享受,也决不能说是受罪"。④ 昆明不像重庆有优良的防空洞,警报来了,大家跑到郊外,轰炸时钻进深不及三四尺的壕沟,大部分时间享受野外清新的空气、温暖的阳光,的确"有自身不太讨厌的引力"。⑤ 比起重庆来又是另一番情景,重庆作为陪都,是敌机轰炸的主要目标,警报远较昆明频繁,一大群人待在又热又闷又潮点着灯的山洞里,一点舒服也谈不上的。昆明警报虽多,真正轰炸的次数并不多。正是在这样的景况之下,人们不但不惊惶,不恐怖,甚至还展开想象力遐想一番,造出一些"传说"来。费孝通写道:

> 昆明这种跑警报除了心理上的安慰外,我是不相信有什么效用的。这一点,大概很多人也感觉到了的,所以当时有很多传说,敌人来轰炸昆明是练习性质,航空员到昆明来飞了一圈跑回去就可以拿文凭,是毕业仪式的一部分,所以谁也不认真;又说,东京广播里曾提到为什么不扫射暴露在山头上群众的原因。

---

① 2001年6月2日电话采访何兆武先生。
② 同上。
③ 《梅贻琦日记(1941—1946)》,第7—8页。
④ 《费孝通文集》第5卷,第272页。
⑤ 同上。

"你们这些在郊外野餐的青年男女们连一点隐蔽也没有,破坏你们的豪兴,似乎太不幽默"。这些传说显然是昆明人自己编出来的,但也够说明跑警报时的空气了。①

在跑警报特殊的气氛下,促成了不少男女恋爱的机缘。费孝通说:"警报帮助了不少情侣的,的确是事实,我想实在讨厌这种跑警报的人并不会太多。昆明深秋和初冬的太阳又是特别的可爱。风也温暖。有警报的日子天气也必然是特别晴朗。在这种气候里,谁不愿意在郊外走走。"② 汪曾祺写道:

> 跑警报是谈恋爱的机会。联大同学跑警报时,成双作对的很多。空袭警报一响,男的就在新校舍的路边等着,有时还提着一袋点心吃食,宝珠梨、花生米……他等的女同学来了,"嗨!"于是欣然并肩走出新校舍的后门。跑警报说不上是同生死,共患难,但隐隐约约有那么一点危险感,和看电影、遛翠湖时不同。这一点危险感使两方的关系更加亲近了。女同学乐于有人伺候,男同学也正好殷勤照顾,表现一点骑士风度。正如孙悟空在高老庄所说:"一来医得眼好,二来又照顾了郎中,这是凑四合六的买卖"。从这点来说,跑警报是颇为罗漫[曼]蒂克的。有恋爱,就有三角,有失恋。跑警报的"对儿"并非总是固定的,有时一方被另一方"甩"了,两人"吹"了,"对儿"就要重新组合。③

年轻人在跑警报时的浪漫情怀,甚至连40多岁的吴宓教授看了也"怦然心动",他在1940年10月30日的日记里记述道:"按逃避空袭出郊野终日,实为少年男女缔造爱情绝佳之机会。其事且极自然。宓二十六日偕琼同避止之后,对琼未免'旧病复发',略有系

---

① 《费孝通文集》第5卷,第272页。
② 同上。
③ 《中国当代作家选集丛书·汪曾祺卷》,第364—365页。

恋。琼对宓似亦颇有倾向之意……"① 不太浪漫的是，吴宓对张尔琼一片深情，对方却不喜欢吴宓这种类型的人，尽管跑警报给吴宓创造了机缘，恋爱的过程和结果对于吴宓来说，却是增加了一次情感的创伤。

跑警报对于每个个体来说，起的作用主要是心理安慰。日本轰炸后方企图达到摧毁后方人们意志的目的，事实上，却适得其反，不仅没有达到目的，反而把后方人民同仇敌忾的士气激发出来了，把原来各自为谋涣散的民心拉紧了。社会学上的冲突论认为，冲突有助于敌对双方内部的团结，在这个例子中表现得很清楚。朱自清在谈到日机轰炸和跑警报在造成中国人的凝聚力增强时说：

> 敌机的轰炸是可怕的，也是可恨的；但是也未尝不是可喜的。轰炸使得每一个中国人，凭他在那个角落儿里，都认识了咱们的敌人；这是第一回，每一个中国人都觉得自己有了一个民族，有了一个国家。从前军阀混战，只是他们打他们的。那时候在前方或在巷战中，自然也怕，也恨，可是天上总还干干净净的，掉不了炸弹机关枪子儿。在后方或别的省区，更可以做没事人儿。这一回抗战，咱们头顶上来了敌机；它们那儿都来得，那儿都扫射得，轰炸得——不论前方后方，咱们的地方是一大片儿。绝对安全的角落儿，没有——无所逃于天地之间！警报响了，谁都跑，谁都找一个角落儿躲着。谁都一样儿怕，一样儿恨；敌人是咱们大家的，也是咱们每一个人的。谁都觉得这一回抗战是为了咱们自己，是咱们自己的事儿。②

共同的命运把大家的心拉在一起，一己的得失计较消融在对群体共同的前途命运的关怀上，个人之间的关系更容易沟通，更容易亲密了。在跑警报过程中阻隔着老师和学生之间那堵无形的墙被拆除了，

---

① 《吴宓日记》第7册，第254—255页。
② 《朱自清全集》第3卷，第417页。

老师不再是隔着一大段距离的那个"为人师表"的形象了，老师和学生一样地都面临着生命威胁，一样地都在寻找生存之道。陈岱孙晚年谈到当时的师生的关系时说："老师与学生亲密一致。这与抗战有关。警报一响，师生一起跑出去，敌机飞到头上时，大家一起趴下，过后学生一看，原来是某某老师，相视一笑。大家风雨同舟，患难与共，这也是好学风。"① 师生一起跑警报拉近了人与人之间的距离。

跑警报引起了人们特殊的心理感触，大大扩展了人们的情感范围，还有其促进思想、意志成熟的"潜功能"（这个概念借自当代著名社会学家罗伯特·金·默顿，指的是一种社会行动或文化事项，在行动者主观意欲达到的目标之外，具有他未曾自觉而潜在地达到了的若干后果）。

潘光旦和吴宓的看法很能说明问题。潘光旦先生对教育思想有特殊的见解，在代梅贻琦起草的《大学一解》里，他谈到当前大学教育的问题时，认为大学生生活中最感缺乏的是个人的修养。由于青年课程太多，闲暇太少，没有时间来仰观宇宙之大，俯察万物之盛，品味、欣赏、体会自然万物，没有充分的自修时间来咀嚼融化知识；由于缺乏自我独立思考的空间，事事附从社会化、集体化的要求，不能充分制裁一己的情绪，磨砺一己的意志，达到自我修养的目的。而当前的跑警报（即引文中的"疏散"）竟不期然而然地具有加强青年自我修养的功效：

> 抗战军兴，大学所在地之都市时遭敌人之空袭，于是全校师生不得不作临时远足之计，或走森林，或隐空洞，或趋岩穴，或登丘垄，谓之"疏散"。窃尝思之，疏散之发，自修养之立场言之，乃竟有若干不期然而然之收获。疏散之时间，少则数小时，多则大半日，是学子之时间解放也，疏散亦为距离之重新支配与空间解放，更不待论；而疏散之际，耳目所接受之刺激，思虑所涉猎之对象，或为属于天人之际之自然现象，或为属于兴亡之际

---

① 方靳、方群：《陈岱孙教授谈西南联大》，《云南文史资料》第 34 辑，1988 年。

之民族命运，或为属于生死之际之个人际遇，要能一跃而越出日常课业生活之窠臼，一洗平日知、情、志三方面之晦涩、板滞、琐碎、藐小而使之复归于清空广大与活泼之境！然一旦抗战结束，空袭无虞，我辈从事大学教育者，为青年之身心修养计，亦将有一积极与自觉之疏散办法否乎？是则我所亟欲知者。①

潘光旦说空袭疏散引起人们跳出日常琐事、思虑跃升玄远之境的观点并非他一人的经验。吴宓由于感情生活丰富而坎坷，多悲苦之心，而轻视死生，在警报往往能够"意殊坦适"。② 1940年10月15日，也就是联大刚刚遭到轰炸后两天，晚上7点至9点，在新校舍大图书馆外，与同学们月下团坐，上《文学与人生理想》课。"到者五六学生，宓由避警报而讲述世界四大宗教哲学对于生死问题之训示。大率皆主自修以善其生，而不知死，亦不谈。"③ 在吴宓和潘光旦那里，上述感受是具有明确的自觉意识的，对于更大多数的联大师生来说，很可能属于"潜功能"的涵盖范围。因为某一项功能一旦广为人知，人人明确感觉得到，就不属于"潜功能"了。

人们从实际的生活情境里历练得来的情感和认识是最为真切、最为有效的，这种学习远胜于师长在讲堂上由形式的训诲所灌输的教条。我们不妨把日军空袭带来的一切生活的变化看作一个天然的巨大的讲堂，联大师生在此共同学习到的情感和认识是相当丰富的，诸如民族意识的强化、个人意志的磨砺、师生感情的融洽等等。我们虽然很难对此做出准确的经验性确证，但以当时的生活事实来推断，当去真相不远。

总之，跑警报确是1940—1941年联大社会生活的重要内容之一，

---

① 《大学一解》是潘光旦代梅贻琦写的一篇教育论文，刊登于《清华学报》第13卷第1期。现存潘光旦的手稿，与《清华学报》刊印本文字有若干不同之处，本文所引述的这段文字为《清华学报》本所无。引文见《潘光旦文集》第9卷，北京大学出版社2000年版，第534页。

② 参见1939年4月9日日记，《吴宓日记》第7册，第20页。

③ 《吴宓日记》第7册，第247页。

跑警报在打乱正常的教学研究秩序,给人们的日常生活带来诸多不利影响的同时,的的确确造成了一个特殊的社会生活环境,引起了人们的心态以及社会关系的若干变化。当然,变化也是因人而异的,作者无意于从若干案例来引出全称判断,以为人人皆是如此。但是,既然大家都生活同一特定的社会环境之下,一定程度的相似性是免不了的,真实情况可能只是一个多与少的问题,而不是一个有与无的问题。有学者在读了本文的二稿后,认为作者选取的史料多出自文人学者的记述,有将跑警报浪漫化的嫌疑。史学研究只能根据材料说话,不幸的是,记述多出自文人学者之手,确有在一定程度上遮蔽真实的可能。这诚然是无可奈何之事。希望本文对于当时客观社会历史环境和形势的叙述,能够在一定程度上对这些案例的有效范围提供若干限制。换一个角度提问,联大师生为何要把跑警报浪漫化呢?是不是毫无根据地凭空想象呢?我们尝试着从他们的生活处境来理解他们的心境。依据社会学的"相对剥夺理论",相对幸运感是随着别人的客观损失逐渐增大而递增的,也就是说,当几个人受害程度相等时,每个人的痛苦和损失似乎都很严重,而当许多人受害程度大小不等时,只要与受害更为严重的人相比,再大的损失也感到小得多了,能否相互比较取决于损失大小的可见度。心理感受并不是与客观形势的危急程度完全对等的。与直接可见的昆明城内一般老百姓遭受的严重损失相比,[①] 与可以很容易获知的重庆等地更严重的损失相比,联大师生的相对剥夺感是比较小的。在此基础上,把跑警报浪漫化就比较容易理解了。

结　　论

在结论部分,我们要把上文展开的详细的图景收拢一下,聚焦在两个问题上:一是如何透过日军空袭威胁这扇窗户,来具体地感受这所不寻常的大学的品质;二是呈现日军空袭威胁下各色人等表现出来

---

① 《昆明文史资料选辑》上关于日军袭昆的多篇回忆文章的基调不是浪漫化的,而是恐惧、绝望、痛苦、愤怒情绪居主导位置,与联大师生所描述的感受有很大差异。

的复杂的生存政治图景,从而在一定程度上打破把联大各种不同人物整齐划一,而且过于拔高的神话。

日军空袭对联大的影响主要表现为两种形式,一是直接轰炸造成的物质损毁和人员伤亡,二是频繁的空袭警报导致师生向郊外疏散,即所谓跑警报。联大校方在应付这两方面的问题时尽职尽力,最大可能地减少负面影响的程度,其效果是十分显著的。从主持校务的梅贻琦身上,我们最能体会出办学者坚韧不拔的精神。在抗战的艰苦条件下办学,梅贻琦面临许多在承平时期不必考虑的动荡时局和物质困难,本文所谈到的日机空袭仅其一端而已。蒋梦麟常委曾说,"此人有骆驼之精神",① 可谓知人之论。正是本着这种精神,梅贻琦才不畏事繁,踏踏实实,一件一件事认真去做,在看似平凡的日常生活中创造出中国战时教育的奇迹。联大之所以能取得令人瞩目的成就,与梅贻琦任劳任怨的踏实工作是分不开的。

一些教授也在尽可能的条件采取措施来加强对学生的训练,提升学生的精神境界。如陈达教授为提高学生英文程度,强迫学生选修第二年英文,在他的课上要求学生每学期至少读 300 页英文并做笔记,就是一个最典型的例子。冯友兰教授在 1941 年 8 月 14 日联大被炸以后,对当前师生中存在的问题提出反省,认为:1. 一般人对于抗战的警觉、热烈似乎不及从前,往好处说,是镇静,往坏处说,是疲玩,如毕业生选择职业所取的标准是看待遇的优厚,所以宁愿去银行等金融财政机关,而愿去军事机关服务者,不如以前踊跃;2. 学生的读书风气不如以前浓厚,图书馆将开门时,许多人排队占座位的现象不见了,其原因是学生"跑警报"占用时间多了,外出兼差的多了;3. 教授中间原来见面时总在讨论抗战的消息和国际局势,现在讨论的多是米价的高低、油盐的贵贱。这些都是可以理解的,但是,"我们是否果因对于生活底注意,而减少对于国家民族的热诚,以及工作的效率,这是我们所应当反省的。这次敌机轰炸予我们一种警

---

① 《蒋梦麟报告联大筹备迁川》,《申报》1940 年 10 月 2 日,收入《北京大学史料》第三卷(1937—1946),第 449 页。

策，使我们对于我们的工作，作一反省"。① 艰危之中犹不忘国家民族的命运和自己的责任，这就是联大教授用来要求自己、要求学生努力要达到的精神品格。

在面临生存压力时，人们更多地暴露出平时潜藏起来的本性，如能从中细心体悟，必能对人性有更深一层的认识。比如说人们互动频率的增加未必都有使各人关系融洽的作用，征之于跑警报带来的人际关系变化，亦是如此。兹举一例，以申此论。吴宓和汤用彤是清华学校时期的同班同学，多年故交。但在 1938 年 10 月 13 日（时在蒙自）的日记中写道："早饭时，彤强宓易其白色帆布裤为他色裤，恐为空袭目标！且曰：'吾为此劝告，非为足下之安全计，乃虑吾等并受其祸殃也。'宓心实轻鄙其言，顾即遵照易他色裤。宓原不与诸君长久游谈费时，至是更不与诸君同出。前闻昆明人士之惊慌，极不以为然。而颇赞同《云南日报》中沈从文《知识阶级应反省》一文。宓作《离蒙自赴昆明》诗，末二句，即言此意也。"② 吴宓此时的日记是后来到昆明后根据当时每天的草稿写定，由此我们可以推定这段话并非一时愤激之感，而是对老友汤用彤形成了新的认识。这种认识在平时是很难得到的。上文曾经提到跑警报大致有三种类型：满不在乎的、仓皇逃窜的、从容应对的，我们不倾向于把这些不同的反应和其人的思想品德、政治态度机械地联系起来，我们更愿意把这些不同的反应看作各人不同的生存状态的复杂呈现，其中并无高下之分。在这里我还想举举吴宓教授的例子。1940 年 10 月 13 日联大和云大等地遭到轰炸的那一天，吴宓正在城外旅游，他看到城内"烟雾大起，火光迸烁，震响山谷。较上两次惨重多多"，直接的反应不是挂念悲悯众生，而是"私幸到此远避，危害不及，真成对岸观火。不得不感谢天恩也！"回来后发现自己的寓所未遭炸中，又感慨"匪特性命得全，而且归来检点书物，丝毫无损。仅碎毁一二小物。寝处有地。能不谓天之福我独厚耶？"枕上成诗一首，记当日之事，诗中云：重

---

① 冯友兰：《联大被炸以后》，《当代评论》第 1 卷第 8 期。
② 《吴宓日记》第 6 册，生活·读书·新知三联书店 1998 年版，第 362 页。

谢天恩今日免,同遭横祸几人归。当夜"惟因兴奋过度,终夜不能安眠"①。从这个例子,我想要说明的是,即使如自称对死生相当坦适的吴宓教授,遇到有生命威胁时在行动上也不能那么超然,侥幸远祸,竟然得意到如此程度,兴奋到如此程度,由此我们便可猜度当时一般人心态之概貌了。常人所谓高尚的利他主义,是建立在本能的自我保护的基础之上的。本文对联大师生面对空袭威胁时的从容态度的叙述,希望能够借助以上的有关事实进行必要的限制和修正,以免神化联大师生。

  由于资料的限制,我们无法对空袭在多大程度上影响人们的人生经验和行为态度做出更全面准确的经验性论证,但是,以常理推断,影响肯定是存在的。我们也有理由推断,这个时期的人生经验对联大师生以后的人生态度发生了某些微妙的影响,因为从实际生活中学习得来的认识比由形式的训诲得来的认识深切得多。

  抗战时期大后方生活艰苦已是十足的老生常谈。究竟艰苦的程度如何,人们的生活感受究竟如何,抗战时期的社会历史条件对人们的影响究竟表现在哪些方面,尤其是在心理层面有什么影响,这些都是长期以来学术界缺乏具体的经验研究的问题。本文的尝试仅仅是一个开端,希望能够借此引起同行们关于这一饶有兴味的问题领域更多的经验研究。②

(原载《抗日战争研究》2002年第4期,刊登时略有删节)

---

① 《吴宓日记》第7册,第244—245页。
② 在本文完成以后,我又在《重庆文史资料》上看到多篇关于战时陪都重庆受日军空袭威胁的文章,其中以日本广岛大学教授小林文男《抗战中苦难的重庆》(第30辑,1989年)最为翔实、全面。重庆受空袭威胁的程度和人们躲避的方式与昆明有许多不同,限于本文的主题,未能多作引述。在这里,我只想说,我们应该把空袭如何影响人们社会生活和心理状态纳入史学研究的主题,使史学的内容丰满起来。

近代同乡资源的流动与制度运作①

唐仕春

近代以来中国制度变革的过程中,不可避免地会碰到同乡资源流动与制度运作互动的问题。那么,中国近代社会中同乡资源流动与制度运作到底是一种什么样的关系?二者互动为何存在?它究竟反映了何种历史变迁趋势?回答上述问题无疑有助于了解同乡组织的近代命运、中国近代的制度变迁,甚至对理解中国社会生活方式里关系资源的利用都不无裨益。近百年来,数以百计的会馆史论著②中已经注意到以会馆为切入点分析中国的同乡关系,一些论著涉及会馆与政府的关系,但鲜有以同乡资源流动与制度运作互动为视角的专门论述③。本文即以此为视角尝试解决这些问题。清末至20世纪30年代以会馆为中心的同乡资源流动与制度运作关系较为密切、显著,且有大量的资料留存,故本文研究的时间范围大体指

---

① 同乡资源流动是指同乡社会资源在同乡网络上的流动。"社会资源"参见唐仕春的论文《清末民初北京同乡会馆社会资源流动轨迹》(《经济发展与社会变迁国际学术研讨会论文集》,华中师范大学出版社2002年版)。
② 王日根所著《乡土之链——明清会馆与社会变迁》一书分析总结了1995年之前会馆史的研究成果(天津人民出版社1996年版)。1993年至2000年的会馆史综述见冯筱才《中国大陆最近之会馆史研究》一文(《中国近代史研究通讯》第30期,台湾中研院近代史研究所,2000年9月)。朱英主编《中国近代同业公会与当代行业协会》第一章《中国同业公会研究的回顾与分析》较多涉及会馆史研究成果(中国人民大学出版社2004年版)。郭绪印在《老上海的同乡组织》中也论及前人研究成果(文汇出版社2003年版)。
③ 一些已经注意到了会馆与官府关系,如王日根强调会馆的社会整合功能,邱澎生认为会馆在官府立案过程是由下而上制度创新。还有不少学者从会馆、商会等团体出发讨论公共领域、国家与社会。

清末至 20 世纪 30 年代，为表述方便称之为近代。由于近代的同乡网络中北京和上海是两个最主要枢纽，本文即主要围绕北京、上海的同乡资源流动进行分析。

一 同乡资源流动的扩展与分化

在近代，特别是清末至北洋时期，同乡资源流动与制度运作的互动发展到一个高峰，其中背景之一是同乡资源流动急剧地扩展与分化。

第一，同乡资源流动的扩展首先表现在地域范围扩大。近代以来，同乡资源的流动在地域上有了较大的扩展，同乡资源除了在旅居地流动之外，还流向家乡、城际、全国。其中最主要的流向是旅居地和家乡，再次为城际的同乡，这说明乡缘仍然是维系同乡资源流动的主要纽带，也反映了乡缘在人们的社会生活中仍然占据重要的位置。

第二，推动同乡资源流动的主体的社会构成扩展。从明清到近代，推动同乡资源流动的主体大多是有一定社会地位的个人或者团体，但是他们的内涵在一定程度上发生了变化。明清时期推动同乡资源流动的主体多为士绅和商人。近代以来，政、商、学、华侨等各界民间社会精英介入了同乡资源流动，它反映了民间社会精英阶层的扩大，并开始走向社会的中心舞台，发出自己的声音，展示自己的力量。

第三，同乡资源流动关注的问题日益宽泛。近代以来，同乡资源流动关注的问题包括救灾、治安、军队、市政、经济、文化教育、对外交涉等方面，它包罗了当时中国社会的主要问题，其内容之宽泛，这是明清时期所难以比拟的。近代，同乡资源流动关注的问题中社会性事务居多，反映了人们在一定程度上超越了对个人事务的关怀，而较多关注社会性事务。不仅如此同乡资源流动关注的问题日益政治化。

同乡资源流动的分化与扩展并存。同乡资源流动的分化，一是同乡资源流动化入其他组织中，即同乡资源流动活跃于商会、同业工会、工人组织甚至政党背后①。二是同乡和同乡组织与其他的组织一起活动，互相呼应。近代以来，在寻求会馆帮助时，人们一是只向会馆求援；二是既向会馆求援，又向其他个人、组织及政府机构求援。第一种方式越来越少。这对某一个会馆而言，其所承担的责任被分散。

同乡资源流动的扩展势必导致同乡资源流动频率的加大，同时，也会增加同乡资源流动的负荷。而同乡资源流动的分化常常凝聚起各种力量，起到增强同乡资源的效果，从而更有力地作用于制度的运作。当然，同乡资源流动的分化也使同乡资源在作用于制度运作时其声音被湮没，成为和声之组成部分，而不能独显。

二　顺应与协作

随着同乡资源流动的扩展与分化，同乡资源流动如何参与制度运作呢？同乡资源流动与制度运作时而保持一致，时而冲突。保持一致主要是同乡资源流动对制度运作的顺应与协作；冲突则表现为同乡资源流动对制度运作的挑战与抗争。

（一）同乡资源流动对制度运作的顺应

会馆自明朝创建以来，一直与官员、官府打交道。1905年，清朝民政部民治司对会馆进行了调查，这是官府对北京会馆较早的一次调查，它大约是官府专门对京师会馆进行正式管理的开始。

1915年以后，北京的会馆住馆规约多数添加了一条禁约，禁止有以下行为者住馆：有妨碍同寓安宁之举动者；携带违禁物品及诡秘之行为者；吸食鸦片、聚赌及其他不正当之行为及营业者；招致娼妓到馆住宿，或侑酒弹唱者；有传染病者。这些禁约主要是根据京师警察厅1915年的管理会馆规则而制定。

---

① 见裴宜理等人论著。裴宜理：《上海罢工》，江苏人民出版社2001年版。

京师警察厅的告示说明了订立管理规则的原因,"近来以来各省人士之来京者日见增多,而各会馆居住之人亦日形复杂,揆厥情形几于杂同无异,若不订立规则,俾各馆皆有任事负责之人,不独影响与地方治安,亦与各馆之整理进行至有关系"。① 1915 年,京师警察厅颁布《计开管理会馆规则》,共 16 条规则,其大意之一是对会馆的日常事务做出规定,主要是加强对住馆人员的管理。规则要求会馆董事将有妨碍地方治安行为的人向警察署报告,会馆为了减少不必要的麻烦,干脆规定不让这部分人住馆。会馆住馆的上述规定反映了政府对会馆管理规则在实践中得以贯彻执行,也展现了会馆对政府管理制度的积极应对,通过改善本身的规则来适应新局面、新形势。

1915 年,京师警察厅要求会馆从同乡中公举董事和副董事各一人,公举的办法,或者用投票,或者用公推,可依各会馆的习惯办法办理,或者由同乡公议定之。1918 年,京师警察厅修订管理会馆规则,放宽了对董事副董事的名额和任期限制,各省省馆因有特殊情形认为必要时,得酌添董事,董事任期以两年为满,但任满后,仍被举为董事者,得连任之。

政府的规定明确了会馆管理者资格、公举办法、任期,会馆在实际的实施过程中,多按照规定的形式进行公举。通常是召开同乡大会,投票选举管理者,按得票的多少,决定其任职。也有的由各属府县推举代表组织成更高一级的会馆管理者。1915 年,北京嘉应会馆规约中,第 2 条是:本馆遵照警厅颁布管理会馆规则第 2 条,公举掌馆董事副董事各一人管理馆务。第 3 条是:董事副董事由旅京同乡公举,同乡中年高德劭,曾历仕途兼乡望素孚者充之。第 5 条是:董事副董事任期以一年为限。但得公举连任。其年限由阳历七月一日起计。每年六月中为公举之期。第 8 条是:董事副董事如因事对于馆务不克担任时,应另行公举。② 以上四条规约分别

---

① 《京师警察厅颁布管理会馆规则》(1915 年),北京市档案馆编《北京会馆档案史料》,北京出版社 1997 年版,第 1 页。
② 《北京嘉应会馆规约》(1915 年),《北京会馆档案史料》,第 580 页。

说明了会馆管理者的资格、选举办法、任期、更换等。其他会馆对会馆管理者的选举有相似的规定。这些规约实际上是根据警厅颁布的管理会馆规则而制定，政府管理会馆制度引起了会馆对本身组织管理制度的变革。

另外，会馆对制度运作的顺应还表现在，清末各会馆、公所章程中所规定的组织机构，虽然一律采取董事会或理事会制，但1929年至1937年，又大都采取委员会制，抗战胜利后又改为董事会制。会馆采取董事会制还是委员会制都是随政府规定而变的。

会馆等同乡组织顺应制度运作而更新了内部的管理制度，从而使同乡资源流动与制度运作的关系进入一个新阶段，即由放任自流阶段到以法律为手段调整二者关系的专门管理阶段。从同乡资源流动对制度运作的顺应可以看出，在二者互动中制度运作的强势。

（二）同乡资源流动对制度运作的协作

同乡资源流动对制度运作的协作古已有之，如同乡印结制度、司法协作等。近代以来，这种协作发生了较大的变化。如清朝灭亡后，同乡印结制度随之而烟消云散，司法等领域的协作则得到进一步的发展。

多数会馆参与同乡纠纷的调解。但会馆的调解与司法衙门的审判存在什么关系呢？1921年，上海的广肇公所对调解纠纷的程序做了一次认真讨论，作出如下规定："本公所有为同乡排难纠纷之责，时有投词到所，请求调处，一经两造到所，自当秉公办理。惟其中情节未明真相，或因账目交葛等事，为审慎计或举员调查，或举员算账，原、被告应于查明后第二次到所听候公判。但有原、被告随后因知理屈而不到者，应如何办理？公议公所为公判性质，如原告投诉，被告到所愿受理处，自应判断。倘被告不到，可另向司法衙门起诉，如原告到过一次，下次不到，被告到是愿受理处，可由事实上查办，再通告原告到所，如不到，则照判，即知照原告再到，倘复不到，又不详明其一时不能到之充分理由，可给一据与被告，如原告向司法衙门控告时，被告可持据陈明此案经本公所公断。如被告到过公所一次，愿受理处,下次不到,其办法亦同。"①

从会馆的规定中,首先,我们可以看到司法制度容许会馆参与同乡纠纷的调解,会馆的调解是司法制度的补充。其次,原告不满意会馆的公断,如果他再向司法衙门控告,被告可以出示会馆的公断证明。言下之意,司法衙门是重视会馆的公断的,会馆的公断证明可以作为司法衙门的参考文件。既然会馆的公断或多或少会影响司法衙门的判断,那么司法制度便使会馆获得社会资本,进而影响到同乡资源的流动。最后,同乡不满意会馆的公断,他可以再向司法衙门控告,表明同乡资源流动与司法制度运作之间的联系相当脆弱,随时可能中断。

同乡资源流动与司法制度运作的协作还表现在会馆的一些条规往往成为法官断案的依据。一个推事回忆道:"行会……有自己的法庭和审判员,通常,他们避免上官方法庭,尽管有时不得不这样做。如果行会外当事人控告行会成员,在过去,政府法庭作出的裁决,也与行会的相关条规相一致。""寓居上海时,我是会审公廨的美方推事……法庭审理各种各样的民事诉讼时,照例也要先查寻与行会有关的条规。"②

上海租界的司法制度需要会馆协助之处尤多。最初,租界内的华人犯罪,交给中国官员审讯。1864年设立会审公廨,由上海县知事派员主持。违警事件,由该员独自审讯,刑事案件,华人为被告者由领事派员会审;民事案件纯属华人间者,由该员独自审讯,其华人为被告,外人为原告者,领事也派人会审。上诉案件由道台审判,领事为会审员。后来,西人以种种借口,一切案件都由领事派员会审。1911年辛亥革命时,法院人员逃走,领事出面维持,并派华人充当审判官,费用由工部局出。司法权全部落入外人之手。直到1927年将会廨收回,设临时法院。1930年设特区法院,司法权开始逐渐收回。③

---

① 上海市档案馆:Q118—12—103。
② 卫理:《中国的昨天和今天》,纽约,1923年,第203—204页。转引自[美]顾德曼《家乡、城市和国家》,宋钻友译,上海古籍出版社2004年版,第112页。
③ 徐公肃、丘瑾璋:《上海公共租界制度》,原版于1933年,上海人民出版社1980年版,第37页。

近代同乡资源的流动与制度运作

19世纪晚期以来，会馆与会审公廨广泛地合作。当案卷递交法庭时，法庭常常把案件退给会馆处理。1917年，上海的潮州会馆即协助会审公廨查账。1917年，广东同乡商人林亦秋等控告袁炳文、林芸秋不分余利一案，经双方请求，将该店账目送潮州会馆核算明确再行呈请法租界会审公廨核讯。法租界会审公廨函送原、被告账目纠葛案至该会馆。会馆公推卓建候等4人会同查账，终于查清。① 1917年，上海广肇公所甚至取代了会审公廨职能，解决了同乡纠纷，并到会审公廨销案。1917年，广纶祥绸缎庄股东陆蔚荪诉股东兼经理黄梓藩经营不善，积欠各号往来货银二千余两，要求广肇公所断处。广肇公所通知黄梓藩将全部账簿交出，由公所账房稽查后，再作裁决。陆蔚荪与黄梓藩都承认广肇公所的核查结果。经公所调解，双方订立协议，其中第6条协议规定，此案解决后，由双方律师呈请会审公廨将案注销。原来双方此前曾向会审公廨提出受理请求，会审公廨无暇厘清头绪繁多，纠缠不清的账目，拖延了很长时间，万般无奈，当事人才要求广肇公所充当调解人，使此案得到合理解决。②

除了以上司法领域的协作，同乡资源流动还在其他领域参与制度运作的协作。1900年义和团运动时期，大量中国居民因恐慌而大批迁出公共租界。工部局对决意要走的人，他们签发印有两种文字的通行证以控制人口流动。他们写道："上海租界保卫事宜业经工部局和各会馆董事妥筹，告示公布。本会知悉该中国居民亟须迁居，为免阻止，特颁此证，巡捕妥予保护。"③ 这里指出了通行证的办理实际是工部局和各会馆董事协商的结果。工部局承认，重要会馆和外国当局之间的咨询和协作已成为惯例："过去只有涉及华人群体的重大问题，工部局就要向本地行会机构或领导人咨询，以便采取有益于相关团体的措施，这已经成为一种惯例。"④

---

① 《老上海的同乡团体》，第163页。
② 同上书，第457页。
③ 工部局年报，1900年，第81—82页，参见《家乡、城市和国家》，第112—113页。
④ 工部局年报，1904年，第25页，参见《家乡、城市和国家》，第113页。

1910年上海的瘟疫更加强了租界与会馆的合作。1910年10月底，公共租界出现一例因染鼠疫而死亡的报告后，工部局立即制定了紧急防疫措施。这些措施在华人群体中引起了严重不安。此时，工部局发布告，宣布将于11月14日实施新的卫生细则。11月13日，上海商会总理、副总理会同会馆、公所董事的头面人物致函工部局总董戴维·兰代尔，表示愿意帮助当局阻止鼠疫，但以采取温和的防疫措施为前提。工部局试图在11月16日的公众大会上直接向中国居民解释，以使他们相信卫生措施的必要性，但宣告失败。11月17日，工部局总董戴维·兰代尔通知上海商会总理周晋镳和重要会馆、公所的董事，条例细则仅针对鼠疫爆发的特殊情况。为争取他们的同意，他转交一份修订的法规，表达了工部局希望得到帮助的愿望。11月18日，工部局与华人群体代表讨论了防疫方案，出席的有海商会总理周晋镳和重要会馆、公所的董事。讨论持续了六个小时，其间中国代表争取到了所提出的对防疫程序作出的重大修改：除了限制瘟疫的规章制度外，就华人病例的检查应由独立的中国瘟疫防疫医院的中国医生操作达成了一致意见；检疫仅限于虹口（鼠疫区域）；最后，病人如果染疫而死亡，所有安放、埋葬的事宜均按照中国的风俗习惯办理。① 租界的制度运作不能很好地应付这次瘟疫，不得不借助同乡资源流动的协作才解决了危机。

　　同乡资源流动还协作政府制定厘金税则。19世纪五六十年代，清朝政府征收厘金，最初受到商人的反对，以走私作为应对。此后商人团体与政府之间逐渐形成了一种互相容让的机制，由重要的会馆、公所来承担征税工作。在长江下游地区，这个进程一直贯穿到20世纪初期。尤其需要注意的是，1879年上海潮州鸦片商和镇江广东会馆在上海洋药捐局举行联合会议，以确定镇江厘金征税安排。有关镇江厘金税则的草稿不是在镇江而是在上海由上海潮州会馆起草的。镇江知府甚至与镇江会馆董事组成代表团一起到上海与上海的会馆进行

---

① 《家乡、城市和国家》，第114—115页。

讨论。①

上述会馆管理制度的出台与会馆内部规则的变迁，同乡资源流动对司法制度运作的协作、参与制定厘金税则等表明，同乡资源流动对制度运作的顺应与协作在某些方面是经常性的。而1900年义和团运动时期同乡资源流动与工部局管理制度协作，1910年上海瘟疫时，同乡资源流动与租界管理制度的协作等是为了应付临时性的事件。这些协作非同乡组织参与不可吗？我们不得而知，然而，当时在制度运作中选择了同乡组织却是事实，它至少说明制度运作需要同乡资源流动的协作。

三 挑战与抗争

同乡资源流动对制度运作并不全都顺应与协作，时有异议、冲突。这些异议、冲突一般来自两个方面，一方面是同乡组织对既有制度运作提出挑战；另一方面是政府改变既有制度引起同乡组织的抗争。

（一）同乡资源流动对制度运作的挑战

当对既有制度运作有异议时，同乡组织采取的较为消极的应对方式之一是19世纪后期上海盂兰盆会游行那样的我行我素。19世纪60年代后期，丁日昌在上海当政，他努力压制民众的宗教游行仪式的做法为以后数十年的道台和上海县知县所效仿。官府发出布告，允许商人设坛祭鬼，但禁止他们组织盂兰盆会游行，以免"引起人群骚乱"。中国巡捕、地保得到通知，干预游行，任何敢于玩忽法律的人都将受到冷酷无情惩罚的警告。中国当局也要求租界当局帮助取缔游行仪式，道台要求公共租界总领事发出布告劝告会馆和旅居团体。然而游行依然继续，甚至在丁日昌严厉的条规之下也没有停止。② 政府

---

① 《家乡、城市和国家》，第95—96页。
② 《申报》1872年8月9、11日。

制定禁止组织盂兰盆会游行的规定考虑到的主要是治安问题，在文化方面考虑不是那么周全。盂兰盆会游行这个文化传统在时人的心目中占据着重要的地位，以至于同乡资源流动置既有制度而不顾。游行中没有出现治安问题时，官府也就听之任之。

同乡资源流动不满既有制度运作的挑战中有时会推动制度的变迁。同乡资源流动推动上海租界管理制度变迁即为一例。

1905年12月的大闹会审公廨是同乡资源流动推动上海租界管理制度变迁的转折性事件。1905年，中方谳员关䌹之一再抗议外国对中国主权的侵犯和对中国人案件由中国司法裁判原则的践踏，但作用不大。最后，在处理一个案件时引发了激烈的冲突。1905年，一位广东寡妇黎王氏携带15名婢女及丈夫灵柩从四川回老家，租界巡捕怀疑其诱拐并转卖女童而将其逮捕。案子调查期间，围绕黎王氏的看押问题，中方谳员关䌹之与英国陪审员德为门之间发生尖锐对立。关䌹之下令差役把黎王氏关进会审公廨的牢房，陪审员德为门则下令工部局巡捕房巡捕把她看押在新的西牢。英国巡捕和中国差役之间发生了冲突。巡捕占了上风，几名中国差役受了伤，中方助理员金绍成在混战中挨了打。为了防止巡捕带走黎王氏，差役关闭了院子。法官关䌹之退到院内，声言巡捕如想开门，最好先把他干掉。但巡捕还是强行打开了门锁，带走了黎王氏。接下来的两天（12月9、10日）广肇公所和华商会组织了抗议。广肇公所召集同乡举行大会，与外务部和商部接洽，要求帮助。他们发出电报为黎王氏辩护，并指控租界当局非礼中国官宪，干扰中国司法审判的行使权。《申报》1905年12月11日刊载了由徐润等15人署名的致外务部、商部的电文。徐润是广肇公所的董事，他领导了在商会的抗议集会，抵货运动领导人曾少卿和四明公所董事虞洽卿也加入了这次抗议。集会中，1000多名上海名流致电外交部、商部、两江总督，列数英国陪审员和巡捕的无礼行径，要求中国政府予以干涉，以及维持在公共租界工部局设立中国代表的权利。

12月10日，在上海知县和上海商人的压力下，道台袁树勋向工部局和英国领事提出抗议，随后召集旅居者绅士举行会议讨论西方巡捕对中国官方的侮辱。并以官商联名的形式致电外务部，要求中国政府干预。过了几天，学生或学商团体以及同乡团体加入抗议行列。

接到上海商人发来的电报，外务部、商部和两江总督要求外务部与驻京外交使节在北京开会，以阻止外国对中国司法主权的侵犯。在上海，道台与总领事克莱曼纽会晤，转达了商人提出的解决紧急状态的条件：1. 释放黎王氏及其随行人员；2. 解除陪审员德为门的职务，惩戒巡捕；3. 只能由会审公廨关押女犯。总领事拒绝了这些条件。

数千宁波同乡于12月12日在四明公所重新集会，发誓用团体的力量发动同乡。最终迫于中国外务部的压力，北京外交使团下令上海领事团释放黎王氏。12月15日，英国领事放出黎王氏，直接把她交给了广肇公所。黎王氏释放后，民众依然激愤异常，激进的公忠演说会号召罢工，拒绝向租界当局纳税。《申报》评论当时的情形是"无日无会，无日无义愤"。12月18日早晨，租界墙上贴满了煽动性告示。租界不同地方的人群同时袭击了最早开门营业的市场和粮店。接着，数千人放火焚烧巡捕房和市政厅。租界当局出动巡捕、商团、水手和海军以恢复秩序。罢市第二天结束。会馆领导人介入随后进行的租界当局与道台的谈判。谈判过程中，工部局与会馆领导人讨论阻止一个"最能代表地方意见"的顾问委员会的可能性。该委员会将与工部局成员定期会面，以便工部局了解中国公众的观点。

纳税外人会为公共租界里的议决机关。工部局为公共租界里的市政机关，又称公董局、公局。1864年，北京公使团所定上海租界五原则之一为工部局须加入华人，1866年纳税外人会通过，列入修改章程中。1869年北京公使团批准时将这条删去。1905年12月大闹会审公廨，华人对工部局之设施，反对甚烈，提出了上述设立顾问委员会的议题。1906年2月，工部局同意由7名成员组成华人顾问委员会，该委员会反映了上海三个最有影响力的同乡团体的力量，在这个计划中，代表上海社团的5名商界领袖有3名是浙江人，另外2名分别是广东人和江苏人。3月13日，这个方案最终被纳税外人会否决。直到1914年4月8日，法租界才同意两名中国代表以顾问身份进入法租界。1915年3月领袖领事就公共租界增设华人顾问委员会一事向工部局递交了一份协议草案,提出"华人顾问会,由两名宁波行会、两名广东行会被提名者及一名涉外事务特使组成"。①纳税外人会一致接受了这些条件,但是这个新部门的建立陷入了列强外交部和中国政府之间的僵局。1919年巴黎和会时,中国政府提议上海租界未收回之前,应加入华董,报纸鼓吹甚烈,组成"各马路联合会",其目的为修改章程,加入华董。针对华人在租界内无参政权,1920年8月,宁波旅沪同乡会致函上海总商会,进一步呼吁华人各界联合组织"纳税华人会",公举华人担任顾问参加工部局。在总商会、广肇公所、宁波旅沪同乡会等团体的共同努力下,"纳税华人会"最终成立。②新的纳税华人会选举了顾问委员会,委员会于1921年成立。1925年五卅惨案发生,大家都认为只有加入华董,才能消除隔阂。1926年,马路商界总联合会为要求华洋平等选举权,函请纳税华人会开委员大会,修改洋泾浜章程及纳税华人会章程,以为争取华董之根据。③1926年4月15日纳税外人会通过议案令工部局向中国建议早日加入三华董。华人方面嫌董事人员太少,经两年后才接受,1928年就职。另加入6名华人为委员会委员。

在同乡会馆等各方的努力下,成立了华人顾问委员会、纳税华人会,华董进入工部局,正是同乡资源的流动推动了租界制度的改革。一些1905年参与讨论成立华人顾问委员会的同乡组织的精英和群众,在以后推动成立纳税华人会,华董进入工部局的抗争中,已经看不到他们的身影,他们或已年老体衰,或已去世,或已退出了政治生活、社会生活的中心舞台,代之以新的面孔。他们交涉的对象也经历了一拨又一拨。他们身处的环境亦在变化。然而正是这些持续的、零星的变化和努力,使华董进入工部局,租界管理制度得以改革。

以上两个例子分析了同乡资源流动对旅居地制度运作有异议,并采取对应之策。1919年,同乡资源流动解决广东米荒过程中,我们可以观察到同乡资源流动如何影响中央政府和异地的制度运作。1923

---

① 《家乡、城市和国家》,第140页。
② 《老上海的同乡团体》,第548页。
③ 同上书,第462页。

年琳村遭到土匪洗劫事件则反映了同乡资源流动如何影响家乡的制度运作。

1919年广东米源缺乏，广东政府打算到安徽和江苏买米五十万石，江苏省没有允许，而安徽又只同意采办五万石。在政府请求到外地买米的同时，广东民间社团如广东自治社也积极地活动，他们打电报给北京的中央政府各负责部门和广东会馆说明情况，请同乡梁燕荪、梁崧生、蔡耀堂、麦敬兴等同乡转求国务院再准赴芜运米五十万石，仍免关税。在广东省政府、商团、善堂、自治研究社和广东会馆的敦促下，财政部、国务院通过与江苏、安徽地方政府的协商，作出决议从苏皖运米五十万石接济广东省。① 对广东地方政府而言，它正是借助同乡资源流动之力才保证了广东米荒时制度顺利运作。对中央政府和安徽、江苏政府而言，广东的同乡资源流动迫使他们改变了既有制度运作。

同乡团体与家乡政府交涉过程中遇到阻碍后，便向上级部门反映，有时能得到解决。1923年，歙县旅沪同乡会收到会员萧道之来函，诉说歙县琳村遭到土匪洗劫，县府追缉月余毫无踪影，请求援助。该同乡会将此情况致函县政府，并代电省政府民政厅。致县府函中指出了有关公安公所所长的失职行为。致省政府民政厅函中，揭发了县长周某的失职行为。而该同乡会在"呈电交驰，县长概置不理"的情况下，致电省政府和民政厅，尖锐地指出了县长不负责任，要求"彻查""详查"，结果撤了县长。② 歙县同乡资源流动通过影响省一级政府运作解决县里的问题。

同乡资源流动也能直接影响家乡的制度运作。1922年年底至1923年年底，陈炯明在潮汕一带颁行殷商捐。上海潮州会馆于1923年1月6日第15期董事会上讨论决定："电请汕头筹饷局，将殷商捐名目取消。"为此坚持与当局交涉，采取和平的持续斗争措施，达一年之久，终于在1924年1月22日第13期董事会上宣布潮汕方面来

---

① 该事件交涉详情参见唐仕春的论文《清末民初北京同乡会馆社会资源流动轨迹》。
② 上海市档案馆：Q117—27—3。

的消息:"未殷商捐已奉当道批准取消,而潮阳谢知事抗命擅行,议急电陈、林、洪三大宪着潮阳谢知事迅即取消殷商捐。"并继续电请汕头筹饷局"取消殷商捐名目"。1月10日,该会馆再致电直接统治粤东的陈炯明的部属副总指挥洪兆麟。22日,分别致电总指挥陈炯明和副总指挥洪兆麟,终于达到了取消殷商捐的目的。①

当然,同乡资源流动作用于制度运作而不成功的例子一定存在,只不过会馆档案里更多地记录了这些成功的案例。虽然如此,我们仍不能不看到同乡资源流动所产生的巨大能量和广泛影响。不仅如此,这些案例基本上都显示,同乡资源流动作用于制度运作具有正面意义和正当性。盂兰盆会游行是在解决中国文化、心灵问题,华人参与租界管理符合中外双方的利益,解决米荒那是造福一方,撤销不称职地方官员是保证地方制度的顺利运作,取消殷商捐是舒民困。

(二) 同乡资源流动对制度运作的抗争

如果说挑战制度运作是同乡资源流动主动作用于制度运作,那么政府改变既有制度引起同乡组织的异议则导致同乡资源流动被迫地对制度运作抗争。

1923年孙中山设上海同乡筹饷局便引起了同乡组织的异议。1923年2月9日,孙中山致函潮州会馆诸董事,委任陈简民等为驻沪筹饷局局长,办理筹饷事宜:"并委陈君简民、江君少峰、黄君少岩为驻沪筹饷局局长,办理筹饷事宜。……是以敢请诸执事速就贵会馆召集潮属同乡开会,协同陈局长等衡情酌量,商榷妥善之方,则事半功倍,早安粤局,幸何如之。"② 陈简民以广东驻沪筹饷局局长名义,于2月22、25、26日,先后致上海潮州会馆三函,陈述了奉孙中山命令,向上海潮帮商号借款事宜。25日,上海潮州会馆召开大会,讨论孙中山向潮商各商号借款事宜。上海潮州会馆遵照孙中山指定的100余家商号名单通知其到会,然而实际到会者仅25家。不料

---

① 《老上海的同乡团体》,第160页。
② 郝盛潮主编《孙中山集外集》,上海人民出版社1990年版,第407—408页。

会议召开不久，法捕房派来巡捕干预，称，按照新规定，凡开会，须在 48 小时前函告捕房，因这次集会事先未通知捕房，遂来干涉。又由于到会人数不多，遂散会，未及提议。① 借款事宜以后是否落实，在潮州会馆会议记录中未见下落。可见，潮州会馆中只有少部分人支持为孙中山筹款，大部分持消极态度。1923 年孙中山设上海同乡筹饷局暴露了同乡组织内部意见的不统一。同乡的消极应对，化解了制度运作带给他们的压力，同时也使制度运作不尽如人意。

1919 年，钦廉割隶桂省事件则可看到同乡资源流动如何把制度运作的变革迫回到原来的轨道上去。1919 年 4 月 20 日，北京钦廉会馆阅报得知钦廉割隶桂省的消息，即于 4 月 22 日集议，佥决反对，誓不承认。他们一面急电两粤当局暨省议会请顺民意，取消该案，一面分电上海、广州、漳州、廉州、钦州、云山、防城、北海、东兴、香港、澳门等处军政绅商报学各界团体，请协同力争。5 月，他们在广东新馆开旅京全省同乡大会。到会者千人，一致反对。即经全粤旅京军政绅商学报各界代表叶公绰、王宠惠、江天铎、朱汝珍等电至两粤当局，请即撤销原议以顺舆情；并电广东省议会予以否决及分呈府院内务部。很快收到广东省莫督军来电，否认有廉钦割隶桂省之议，并接上海广肇公所潮州会馆各团体抄寄广东督军删日复电，均称钦廉并无割隶桂省之事，此事暂告一段落。不料，5 月 27 日的北京《顺天时报》又报道，陆荣廷于 18 日至 21 日电于莫督军称，杨永泰已为省长，排桂风潮当可缓和，钦廉改隶应速履行。京津沪港各报所载亦复相同。北京钦廉会馆寄给上海潮州会馆的快邮希望："诸君就近严查，设法惩办。毋畏强御，勿受逼协。"② 该事件中，同乡资源流动于全国，采取了各种各样的方式来阻止既有行政隶属版图的改变。制度运作迫于同乡资源流动形成的压力而作出一些调整，然而陆荣廷 18 日至 21 日重提"钦廉改隶应速履行"，又表明这些调整往往是暂时的。

---

① 上海市档案馆：Q118—9—14。
② 上海市档案馆：Q 118—9—62。

1913年江海关监督及税务司改订关栈新章的过程，我们将看到同乡资源流动影响制度运作的限度。

1913年江海关监督及税务司改订关栈新章，将原来货物存放关栈的期限两个月改为15天，超过期限者即受到罚款。上海潮州会馆联络广肇公所致函上海总商会，"用再函恳贵总会转达海关监督、税务司各宪，仍乞援照旧章办理，准将新章取消"。① 总商会复函称"已分函海关监督、税务司，请其体恤商艰取消新章以顺舆情"。② 上海潮州会馆致函各轮船公司："贵公司独操胜算，良忻加贝，又何必绚栈租之小利以致牵动全局，使两方面受此无穷之亏耗也。"③ 上海潮州会馆致函汕头六邑会馆和潮州六邑会馆呼吁维护华商共同利益。潮州会馆还联络泉漳、汉口、烟台等商帮一致请愿要求改订新章。

6月22日，北京税务处复上海总商会电称："新章如果不便商情，本处决不意存袒护，惟并非实有不便，断难朝令夕改，贵商会固应维持商务，亦宜顾全国课，当望切实开导，令其遵照新章办理，以维大局是所至盼。"④ 此后潮州会馆等继续反对新章，使海关监督和税务司表示了一定的让步。江海关墨税务司表示："已届15天之限，该货主不来完税者，则应令该进口之船公司代为报完关税并须遵限于48点钟内将该土货一并提清，现在本税务司为格外通融起见，设或商家遇有一切为难缘故譬如连日天雨等情，则亦不防于原限48点钟外再予宽展数日，以便商家。"⑤ 北海关施监督来函称："惟将来各帮商家如有于墨前税务司任内单列粗货之外尚有价贱笨重粗货不便其入专栈者，仍应准其通融来关声明情形，以凭核办。"⑥ 经过会馆的努力，改订关栈新章中多少争取到一些通融，此项制度的改革融合了会馆的些许意见。不过，新的制度运作并没有受到同乡资源流动太多的

① 上海市档案馆：Q118—9—32。
② 同上。
③ 同上。
④ 上海市档案馆：Q118—9—23。
⑤ 同上。
⑥ 同上。

影响。

1919 年广府学宫事件也可以看到同乡资源流动影响制度运作的限度。1919 年年初（农历 1918 年年底），成立仅三个多月的广州市政公所便提出拆毁广府学宫（广州府的学宫）一部分而修筑马路的方案，遭到粤绅的强烈反对。粤绅以尊崇圣道等为武器，广泛利用同乡网络阻止拆毁学宫。在京广东会馆的基本立场是，在尊崇圣道的前提下，可以拆及学宫的一部分，比如文昌宫，必要时也可以移动学宫内的建筑物，从而支持市政建设。广府学宫事件历时数月，广州市政公所、粤绅与在京广东会馆等函电纷驰，"几于倾动全国"。粤绅维持学宫交涉的失败，市政公所敢于以强力拆毁了过去神圣不可冒犯的学宫的一部分，旅京同乡对既成事实的容忍，这在反映同乡资源流动复杂面向的同时，也可见同乡资源流动面对制度运作的无奈。市政公所意在修明市政，本身就具有正当性，却还以尊崇圣道来化解粤绅和一些旅外同乡的进攻，体现了制度运作中同乡资源流动的压力。

1923 年歙县旅沪同乡会援助汪胡氏事件显示，地方政府并非一味迁就同乡会的意见。1923 年 7 月，歙县旅沪同乡会接到歙县陈家荫等 10 位乡绅来函，附送冤状，言歙县琶村民妇汪胡氏三月间失窃事。失窃次日，汪胡氏在路上遇到在曾经在她家做过工的汪月明，恰巧汪月明腰间缠有汪胡氏所失窃的面袋。在汪胡氏的追问下，汪月明承认赃物藏在董小洪（红）家。汪胡氏由汪月明带路到董小洪家查询。董小洪恼羞成怒，痛打汪月明，并将汪月明拉去。过了两天，张得才等忽向汪胡氏敲诈，说汪月明被打死，要汪胡氏出钱私了。汪胡氏被逮捕到县，"严刑逼供，掌颊八百"。歙县旅沪同乡会开评议会讨论此案，认为"词出一面，难资征信，议决函请本县绅耆查复"。不久接到该县士绅方在民复函称：此案是由于贪污的官吏，希望得到汪胡氏的亲戚吴守坤的私产而鼓动起来的。另外，汪筱溪、许恒仁回信语意略同。此时，歙县知事陈炳经，因其他案件被撤职，歙县旅沪同乡会即致函请安徽省长、高等检察长查究前知事陈炳经违法责任；并请令行新任知事秉公彻究。同时函请新任汪知事准将汪氏停止刑讯，交保释放。8 月，汪知事复函称，汪月明无论被何人所殴，汪胡氏家被窃究为其致死之由，该氏实为重要嫌疑犯，未便保释。歙县旅沪同乡会一面去函驳斥汪知事，一面函请徽宁旅沪同乡会协同呼吁，还函请县绅吴瀚云等向县方声请保释。在致县署函中称："应请县长垂悯孤孀，勉为湔雪，先将汪氏停止刑讯，交保释放，一面严缉负有伤人致死重大嫌疑之董小洪，程佛才等到案，秉公讯办，期成信谳。"

县署复函称："是汪月明无论被何人所殴，而汪胡氏家被窃，为其致死之由，已属无疑义。该氏为本案重要嫌疑犯，前任将其管押，本非过分。"歙县旅沪同乡会再致函县署："被窃系被害之事实，戕人系犯法之行为，两不相蒙，断难牵混。法律上因果关系，自有相当限度；刑事上行为责任，尤非漫无标准。倘如台函所论，被窃为致死之由，应负责任，则是以论理上茫无涯涘之推论为方法，援用于法律。……且查此案汪胡氏既经提出反诉，即该氏与董小洪等，互立于被告之地位，在未经判决之前，嫌疑相等，决不容轩轾于其间。又诉讼法理：羁押所以防被告之逃逸，初非处刑性质。今大署对于佣工客民之董小洪等，释之唯恐不速，对于孀居土著之汪胡氏，幽之唯恐不严，同属被告，待遇迥殊不徒无以解于畸轻畸重之嫌，即揆诸法理，似亦容有未安。"① 同乡团体面对两届地方政府，试图介入一起司法案件，影响制度运作，但都无功而返。看来，制度运作偏移了原有的轨道，同乡资源流动也有抑制不住制度运作出轨的无奈。

上述事实显示，政府在不按制度办事时，同乡资源流动的影响力各不相同，但同乡资源流动对制度运作的抗争却可以从正面加以理解。1923年歙县旅沪同乡会援助汪胡氏事件与维护家乡正义相联、1919年广府学宫事件在于尊崇圣道、1913年江海关监督及税务司改订关栈新章要体恤民生。同乡资源流动对制度运作的影响有时显得很大，甚至起决定性作用，有时则显得微不足道，人们利用同乡资源流动解决自己面临的困境，这只是他们的解决问题方式之一，这种方式在人们的社会生活中的作用有一定的限度，不可过高地估计它。

---

① 上海市档案馆：Q117—27—3。

结 语

同乡资源流动与制度运作的互动作为中国社会生活方式之一，其关系颇为微妙，本文描述了近代社会二者互动中的顺应与协作、挑战与抗争。在近代中国，同乡资源流动全方位地作用于制度运作，制度运作亦作用于同乡资源流动，二者纠缠在一起难分难解。

如何理解这种变迁呢？首先需要剖析同乡资源流动对制度运作发生作用的正当性，为此需要问答三个问题。

第一，制度运作对同乡资源流动的顺应与协作是必需吗？清末民初，国家政权并没有作出取缔同乡组织的决定，而是加强了对会馆等社会团体的管理。因此管理同乡的那些制度需要同乡组织顺应并贯彻执行。当时制度建设并没有达到不需要同乡资源流动来协作的程度，也导致了制度运作需要同乡资源流动来协作。

第二，同乡资源流动妨碍制度运作吗？同乡资源流动对制度运作的挑战和抗争中，我们看到了两者的不协调之处，也许还有不少的事例能显示这种挑战和抗争的非正当性，然而从上述同乡资源流动对制度运作的挑战和抗争中，却也可以看到挑战和抗争在当时并未失去正当性。在制度运作不合理、不完善的情况下，这些挑战和抗争遏制制度运作朝不正确的方向行进，恰恰从另一个侧面维护了制度运作。

第三，同乡资源流动改善制度运作吗？同乡资源流动对制度运作的挑战和抗争中，制度运作往往发生变化。这种变化因为有了同乡资源流动参与其中，而使制度变迁考虑了更多的维度，吸纳了更多的意见，从而更加完善。

制度运作本身需要同乡资源流动来协作，同乡资源流动不仅维护制度运作，而且改善制度运作，因此，同乡资源流动对制度运作发生作用具有正当性。从而我们不难理解，为什么会存在清末民初同乡资源流动与制度运作纠缠在一起难分难解的景况。

其次，应分析同乡资源流动与制度运作互动的限度。

第一，制度运作在什么范围内对同乡资源流动开放？同乡资源流动与制度运作挑战与抗争的每一步都迈得十分沉重，取得的成果有限，说明近代社会里，制度运作仍居主导地位，基本上左右着同乡资源流动对其影响，这在文中同乡资源流动对制度运作的抗争部分表现尤其明显。可以说，制度运作本身的掌控着同乡资源流动与制度运作互动的限度。

第二，同乡资源流动趋势如何？清末民初，同乡资源流动的扩展与分化过程加剧。许多事件的台前幕后都闪动着同乡资源流动的痕迹。同乡资源流动的活跃期，其衰落迹象也隐约可见。会馆、同乡会这些专门的同乡组织有专人在负责馆务、会务，但多数情况下是人们在从事本职工作的同时参与其事。同乡资源频繁地流动无疑增加了其负荷，他们不堪重负之时也就是同乡资源流动衰老之期。另外同乡资源流动的分化使其要么化入其他组织的活动之内，要么与其他组织一起活动。久而久之，同乡资源流动亦将被附着于其表面的那些组织，以及被其他组织的活动所掩盖。

第三，同乡资源流动与制度运作互动是否形成有效机制？近代中国，同乡资源流动并不像专职参政议政机构那样与制度运作发生经常性的关系。同乡资源流动的长期作用会促使一些制度运作与之保持相对固定的关系，比如同乡资源流动与制度运作在某些领域的协作，但这些协作并没有有效的机制保障，它十分脆弱，双方随时可能使之终止。不仅如此，二者的互动多为临时性的。因此，同乡资源流动与制度运作互动没有形成有效机制。

从这三个方面看，同乡资源流动与制度运作互动是有限度的，不可高估其在社会生活中的作用。

近代社会的大舞台上，同乡资源流动与制度运作上演了一幕幕多姿多彩的悲喜剧，热烈之余，幕后的种种限制也飘浮于眼前。台前幕后闪现的还有同乡组织的近代命运、中国近代的制度变迁，以及中国社会生活方式里关系资源的利用。

(原载《近代中国社会流动与社会控制》（论文集），
社会科学文献出版社 2010 年版)

三 风俗习尚

礼俗文化的再研究：
回应文化研究新思潮

刘志琴

一　问题的提出与思考

早在20世纪40年代，费孝通先生从乡土社会的视角，提出"礼治秩序"的概念，与此同时，柳诒徵先生的《中国礼俗史发凡》一文，从历史上考察礼俗的源流和沿革，认为古代中国"以礼为立国根本"。不论是从社会学还是从历史学出发，是用"礼治秩序"还是用"礼俗"来概括，都从不同角度揭示了前现代中国社会所具有的礼俗社会的特征。

所谓礼俗社会，即以民间生活习俗为基础，以礼治为主导，实施秩序管理。这也就是王安石在《周官新义》中所说："礼俗，以驭其民者。其民所履唯礼俗之从也。"依靠民间习惯势力进行社会管理，并提升为礼的规范，教化民众服从这种秩序，是儒家推行礼治的一贯主张，这与依仗权力驭民的法治有所不同，更与现代的法理社会有不同的实质。虽然在实施礼治的实践中常有援法入儒、寓法于礼的情况，但它作为治国理政的蓝图，为历代圣贤所推崇，并以礼仪之邦的标榜，来表现中华民族有别于外邦异域的社会理想，此种文化形态也可称为礼俗文化。因此以礼治秩序或礼俗社会来概括乡土中国，是认识前现代中国社会的国情，切入中国传统文化特质的重要思路。由于礼学史研究和民俗学在大陆的长久冷落，对礼俗社会的研究成果甚为少见，因此这一学说五十多年来很少有所发展。

如今这一观点面临新一代学者的挑战,有的认为:"费氏笔下的'礼治秩序'在很大程度上是一个人为构造的虚幻实在,支撑这一构造的二元对立(按:指礼治秩序与法治秩序)实际上并不存在,相反,实际情况可能是,'礼治秩序'中有'法治秩序'的生长点,'法治秩序'也可以从'礼治秩序'中获取养分。"又说:"中国历史上既缺少关于习惯法的说明性学理,也缺乏一个从事于这种探究和说明工作的群体,结果是,所谓习惯法只能是一种粗糙、实用的地方性知识,而无由成为一种精致、抽象和富有学理性的知识系统。"[1]

最近,又有人提出:儒学由于缺少像基督教那样"一套完善、有效的宣传和教化机构,传播到民间世界的各个层次和各个角落"。同时也因为"儒学自身缺乏对私人生活和世俗生活的关怀"。"先秦诸子主要是政治哲学",而"官僚无法担当儒家文化传播为重任"。因此"把儒家文化作为中国传统文化的主流,实际上一直是中国知识分子的自我想象"。[2]

前者从明清以来频繁的诉讼为例,说明乡土中国已孕育现代性的法理要求,这是从礼俗社会与法理社会并非二元对立的视角,对礼治秩序提出的质疑;后者认为儒学由于缺乏对世俗生活的关怀和教化手段,并未构成中国文化的主流。要知道,礼治秩序的立论是以关注世俗生活为前提,这是儒学最高的社会理想,如果儒学无视世俗生活,那礼治秩序也就失去存在的基础。这两种看法从不同角度提出问题,又都不约而同地认为礼俗社会说是"人为构造的虚幻实在"或"自我想象"。

这是一个富有理论性的诘难,这个问题的提出也促使我们思索,礼俗社会说所以被质疑,其理论依据的本身也有不足之处,这就是对礼俗社会的分析,大多是沿用西方法理观念和法理社会为参照,往往陷入礼俗与法理二分法的窠臼,从两者不同质的一面看,中国非礼俗社会莫属;从发展看明清时期已孕育了现代法理的生长点,礼俗社会

---

[1] 梁治平:《从礼治到法治?》,《当代中国研究》2000年第2期。
[2] 刘宗迪:《儒学是中国文化主流吗?》,见于《中国学术城》和士柏咨询网。

礼俗文化的再研究：回应文化研究新思潮

说因而被指为"虚幻"。

礼俗本是土生土长的富有中国文化特色的观念，礼俗社会说的建树，首先应该从本土资源来发掘理论支点，如果摆脱礼俗与法理二分法的局限，换一种视角向下看，从中国传统文化结构来考察观念与生活及其百姓日用之学，重新建树礼俗社会说的知识系统，是从学理上回答这一诘难的又一探索。

生活本是礼俗之源，21世纪海内外文化研究向生活主题的转移，必将召唤对礼俗文化的关注。20世纪西方文化哲学一个重要倾向是将日常生活提高到理性层次来思考，使思想文化研究贴近生活，胡塞尔对"生活世界"的回归，维特根斯坦对"生活形式"的剖析，海德格尔有关"日常共在"的观念，余英时在《现代新儒学》序言中表示关心"形而下"的取向，种种言说表明一代哲人把注意力转向日常生活的研究。对此国内哲学界已有回应，哲学研究者已经提出，建立人间哲学的呼声，让哲学融于生活，使哲学与生活保持同步发展。李泽厚在最近出版的《历史本体论》中提出，生活是历史本体的见解。2001年任继愈先生在国际汉学会议上提出："研究汉学必须从生活文化入手，这是一般的途径。"这一见解的提出并非简单地从两种异质文化相遇，首先是看得见、摸得着的衣食住行给人深刻印象的原因；也不在于衣食住行是人类生存的基础，因为这是各民族、各个国家和地区无一例外的普遍现象。值得注意的是，生活文化在中国有着与其他国别不同的意义，因为生活方式在传统的礼俗社会中有着独特的地位和作用。

生活，包括衣食住行和休闲在内，是人类赖以生存和发展的基本方式。人因为要生活才形成社会，有生活才有阶级的划分和社会的构成，说人是社会的本体，无异说生活是社会的本体。马克思把"生活"视为人类的"第一个历史活动"，并进而指出："现代历史著述方面的一切真正进步，都是当历史学家从政治形式的外表深入到社会生活深处时才取得的。"[①] 论述社会生活的历史著作得到这样高的评

---

① 《马克思恩格斯全集》第47卷，人民出版社1985年版，第501页。

价,是因为生产方式的变化、社会的进步,归根结底表现为生活方式的变化,这是生产力发展的最终目的。人的解放离不开生活方式的变革,文明的进化与差异往往表现在吃穿用,以及吃什么、穿什么、用什么、怎样吃、怎样穿、怎样用等方方面面表现出种种差别,从而发展自己的智慧,创造出不同特质的文化形态和民族传统。五十多年前费孝通先生和柳诒徵先生对礼治秩序和礼俗社会的研究,为我们深入认识中华文化的特质提供了一条重要的路径。

21世纪的到来,中华文化面临又一次挑战,这不仅要继往开来,发展既有的成果,更要面对信息社会、知识经济的迅猛发展,作出应有的回应。这两者所蕴有的内涵并非我国传统文化的长处,有的还是短缺,但这并不意味着没有与时更进,后来居上的条件和机遇。高科技愈发展,愈要呼唤人文精神,这是学术界的共识,所以说21世纪是人的世纪,是高扬人文精神的世纪,这是人类社会持续发展的主流。未来学家预言人类社会将从农业经济、工业经济、服务经济向情绪经济转化,这预示社会发展将愈来愈突出人的生活的主题,这一主题与礼俗文化的研究天然合拍,因为礼俗文化富集了中国人物质生活与精神生活的人文遗产,它造就了中华文化的辉煌,也使中国人背负沉重的历史包袱。对人文遗产的研究不能局限文本的观念,尤其是与生活鱼水相依的礼俗文化,拥有大量的非文本资源,这在中国是一片尚未开发的沃土,所以用这一主题审视研究对象,将视角下移,到社会生活中去发掘新的资源,是对21世纪文化研究贴近生活趋势的最好回应。

二 礼俗社会的文化模式

礼俗本于生活,但这礼和俗并不是一回事,礼是典章制度,俗为风俗习惯,清代的孙诒让就指出:"礼俗当分两事,礼谓吉凶之礼……俗谓土地之习。"①(1),但在儒家思想的主导下对礼和俗进行

---

① 孙诒让:《周礼正义》第一册,中华书局1987年版,第71页。

了整合是为礼俗。柳诒徵在《中国礼俗史发凡》一文中认为，以礼俗治国"博言之，即以天然之秩序（即天理）为立国之根本也"。在世界上并不乏遵循天然秩序生活的民族，但在中国"礼俗之界，至难划分"。这是中华文化历史悠久、覆盖面最广、传承力最顽强的重要原因，所以中华民族"以史迹较之，成绩特殊，由果推因，其亦有循共同之轨而自致其优越之端欤"。中华文化是世界上唯一没有中断文化传统的文明体系，世世代代传沿不绝，这是举世公认的特征。五十多年前史学界和社会学界提出礼俗问题，正是源于探究中华文化这一特性的思考。

面对中华文化如此坚韧的历史，人们不禁要思索，同在地球上生息的人类，为什么只有地处北温带的中华民族才有如此高强度的凝聚性和传承力？西靠大山，东临大海，依山背水与世隔断生态环境曾经为众多的学者研究中国文化这独特的性能，提供了地理环境作用的依据；黄河、长江、运河等横贯中国大陆的江河湖海之利，造就了稳定而静态的农业文明，也给人们探索中国文化的这一奥秘以丰富的联想。不论是历史的考察或社会调查，种种实证和推理都不失为论证中华文化从未中断的佐证，然而这些佐证并不能使我们满足，在世界上具有相似的地理环境和农业文明的族群，为什么却未能构成像中国这样强劲的文化形态？这就不能不促使我们从社会文化的领域来考察中国传统文化模式，以进一步探索中国传统文化的特质。

文化模式，是指一种文化形态所含有的文化要素及其构成方式，这是集众多个体思想行为而整合的群体性的特征，又是一个族群认同的稳定性的范式。它沉潜在纷纭错综的文化事象中，并不是随时可以感知，人人可以发现的，它需要经过去伪存真、去粗存精、由此及彼的抽象和提炼，方能感悟的真知。

中国传统文化模式，通常是指封建文化模式，这是封建时代人们在器用、认知、情感、道德和法权方面的综合表现。笔者在《礼的省思——中国传统文化模式探析》一文中曾经阐明，这种文化模式在中国表现为以礼为中心的一系列的意识形态和社会制度，它以血缘为纽带，以等级分配为核心，以伦理道德为本位，渗透政治、经济、文艺、教育、人际交往、道德风尚、生活方式的各个领域,从权力、财产的分配到日用器物的消费,几乎无所不在,因此就其含有的文化因素来说,林林总总,不一而足,就其构成来说,它具有生活方式、伦理道德、等级序列一体化的内容。正是这三位一体的文化结构,使它成为统治社会至深至广的力量,这是中国文化生命力尤为顽强的独特机制。①

文化模式的提出,是要回答一个族群的文化构成和风格,以便与其他文化系统相区别。就人类社会来说,既有统治与被统治、上层与下层的区分,在文化上就有上层文化与下层文化、精英文化与民间文化的分野。作为文化的传统,它不仅传自上层的文案,也包括下层的风俗民情,含有各阶层物质生活与精神生活的整体性特征,这在各国都不例外,只是由于地位、方式与影响的不同,才有大小、主从、文本与非文本之别。

众所周知,中国传统文化是以伦理为本位,人们从意识形态领域作出这样的论断,几乎已成为学术界的通识。在意识形态领域起主导作用的是统治阶级的思想,这在社会上占据统治地位的思想,其缔造者和传承者都是对历史发展起过重要作用的文化巨匠,后世的研究者往往致力于这些文化精英的研究,以揭示伦理道德为本位的文化特质。这种思路是从思想史或个案着手,直入堂奥,有便于把握传统中的主导部分即所谓大传统的研究。然而此种研究的不足在于,对于散在社会生活衣食住行各个领域,乃至各地区的风俗习惯即所谓小传统的研究却少有涉猎。大传统是由思想家提炼的思想体系或制度化的意识形态,它高于生活又指导生活成为传统文化的主流,具有系统性、导向性和稳定性,依靠权力的干预和灌输,制约和规范小传统的发展;小传统却由于植根民众的生活,贴近社会的实际,富有多样性、易变性和自发性而与大传统有一定距离,从而又有相对的独立性。所以就一般的族群来说,大小传统之间相互依存,对流是经常的,但它们的差异也是明显的,但在中国由于生活方式、伦理道德和等级序列

---

① 《对中国传统文化的再估计》,《首届国际中国文化学术讨论会论文集》,上海人民出版社1986年版;《二十世纪中国礼学研究论集》,学苑出版社1998年版。

一体化的结构,在价值观念上大小传统差异甚微,这是中华文化的特色。

大传统和小传统本是人类学家雷德斐在《农民社会与文化》一书中提出的概念,它的本意是指少数有思考能力的上层人士创造的文化系统为大传统,而下层农民在生活中自发形成的社会风习是小传统,这与上层文化与下层文化、精英文化与民间文化有相似的含义。本文借用这个概念来诠释中国文化,是想说明中国文化不仅有同世界文化相认同的一面,而且有其独特的形态和性能,从而在人类文化的视野下,进一步理解中国传统文化的特色,增强文化自觉意识。

大传统在古代中国表现为礼的意识形态和社会制度,这是古人用以定亲疏、别尊卑、辨是非的准则,是起源最早而又发展最完备的社会制度和规范。历代王朝都以"会典""律例""典章"或"车服志""舆服志"等各式法制条文和律令,管理和统制人们的物质生活和精神生活。这是权力统制财产的体制,没有地位和权力的,有钱也不能随意购买不该享用的消费品。权力通过器物消费的等级分配,物化为各个阶层消费生活的差异,所以礼制不仅以三纲五常为道德信念,还以日用消费品的等级分配为物质内容,规范各阶层的行为和需求。礼治可谓修身、齐家、治国之本,所以朱熹在注解《论语·为政》中说:"礼,谓制度品节也。"这是主体性的意识形态,具有制度性、理论性;小传统在古代可表白为"俗",俗在《说文解字》中训为:"习也。"郑玄在《周礼注》中解释说:"土地所生习也。"具有习惯性、自发性。俗先于礼,礼本于俗,这才有"礼从俗""礼失求诸野"之说,俗一旦形成为礼,升华为典章制度,就具有规范化的功能,从而要求对俗进行教化和整合。最早的史书《尚书》就有天子"观民风俗"的记载。秦始皇统一中原伊始,就施行以礼节俗,即所谓"行同伦"的方针,多次出巡,在会稽山刻石祭大禹,宣告用严刑峻法禁止男女淫逸,把中原伦理推广到全国。历代统治者宣扬:"道之以德,齐之以礼"①,"道德仁义,非礼不成;教训成俗,

---

① 《论语·为政》。

非礼不备"①,"导德以礼"② 等成为治世的通则。每当王朝更迭之际,都注意整饬风俗、修订礼制,有的还专设观风整俗吏,入乡问俗,对风俗民情进行引导。《史记》载:"采风俗,定制作。"《汉书》说:"观风俗,知得失。"《晋书》说:"移风俗于王化,崇孝敬于人伦。"《新唐书》说:"为政必先究风俗",《旧唐书》说:"弘长名教,敦励风俗。"《宋书》说:"道化行,风俗清。"所谓礼俗,即是以礼化俗,使社会风习遵循礼治的轨道,这是治理社会的方略,也是采自风俗而对民间生活的调适。从这意义上说,俗是礼之源,礼是俗之纲;俗是礼之表,礼是俗之质。礼和俗相互渗化力量之强劲,几乎使礼与俗难分难解,因此中国传统文化也可称为礼俗文化。

礼俗文化的特点就在于,礼和俗相互依存、胶着,双向地增强了上层文化与下层文化或精英文化与民间文化的渗透。在大一统的封建社会中,礼治凭借统治地位的优势,以制度的、教化的威力切入生活习俗,以礼化俗,使得礼与俗亦即大小传统的价值差异缩小到最低限度,这就极大地增强了各民族、各地区,不同风习的人群对礼的伦理价值的认同,这是中国文化整体性的特征。精英文化通过以礼化俗的过程把观念形态推向下层民众,从而使世俗生活理性化,在士大夫中形成世俗理性的情结。

世俗理性极大地促进了伦理观念和文化意识渗进日常生活的各个领域,创造了富有中国特色的百姓日用之学,扩大并强化了中华文化的凝聚力和覆盖面,由此也培育了生活方式意识形态化的普遍心态,沉潜在民族文化心理的深层,在风云变幻中不时浮出水面。

三 百姓日用之学,是礼俗文化的基础命题

早在先秦,思想家们就为建树这种文化模式提供了思想理念,荀子明确宣告:"德必称位,位必称禄,禄必称用,由士以上则必以礼

---

① 《礼记·曲礼》。
② 《后汉书·循吏传奇》。

乐节之，众庶百姓则必以变数制之。"① 这就是说，德、位、禄必须相称，有德才有位，有位才有禄，道德表现、社会地位和财禄器用一体化，因此以物可以观位，以德又可以量物，贵贱之别不仅溢于形表，君子小人这内在道德上的良莠也力图物化为消费生活的等级之别，充分体现了以伦理为本位导向生活的价值取向。

这种文化模式决定了大传统对小传统的规范和教化并不仅仅依靠行政指令，士大夫在教化方面突出的使命感，对增强小传统对大传统的认同起了重要的作用，所以中国的官僚、士大夫对世俗生活有特别关注的情结。孔子的"安上治民，莫善于礼；移风易俗，莫善于乐"②，管子的"教训正俗"，③ 荀子的"习俗移志"，④ 吕不韦的"观其俗而知其政"，⑤ 司马光的"风俗，天下之大事也"，⑥ 各家各派莫不重视对民风的教化，致力于"以礼化俗"，引导民众习俗遵守礼的规范，都具有把国运盛衰、名教兴亡的审视点下移到生活领域去考察的传统。所以儒学并非如有的学者所言缺少对世俗生活的关怀，却以世俗理性的情结将精英文化社会化，在这里生活本身就是教化的媒介和手段，其功效远比课堂和教堂更胜一等。

值得注意的是，"生活"在古人的观念中并不复杂，遍查它在经史子集中的含义，无非是活着、过日子的一种表述。古人对生活的重视主要表现在以高度的理念对待服食器用，并形成百姓日用之学。

所谓百姓日用这是古人对衣食住行物质生活器物的用语，自古以来就受到各种学派和经典著作的重视，从《尚书》的"无有远迩，毕献方物，惟服食器用，王乃昭德之"，"致于异姓之邦"⑦，《诗经》

---

① 《荀子·王制》。
② 转引自《阮籍集·乐论》。
③ 《管子·权修》。
④ 《荀子·儒效》。
⑤ 《吕氏春秋·仲夏纪》。
⑥ 《资治通鉴》卷六十八。
⑦ 《尚书·旅獒》。

的"民之质矣，日用饮食。群黎百姓，遍为尔德"，①《易经》的"备物致用，立成器以为天下利"等经典著作莫不表示对服食器用的关注。有关"服""食""器用"的用词，出现在《论语》中有111次，《孟子》218次，两者相加共有329次。与此相比，在这两部书中"礼"字出现138次、"德"字75次。②服食器用以如此高的频率出现在儒家的经典著作中，甚至高于儒家一贯崇奉的"礼"和"德"，不能不是高度重视生活的反映。

生活的主体是人，服食器用是人类赖以生存和发展的前提，也是生活的主要内容。但是，生活与观念是人类分别在物质生活和精神生活不同领域的行为和反映，在认知方面有感官和思维、感性和理性认识的差异，所以这两者各有相应的范畴，从而有一定的间距，并不等同。但在百姓日用之学中，生活与观念之间相互渗透，甚至混为一体。所谓"形而上者谓之道，形而下者谓之器"。这句出自《易经》的名言，在该书的注疏中释为："道是无体之名，形是有质之称。凡有从无而生，形由道而立，是先道而后形，是道在形之上，形在道之下。故自形外已上者谓之道也，自形内而下者谓之器也。形虽处道器两畔之际，形在器，不在道也。既有形质，可为器用，故云'而下者谓之器'也。"③王夫之说得更明白："无其器则无其道"，④可见道能生器，无道不成器，故道在形之上，器为形之下，这上下之别，是因为道为器物之本源，但是无器也就没有道的存身之处，所以这道和器虽有形上和形下之分，两者却密不可分。道是器的内涵，器是道的外在形式，器有粗细之别，道也有深浅之分，两者相依共存。不仅如此，这器还与性通用，因此有"器性""器质"之谓，即便"器物"这一名称，起初也是指高贵的尊彝之类，后来才成为各种用具的统称。⑤所以这器

---

① 《诗经·小雅·鹿鸣之什》。
② 根据杨伯峻编著《论语词典》和《孟子词典》统计，该两书俱收在《论语译著》和《孟子译著》中，中华书局1962年、1963年版。
③ 《周易注疏·系辞上卷七》。
④ 王夫之：《周易外传·系辞上传二》。
⑤ 《周礼·秋官·大行人》："三岁一见，其贡器物。"郑玄注："器物，尊彝之属。"

物并非简单地用品而寓有深刻的道理,然而这器中之道的哲理并非一般愚夫愚妇所能感知,这就是《论语》所说:"民可使由之,不可使知之。"对此,《论语注疏·序》作了权威性的解释:"由,用也。可使用而不可使知者,百姓能日用而不能知。"《周易注疏》说:"'百姓日用而不知者',说万方百姓,恒日日赖用此道而得生,而不知道之功力也。""至于百姓,但日用通生之道,又不知通生由道而来,故云'百姓日用而不知'也。"① 这些话的要领是在于,百姓日用器物而不知其器物之所以然,只有君子才懂得其中的道理,让平民百姓认识日用器物蕴含之道,是君子教化百姓的使命。历来儒家所提倡的"以礼化俗""导德齐礼"等都不外乎阐明这一真谛。

纵观一部思想史,从先秦儒学、汉代经学、魏晋玄学到宋明理学,历代的鸿儒硕学无不从日常生活中阐扬此中的哲理,并从具体的器物层面上升到抽象的理念,从而创造出中国思想史的一系列概念,如道和器、理和欲、义和利、形上形下等。其实质就是将伦理观念寓入日用器物之中,将有形可见的器物内化为理性的东西,使之秩序化、信仰化,在这内化的过程中,器物已超越它的使用价值,成为人们沟通道体的媒介。因此形上有外在的形下表现,形下有内在的形上寓意,道器有分,而又无分,促使人们达到道器合一,即道即器的境界,这是具有中国特色的实践的形上学。在这实践的形上学中,概念的形成不是依靠思辨演绎,而是基于人人可以感受的生活经验,这是中国思想史一系列概念的特征,也是礼和俗进行整合的哲学基础,所以礼俗文化是与西方思想史相区别的中华民族思维方式的成果。

这种思维习惯强调感悟的认知方式,宋明理学认为道器的上下之别,可以用"格物"的方法来贯通,以达到下学上达的功效,朱子认为:"盖衣食作息只是物,物之理乃道也。将物便唤做道,则不可。且如这椅子有四只脚,可以坐,此椅之理也。若除去一只脚,坐不得,便失其椅之理矣。'形而上为道,形而下为器。'说这形而下之器之中,便有那形而上之道。若便将形而下之器作形而上之道,则

---

① 《周易注疏·系辞上卷七》。

不可。且如这个扇子，此物也，便有个扇底道理。扇子是如此做，合当如此用，此便是形而上之理。天地中间，上是天，下是地，中间有许多日月星辰，山川草木，人物禽兽，此皆形而下之器也。然这形而下之器之中，便各自有个道理，此便是形而上之道。所谓格物，便是要就这形而下之器，穷得那形而上之道理而已，如何便将形而下之器作形而上之道理得！饥而食，渴而饮，'日出而作，日入而息'其所以饮食作息者，皆道之所在也。"① 这一番话深入浅出地阐明了格物致知乃是领悟的过程。

日用器物本是人类劳动的生产品，按照人们的意愿，用自然界的原料加工做成适合人们使用的器物，以改善和提高人们的生活，这是社会的文明和生产者聪明才智的表现，就这些成品本身乃是无知无识的客观存在，但在理学家的心目中则赋予道的含义，道是什么，是伦理化的观念，把伦理观念融入生活日用之中，使日用器物伦理化。所谓"理在事中，事不在理外，一物之中，皆具一理。就那物中见得个理，便是上达"。② "格物"即从普通器物中体认天理人情的无所不在，能体会者即能做到下学上达，这是为学的境界，这就要强调从小处着眼的工夫，一事一物都要仔细琢磨出其中的义理，"日用之间，只在这许多道理里面转，吃饭也在上面，上床也在上面，下床也在上面，脱衣服也在上面，更无些子空阙处"。③ 能不能有这修养就在于能不能正心诚意、摒除私欲，关于这点朱子在回答问题时作了透彻的说明，记载说："问'五典之彝，四端之性，推寻根源，既知为我所固有，日用之间，大伦大端，自是不爽，少有差失，只是为私欲所挠，其要在窒欲。'曰：'有一分私欲，便是有一分见不尽；见有未尽，便胜他私欲不过。若见得脱然透彻，私欲自不能留。大要须是知至，才知至，便到意诚、心正一向去"。因此强调"圣人千言万语，只是要人收拾得个本心，不要失了。日用间著力摒去私欲，扶持此本

---

① 《朱子语类》卷六十二《中庸》。
② 《朱子语类》卷四十四《论语二十六》。
③ 《朱子语类》卷一百二十一《朱子十八》。

心出来"。① 此种看法在宋明理学中是非常有代表性的，如果说日用之学在先秦主要是阐明百姓日用中的无知，愚夫愚妇们需要君子去做教化工作，以加强君子的使命感。到宋明理学则明确表示崇天理、灭人欲的宗旨，从吃饭穿衣等日常琐事中调节和克制人有可能产生的各种欲望。服食器用在这些思想家的眼中，不仅是供人温饱，也是实践礼的手段。礼和俗凭借百姓日用之学，相互依存、整合，而致礼俗一体。以意识形态统率生活，教化人们信守伦理规范，这就不仅从法制上也从道义上泯灭不断萌发的生活欲望，这是防范物欲横流、实践礼治的最佳状态。所以在百姓日用之学盛行之处，生活方式的意识形态化成为普遍倾向。

享受生活与人类的生存、发展一样是人类本能的欲望，这可以成为推动社会前进的动力，也可以滋生罪恶，危害他人和社会，它需要法制和道德的约束，而不是一概禁绝，所以禁欲主义是封建专制主义的意识形态。传统文化模式对个性压抑强度最大的是表现在意识形态的管制扩大到私人生活的领域，这到程朱的日用之学已发展到极致，所谓"日用之间，莫非天理"，"日用之间，以敬为主"，"敦礼以崇化，日用以成俗"，无不从器用消费、生活行为等方方面面教化民众遵循等级之别。日用器物的制作本是满足人们的发展和享受的欲望，在中国却意识形态化，给予压抑人性的导向。所以崇天理、灭人欲，不仅是哲理的、教育的、法制的观念，又扩展到百姓的生活日用，成为笼罩在民众头上的天罗地网。

这种文化模式，最能适应以小农业生产为基础的自然经济形态，使极端分散的小农户从居家生活就笼罩在同一的伦理政治氛围中，无处没有等差，无处不受到教化。目不识丁的"愚夫愚妇"正是从日常生活中接受伦理思想的影响，世世代代相沿为习，积淀到民族文化心理的最深层，成为群体无意识的自发倾向，任其王朝更迭，风云变幻，生活模式一如既往，这对稳定社会心理、凝聚广土众民的国家起了重要的作用。然而正是这种在各种波澜曲折中得到稳定传承的机

---

① 《朱子语类》卷二十三《论语五》。

制,又导致民族心理承载礼教的重负,使个性压抑达到最大强度。所以生活方式、伦理道德和等级序列三位一体的文化模式,造就了中国的礼俗文化,使得衣食住行、百姓日用高度意识形态化,这是中国传统文化结构性的特征。

四 从百姓日用之学中滋生人文启蒙

百姓日用之学虽然维护的是封建伦理,但在发展中又滋生出异己的因素,所以这是一把双刃剑,既有压抑个性的层面,又孕育了人文思想的启蒙因素,从而又淡化了压抑个性的色彩,甚至成为张扬个性的先导。这主要表现在百姓日用之学发展到明后期已越出传统伦理的网罗,萌现出早期启蒙的曙光。

中国的伦理观念是以三纲五常为基础,三纲五常的内核即君臣父子,这是最基本的隶属关系。作为人,不是父就是子,不是君就是臣,不是夫就是妇。在家事父,竭其力尽孝;在外事君,致其身尽忠。忠孝都以绝对服从为天职,只有义务没有权利,违反义务的就是逆子、叛臣,枉为人,直到肉体上灭其人。由君臣父子推演的诸多关系,形成强大的社会关系网,人只有成为一种角色才有其社会价值,重视人的社会性无视自然性,是传统文化对人的观念的一大缺陷。人,本是自然性和社会性的统一,没有人,就没有社会的存在,所以自然性是社会性的基础,而角色是群体性、社会性的观念,"不是人"这一句最厉害的骂人话,用来痛斥不忠不孝之人,是从社会角色意义上开除出人籍,这是道德评判,作为人还是人,还要穿衣吃饭。连孔子、孟子也认为:"食、色,性也。"承认人的合理欲望,而灭人欲正是以社会性抹杀自然性,不承认人的自然存在,并上升为"天理"这最高权威来进行终极裁判,从根本上否定人人都有满足生活本能的愿望,这是扼杀人性的理论。

难能可贵的是,百姓日用之学发展到王艮别树一帜,对天理作了重新的解释,他说:"天理者,天然自有之理也。才欲安排如何,便是人欲。""天性之体,本是活泼。鸢飞鱼跃,便是此体。""良

礼俗文化的再研究：回应文化研究新思潮

知之体，与鸢鱼同一活泼泼地。"这是"自然天则，非人力安排。""人性上不可添一物"，又说："君子之学以己度人，己之所欲，则人之所欲，己之所恶，则人之所恶"。① 人的本性是自然，自然趋向快乐，因此作《乐学歌》："人心本是乐"，以歌颂快乐人生。他儿子王襞解释说："鸟啼花落，山峙水流，饥食渴饮，夏葛冬裘，至道无余蕴矣。"穿衣吃饭是自然要求，顺应自然要求，就是至道和快乐。这就从理论上提出了"人同此欲"是"自然天则"的命题，强调人欲与天理并非天生对立，顺应自然的发展，以己欲度人欲，乃是顺人意应天理的行为，这在灭人欲盛行的中世纪无疑是惊世骇俗之论。

由肯定人欲进而提出"尊身"的思想，认为"身与道原是一件，至尊者此道，至尊者此身。尊身不尊道不谓之尊身。尊道不尊身，不谓之尊道。须道尊身尊才是至善"。"道尊则身尊，身尊则道尊。"② 由此相应地又提出"爱身如宝"的思想："知保身者，则必爱身如宝。能爱身则不敢不爱人。能爱人，则人必爱我。人爱我，则我身保矣。能爱人，则不敢恶人。不恶人，则人不恶我。人不恶我则身保矣，能爱身，则必敬身如宝。能敬身，则不敢不敬人。能敬人，则人必敬我。人敬我，则吾身保矣。能敬身，则不敢慢人。不慢人，则人不慢我。人不慢我，则吾身保矣。此'仁'也，'万物一体之道'也。"并按此理推至"齐家""治国""平天下"，认为"吾身保，然后能保天下矣"。③ 把尊身提到尊道的地位，认为保身与保国、保天下是一致的，这是对"身"的最高评价，显然，这"身"是依托个体的人而存在的，有身尊才能做到道尊，实际上已超越群体，属于个体性的范畴。在群体为本位的传统文化中，突出"身"的观念是个性苏醒的萌动。

所以王艮的日用之学不同于先秦的百姓日用而不知，他认为：

---

① 《王心斋全集》卷一《语录》，江苏教育出版社2001年版。
② 同上。
③ 同上。

"圣人知便不失，百姓不知便会失。""圣人经世，只是家常事。"①在这方面百姓与圣人是平等的，这不仅在于圣人也要像百姓一样生活，经理日用家常事，而且经义不到百姓中去传播，这经义就会失去意义，突出了百姓在文化传播中的重要作用。在实践中他的不事诗书、不假文字的悟道方法，给百姓直入经典的堂奥打开了方便之门。使经典之教平民化，这是百姓日用之学的一大成效。虽然他所宣扬的是封建伦理学说中的一脉，但在缺少个体意识的封建伦理中，增加了个性化的色彩，这在当时是前无古人的成就。

人文启蒙在中国是艰难的历程，人文这一词语虽然早已被古人使用，但这是指人与人的关系，这关系是以群体为本位，尊卑贵贱等级严明，每种关系都有相应的道德规范，对这些规范的法典化、理论化就是三纲五常的封建伦理，所以中国古代经籍中的人文，与人伦是同义语；而近代启蒙中的人文则是沿用西方启蒙运动中的人文观念，即崇尚个人自主、人格独立，追求人生幸福的反封建思潮，这与中国固有的人文观念有着不同的性质和倾向。呼唤个人意识的觉醒是近代中国启蒙的必然历程，它从明清之际开启，经过中断，再开启，前进又徘徊，直到20世纪初章太炎才提出人的"自性"和"主体在人"的思想，并从科学的角度系统地论证了人的自然性，这是他在反驳梁启超"国家为主体"的辩论中提出的见解，可见这一点连维新运动的领袖人物也不能达到的高度，而百姓日用之学发展到明后期，恰恰在认识人的自然性、个体性和人同此欲三方面突破传统思想的禁锢，萌动了个人意识的觉醒。虽然在思想的总体上仍然不脱封建伦理的体系，在理论、行为上又有自相矛盾之处，但这是思想史上常有的文化现象，在20世纪初一些近代思想家们尚且面临叛离传统又回归传统的矛盾，在前近代的中国社会像王艮这样，从白丁起家，经商发迹，敢于标新立异，同身居高位，学问显赫的王阳明驳难，创立新学派，用今天的话来说，这是集工人、企业家和大学者为一身的人物，更何况他以先知觉后知的实践精神，走向民间，着奇装、乘异车，招摇过

---

① 《王心斋全集》卷一《语录》，江苏教育出版社2001年版。

市,传布异端思想,宣称:"我知天,何惑之有?我乐天,何忧之有?我同天,何惧之有?"① 以狂放、倨傲不驯的叛逆性格和言论在明后期掀起思想的旋风。明末出现非圣无法、倒翻千古是非的"危言邪说",学术上以异端自诩,追新求异成为时尚,童心说、市道之交说、尊生说、情教论,引得倡和者如痴如狂,蔚为社会思潮,究其学术源头,莫不与百姓日用之学有关。可以说百姓日用之学发展到明后期成为启蒙思潮的先导。

值得注意的是,这是在没有任何西方思想影响下的新思潮,这也说明在原装的传统社会中的儒家思想也能孕育新的元素,土生土长的礼俗文化,也可以萌发近代性的火花,这为我们发掘儒家体系中的活性思想提供了历史借鉴。

礼俗文化及其百姓日用之学,为后代留下了宝贵的思想资源,也为中国的思想启蒙往往要从生活方式发端留下了历史因缘。从这里我们可以理解,清兵入关强制推行满人服装,引起轩然大波;太平军一进入南京就掀起"蓄发易服"的旋风;戊戌维新是从康有为上书剪辫、易服发难;辛亥革命成功立即颁布新服制,推行移风易俗;"文化大革命"从破四旧开始,扫除"资产阶级生活方式"的浪潮席卷全国。无独有偶,孙中山作为第一任中华民国临时大总统,创制中山服;胡耀邦作为新中国改革开放新时期的第一任总书记,倡导穿西服,他们分别为国共两党的领袖,又都成为现代服装变革的倡导者。百年来,在中国大地上不论是启蒙、革命、建设、破坏,往往都从生活领域发端,究其所以,这是生活方式意识形态化长期对民族心理的影响,一有社会风云,生活问题往往被政治化,因此本来是完全私人化的生活,在中国往往成为社会思潮起伏变幻的晴雨表,礼俗文化传统的积淀是其深厚的文化背景。

随着传统社会向现代社会的迈进,生活方式的变革已经消解了意识形态的干预,成为文化转型中最活跃、最广泛而又最受争议的领域。礼俗文化作为制度和意识形态已经成为历史的陈迹,但它沉潜在

---

① 《王心斋全集》卷一《明哲保身论》,江苏教育出版社 2001 年版。

民族心理中的思想影响仍在发挥作用。对礼俗文化的研究，提供了将中国人生活方式的外在形式与内在观念形态结合起来考察的新思路，从物质生活到精神生活，全面认识民族文化和思维方式，增强文化自觉，促进文化转型。在文化研究凸显生活主题的世界思潮中，创造富有中国特色的文化理论，是中华文化面向21世纪的又一使命。

（原载《史学理论研究》2005年第1期）

从"杨月楼案"看晚清
社会伦理观念的变动

李长莉

  一个社会中,人们的生活方式以及行为规范、价值观念等社会伦理观念的变动,直接影响着人们的日常行为和思想感情,往往是社会内部发生变动的先兆。而社会变动的深度和广度,也常要取决于人们生活方式和社会伦理观念变动的状况。因此,考察一个时期人们生活方式和社会伦理观念的变动,可以说是了解这一时期社会变动的一个透视孔。

  中国社会明显的近代转型起始于19世纪中叶开口通商以后,在这一社会转型过程中,人们的生活方式以及社会伦理观念发生了怎样的变动呢?提起这个问题,史家们谈论较多的是维新时期和"五四"时期,指这两个时期出现的平等思想和个性解放思潮为社会伦理观念近代变革的标志,并且较多地强调西方思想对于这种观念转变的影响。[①]诚然,这两个时期是社会伦理观念的大转折时期,但是这种以知识精英为代表的观念转折,是如何孕育形成的?具有怎样的社会生活土壤?这就要追溯到近代转型的初期,在社会结构开始发生变化的同时,人们的生活方式发生了怎样的变化。那些千百年延续下来的传统社会伦理观念,比如个人与社会的种种关系及其观念,发生了怎样的变动呢?这种变动在近代社会观念变革过程中具有何种意义呢?这些问题对于我们认识中国传统社会伦理观念如何向近代转变是十分重

---

① 参阅张岂之、陈国庆《近代伦理思想的变迁》,中华书局1993年版;张锡勤等《中国近现代伦理思想史》,黑龙江人民出版社1984年版。

要的,但在以往史家的著述中对这方面内容却很少涉及,使我们对这些问题至今还远未搞清楚,因此很值得深入探讨。

人们的社会伦理观念,总是随着生活方式和社会关系的变化而变动。在中国近代初期的19世纪六七十年代,经过了二三十年的开口通商,清政府也开始兴办洋务、提倡自强,人们的社会生活环境已发生了某些变化,特别在那些通商口岸,如开口通商后迅速繁荣起来的上海,这种变化最为明显,人们的生活方式及社会关系的变化也最为剧烈。那么,在这种生活环境的变化下,那些人们世世代代奉为正统的传统社会伦理观念,那些在原来的社会结构中所形成的处理人们相互关系的行为规范,发生了怎样的变化呢?这只有到当时人们的实际生活当中去寻找答案。

在同治十二年(1873)冬,上海租界发生了一起涉及优伶与商人之女"良贱婚姻"纠纷的"杨月楼诱拐案",轰动一时舆论。当时发行量最广的《申报》上,刊登了各类民间人士围绕此案的种种议论,反映了在社会生活变动中,人们对于各种社会关系的不同认识,为我们观察当时社会伦理观念的变动提供了一个窗口。下面就让我们借助这个窗口,回到当时的历史情境中去作一番考察和体味。

一 "杨月楼案"引起争论

杨月楼是某京剧戏班演小生的名伶,由于演技、扮相俱佳而名噪一时,时誉赞其"玉立亭亭,艺兼文武"①。同治十一年(1872)至十二年(1873),他在上海租界著名戏园金桂园演出,倾倒沪上男女。时人有作竹枝词刊于《申报》云:"金桂何如丹桂优,佳人个个懒勾留。一般京调非偏爱,只为贪看杨月楼。"② 就在同治十二年

---

① 袁祖志:《续沪北竹枝词》,见顾炳权编《上海洋场竹枝词》,上海书店出版社1996年版,第12页。
② 《申报》同治十一年四月十二日《续沪北竹枝词》。金桂园和丹桂园是当时上海两家最大的戏园,有记云:"戏以丹桂为较优(因杨月楼在金桂演出),而勾栏中人独趋金桂,致招物议。"袁祖志:《续沪北竹枝词》,见顾炳权编《上海洋场竹枝词》,第12页。

(1873)冬天,杨月楼因与一商家女子的姻缘而引发了一场官司。关于此案的原委,《申报》自案发次日即同治十二年(1873)十一月初四日开始,连续数日有多篇报道。剔除其中明系谣传及显带倾向的成分,所述其事如下:

> 本年新岁,杨月楼在金桂园连续演出表现男女之情的"梵王宫"等剧,一广东香山籍茶商韦姓母女共往连看三天。韦女名阿宝,年方十七,对杨月楼心生爱慕,归后便自行修书,"细述思慕意,欲订嫁婚约",连同年庚帖一并遣人交付杨月楼,约其相见。杨月楼且疑且惧,不敢如约。韦女遂病,且日见沉重。其父长期在外地经商,并未在沪,其母即顺遂女意,遣人告知杨月楼,"令延媒妁以求婚"。月楼往见,遂应约"倩媒妁,具婚书",行聘礼订亲,并开始准备婚事。但事为韦女叔父所知,以"良贱不婚"之礼法坚予阻拦,谓"惟退婚方不辱门户"。韦母遂密商杨月楼,仿照上海民间旧俗,行抢亲。韦女叔父即与在沪香山籍乡党绅商以杨月楼"拐盗"罪公讼于官。于是,正当其在新居行婚礼之日,县差及巡捕至,执月楼与韦女,并起获韦氏母女衣物首饰七箱,据传有四千金。在将韦女解往公堂的路上,据记:"小车一辆,危坐其中,告天地祭祖先之红衣犹未去身也,沿途随从观者如云。"审案的上海知县叶廷眷恰亦为广东香山籍人,痛恶而重惩之,当堂施以严刑,"敲打其(杨月楼)胫骨百五",韦女因不仅无自悔之语,反而称"嫁鸡遂(随)鸡,决无异志",而被"批掌女嘴二百",二人均被押监,待韦父归后再行判决。①

此案一出,立刻传遍街衢,轰动舆论。杨月楼是红极一时、人人皆知的名优,犯了这样颇富戏剧性的风流案,自然格外引人注目。同

---

① 见《申报》同治十二年十一月四日《杨月楼诱拐卷逃案发》、十一月五日《拐犯杨月楼送县》、十一月六日《杨月楼拐盗收外监》及十一月十一日《记杨月楼事》等篇。

时，优伶一向被视为贱民，而韦姓茶商则不仅属良家，且捐有官衔①，是有一定身份、家资小富的商人，杨月楼以"贱民"之身而娶良家之女，违反了"良贱不婚"的通行礼法。此外，韦杨婚姻有"明媒正娶"的正当形式，而乡党则以"拐盗"公讼于官，县官又以"拐盗"而予重惩。这种种不合常规的事情也引起人们的兴趣，因而一时"众论纷纷"②，"街谈巷议"③。上海《申报》连续刊发报道、评论，投稿之人纷纷不绝，又有"匿名揭帖遍贴于法租界内"④，此案一时成为舆论关注的中心。

《申报》在案发后一个月之内，连续刊登了三十余篇报道、评论和来稿，各方人士围绕此案展开了争论。撰文来稿的虽然多未标明身份，但从行文中可以看出，都是识文断字的民间文士和商人。文士中有的是熟读诗书、得有功名的才学之士，如撰写了大量报道、评论的《申报》主笔诸人，有的是举人，有的是秀才⑤。此外还有退职绅宦⑥，以及其他普通读书人。撰文的商人也都是读过书、会读会写的儒商，其中不乏亦文亦商的所谓"绅商"。从出身地域来看，那些文人士宦多为江浙人，而商人则多为广东人。执笔者有的是与此案无关的旁观者，议论多出于理性而无利益关系；有的则是广东籍甚至香山籍人，言论常因利益关系而或多或少地带有某种偏向。但无论是否有利害关系，他们的发言议论则都是以某种伦理观念为说理的依据，只是彼此所执的观念不同而已。

虽然这些撰文者有这些职业身份、出身、利害关系的差别，但他们也有一些共同点。第一，虽然他们的文化程度高低不同，但都识文断字，执笔能文，也就是说，他们都读过书，不同程度地受过儒学的

---

① 《申报》同治十二年十一月十三日《杨月楼复讯情形》中有"堂谕韦某为有职人员"之语，可知韦某捐有官职。
② 《持平子致本馆论杨月楼事书》，《申报》同治十二年十一月初十。
③ 《记杨月楼事》，《申报》同治十二年十一月十一日。
④ 《本馆复广东同人书》，《申报》同治十二年十一月二十八日。
⑤ 时任主笔的蒋芷湘是举人出身，钱昕伯是秀才出身。参见徐载平、徐瑞芳《清末四十年申报史料》，新华出版社1988年版，第24页。
⑥ 如有一来稿属名"赴粤宦客"，应为曾在广东做过官的绅宦。

熏陶，有共同的正统社会伦理的思想背景。第二，他们都身处民间生活之中，在传统社会环境中生活过，又亲身参与和感受着上海社会生活的变化，因而他们的发言议论往往是基于对现实生活的感受而有感而发，内容大多切近人们的实际生活，较少空言议论。第三，在上海租界这块华洋混居、不受官府直接辖制的特殊地区，以西人为馆主的《申报》提供了这样一块可以自由议论的园地，加之除了几篇明标《申报》馆名义的报道和评论外，其他多为来稿，均属化名，其真实身份姓名往往不为人知，所以撰写者多无所顾忌，畅所欲言，恣意品评，表达了人们的真实想法，对于一般民间舆论也有所反映。

　　文士和商人是上海市民的中层，社会舆论的中坚，他们的言论观念代表了上海这个小社会的民间主流观念。他们出于对现实生活的真实感受发而为言的文字，真实地表现了在上海租界这个五方杂处、士商云集的新兴商业地区，人们从不同的立场，对于此案的不同心态和看法，反映了社会伦理观念变动的情况。

　　综观这些议论的倾向，显然分为两派：一派是主张对杨月楼和韦女严惩的"重惩派"，以香山籍韦商乡党和粤籍绅商为主力，还有执正统观念的非粤籍士绅支持者，包括《申报》最初的报道文字；另一派是对杨月楼和韦女表示同情的"同情派"，以《申报》撰写评论的主笔为首，还有一部分代表民间舆论的人士。两派纷纷撰文，交互驳辩，在《申报》上展开了一场颇为激烈的笔战。他们争论的焦点，集中在对韦杨婚姻正当性的评价、韦商乡党公讼于官是否合宜及县令严刑重惩是否公正等，反映了双方对于良贱身份之别、乡党关系与宗族观念，以及执法公正观念的差异和冲突，其中蕴含着如何看待人们各种社会关系等涉及社会伦理观念的一些新动向。下面就从这三个方面分而述之。

二 "良贱不婚"与身份观念的变动

　　清代沿行身份等级制度，人们依不同的身份，形成尊卑上下等级关系。良贱之别就是一种比较严格的身份区分。清初定制从事娼、优、隶、卒等"贱业"的例属"贱民",与执士农工商之业的"良人"显为区别。虽然雍正年间豁除了"乐户"等一些世袭性的"贱籍"①,但只要本人还在从事这些"贱业",就仍被视为"贱民"。嘉庆二十三年修订刊行,一直沿用到光绪后期的《大清会典》②中对于良贱之别仍如是规定:"区为良贱:四民为良,奴仆及娼、优、隶、卒为贱。"③定制对"贱民"有种种歧视性规定,如"贱民"犯罪处罚要比良人为重,"贱民"不得参与科举考试和仕进等④。在人们的社会生活中,良贱之间也有明显的尊卑等级界限,被严加区别对待。比如,凡涉及个人与官府的正式交涉,如参加科举考试等,都需要出具"身家清白"的保证,而近亲中无人从事"贱业"就是这所谓"身家清白"的一项重要内容。良贱为婚也是明文禁止的,特别是对于"贱男"娶"良女"禁例尤严。清律规定贱民娶良人女为妻者,需离异,并处杖八十。⑤而娼优乐人如娶良人女为妻,因涉及以良为娼,罪重一层,故又规定犯之者杖一百⑥。但随着雍正以后"贱籍"被陆续解放,在实际生活中良贱不婚的禁令已逐渐松弛⑦,如若发生

---

① 嘉庆二十三年刊敕撰《大清会典》卷十一,"户部":"其山西、陕西之'乐户',江南之'丐户',浙江之'惰民',皆于雍正元年、七年、八年先后豁除贱籍。"(第4页)如此后民间戏班的优伶,即所谓梨园业者,大多已属民籍。参看经君健《清代社会的贱民等级》,浙江人民出版社1993年版,第228—233页;冯尔康、常建华《清人社会生活》,天津人民出版社1990年版,第38页。

② 《大清会典》自清初至清末共修撰了五次,计有康熙二十九年、雍正十一年、乾隆二十八年、嘉庆二十三年、光绪二十五年。

③ 嘉庆二十三年刊敕撰《大清会典》卷十一"户部",第4页。

④ 即便是已被豁除了"贱籍"的原"乐户""丐户""惰民"等,虽本人已不再从事贱业,身份上已同于良人,但对其应考出仕也仍有苛刻的限制。嘉庆二十三年刊敕撰《大清会典》规定:这些人"如报官改业后已越四世,亲支无习贱业者,即准其应考出仕。……奴仆经本主放出为民者,令报明地方官咨部覆准入籍(指民籍——引者注),其入籍后所生之子孙,准与平民应考出仕,京官不得至京堂,外官不得至三品。"《大清会典》卷十一"户部",第4页。

⑤ 《大清律例》卷十《户律·婚姻》,"良贱为婚姻"。同治九年刊本,第1页。

⑥ 《大清律例》卷三十三《刑律·犯奸》,"'买良为娼':凡娼优乐人买良人子女为娼优,及娶为妻妾,或乞养为子女者,杖一百。"第1页。《大清律例增修统纂集成》在此条下注曰:"娼优乐户不齿于齐民,以有良贱之分也。故娼优乐人不得买良人子女为娼优及婚娶为妻妾。"咸丰五年刊本,卷三十三《刑律·犯奸》,第35页。

⑦ 参看张晋藩主编《清朝法制史》,中华书局1998年版,第294页。

此事，一般也是当事者家族自行解决（详见后述）。由于良贱身份之别关系到家庭和家族的门第、名誉、地位，乃至个人的命运，因而历来为人们所看重。民间谈婚论嫁讲究门当户对，首重良贱之别，这已是人们世代相传、被视为天经地义的礼法习俗。

所以，杨月楼以优伶"贱民"的身份，与良家女子韦阿宝结为婚姻，显然违反了"良贱不婚"的礼法习俗。但是，他们的婚姻又是韦母作主而明媒正娶的。因此，对于杨月楼以贱民身份与良女结亲的行为如何看待，是以良贱有别的身份观念及道德礼法为价值准则而予完全否定，还是以人情事理为重而予相对平等看待？这就成了"重惩派"和"同情派"争论的一个焦点。

由"良贱不婚"这一礼法观念来看，杨月楼以优伶贱业之身份，娶良家之女，自然是越分之举；韦女不顾自己的身份和家族的名誉，私下向优伶请婚，也是违礼之事。总之都是违背了通行的"良贱有别"的道德礼法。"良贱不婚"这一既定的社会正统礼法准则，已经形成了人们的习惯性思维，所以，案发最初的一般议论，对月楼和韦女都带有道德否定色彩，甚至有许多显为辱骂性的议论，即如《申报》报道中所说："街谈巷议，实令人不堪入耳。"① 就连《申报》的主笔文士，在事发之初关于此案的报道中，也是习惯性地从道德礼义观念出发，附和传闻，顺乎成说，对月楼和韦女多有贬斥词句。如对此案的首次报道标题就是"杨月楼诱拐卷逃案发"，第二次报道标题是"拐犯杨月楼送县"，报道文字中也多有"拐盗""诱人闺阃""恶贯满盈"等显带否定倾向的词句。后来"重惩派"的议论，无论是出自自身利益考虑的韦氏乡党，还是以维持风化自任的正人高士，都是顺着这一思路，以"良贱之别"的传统身份观念和道德礼法为最高准则，对月楼和韦女的行为给予完全否定和道德谴责。他们的申论集中在以下两点。

第一，严辨良贱身份之别。这些议论中，都突出强调杨月楼作为优伶是极低贱的身份，如说"杨月楼不过一至微极贱之伶人耳"，

---

① 《记杨月楼事》，《申报》同治十二年十一月十一日。

"托业之微","不列士农工贾,侪同皂隶娼优",因此必须"良贱攸分,尊卑各别"。① 他们认为,对优伶这种"贱民",决不可与良人平等视之,所以,行文中对杨月楼多有鄙薄不屑之词,如:"何物优人!"② "至微至贱,固何足道!"③ "杨月楼乃一伶人耳,细小么麽,何足挂齿!更不劳辩驳多言,惊动遐迩。"④ 词气之间的意思很明白,杨月楼作为一个优伶戏子,身份低贱,不仅不能视同于常人,而且根本就没有资格与士商民人相提并论,甚至都不值得人们为之谈论。持这些看法的人们,其所执的理念就是应严守良贱之别,不可混淆良贱尊卑的等级身份。

第二,对于韦杨婚姻的评价,主张重惩的人们认为,杨月楼以优伶贱民之身而娶商家良人之女,明知违背"良贱不婚"的礼法而为之,其居心即属不良,其品性即为丧德,其行为就是奸拐。由此一立场,他们口中所叙述的韦杨婚姻就是:"月楼先私其母,遂及其女,奸而后娶,娶之不得,继之以抢,其罪有曷可胜言者!"⑤ 一位粤人来稿中说:"月楼一优伶耳,胆敢与人家妻女通奸,罪当千刀万剐(剮)。……究竟月楼一优伶,岂足污我粤人哉!"⑥ 在坚持这种原则之下,他们根本就否认韦杨婚约的正当性,而谓之为"奸宿",为"拐盗",为"先奸后娶"⑦。一篇来稿指责月楼"以优人强婚良户,既拐其人,复骗其财"。⑧ 另一篇来稿也说:"今月楼既略其人,复取其财,诡立婚书,妄称许配,业是光棍设略之伎俩;公然合卺,不避不逃,更属目无王法之豪强。"⑨ 因月楼逾越本分,违反了"良贱不婚"的礼法,所以其正常婚嫁形式也被视为非法,婚书则称"诡

---

① 《拐犯杨月楼送县》,《申报》同治十二年十一月初五。
② 同上。
③ 《不平父论杨月楼事》,《申报》同治十二年十一月十九日。
④ 《奉劝息争说》,《申报》同治十二年十一月二十五日。
⑤ 《不平父论杨月楼事》,《申报》同治十二年十一月十九日。
⑥ 公平老老祖:《书持平子、公道老人后》,《申报》同治十二年十一月十七日。
⑦ 《公道老人劝息争论》,《申报》同治十二年十一月二十一日。
⑧ 《目笑过客书》,《申报》同治十二年十二月初六。
⑨ 不平子:《驳持平子论杨月楼事》,《申报》同治十二年十一月二十日。

立",许配也属"妄称",并视同于流氓光棍、豪强盗贼。韦女因观剧而心许月楼,也被视为月楼"诱人闺阃"①。韦女作为识文断字的良家女子,不守闺阁之训,自行私下向优伶请婚,即为"淫",为"不贞不洁"。有文指责其"情窦初开,即心属月楼,以思淫奔,其不贞不洁之渐,已可概见"。②所以,应当"别名分,重礼教"③,对二人给予重惩。显然,这些言论的出发点,就是以道德礼法为最高准则,认为韦杨婚姻违反"良贱不婚"的礼法,其行为就是违背道德的恶行。

这些对杨月楼的"贱民"身份极尽贬斥,以及对韦杨婚姻完全否定的言论,依据的是良贱之别的等级身份观念和良贱不婚的道德礼法,这些都是历来被奉为正统的传统社会伦理准则,一直被人们看作天经地义。所以有人说月楼被送官惩处是"天必欲之败露而降之罚也"。④另有时人作感事诗道:"折柳攀花不用媒,自言缘自命中该。不知暗里神明祐,今日从头算帐来。"⑤这些"天之罚"和"神明祐"等说法,充分体现了这些正统社会伦理准则在人们观念中的权威性。

然而,在上海租界这块特殊地区,社会结构和人们之间的社会关系与以往的传统社会已有了很大不同。这里华洋混居,五方杂处,不受中国官府直接管辖,以往依据传统的社会身份和特权地位而形成的上下尊卑身份等级关系已大为松弛。同时,这里商贾云集,商务繁盛,商业是社会活动的中心,也逐渐成为支配人们相互关系的轴心。原来排在"四民之末"的商人成为社会生活的主角,其社会作用和地位上升。而金钱的多少意味着商业能力和成功机会,因而越来越被人们所看重,逐渐取代以往的社会身份而成为人们在社会交往中首先看重的因素。所以,这一时期在社会生活中出现了忽视身份出身,而

---

① 《拐犯杨月楼送县》,《申报》同治十二年十一月初五。
② 《不平父论杨月楼事》,《申报》同治十二年十一月十九日。
③ 同上。
④ 《拐犯杨月楼送县》,《申报》同治十二年十一月初五。
⑤ 沪上见闻人戏笔:《感事诗》,《申报》同治十二年十一月十五日。

以钱衡人、衣冠取人的风气。当时有人论到时下风气是"身家不清不为耻,品行不端不为耻"①。所谓"身家不清",即指其人及家人有从事"贱业"的。由于这里商业发达,娱乐业兴旺,所以从事倡优隶卒等"贱业"的人,也有不少小有钱财的。如大洋行、商行的使役门丁也可能收入不薄,而经营妓馆、戏馆、烟馆的更有发财小富的。这些从身份上说处于低贱的人们,可能会像富人一样穿戴华丽,出手阔绰,因而也会受到人们的羡慕趋附,在社会交往中占有优势。那些以往耻于与这类"贱民"为伍的"良人",甚至历来自命清高的读书人,因有所求也会争相与其结交。相反那些以往列于"四民之首"的文士,往往会由于贫寒而受到冷落。因而这一时期出现了社会交往中"舆台隶卒辉煌而上友,官绅寒士贫儒蓝缕而自惭形秽"的情形②。

在这种风气之下,社会生活中人们对于良贱之别的身份差别意识已日渐淡薄。就优伶而言,由于此地娱乐业发达,商业色彩浓厚,他们已远不同于那些走乡卖艺的街头艺人。特别是像杨月楼这样名噪一时的名优,有固定戏班和较高的收入。当时上海像杨月楼这样的名优,其年收入会达到千两以上③,而向来被尊为"四民之首"的士人的普通职业——塾师,一般年所得薪金则只有一百余两④,即使是像《申报》主笔等在西人文化出版事业中任职的文士,所得薪金也只是每月十五两左右⑤。优伶与文士的身份上一尊一卑与收入上一高一低

---

① 《申江陋习》,《申报》同治十二年三月十一日。
② 《申江陋习》,《申报》同治十二年三月十一日。关于这一时期社会交往中身份观念的变化,可参阅拙文《晚清社会风习与近代观念的演生》,《社会学研究》1993 年第 6 期。
③ 《申报》同治十二年十二月二十八日《论上海繁华》:"上海……戏园、戏楼亦十余所。其优伶之著名者,每岁工赀均在千金以外,其余亦皆工赀数百金。若得工赀数十金者,不过寥寥。"
④ 据《申报》光绪八年一月二十日《论人情不可解》中所记,上海塾师一般岁所得只一百余金。另五六十年代在上海生活的文士王韬在日记中也记有某人"近设帐于粤人家,岁得百金"。(《王韬日记》咸丰九年三月十七日。)
⑤ 关于《申报》主笔的确切收入情况无法确知,但《王韬日记》所记,某文士在某英人处助译西书,每月修金十五两。(咸丰九年二月六日)同属在西人事业中秉笔为生的文士,收入应当不会相差太多。

从"杨月楼案"看晚清社会伦理观念的变动

的明显落差,恰是社会生活中身份与金钱倒错这一变动的真实写照。因此,这些收入不菲的优伶往往家资小富,生活方式已同于常人,甚至高于常人,其等级身份意识已趋淡化。杨月楼在平日生活中,就像其他有钱人一样衣食奢华,随意享乐,故而有指责其自视等同于富贵子弟,"于花天酒地亦居然自命为裙屐少年"。① 在这种实际生活的变化中,他们自然希望享有与良人平等的社会待遇。杨月楼敢于应允韦女之婚约,即基于此。

然而,正是这种社会地位尊卑倒错的变化,及业已有钱的低贱者由此而产生的希冀与常人平等的"越分"之想,使那些仍然执着于传统等级身份秩序的人们颇为恼怒。他们指责杨月楼"平昔所作所为,肆无顾忌,忘却本来面目"②,这是指他在平日生活中自视同于良人,不再遵从良贱有别的礼数,忘记了自己"贱民"的身份。不仅如此,他甚至还有驾而上之之势,比一般良人更为威风,这一点尤为那些正人高士们所不容,因而指责道:"杨月楼擅作威福,罪所不容"③;"月楼素行不端,人所共恶。"④ 所以,那些以维持风化自任的正人高士之主张重惩,不只是针对杨月楼个人,而且要对优伶戏子这种"贱民",欲与良人平等相待而破坏良贱身份等级秩序的时风予以惩戒,即所谓借此重惩月楼,"庶几其余优人,稍知畏惧"⑤,使"优伶党毋以效由(尤)猖獗,所谓以一儆百也"⑥。

但是,现实生活毕竟已经发生了变动,良贱身份等级观念的社会基础已经动摇。一些站在现实生活立场的人们,更多地倾向于以人之常情来看待此案,因而对杨月楼和韦女抱有同情。自案发之初,韦杨二人被送官时,市民中就有从常人之情的角度对于此案宽容看待的议论,"众皆言案系和奸,无论未成已成,即使重办,男则杖枷递籍,

---

① 《拐犯杨月楼送县》,《申报》同治十二年十一月初七。
② 《浙西旁观冷眼人致贵馆书》,《申报》同治十二年十一月二十四日。
③ 冷眼旁观翁:《奉劝息争说》,《申报》同治十二年十一月二十五日。
④ 《不平父论杨月楼事》,《申报》同治十二年十一月十九日。
⑤ 同上。
⑥ 阳江散人拟稿:《劝持平子息论事》,《申报》同治十二年十一月二十五日。

女则离异归宗。况有媒妁婚书，似尚不至以奸论"①。及至知县比之于拐盗重罪而予严刑责打，《申报》又连发三篇对杨月楼显带贬斥口吻的报道，市民中遂出现公开为杨月楼鸣冤的同情议论。他们指责《申报》站在韦党和官方一边，对月楼不公。如后来《申报》刊文所言："此案之初发也，敝馆胪列杨月楼罪状，得诸谣传，未免过甚。至邑候严刑之后，匿名揭帖遍贴于法租界内，或谓敝馆受韦姓贿嘱，或谓敝馆受韦党情托。"②从对《申报》的指责讥讽之强烈，到"匿名揭帖遍贴于法租界内"之声势，可见社会上这股同情杨月楼的舆论势力也不小。

《申报》主笔诸人虽是饱读儒书的文士，有正统思想，但他们身处民间，对实际生活和普通人的感受比较了解，又常出入于娱乐场中，有的还嗜好音律③，对优伶艺人容易产生同情之感。更重要的是，《申报》作为一份商业性报纸，一直把内容真实性和迎合社会舆论以扩大销路为宗旨，所以，在受到舆论批评后，《申报》顺应民情，立场发生转折，对杨月楼由贬斥而变为同情。该报于初十发表《持平子致本馆论杨月楼事书》一文，公开为月楼和韦女辩护，从而引发了同情派与重惩派的直接论争。该文及此后该报刊登的数篇同情派文章，所持之论主要集中在以下两点。

第一，关于良贱身份观念，他们虽然也承认良贱有身份之别，因为这既是传统礼俗，也是当朝律法，但主张对低贱者也应以常人待之。他们认为，对于杨月楼应当"设身处地"④，以人之常情、事之常理来对待。月楼虽然身份低贱，但有良家不嫌弃其身份而愿意以女许之，他当然会乐而受之。"月楼身属微贱，有人肯嫁以女，岂有二三其德？"所以，月楼接受韦家的许婚是合乎常情的。论者认为，不应当因为月楼身份低贱就加以不合常情的歧视："月楼虽不安分，咎

---

① 《持平子致本馆论杨月楼事书》，《申报》同治十二年十一月初十。
② 《本馆复广东同人书》，《申报》同治十二年十一月二十八日。
③ 据孙玉声：《报海前尘录》，钱昕伯等"皆嗜音律，各能歌名花"。转引自徐载平、徐瑞芳《清末四十年申报史料》，第24页。
④ 《公道老人劝息争论》，《申报》同治十二年十一月二十一日。

实难辞,然就事论事,似尚不比于抢盗。"论者还进而"设身处地"地将月楼与贫士相比喻道:"试思贫士当困顿之时,忽有配以美色之女,断无不愿娶之理,况月楼乎?"① 显然,在论者眼里,优伶也好,士人也好,都应当以常人之情理来对待,而且"困顿之贫士"与"低贱之优伶"也有着某种可比性而可以拿来相提并论。显然,在这里"士"与"优"贵贱身份之别的意味已退居次要,而突出强调的是常人之情理。与严守良贱身份上下之别的重惩派相比,这种对优伶贱民以常人对待的看法,隐含着倾向于淡化身份之别的平等意味。

第二,对于韦杨婚姻的评价,同情派论者以父母之命、媒妁之言的法定民间婚姻程式来衡之,认为月楼和阿宝是"受母命,倩媒妁,具婚书,得聘礼",一切程序符合于明媒正娶,因此是合法的。至于违反"良贱不婚"的责任,则应由主持缔结婚姻的家长——韦母承担。所以论者认为:"故余谓罪不在于月楼、阿宝,实在于其母王氏也。"② 此外,针对重惩派唯以道德礼法为据,指责月楼和韦女之婚为"奸淫大恶",同情派则强调人情天性来对抗道德礼法。论者以肯定人性的传统观念为之辩解道:"孟子有言:食色,性也。一优人耳,忽有配以美色之妇而不愿者,夫岂人情?一弱女耳,忽许配以合意之婿而不从者,夫岂人情?"至于道德礼法,也应考虑到人情之常,认为"窃玉偷香,士大夫、名闺秀向有犯之者,而欲以发乎情、止乎礼之道,望之于优人弱女,能乎不能?"③ 甚至对于阿宝不顾良贱之别而执意嫁与月楼,并在公堂上抗答曰"嫁鸡遂(随)鸡""誓不再嫁",也赞其为"能不顾寒苦微贱,愿同生死,亦似尚知气节"④。这种"气节"说,与重惩派指责韦女不顾良贱之别而嫁与优伶为"不贞不洁"的评价显然判然有别。

身份问题的本质,亦即人与人之间的社会关系。从上述重惩派和同情派各执一词的争论中,我们看到当时人们对于良贱身份之别的看

---

① 《持平子致本馆论杨月楼事书》,《申报》同治十二年十一月初十。
② 同上。
③ 《公道老人劝息争论》,《申报》同治十二年十一月二十一日。
④ 《持平子致本馆论杨月楼事书》,《申报》同治十二年十一月初十。

法有所不同，反映了人们关于社会中人际关系伦理观念上的差异。

尊卑、上下身份等级之别是儒家伦理关于处理人际关系的一个基本准则。儒家伦理认为，将芸芸众生区分为尊卑上下不同的等级身份，并使人们各自按照相应的本分及礼义相互对待，就能彼此和谐有序地相处，免于争斗和混乱，使社会保持稳定。如后世被奉为"天不变道亦不变"的"三纲""五伦"等，都是这种身份等级伦理，亦即处理人际关系的基本准则。而良贱之别作为一种绝对的身份区分，与父子、兄弟等一般常人间的对应关系相比，是更突出体现尊卑上下等级差别的一种特定关系。这种良贱身份之别既是明文规定的朝廷律法，也是人们世代沿袭的生活礼俗，因而在人们的头脑里一直是天经地义的，在社会舆论中也是一致公认的准则。所以，即使是同情派，也承认这种身份之别的基本原则，而重惩派更把这种伦理准则作为立论的依据。从重惩派对优伶的贱民身份极尽贬斥之词的那种义正辞严、无可辩驳的口气里，仍可感受到这一正统伦理观念的权威性。重惩派对于月楼和阿宝道德的否定也是基于这一伦理准则所作的评判。而重惩派的出发点，就是维护这种等级身份制度和观念。因此，他们对月楼和阿宝的谴责并不单单是针对他们个人，而且针对他们这种行为所造成的结果，即破坏了等级身份秩序。这些正人高士感到威胁的，正是在上海现实社会生活中这种传统制度已经出现崩坏，他们认为，如此下去社会的和谐将会受到破坏，使社会陷入混乱。他们仍习惯于传统生活秩序，自觉或不自觉地站在等级身份制度中居上位的，即得益者一边，不愿失去传统社会秩序下的既得利益。所以他们才坚持"良贱有别""良贱不婚"的传统礼法，根本否认韦杨婚姻的正当性，而斥之为"诱拐""奸盗"等。

然而，从同情派的言论中也可以看到，上述这种以往在社会舆论中一统天下的等级身份观念，也开始受到公然的挑战。同情派强调不分良贱，都应以实际生活中的常人情理来对待。同情派将从事"贱业"的优伶与陷于贫困的寒士相比喻，这一点很值得回味。对照前述主张重惩的言论，那些坚持严守良贱之别的议论，对于杨月楼的低贱身份极力贬斥，认为他根本就没有资格与良人相提并论，更别说是居四民之首的士人了。两相对照,将月楼比之于贫士的说法,则"优"与"士"之间的身份差别意味已经淡薄多了。可见与贵贱身份之别相比,他们更注意人的实际生活境况。常人情理重于良贱身份之别,这正是在现实生活中良贱身份的界限已趋于淡化的反映。从清雍正朝豁除贱民世袭身份以后,贱民的身份便不再是人与生俱来、随伴终生、无法改变的固定化和永久性的东西,而成了只是与特定职业相联系的暂时性的、可以选择、可以改变的一种身份符号。由此,良贱身份的界限已趋于松弛,贱民与常人之间的区分不再是不能逾越、不可改变的事情。而在这一时期的上海,人们职业的流动性空前剧烈,一个昨天还华衣鲜食有头有脸的人,有可能一夜之间就会变成一个一文不名的穷光蛋,而不得不去靠抬轿、拉车以糊口,成了从事"舆台"这种"贱业"的贱民。也有本是轿夫、车夫而后来发达,甚至有钱捐官成了有身份的上等人。比如就在此案发生的前一年《申报》刊载的一首竹枝词中,就描写了这样一个原来曾做过轿夫,后来发财捐官的人,高坐呢轿到处逛妓院、泡烟馆的情形:"蓝呢轿子疾如风,似官非官坐其中。……问渠何事西复东,无非出没烟花丛。道旁有客叹抚胸:当年肩背劳乃翁,为人抬轿如腾空。"① 可见,"贱民"轿夫和坐轿的上等人的身份都已不再那么确定。当时就有人说:"有轿役之身份超乎轿中之人者。"② 人们的社会地位不再固定化、身份化,而是随着有钱与否而变化,贫富无常,贵贱不定。这种社会关系的变化,就是同情派认为对优伶应当以常人相待的社会基础。同情派的观念反映了人们在实际生活中,衡量人际关系的标准由身份向实利的转变,而金钱实利正是近代商业化社会中人际关系的新准则。虽然依这种准则也会因金钱的多少而造成新的不平等,但是这种能力主义的内涵,与传统等级身份相比,毕竟是人际关系的一种更为平等的趋向。与重惩派只从维护等级身份秩序的立场相比,同情派对于现实生活中人际关系的变化有一定的认可,他们自觉或不自觉地站在原来等

---

① 《沪北新乐府》,《申报》同治十一年八月十九日。
② "一华友来稿",《上海新报》同治八年十月十五日。

级关系中处于下位,即社会下层人们的立场,反映了他们要挣脱传统身份等级制度的束缚,要求平等的愿望。

三 乡党关系与宗族观念的变动

这场婚姻纠纷,还涉及韦女家庭与韦女叔父及其同乡绅商组成的乡党集团之间的关系。人们争论集中的问题是:对于这一婚姻,韦母是否有作为家长的主持权?其叔父及乡党是否能代替其家长的决定权?其乡党处置时应当以乡党利益为重,还是以韦女家庭利益为重?其乡党以"拐盗"公讼于官的做法是否合宜?在这些问题上重惩派和同情派也是各有看法。

中国人自古以来聚族而居,守土重迁,家庭和宗族一直是社会的基层单位。宋明迄清,宗族关系发展。一般两代或三代同居的家庭,是人们日常生产、生活的基本单位,而以血缘关系为纽带的宗族,则是人们基本的社会关系集团。宗族成员之间有相互扶助的义务,形成共同利益群体。在社会生活中家庭对宗族有着紧密的依附关系,宗族也对家庭有扶助和约束的责任,在此基础上形成了强固的宗族观念。特别是在闽、粤、江、浙等地区,宗族势力比较强大,宗族对于家庭的一些社会事务,往往有较强的约束权力。婚姻意味着两个家庭结成相互利益关系,直接关系到家庭成员的生活利益,所以,子女婚姻法定由家庭内的家长主持,即所谓"父母之命"。清律规定:"嫁娶皆由祖父母、父母主婚,祖父母、父母俱无者,从余亲主婚。"[①] 但是婚姻也关系到宗族的名誉及宗族成员的利益,所以在实际生活中,宗族也往往对族人婚姻掌有干涉权,特别是在危害到宗族共同名誉和共同利益之时,宗族的干涉权力更大,族人及族长可以强行阻止,或对当事者进行处罚[②]。"门当户对"是民间婚嫁的基本原则,"贱民"男子娶良家之女,对于女方家庭来说,是降低了社会地位,被视为巨

[①] 《大清律例》卷十《户律·婚姻》"男女婚姻·条例",第2页。
[②] 参看冯尔康、常建华《清人社会生活》,天津人民出版社1990年版,第112页。

大耻辱，这也是清律禁止良贱为婚的依据①。同时由于也关系到宗族的名誉，关系到宗族所有人的"身家清白"受到损害，因而也被视为宗族的耻辱。所以，民间如有良家女子嫁与"贱民"为妻者，即使其家庭同意，宗族也往往为了维护宗族的名誉和利益而强行干涉，或予以惩处。如康熙年间江苏无锡有人把女儿嫁给奴隶的儿子，其宗族便出面干涉，费了一番周折，最终取消了这门婚事②。有的地方将此禁条列为族规定例，如在这次争论中有一粤人说："余乡定例，良贱不婚，或倡优隶卒中，偶有财势，良家若妻以女，合族不容，即将全家驱之出族。所以别名分、重礼教也。"③还有人举出此前曾发生在浙江的类似事件：某已故盐商之女，因看戏而恋一优伶，求嫁而母不许，遂病濒死。其母无奈，欲许婚而请于宗族，族人咸谓："家素清白，安能作此丑事？"遂对外佯称女死，使母女改姓易名，任其婚嫁而出族易地居住，本族不再认此女为族人，但仍认其母。④由这些实例可以看到，以往对于实际发生的良贱为婚事件，民间的通行做法是，即使女家同意，宗族也会强行阻止，阻止不成则将女家逐出族外，以保全宗族的名誉。宗族利用族权自行处置，而不愿告官究办使家丑外扬，这也是出于维护宗族名誉的考虑⑤。这种民间通行的做法，是以家庭和宗族结为社会利益共同体关系为基础的。

而在上海租界，与聚族而居的传统乡镇已有很大不同。这里是个移民社会，个人和家庭已基本脱离了原来的宗族关系，而以亲戚、同

---

① 《大清律例增修统纂集成》卷十《户律·婚姻》"良贱为婚姻"条注曰："婚姻配偶，义取敌体，以贱娶良则良家辱矣。"第43页。
② 《华氏传芳录》卷十《母舅贡士襄周毕公传》，参见冯尔康、常建华《清人社会生活》，第112页。
③ 《不平父论杨月楼事》，《申报》同治十二年十一月十九日。
④ 《记杨月楼事》，《申报》同治十二年十一月十一日。
⑤ 清律虽明文规定对良贱为婚的处罚，但在现实生活中是否有良贱为婚告官处置的案例现已无法查知。但从前面所举康熙年间的那一事例中，良家宗族宁可花钱，并颇费周折地用了一年时间才废弃了这一婚姻，而并未采取告官处置这种简便省事的方式。在这次争论中，双方所举的例子也都是宗族自行处置的事例，而都未提到告官处置的。可见宗族自行处置确为民间的通行做法。从情理上来说，作为受害者的良家宗族若将此事告官，不啻将家丑公然宣扬于世，是辱上加辱，况且宗族也完全有自行内部处置的权利，而无须借助官府之力，这也是保护宗族名誉的最佳方法。

乡、同业等相混合的社会集团关系所取代。这种关系有松有紧,以商人之间的关系为最紧密。一些相同地域或相同行业(二者往往有重合)的商人往往结成会馆、公所等组织形式,这一时期在上海就有这样的会馆、公所等二三十家①。这些组织内部成员之间相互通融商务,谋求共同利益,形成较稳定的社会集团。虽然这些组织大多主要是商务功能,但是一些地域性组织也有维护共同社会利益的功能,在这一点上延续了一部分原来宗族的属性。韦商所属的广肇公所,就是广东籍商人的同乡组织,其中与韦商同属一县的香山籍商人,又形成了次一级更为紧密的同乡集团。在这场韦杨婚姻纠纷中,韦女叔父以族人的身份,与同属香山县的绅商,组成了一个乡党集团,在这场争论中被同情派称之为"韦党"。这种亲族与同乡关系相结合的乡党关系,在某种程度上可以说是宗族关系的移植和延伸。支持韦党干涉韦女婚姻的重惩派,就是沿袭传统宗族对家庭的制约观念来看待韦党与韦女家庭的关系。重惩派的观点集中在以下两点。

第一,关于韦女婚嫁的决定权在韦母还是在韦党的问题。他们认为,子女婚嫁应由男性家长主持,虽然韦父不在,韦母也无权主婚。有来稿中说:"婚嫁大事,父兄主之,其母但教以妇道而已。"② 他们认为,其母职责既只在于"教以妇道",对韦女婚嫁不能有决定之权,在韦父外出不在家的情况下,作为其家族男性代表的韦女叔父及其乡党就有责任代为处置。所以他们说:"彼以乡谊同愤,况有亲叔主张,应得有罪者,何可情谊!"③ 他们比照以往的宗族关系,以宗族可对违犯族规家法者自行惩治的传统,认为对于韦女的"不贞不洁","向使宗族作主,置之死地,谁曰非宜!"④ 他们认为,由韦女亲叔为首的韦党,虽然不能像宗族那样,对韦女的生死有直接处置

---

① 据时人葛元煦光绪二年(1876)所写的《沪游杂记》(上海古籍出版社1989年版)所记,上海当时有会馆和公所共30余家。其中有以地域性为主的,如徽州会馆、潮州会馆、江西会馆、广肇公所、四明公所等;也有以行业为主的,如丝业会馆、茶业会馆、钱业会馆、洋货公所、药材公所、酒业公所、火腿公所、木作公所等。
② 《目笑过客书》,《申报》同治十二年十一月十二月六日。
③ 《奉劝息争说》,《申报》同治十二年十一月二十五日。
④ 《不平父论杨月楼事》,《申报》同治十二年十一月十九日。

权,但对于韦女的婚姻理所当然有干涉的权利。在他们眼里,韦女叔父就代表宗族,比韦母更有权决定韦女的婚姻。这些肯定韦党对韦女婚姻有处置权的主张,就是依据传统宗族观念而强调亲族、乡党对于家庭有干涉权。

第二,关于韦党的处置,即以"拐盗"公讼于官是否合宜的问题。重惩派认为,韦杨婚姻对于韦女家族来说,如其叔父所言是"辱门户"①,对于其乡党来说是"辱没乡亲"②,因此,在韦父不在的情况下,韦女叔父及其乡党以"拐盗"公讼于官,对杨月楼予以究办,是为维护家族乡党名誉而采取的道义之举。如有来稿赞道:"今粤人不肯辱没乡亲,因韦某远出,迫不及待,公禀究治,足见粤人气节过人,誉之不暇,何毁之有?"③另一来稿也赞许韦党此举是"正风化,攘奸凶,正是仁人君子。况同乡之义愤,嫡叔之声明"。④显然,在韦杨婚姻关系到韦女个人、韦女家庭和韦氏亲族乡党这三层利益关系中,重惩派首先看重的是亲族乡党的名誉利益。从这一立场出发,他们对韦党公讼于官这种显然不利于韦女个人及其家庭的处置方式持支持态度。站在这一立场的人们,对于韦党公讼于官,请予重惩,认为并无什么不妥,而且是维护礼法、"气节过人"的义举,应大加赞誉⑤。

韦党理直气壮地出面告官,表明他们认为自己对于韦氏家庭事务理所当然有一定的干涉权。但是,从韦党不能像以往宗族那样完全自行处置,还需借助官府的力量,可知这种乡党关系对于家庭事务远不像宗族那样拥有社会公认的直接处置权。这种状况正反映了这种新出现的家庭与乡党集团之间的关系,既延续了一些宗族关系的属性,又不同于以往的宗族关系。但是,当家庭事务影响到乡党利益之时,乡党势力就会借助宗族观念来对家庭进

---

① 《记杨月楼事》,《申报》同治十二年十一月十一日。
② 《不平父论杨月楼事》,《申报》同治十二年十一月十九日。
③ 同上。
④ 《驳持平子论杨月楼事》,《申报》同治十二年十一月二十日。
⑤ 冷眼旁观翁:《奉劝息争说》,《申报》同治十二年十一月二十五日。

行干涉。

　　然而，在上海人们的实际生活中，家庭的作用和地位与以往已有很大不同。这里不仅有大量离开家庭的单身男女，即使那些移民家庭也多属两代小家庭，脱离了人员众多、有着严格等级和从属次序的血缘宗族关系。在这里的家庭既是经济活动的独立单位，也是社会活动的独立单位，有较大的独立性和自主性。而以商业和地域为主要纽带的乡党关系，也远比传统的血缘宗族关系松散，其经济的关系重于社会的关系，协作的关系重于从属关系，对于家庭的生活方面已较少制约关系。韦氏母女敢于瞒着韦女叔父而自行许婚，并在遭到其叔父明确反对后仍强行婚嫁，表明她们小家庭的独立性之强。正是从这种生活的实际变动状况出发，同情派对于韦女家庭和韦党之间的关系与重惩派有不同看法，他们对韦党处置韦杨婚姻的权利和方式提出了异议。他们的申论集中在以下两点。

　　第一，对于韦女婚嫁韦母是否有决定权，韦党是否有权处置这一问题，同情派依据清律规定及民间通行的子女婚嫁受"父母之命"的常规，并引用先贤之言："孟子有言，女子之嫁也，母命之。"① 认为婚姻首先是其家庭之事，只有作为家长的韦氏父母才有权主之，韦父不在，则其母也可有主婚权。所以，韦女"受母命"，由其母主持而行婚嫁也是正当的。即使韦母主持的这一婚姻有违"良贱不婚"的礼法，也应由其男性家长韦父自行处置，虽然韦父不在，韦党也无权代行家长之责。他们批评韦党是"代人为父"，并引用清律谓："请以律论，妇女犯奸，惟其夫、其父始能执，家庭尊长尚不能预，何况同乡？……阿宝尚有父在，又何必人人得而诛之？今众粤人既已代人作父，何以此时又需待其父归乎？谓阿宝之罪当死，何以众粤人不共杀之？"② 他们认为，即使韦党为保全同乡名誉而可有一定干涉权的话，也应该是在尊重其家长权利之上的有限措施，如招其父回后自行处置，"其妻女事，自应候其主持，同乡诸人，代为泄愤，惟须

---

① 《持平子致本馆论杨月楼事书》，《申报》同治十二年十一月初十。
② 《续录公道老人劝息争论》，《申报》同治十二年十一月二十二日。

夺其母女回家,共囚一室,函致其父,令其自行发落"。① 他们强调在韦女婚姻问题上,应当尊重其家庭的自主性和家长的决定权,认为韦党不能代行家长之责,无权代为处置。显然,他们认为这种乡党关系已远不是以往的宗族关系,不应过多干涉个人家庭的事务。

第二,对于韦党以"奸拐""拐盗"公讼于官的处置方式是否合宜的问题,同情派认为,韦党对于韦女之事公讼于官,并大肆宣扬,公之于众,是只为维护乡党名誉而不顾惜韦女及其家庭名誉的行为。他们指责韦党议论中"或曰先奸后娶,或曰黑药迷惑,是直以韦宅为妓馆,任月楼污其女,逞其术,大肆淫秽,而其叔若罔闻知者"。他们指出,这种公然谩骂张扬,及构讼于公庭,不仅使韦女蒙辱受刑,对于韦父的名誉也是极大的损害。所以他们指责韦党"何必遽行兴讼到官,既使其女大受刑辱,并令其父大获丑声乎?""使其弱女掌责,家丑外扬,其父之颜面果何存乎?……同乡诸人,似当善为调处,何必遽令出丑,使其父无地自容?"② 他们说:"韦某一不幸有此妻女,又不幸而有诸君之证实,使少知羞耻,置身何地? 必有求生不得,求死不能之势,岂不可怜?"③ 因此,他们认为韦党讼于官是"损人声名","扬人家丑,而使之传播于公庭里巷",是"丧德"之举④,因而是处置不当,"调停不善"⑤。所以,同情派对于韦党只顾自身利益,而毫不顾惜韦女及其家庭利益的处置方式,认为是仗势欺凌弱小,他们对这种以乡党势力压制家庭和优伶弱女的行为表示不平,因而指责韦党"以合省正人而公讼一优伶、一奔女,何异以泰山之尊重而压一卵,以狮象之全力而博一兔"。⑥

由上可见,两派争论的焦点,就在于韦女叔父和同乡组成的乡党集团与韦女家庭的关系,乡党对于家庭有多大的干涉权? 乡党利

---

① 《持平子致本馆论杨月楼事书》,《申报》同治十二年十一月初十。
② 同上。
③ 《劝惜字说》,《申报》同治十二年十一月二十四日。
④ 《续录公道老人劝息争议》,《申报》同治十二年十一月二十二日。
⑤ 《持平子致本馆论杨月楼事书》,《申报》同治十二年十一月初十。
⑥ 同上。

益与家庭利益孰轻孰重？重惩派和同情派的分歧表明，在这种新的关系中，究竟怎样处理家庭和乡党集团的社会利益关系，还没有形成社会公认的规范，人们往往从传统的宗族观念中去寻找依据。所以，问题的实质就是，在这种新的乡党关系中，以往的宗族观念究竟是怎样延续的。乡党关系虽然也有一定的社会共同利益，如重惩派所言"辱没乡亲"所指的名誉共有感，但这种社会共同利益又远比以往的宗族关系淡薄得多。比如以往宗族对于家庭既有约束、干涉的一面，也有利益相连、荣辱与共、相互扶助的另一面。所以，将"良贱为婚"的家庭驱逐出族，也就意味着斩断与宗族的利益共同体关系，使这个家庭丧失了宗族的支撑，陷于孤立、弱小的不利境地，因此也是一种惩罚。在争论中同情派也有人提出，如果韦党不只是光想到维护自己的名誉，同时也能顾惜韦女及韦父名誉的话，完全不必公讼于官，不必张扬于世，而可以仿效以往宗族的做法，"代韦姓驱逐断绝，谓韦姓无此不肖妻女，谓粤人无此不肖妇女，岂不光明磊落哉！"① 而韦党并未这样做，这是因为，乡党不同于宗族，他们没有公认的权力宣布将韦氏母女驱逐出族，即使这样做了，对于韦氏母女也构不成什么惩罚，反倒等于成全了她们的婚事，因为她们本身对于宗族已没有什么依赖关系。正是由于乡党关系与宗族关系既有延续又有区别，所以，在争论中人们站在不同的立场，强调以往观念中不同的内容。重惩派强调乡党集团对于家庭的干涉权，和维护共同名誉利益的权利。正是在这种势力的压迫下，韦父回沪后，为情势所迫，也只能站在乡党一边，割舍父女、夫妻之情，任凭知县重惩。同情派则强调尊重家庭的独立性和自主权，乡党也应当顾惜韦女家庭的名誉利益。他们举出清律以及民间生活中实际遵行的"父母之命"的传统习俗以及孟子之言，作为要求对家庭独立性予以更多尊重的依据。两派的争论，正反映了家庭与乡党关系所引起的传统宗族观念发生变化的状况，同时也孕育和呼唤着新的家庭社会伦理观念。

---

① 《持平子致本馆论杨月楼事书》，《申报》同治十二年十一月初十。

四 断案争论与法律观念的变动

韦党公讼杨月楼一案由上海知县究办,身为韦氏同乡的知县叶廷眷如何审断此案,就成了众所瞩目的事。

清代知县也是地方初级审判官,直接受理民事案件。其审案断案,既代表官府的权威,也代表社会公正,也就是人们常说的"为民作主"。县官断案虽然一般是以清律规条为基本依据,但究竟如何判断案情、如何定性,又往往讲究"情理"二字,要考虑到具体的人情事理,因而往往会被审判官个人的道德判断、性情好恶、人际关系及社会舆论等所左右。特别是对于这类有关"风化"——社会道德风气——的案子,作为地方官往往会考虑到倡导地方民风及维护治安的需要。因此,他依据什么理念断案,也就意味着提倡这种理念为人们应当遵行的社会准则。对于这件韦杨婚姻之案,由于既是男女私相议婚,又有明媒正娶的形式;既是良贱为婚,又有韦母主持;既有明媒正娶的形式,韦党又以"拐盗"公讼于官。这些情形使断案有很大的伸缩余地。

此外,县令在审案时对月楼和韦女都予严刑责打,这是沿行"刑讯"的传统做法。历来官员在审案时为了惩罚犯者或逼得口供,往往施以刑讯,认为犯人只有在重刑之下才会招认实情。但用刑的轻重程度也要视案情轻重而定。叶县令在案犯押解到县,尚未正式审讯前,就对月楼施以严刑,"吊打一百脚胫"①。据西字报载:"杨月楼于问供之先,已将伊拇指吊悬几乎一夜,甚至膀肩两骨已为扭坏,后皆不能使动。……又用架以困之,架口最狭,将胫骨紧压,几至不能呼息。"②首次堂讯时又对月楼和韦女施以重刑,"月楼敲打胫骨百五,阿宝……亦予掌责二百"③。这种严刑责打与对案情的判断相关,因此也体现了审官办案是否公正。

---

① 《杨月楼拐盗收外监》,《申报》同治十二年十一月初六。
② 《中西问答》,《申报》同治十二年十一月十七日。
③ 《持平子致本馆论杨月楼事书》,《申报》同治十二年十一月初十。

由于叶知县也属韦氏同乡的特殊身份，他对于此案的审断就不仅仅是一般的官断民案，而是涉及叶知县将取何种立场，断案是否公正，亦即是否公正执法的问题。这些问题的实质就是，县官执法断案作为社会公正的权威性化身，对于身为优伶的杨月楼是否能公正对待的问题。所以，人们关注的是，对这一案件如何定性？是一般的婚姻纠纷案件，还是有害风化的重案？知县对月楼、韦女严刑重惩是否合宜？这也是重惩派和同情派争论的一个焦点。

重惩派从维护良贱之别的社会等级秩序，维护道德礼法，维护乡党名誉的立场出发，认为对于杨月楼和韦女应当重判、重惩。他们的申论主要集中在以下两点。

第一，对于杨月楼和韦女应定为何罪，应当以什么为准绳来定罪，重惩派认为，杨月楼扮演淫戏诱人妇女，以致使韦女"心属月楼，以思淫奔"①，又与韦女明知违背良贱不婚的礼法而结为婚姻，这些违背道德礼法的做法，就是"奸"，是"拐"，是"大恶"重罪。此案初发韦党公讼月楼的罪名为"拐盗"。在后来的议论中，有的强调此案是"奸淫大恶"，并引民间俗语"万恶淫为首"，及"语云'奸盗诈伪'，亦举奸为先"，据此而认为"奸重于盗"。甚至根据"月楼先私其母，遂及其女，奸而后娶"的流言，指责月楼与"母女同奸"，是"乱伦之罪"②。有的说杨月楼"既略其人，复取其财"，是"重于抢盗"③。根据这些罪名，他们认为对月楼应予重判。有的替县官代拟处置办法："余拟邑尊办法，若格以母女同奸，则乱伦之罪，骈首难辞。倘以罪疑惟轻，则抢女盗财，军流莫宥。"④ 有的认为月楼类同"光棍""豪强"，而"光棍为首，例应斩立决"⑤。他们推定："邑尊定必轻则充军，重则立决也。"⑥ 在他们看来，对月楼惩

---

① 《不平父论杨月楼事》，《申报》同治十二年十一月十九日。
② 同上。
③ 不平子稿：《驳持平子论杨月楼事》，《申报》同治十二年十一月二十日。
④ 《不平父论杨月楼事》，《申报》同治十二年十一月十九日。
⑤ 《驳持平子论杨月楼事》，《申报》同治十二年十一月二十日。
⑥ 公平老老祖稿《书持平子、公道老人后》，《申报》同治十二年十一月二十七日。

处重则是强盗、乱伦,应当"斩立决",轻则是抢盗,应予军流。总之,他们以男女不能私相议婚及良贱不婚的道德礼法为准绳,认为杨月楼违背道德礼法就是重罪,就应当处以重刑。

第二,县官对杨月楼施以严刑重责是否适当?重惩派认为叶县令对杨月楼和韦女施以刑责并不过重,也没什么不妥,有的人甚至还嫌太轻了。他们认为,以月楼之"拐盗"重罪,"邑尊宽猛相济,仅击月楼胫骨百五",已算是轻责。而对韦女则"即掌责千百,皆伊自取,况轻恕发落,仅责二百,有何足惜!"① 在他们看来,杨月楼和韦女既然犯下了"奸""盗"大恶,审官施以多么重的刑责都不过分,二人完全是咎由自取。他们主张重惩的理由,还不仅仅是针对杨月楼和韦女个人,而且要借此严肃礼教,维持风化,惩戒余众。如他们所说:"若优人弱女,既易逾闲,倘不严为之防,更有不可向耳。"② 他们认为,只有重惩月楼,才会使优伶等"贱民"日见嚣张的不安本分的气焰有所收敛,"庶几其余优人稍知畏惧,不然犹纵虎归山,其害岂浅鲜哉!"③ 他们对于这一时期上海现实生活中出现的良贱失序、男女丧耻的风气早有义愤,正欲借此案而一振礼教。所以他们说:"月楼素行不端,人所共恶,洵斯言也。宜乎趁此奸淫大恶,明正典刑,岂不大快人心!"④ 他们呼吁:"愿地方官早严办月楼,以快众心!"⑤ 当时有人作感事诗对县令的严惩称赞道:"惩恶原来有网罗,从今执法斫淫鲍。""不是清夜贤令尹,何能只手挽狂澜!"⑥ 可见,他们把县官对月楼的严刑重惩,视为拯救世风、力挽狂澜的义举。

同情派则基于对处于弱者地位的杨月楼和韦女的同情,主张不应当重惩,而应依据律法公正地审断此案。他们的看法主要集中在以下

---

① 《不平父论杨月楼事》,《申报》同治十二年十一月十九日。
② 《目笑过客书》,《申报》同治十二年十一月十二月初六。
③ 《不平父论杨月楼事》,《申报》同治十二年十一月十九日。
④ 同上。
⑤ 阳江散人拟稿:《劝持平子息论事》,《申报》同治十二年十一月二十五日。
⑥ 沪上见闻人戏笔:《感事诗》,《申报》同治十二年十一月十五日。

两点。

第一，对于杨月楼应定何罪，应当依据什么来定罪，同情派认为，应当依据事实和国家律法来定罪。他们认为，对月楼的定罪应从事实出发，"月楼虽不安分，咎实难辞，然就事论事，尚不比于抢盗"①。他们指出，量罪应当以国家律例为依据，而"律例者，国家之所定也"②。在他们看来，如果说月楼和韦女有罪的话，也只是犯了清律所定的"良贱为婚"或"和奸"之罪。清律载明，犯良贱为婚之罪者男予杖责一百，女则离异归宗；如按"和奸"之罪，则与此案同时，有一"和奸"案，男杖一百而释放③。他们反对重惩派以义愤代法、以感情代法的做法，批评重惩派拟为"拐盗"重罪并无法律依据。他们指责重惩派来稿中作为依据所说的"万恶淫为首""奸重于盗""母女同奸则乱伦"等罪名，只是采自俗语传言，不足为据，"所引各例，皆市井口谈之例，非朝廷颁发之例"，所以"以之恐吓乡愚则有余，以之耸动正人则不足也"。④另一篇来稿也指责道：其"所引律例，一味持强，显而易见皆系韦党私定之律，非大清朝颁发之例。"⑤他们指责重惩派不顾国家所定律例，而只是逞己私意而自拟罪名，"今揣贤父子（指重惩派来稿所用的'不平父''不平子'等化名——引者注）之意，以为律例罪罚，只须任贤父子以定，粤人以定，县令以定，无须上详咨部题奏耶？若然，则贤父子等诸人比皇帝更大矣"⑥。他们进而还把矛头指向县官，认为县官不应当以情代法，为同乡泄愤而逞己私意，不按国家律法而随意自定罪名。他们指出："国家立法，官宪执法，自有一定之例，即君上亦不能逞私意，上下其手，出入人罪。"⑦他们反对重惩派及县官以私意

---

① 公平老老祖：《书持平子、公道老人后》附评，《申报》同治十二年十一月二十七日。
② 《公道老人劝息争论》，《申报》同治十二年十一月二十一日。
③ 《英京新报论杨月楼事》，《申报》同治十三年四月十二日。
④ 《续录公道老人劝息争论》，《申报》同治十二年十一月二十二日。
⑤ 赴粤宦客呈稿：《论粤东香山县民事后》，《申报》同治十二年十二月初二。
⑥ 《公道老人劝息争论》，《申报》同治十二年十一月二十一日。
⑦ 《持平子致本馆论杨月楼事书》，《申报》同治十二年十一月初十。

代替国家律法、以义愤而随意拟定罪名的做法，要求对身处低贱的杨月楼，应当以国家律例公正定罪。

第二，县官对于月楼施以严刑重惩是否适当？同情派认为，县官对月楼和韦女施以严刑，是站在韦党一边逞其私意、滥施刑责，是不公平的，"在粤人以为大快人心，在旁人以为大惨人目"。他们责问县令："究执何例以办？夫月楼……尚不比于抢盗，今竟敲击胫骨，其将以强盗律之乎？"因此指责县官是"误用非刑"①"刑罚不中"，批评县官"若淫刑以逞，似更非哀矜勿喜之意也"。② 他们认为，叶县令是代其乡党泄私愤，严刑过当。"金称杨月楼素行不端，人所共恶，然今日所犯，尚非凶恶棍徒、积匪滑贼可比，故疑此案，觉有情轻罚重之处。"③ 在此案知县以"拐盗"定案，解送淞江府覆审又经刑讯维持原判后，《申报》发表评论，以更为激烈的言辞指责府、县官员执法不公："在我下民所问者，中国县官其肆私以残民，私刑以随私意而索供，其可忍乎？县官显逆舆论，背违上意，如欲拼官职以肆其私意，以紊乱定例，其事尚可问乎？其情尚可容乎？"文中批评县、府官员官官相护，欺压小民："上县既极残刑以索供，至郡内又加刑以逼迫犯人不使翻其前供也。""县官越例以残民人，事既播扬于远迩，则为上司者，其尚能因循又加刑审以掩饰众人耳目乎？……如是者置民于何地？王例尚焉用欤？"他们认为，这是"父母官恃势倾危侵凌"。文中愤怒地指出："审人莫有不公于此，残忍之事从未闻有如此之甚也！"文中还指出，县、府官员如此办案是违背官员职责的"违例"行为，是仗势以执法者而行违法之事："官之设也，盖以遵例办理违例者矣"，作为"遵例"者和"施例"者的官不可"以施例而自违例"。④ 他们认为，为官者应按律例办案，以体现社会公正。他们还指出，此案不只是关系杨月楼一人之事，而且关系到

---

① 公平老老祖：《书持平子、公道老人后》附评，《申报》同治十二年十一月二十七日。
② 《持平子致本馆论杨月楼事书》，《申报》同治十二年十一月初十。
③ 同上。
④ 《论杨月楼发郡覆审一案》，《申报》同治十二年十一月四月初八。

"兆民之得失"①，即官员执法办案是否公正，是关系到能否得人心、安天下的大事。这些议论反映了人们要求法律公正的愿望。

在围绕断案的争论中，还有一个引人注意的情况，就是《申报》的评论多处提及西人的态度和看法。上海是个华洋混居的地方，这件婚姻纠纷案在华人社会中闹得沸沸扬扬，无人不知，自然也引起了西人的关注。上海的西文报纸对于此案也有报道，而《申报》因馆主为英人之故，报馆内常有西人来往，有的还是通晓华文，常读《申报》的中国通，他们与报馆主笔诸人自然会谈论此事，表明自己的看法。这些出自西人的看法使《申报》主笔有所触动，所以，他们在评论中多处谈到西人对此案的看法，并明显地带有肯定倾向。这一时期，清政府标举学习西方"富强之术"的洋务运动已历十余年，西方是富强的榜样已成为一般关心时事的人们的共识。所以，《申报》主笔引用西人之说时，也是把西人的看法作为代表富强的西方，作为一个正面的参照。

他们援引西人的看法来佐证自己的观点主要集中在三点。第一，他们指出，西人对于韦党及县官强行干涉韦杨婚姻，并对月楼严刑重惩的做法，也持明确的反对态度。西人从西方的社会文化观念出发，对于从事歌唱戏剧的艺人没有歧视概念，也不理解中国的良贱之别和婚姻观念。他们以西方平等观念看待韦杨婚姻，自然认为杨月楼与韦女自愿结婚完全是其个人的正当之事，无可非议，因而对于韦党强行干涉并以"拐盗"公讼于官的做法感到不近人情、不可思议，对于代表中国法律而执法的县官又严刑重惩月楼、韦女，也感到毫无道理，甚至是荒唐可笑的。如一篇评论中转述西人的看法所说："此事初起，邑侯始讯之日，外国诸君已笑华人喜为非分之事，华官好用非法之刑。"②后来西人看到重惩派在争论文章中大谈月楼罪责有种种礼法依据，西人又对这些不近人情的中国礼法进行批评，如有引述说："西人见骈首、乱伦、斩决等例，纷纷下问，中国如此不通之

---

① 《论杨月楼发郡覆审一案》，《申报》同治十二年十一月四月初八。
② 《续录公道老人劝息争论》，《申报》同治十二年十一月二十二日。

礼，何人所定？中国如此非理之例，何朝所颁？"① 这是围绕韦杨婚姻性质的批评。

第二，对于县官对杨月楼严刑逼供的做法，西人也明确表示反对。严刑逼供亦即"刑讯"，本来是中国官员审案时常用的方法，但是如若刑罚与实情不符，也是不公正的。所以，同情派对于县、府官员对月楼滥施严刑曾予以指责。在此案争论期间，《申报》主笔曾与一位"尝读中国历代史书，及现在日录、邸抄"，对中国情况相当了解的西士，专门围绕此案有一番对话，其中谈到了刑讯问题，比较了中国和西国的不同，其后《申报》以《中西问答》为题刊登了这场对话的内容。主笔先是问西国是否也有刑讯，西士回答："西国不但无刑讯，即定案亦不加刑，此西国律例也。数百年前，西国亦有贪酷之官，肆其酷而遂其贪者。后闻于朝，英皇恐其害民，遂改定律例，若非死罪，仅有罚无刑。"对于西国为了不害民而废除了肉体之刑的做法，主笔者表示赞赏道："国之刑典如此其宽，亦未闻犯罪之人多于中国，可见治国亦不必尚刑也。"这位西士对于中国官员审案多用刑讯的传统做法大加批评，谓：中国官"每于犯法之民，不论罪之轻重，动用非刑，毫无哀矜勿喜之心。"② 认为这种过于残酷的做法，绝不是中国官员所常标榜的"爱民"之举。显然，在这里《申报》主笔是要以作为富强榜样的西国已废刑讯，及西人对中国尚刑的批评，作为批评县、府官员滥施严刑的佐论。

第三，《申报》主笔等在亲耳听到这些西人的议论时，身为中国人，对于西人言辞之间对中国的嘲笑和蔑视也感同身受，感到耻辱。所以，他们认为，此案不仅是关系到代表国家律法的官员对于杨月楼个人是否公正的问题，也不只是关系到是否得民心的问题，而且是关系到中国在西人眼里的形象，即"国家之尊严"的大事。所以他们要为之辩明，以维护国家的尊严，不致被西人所耻笑。一篇评论在论及此案的意义时说："杨月楼不过一优人已矣，而所出案情实为当今

---

① 《本馆复广东同人书》，《申报》同治十二年十一月二十八日。
② 《中西问答》，《申报》同治十二年十一月十七日。

之大事也。固不以杨月楼一人之所干而论也，以兆民之得失、国家之尊严两者所关系而论之耳。此案也非上海一隅之人所共为称论者耳，实在中国十八省传扬已遍矣。非为中华一国内之人所谈论，经英京大新报名代默士（今译泰晤士——引者注）亦为传论，几于天下士人无一人不知悉也。"①《申报》在多篇评论中屡屡谈到"国家之尊严"这一理由。如对于重惩派所言"骈首""斩立决"等既不合情理也不合国法的"私律"，认为"岂不贻笑于外国乎？是败坏中国之声名者"。指出："中国素称教化覃敷、人文蔚起之邦，不意一旦竟至于此。……至令外国诸君，笑中国上下之人皆为糊涂虫而已。"所以他们要强调国家律法，"故特为论辩，亦聊以存中国之体统，不至令外国诸君笑中国上下之人皆为糊涂虫而已"。② 对于西人也指责县官断案有失公正，论者也指出："我国以一县之行而见辱天下，使各国讪我国家以审民无例之言者，其可乎？"③ 所以，他们的种种辩驳，也是由于"事关贻笑外国，更不可不为中国洗清"。④ 他们把依律执法的社会公正观念，与维护国家尊严相联系，反映了他们考虑中国的法律问题，已不只是囿于中国内部的传统，而且开始扩展到以西国为代表的国际视野下，并认同依律执法的国际规则。这是一种法律观念的新动向。

上述重惩派和同情派围绕此案审判的争论，反映了双方对于代表社会公正的执法官如何对待小民的看法。重惩派是以道德礼教为准则，认为违背了道德礼教就应当重惩。这是以德代法、长官意志等传统观念，站在统治者立场的看法。同情派则认为应当以律例为准则，对犯者应当量罪施刑，依律执法，这才是公正的。这是站在被统治者立场。本来，在以往从这样官与民不同的立场而对于案件发生争论也是很常见的事，如有官员断案明显不公，也会受到民间舆论的攻击指责，出现为小民鸣冤叫屈的呼声。这次同情派强调以国家律例为准则

---

① 《论杨月楼发郡覆审一案》，《申报》同治十三年四月初八。
② 《续录公道老人劝息争论》，《申报》同治十二年十一月二十二日。
③ 《论杨月楼发郡覆审一案》，《申报》同治十三年四月初八。
④ 《本馆复广东同人书》，《申报》同治十二年十一月二十八日。

而抗衡以私意和道德义愤为准则,一方面是以往就有的反映下层民众要求法律公正这一传统的延续;另一方面,他们引用西人的看法,把这种观念分歧放到作为富强榜样的西国这一新的参照系中,也增添了新的社会意义。他们借助于作为富强榜样的西国的情形,寻求与社会正统势力和官方权威相抗衡,也反映了新观念欲借助于西方观念而寻求社会合法性的动向。这就使"依律执法"这种反映下层人民要求执法公正的愿望,与西国法律治国的近代社会契约观念连接了起来。

五 结案与结论

在《申报》上展开的这场争论时近一个月,重惩和同情两派各执一词,愈争愈烈,两不相下。《申报》发行之广,影响之大,造成了很大声势。以《申报》主笔为代表的同情派,锋芒直指官府,且言辞越来越激烈,引起地方官的恼怒,对《申报》发出威胁①。为免事态扩大,《申报》馆不顾纷纷来稿,在十二月七日宣布所有来稿"一概不肯再刊"②,就此结束了这场笔战。此案后经淞江府复讯,仍维持上海知县所定的"拐盗"之罪,杨月楼被判军遣,韦女掌责发善堂择配。

此案虽然以重惩派和官方的胜利而告终,表明他们所代表的传统正统观念仍然在社会中居于优势。但在《申报》上各类人士围绕此案的这一番大争论,也反映了在上海这个社会生活已经发生了较大变化的地方,人们的社会伦理观念已经出现了变动。时人有言:"事关风化治尤难,半说从严半说宽"③,正反映了这种观念不同,并相互冲突的状况。而从同情派的议论中可以看到,与正统社会伦理观念不同的,以往被压制的,甚至是从前所没有的新观念也发出声音,而且并不微弱,能够在社会舆论中公然与正统观念分庭抗礼。

---

① 如《申报》同治十二年十一月二十八日《本馆复广东同人书》中有云:"韦党传语,邑侯必欲得持平子与敝馆主笔人而甘心焉。"
② 《本馆复刊香山人论韦杨事情节》,《申报》同治十二年十二月七日。
③ 沪上见闻人戏笔:《感事诗》,《申报》同治十二年十一月十五日。

在这些新的观念变动中,出现了什么新的趋向呢?我们从同情派围绕良贱身份之别、家庭和乡党关系及关于断案的议论中,可以看到同情派反对良贱严加等级区别,主张对于"贱民"也应以常人情理看待的社会平等要求;反对乡党势力干涉家庭事务,主张更加尊重家庭的独立性和自主权的观念;反对以道德判断代法、滥施刑罚,主张依律执法的法律公正意识。这些有关人的各种社会关系的观念,与传统正统观念相比,都具有近代性的趋向。虽然这种近代性趋向还不太明确,但是反映了在上海这个开口通商已三十年,商业化有了相当发展的地区,随着社会结构的变动,人们的观念也相应地出现了近代性变革的新趋向。

这些具有新趋向的社会伦理观念何以产生,又是如何产生的呢?我们通过前面的考察可以看到,这些观念的产生有如下几个特点。

第一,这些观念产生的社会基础,是上海商业化、城市化过程中人们生活方式的变动。人们在实际生活中贵贱颠倒、尊卑失序的社会风气,正是产生超越等级身份观念的社会平等意识的温床;在这个移民社会中家庭独立性的上升,也是要求更为尊重家庭自主性的基础;这里不受中国官府直接管辖,个人在社会生活中有较大的自由空间,这也是人们要求抵制官府的压制,争取法律公正的社会环境。所以可以说,人们生活方式的变动,是引起社会伦理观念变动,以及孕育新社会伦理的温床。

第二,这些新观念在中国原有的社会伦理观念传统中有内在的源流,这就是与正统伦理并存,却一直受到压抑的民间伦理。同情派在申论自己的观点时,往往首先从传统中寻找伦理依据。如强调"食色,性也"的普遍人性论,作为主张对月楼和韦女以常人情理相待的理论依据;强调"父母之命"的家长权力,作为反对乡党过于干涉家庭权力,要求尊重家庭自主性的依据;强调按律公正执法观念,作为反对审官以私意而滥施刑罚的依据。这些站在民间立场、维护小民利益的民间伦理观念,虽然早就存在,在有的时期也曾有所活跃,如明清之际对"人欲"和个体的肯定,但那时还只是少数异端人士的私下议论,在社会舆论中的影响十分有限,而这时的这些新观念,具有社会生活的现实基础和民间舆论基础，并以不受官方约束的《申报》为阵地公然倡说，表现出一种独立于正统观念和官方势力的姿态，对社会正统势力已构成挑战，表明这种社会伦理观念的变革，已经具有了成长发展的社会基础。所以说，这种观念的新变动，首先是传统观念的一种内在的变动，是传统观念内部结构的变动。

第三，同情派把西国制度和西方观念引入参照系，用以佐证新观念，欲借助已被社会认可的西方式"富强"这一新的社会价值观念，作为支撑新观念的依据，从而把这一来自内部变革的观念，与学习西方的近代社会变革相联系，反映了新观念借助于西方观念而寻求社会合法性，以及与西方近代社会伦理观念相会合的趋向。

以上围绕"杨月楼案"争论所反映的观念新变动，反映了在近代化社会转型的初期，中国社会伦理观念从内部开始发生近代性转变的最初形态及其特点。上海租界的社会环境虽然只是当时的一个特例，但这里是中西、新旧社会文化因素交会最早最集中的地区，是生活变动最明显、观念冲突最剧烈的地区，集中反映了中国近代观念变革的一些趋向性问题。本文只是指出了这些新趋向，至于这些新趋向的思想内涵及其发展，还有待于作进一步的深入探讨。

（原载《近代史研究》2001 年第 1 期）

论清末彩票

闵 杰

国人好赌，历代严禁不止，晚清尤烈。《大清律例》将赌博悬为厉禁，法令綦严。规定：凡赌博，不分兵民，俱枷号两个月，杖一百；官员有犯，革职枷责，不准折赎。处罚之重近于苛刻，然而晚清政务弛废，州县视法令如具文，赌风炽烈，反盛前朝。彩票是舶来之洋赌，传入后推波助澜，赌博花样翻新，禁不胜禁。彩票与中国的传统赌博有区别，很容易钻大清禁赌法令的空子，而经营彩票盈余丰厚，大有利用价值，于是清政府干脆开禁，使其合法化，以至于举国若狂，与"国赌"麻将并列为清末两种最主要的赌博方式，流风所及，在整个20世纪，彩票是中国唯一可以公开进行的赌博形式。从晚清到民国，历届政府都意识到发行彩票是一种诱民以赌的不良筹款方式，但大笔钱财唾手可得，难以罢手，因此时而严禁，时而弛禁，少有例外。严禁之时，对违禁者非罚款即监禁，处罚的极致是死刑；弛禁之际，夸大彩票的筹款功能，发行部门热衷此道宣传鼓吹极尽所能。百年以来，一纸彩票，是是非非，言人人殊，笔者匮于学识对此不欲评说。[①] 文章考察的是清末彩票的沿革。打算沿此线索讲清楚，在中国这样一个有着深厚赌博土壤同时禁赌法令十分严厉的社会里，彩票是怎样从非法变成合法的，为什么会失控，社

[①] 中国彩票发行100多年来，即时性的社论、评述、消息充满报章，但研究性的专著论文尚未见过。可以一提的是郭双林、肖梅花的《中华赌博史》（中国社会科学出版社1995年版），内中对清末民国时期的彩票有所介绍；倘若近几年海内外发表出版了有关论著，笔者未能见到，恳望读者告之。彩票从赌博角度讲是一种社会风俗现象，从集资角度讲是一种经济现象，故值得为此作篇文章，此为本文写作的主旨。

会正义力量又是怎样扼制了这种过度赌博的势头的。考察的时间范围是1899—1910年，这期间正好走完了清末彩票从创始到消亡的一个完整的过程，也是20世纪中国彩票泛滥第一次高潮的终结。

一　从吕宋票到江南票

吕宋票即菲律宾彩票，是传入中国的第一种彩票，在江南票问世前，独领风骚40年。江南票全称江南义赈票，是官方批准发行的第一种大型彩票，1899年创办，距今整整一个世纪。从吕宋票到江南票，标志着中国彩票事业从进口转售外洋彩票到自办发行的转折，也是20世纪彩票风行全国的肇端。

吕宋票是欧洲嗜赌之国西班牙在其殖民地菲律宾发行的一种大型彩票，传入的准确时间暂不可考，但不会晚于19世纪60年代。翰林院侍读崔国因在日记中写道："吕宋票之设于上海，垂三十年。其始也，每年得利银四十八万两，今则倍之，盖耗我中国之民财一二千万矣。"① 此节日记写于1890年，往前倒数30年，是1860年。也有更早一些的记载。天津的万宝票行曾声称"本行于丙辰年开设，即于〔丙〕辰年售出吕宋票，头彩二次"。② 农历丙辰年即1856年，看来彩票于1856年以前传入也不是没有可能。因为除万宝票行外，目前尚未见其他票行的同类声明，此为孤证；孤证不立，但可以同崔国因的记载相互参照。据此，稳当一点的估计，将吕宋票的传入时间大致定在60年代应当是没有什么问题的。

吕宋票传入后的流通情况，依崔国因所言，起初每年销售额48万两，后约增加一倍，相当于96万两，这两个数额折合银元分别为67万元、134万元。③ 崔国因所说的数字是否准确不得而知，清代社会缺乏严

---

① （清）崔国因：《出使美日秘日记》，黄山书社1988年版，第210页。
② 1905年2月11日《大公报》广告。
③ 为使上下文可以相互比较，本文对一些关键性的数字统一计量单位，将银两折合成当时市场通行的货币单位银元。按晚清通常的银、钱比价1∶14计，银两48万两、96万两分别折合银元67万元、134万元。

格的统计学观念,晚清文人日记、笔记中有关经济的数字常常是些概而言之的东西。吕宋票和后来的各种彩票,当时没有人做过统计,至少是没有公开发表的统计资料。崔国因所云不知得之何处,也许辗转得之业中人语,不宜视为定论。但不管怎么说,崔氏是当时人说当时事,即便耳食之言,至少可以为我们提供一个大致的印象。因为今人既然对吕宋票的情况毫无所知,有个数字哪怕是模糊的也总比纯粹的概念性描述给人的印象要明晰些。

有关吕宋票销售情况比较准确然而仅仅是局部的数字,见于1898年吕宋票被取缔前夕上海彩票业各票行的一份同业公告,内称上海吕宋票每月销售量为3000—4000张。① 当时吕宋票每张价格12元,② 按月发行,全年发行12期,以此计算,每年销售额应为432万—576万元。但这个数字,只是上海一地的销售额,全国情况依然不详。不过可以肯定的一点是,上海是全国的吕宋票销售中心,其他城市的流通量远远不能与之比肩。事实上,即使到了后来中国彩票的成熟阶段,一些畅销全国的大型彩票在上海的销售量仍占其全部流通量的30%左右,何况早年的吕宋票。区区吕宋票,在上海的年销售额50万元左右,按当时的币值不是个小数字,但与江南票发行后彩票泛滥全国相比,则又不可同日而语了。

彩票是一种隐性赌博。时人云:"彩票者,虽无赌博之名,而有赌博之实。"③ 既属赌博,便在法令禁止之内,故吕宋票一入中国,立遭禁止。但彩票之赌并非人们习见的几个赌徒面对面地互较输赢,其赌性隐匿于成千盈万的博彩人对于微乎其微的中大彩概率的角逐之中。中国刑法虽然严酷但空疏迂阔,对这种赌迹不明显的洋赌博不容易准确定性;更重要的是,按照规定,吕宋票的销售范围仅限于租界,租界在法律上是外国人的领地,中国地方官懒得认真去管。因此,清代对吕宋票的禁止主要是法律意义上的,实际上管束不严,故吕宋票得以流传;但毕竟有禁赌法律在,限制了它更大程度的发展,

---

① 1898年5月4日《申报》广告。
② 1898年3月17日《申报》广告。
③ 《论鄂省议行彩票事》,《申报》1901年9月18日。

历经几十年销量仅增加一倍。

1898年4月,在菲律宾本土爆发了美西战争(美国对西班牙),吕宋票因战事暂停发行。吕宋票行销中国几十年,养活了一大批靠此谋生的彩票商,仅上海就有专门批发吕宋票的著名票行几十家,都是些单一小本经营者,离开彩票无法生存,哪怕停业数月也有破产之虞。于是,在美西交战期间,原先售卖吕宋票的票行不得不引入其他国家和地区的一些洋彩票以解燃眉之急,仅杭州一地就有以下5种:

1. 暹罗大票。每张售价5元,头彩彩额30000元。
2. 澳门彩票。
3. 华来赐票。每张售价4元。
4. 长崎彩票。每张售价3元。
5. 先令彩票。每张售价2元,头彩彩额20000元。①

这些彩票中的个别者,过去当吕宋票一统天下时曾零星进入过中国,吕宋票供货中断后随着其他彩票一起大量涌入。其中发展最快、流行最广的是澳门彩票。它是美西战争爆发后第二个月创办的,初时小试牛刀,仅发行6000张,每张售价35元,头彩彩额5000元。② 当年12月就增至14000张,每张售价涨至6元,头彩彩额18000元。③ 1899年2月因"销路愈广,票不敷售,爰议加增",发行额扩大到18000张,头彩彩额25000元。④ 在不到一年的时间里,发行额增加3倍,销售额增长近6倍。其次是华来赐票。华来赐票1898年3月已经传入,由上海德商北顺泰洋行总经销,⑤ 美西战争爆发后销售量急剧增加。显然,无论是澳门彩票还是其他洋彩票,都是乘吕宋票停办之机来抢占中国市场的巨大空缺的,受此刺激,中国彩票商萌生了自办彩票的念头。

上述这些进入中国市场的各种洋彩票,没有一种像吕宋票那样历

---

① 以上5种彩票均见1898年11月1日《申报》广告。
② 1898年5月16日《申报》广告。
③ 1898年11月11日《申报》广告。
④ 1899年1月29日《申报》广告。
⑤ 1898年3月2日、6月16日《申报》广告。

史悠久、信誉卓著，更不必说与中国彩票商的渊源关系。中国彩票商经销这些彩票本属权宜之计，他们寄希望于美西战争结束后吕宋票的恢复发行。不料战争仅进行了4个月，西班牙即战败求和，美国成为菲律宾的新宗主国并立即取缔了吕宋票。过去，中国彩票商因法律禁赌从未发行过彩票，进口转售彩票利润很低，盈余的大部分落入发行者的外国公司手中，因此仅就利润而言，中国自办彩票也是早晚之事。吕宋票停办所形成的市场空缺，正好成为中国彩票商发行彩票的契机，对他们来说，与其推销那些杂牌洋彩票博取蝇头微利，不如自己开创一番事业。

办彩票公司赚大钱，愿望人皆有之，但法律之剑高悬，敢为天下先冲破禁赌法令者，必须官为援手，而且必须背靠大官。因为在法律上，销售外洋彩票与自办发行区别很大。过去，中国彩票商与吕宋票总公司之间仅仅是零售商与批发商的关系，卖彩票犹如转售外国进口的一种物品，而且是在"国中之国"的租界内销售，清政府可以过问干涉，也可以装作视而不见，不闻不问面子上也过得去。同样，租界工部局也禁止博彩，只许彩票商销售吕宋票，不许外国人在租界内开设彩票公司，更不必说中国人。因此，中国商人要办彩票公司，只能是在租界以外。在大清法令未对彩票解禁的情况下，创办一家前所未有的博彩公司，无异于明目张胆地对抗法律聚众赌博。

金钱的诱惑使人敢于以身试法。早在吕宋票畅行时期，一些见钱眼红的不法商人就曾经触碰过大清法令的禁区。他们塞给地方官一些好处，使治安当局睁一只眼，闭一只眼，允许他们私下里发行一种小规模的彩票，这种事在许多城市都发生过，包括辇毂之下的京师。经营者知道事属违法，通常采用原始的摸签方式，即时销售，即时兑彩，捞了钱就跑，销售范围也不敢越过得到好处的地方官的管辖范围。这种局限于一城一地的不定期的小彩票成不了什么气候，与创办彩票公司不是一回事，并非正经彩票商想干的事业。

正正经经地以彩票公司的形式来发行彩票的事也不是没有，但未获成功。1898年秋吕宋票刚刚停办，历来做事大胆的广东商人就急不可耐地成立了一家名为大益的彩票公司，推出了一种发行额8000

张、头彩彩额 12000 元的大型彩票，试图取代吕宋票。大益公司的前身是广东过去专门经销吕宋票的一家著名票行，懂得行业规矩，公司的一切筹备工作都按正规方式进行，包括在一些重要城市的有影响的报纸上刊登广告，公开声明公司的成立，公布销售和得彩办法。但公司甫经成立，彩票未及销售，大益就无声无息地消失了，因为它没有得到官方的正式批准，未经官方首肯的中国彩票是没有一家票行敢于承销的。

大益公司销声匿迹几个月后，1899 年年初，广济公司就在上海成立了。与大益不同，广济公司的设立是经过两江总督刘坤一批准的，专门从事于发行一种名为江南义赈票的救灾彩票，社会上习惯地简称为江南票。江南票第一期发行 10000 张，每张售价 5 元，头彩彩金 10000 元，1899 年 4 月 23 日首次开彩；① 以每月均销 10000 张计，年销售额达 60 万元，与吕宋票在上海的销售额相等。发行后销路很好，销售量逐渐增加，至 1901 年 7 月，月销 30000 张，② 年销售额可达 180 万元，等于上海吕宋票销售量的 3 倍；头彩奖额也同比增加到 40000 元，以吸引更多博彩者参与；用这笔钱，当时能买农田万亩，别墅四五幢，彩票的诱惑力不难想见。

大益和广济都是有实力取代吕宋票地位的彩票公司，前者甫经创办便告失败，后者地位稳固执中国彩票业牛耳约四年之久。这判然不同的遭遇，仅仅在于有无官方的正式批文。

清代设立任何企业都要经过地方当局的批准，重要企业必须奏报朝廷，彩票公司当然不能例外。大益公司成立前是如何与官方打交道的，局外人无从知晓，但它敢于公开在报刊上刊登告白，堂堂正正地声明自己的成立，而且发行的是一种行销各省的大型彩票，毫无疑问，事先与广东官方特别两广总督是有过默契的；但这并不等于说它能够得到官方的正式批文，否则公司在创办告白中必作声明，因为这是其彩票能否通销各埠的法律凭证。而两广总督之所以不公开支持大

---

① 1899 年 2 月 16 日《申报》广告。
② 1901 年 7 月 9 日《中外日报》广告。

益公司，揣其顾虑，是中国无此先例，担心清议不容，朝廷也会怪罪。

既然如此，同样身为封疆大吏的两江总督为什么敢于批准设立广济公司，甚至上奏朝廷为它争取6年的专利？

中国是个禁赌的国家，但大清法律禁止之事，官场往往可以通融办理。晚清官场惯例，凡事只要说得出一个正当理由，许多棘手问题解决起来并不太难。两江总督批准广济而两广总督不公开支持大益，原因可以有许多，比如两家公司疏通官场的深浅，官方对两公司的信任程度，两位总督个人权威和胆量的不同等，但归根结底，症结在于大清禁赌法令的存在；从破禁赌法令来说，两公司的不同命运源于其创办理由即所亮出的旗号不同：大益所声明的仅仅是市场的需要，将自己宣布为吕宋票取缔后中国彩票业的填补空白者，广济则打出了一面全然不同的旗帜——为灾区筹款。

试看两家的创办声明。

大益公司称："本公司操业吕宋票，向蒙士商欣顾，畅行海内数十年矣。良由开彩公平，措施洽众，故买客无不乐从。适因美吕衅启，吕埠锢封，遂至生意中阻。本公司乃率由旧章，集资继乏，今在粤省自行开彩，务期一秉至公。"① 从商业的角度看，大益公司的创办声明无懈可击，它道尽了过去吕宋票的备受欢迎，强调了自己在彩票经销商中的信誉和地位，明白无误地向人们传达了一个信息：吕宋票虽遭取缔，大益公司将"率由旧章"以继其乏，凭公司的实力，大益彩票必有广阔的市场前景。但这种声明充其量只是一种商业性广告，表达的是十足的商人观点。

将广济的创办声明与之对照则是耐人寻味的。广济公司称："为淮、徐、海灾筹赈孔亟，本公司奉宪谕开办筹赈彩票，批发抽厘助赈。其票式仍系每张分十则，全张收洋五元，得彩等第、彩金列明票上，以昭信实。"② 这份创办声明开宗明义地宣布：广济公司顾念为

---

① 1898年10月21日《申报》广告。
② 1898年3月2日、6月16日《申报》广告。

灾区而设，以"抽厘助赈"的方式救济灾民，彩票系奉总督示谕而办——这是它的护身符。尽管江南票的创办与大益一样都是为了取代吕宋票，但广济公司只打救灾旗号而绝口不提自己是吕宋票的继续，只是顺带提示人们，江南票从销售到开彩的一切规格都"仍系"吕宋票的成规，而吕宋票是人们久已信赖的正规彩票，江南票市场前景尽在不言之中。

　　同一件事，不同的阐释可以赋予它不同的意义。同样是办彩票，大益公司告诉广东官方的是彩票的巨大市场，而广济公司则赋予它扶贫济困的社会意义，显然，后者更懂得巧立名目这一官场办事的个中秘诀。广济所说的"抽厘助赈"，指的是1898年夏季苏北地区淮安、徐州、海洲三府的严重水灾，助赈官款不济，灾民嗷嗷待哺，广济经理人表示愿意替官方排忧解难，发行江南义赈票以济灾民，故公司名"广济"（广施博济之意），彩票称"义赈"。

　　赌博是一种被法律禁止遭舆论谴责的社会恶习，赈灾则是历来受清政府扶持鼓励的善行义举，以救灾的名义发彩票，赌博假慈善而行，顿时便显得堂堂正正、底气十足，即使有人看透其中把戏，想指责也会有所顾忌。大灾之年，有谁会忍心去批评一家愿意向灾区伸出援救之手的新创企业呢？尽管它来历不正，有点邪门歪道。中国传统讲仁义，乐善好施的善堂遍布各地，行善可以抵恶是社会的通行法则，而一切善行义举中，赈灾最受关注，因为它急如星火，涉及面广，牵动人心。苏北的淮、徐、海洪涝是一场大灾，灾民数百万人，社会同情心倾注于此。救灾旗号一举，彩票就蒙上了一圈光环，舆论默认，清议缄口，地方官也可不太担心朝廷的责怪。于是广济公司顺利成立了，善与恶在江南义赈彩票中得到了兼容。当时，外国发彩票就是发彩票，没有什么特别的理由，吕宋票通行中国几十年，其广告也始终就销售言销售。打救灾旗号发行彩票，是中国彩票商的机智。

　　当江南票问世之际，人们无暇去细想，苏北水灾发生于1898年6月，绵延至8月洪水退尽，主要的救灾活动是在这一期间，而以救灾名义设立广济公司是1899年2月之事；救灾如救火，远水尚且救不了近火，何况时隔半年，赈灾款早已是明日黄花。更进一步说，广济打出了"抽厘助赈"的旗号,到底能拿出多少钱来真正用于救灾,对此社会人士不知底细,官场中人则知而不言,甚至他们自己也极可能是懵里懵懂的。因为,无论是广济公司还是江苏官方,他们的实际目的都不在救灾而只在于得到钱款。所谓"抽厘助赈",官方注重是"抽厘"而不是"助赈",即广济对它的报效,广济瞄准的则是百姓的钱袋,双方所需要的只是一个办彩票的理由,广济公司打出了赈灾的旗号,江南义赈票的发行便名正言顺了。

广济公司是灾后才成立的,大灾过后当然还会有一些善后事宜需要处理,但专门成立一家为灾区筹款的公司已经名实不符,所以两江总督奏报朝廷时特意添加了一个"冬赈"的理由,① 借灾民啼饥号寒以圆谎。实际上,在奏报之前,彩票已经在悄悄发行了,时间是1898年秋,只不过当时还没有打出广济公司的名号,范围限于上海、宝山两县,不登广告不做宣传,故舆论和朝廷不知,属于彩票正式创办前的投石问路。灾时需款十万火急(况且这时正是吕宋票取缔之时),广济可以名正言顺地设立公司而不设,为何必须拖延数月,直到1899年年初才奏报朝廷让广济公司公开亮相?

世人是当局者迷,后人却可以在事过之后看得很清楚。灾时(1898年6—8月)不敢公开设立公司,是时值戊戌变法高潮时期,灾后数月,是戊戌政变后的时局动荡时期。

苏北水灾和震撼全国的"百日维新"几乎是在同一时间发生的。在1898年6—9月的"百日维新"中,光绪帝连颁百余道除旧布新的法令,全国精神为之一振,移风易俗蔚为风尚。当国民精神奋发向上之际,社会就明显表现出正气压倒邪气的趋向,此时谁要首倡彩票诱民以赌,必遭舆论集矢,不管他采用何种借口,地方官都不会批准。湖南就是一例。戊戌维新运动以提倡西学启迪民智为宗旨,办新式教育,出西学书籍,是当时令人瞩目的新事物。湖南的维新运动独

---

① 对于上海正式发行彩票的这段前期经历,刘坤一在奏报朝廷时曾为之掩饰,称过去的悄悄发行是"试办";而公司之所以在灾后仍要设立,是因为"赈务虽将次办竣,而饥馑之余,民气未纾,冬赈尤不可缓"。见《商人请设筹赈彩票片》,《刘忠诚公遗集》,奏疏第31卷。

步全国，办学堂和出新书在在缺钱，于是不断有人以资助为名请办彩票，均遭扶持新政的巡抚陈宝箴严词批驳。他一针见血指出，这些人明打赞助新政旗号，"阴行赌博罔利之实"，是奸商牟利的惯用手法。因此凡接到此类呈请，他"均即将原呈屏掷，已不止一人一次"，并为此通饬全省各府州县："自示之后，无论何项事物，均不准复有设会开彩名目。"① 政治清明则社会风气正，正气高扬则邪祟隐匿。戊戌变法期间湖南巡抚的态度，可以从一个广阔的社会背景上说明当时中国为什么没有出现彩票公司。

政变后也不可能马上出现彩票公司。政变初期时局不稳，官吏明哲保身，不敢去做一些法律上会大有争议之事。到了1899年年初，政局趋于稳定，社会规复旧制，这时彩票公司的设立才有可能被提上日程。政变的直接后果是清中央政权为一批极其顽固守旧者所操纵，朝政的昏庸为"同治中兴"以来所仅见。出于对维新派的憎恨，顽固派全面清算新思想，牵连所及，洋务派要员也噤若寒蝉，社会风气转入愚暗。其极端表现是，凡维新运动中被正气压抑的社会恶俗，都受到了有意识的提倡或恶意怂恿，各种陈腐旧物和陋俗劣习卷土重来，而且远比维新运动前张狂，形成愚昧对于文明的报复性反击，赌风炽燃便是其中之一，如是者两年，直到慈禧在西安宣布实行"新政"后才收敛。在此期间，素称"赌博渊薮"的广东对旧式赌博重新开禁，将当地规模最大的闱姓赌博以及白鸽票交给商人承包，官方按比例抽税，旧式赌博在广东又得以公开进行；在上海，便是新式赌博的江南义赈彩票的创办。②

世人既然不清楚广济公司为什么会在灾后才出现，自然不会去细想它发行的江南义赈票是否真正与赈灾有关。

广济公司的"抽厘助赈"纯属欺蒙舆论的借口，任何欺世盗名的东西都是经不起认真推敲的。"抽厘助赈"的具体办法是：广济公

---

① 《府县告示》，《湘报》第159号。
② 刘坤一在奏请设立广济公司时，便援引广东对闱姓开禁事，云："今听商人仿行外洋彩票，实与广东闱姓弛禁同意"；又云江南义赈票的抽厘办法"应照广东闱姓章程"，见《商人请设筹赈彩票片》。

司每发行一期彩票，抽取销售额的10%上交江苏官方作为赈灾款。这个比例不算小，因为广济公司的全部收入中，还必须向博彩人支付大约70%的返彩款，并扣除发行销售过程中的各种费用，以此计算，它剩余下来的利润，大约有一半是上缴江苏官方作为赈灾款了。正因如此，刘坤一才能够理直气壮地为广济的设立奏报朝廷，但只要细加分析就可以明白，灾区所得到的救济款其实是极其微薄的。江南义赈彩票第一期发行10000张，每张售价5元，销售收入按票面计为50000元。因广济公司是以九五折扣批发给作为零售商的各家票行的，公司的实际销售收入是47500元，按照10%的比例，公司第一期彩票销售所得上缴的救灾款为4750元。对于一场重大灾荒而言，这点救灾款是没有任何意义的，即使以全年计算，广济上交的赈灾款也不过50000余元。

  此次救灾，清政府所拨第一批赈灾官款至少20万两，无论官方还是民间，人人皆视20万两为杯水车薪；以后官款陆续拨到，加上社会各界募集交官的义赈款，总计苏北水灾的赈款达127万余两，①广济公司的赈灾款在这全部赈款中占不到任何比例。而且清代任何一场大灾，社会各界都有巨额捐款，其中大笔的捐款通常统计在官方收到的赈灾款内，127万余两中就包括南洋华商捐助的20万两。② 此外，还有许多小笔捐款是由募捐组织直接送往灾区的，不在官方收到的赈灾款的统计之内。苏北水灾时期，江苏、上海及各地成立了许多募捐组织，其中上海《申报》馆的募捐处，1898年募集赈灾款23957两，送往苏北灾区11000两③，这都是急公好义之士的无偿捐助，不向政府索取任何回报。广济公司专为赈灾而设，上惊朝廷，下感社会，一年的赈灾款比区区一家《申报》馆多不了几何，在社会各界的义务捐款中不过沧海一粟。更何况，到这次赈灾活动结束时，官方收到的全部赈灾款127万余两实际上还有5000余两的余额，④ 它

---

  ① 《淮徐海赈捐第二案收支款目折》，《刘忠诚公遗集》，奏疏第32卷。
  ② 《本馆接奉电音》，《申报》1899年1月27日。
  ③ 《综纪戊戌年本馆协赈所筹赈事略》，《申报》1899年3月4日。
  ④ 见《商人请设筹赈彩票片》，《刘忠诚公遗集》，奏疏第31卷。

绝不缺少广济的那点微乎其微的报效。

刘坤一是个有着几十年官场经验的老官僚，特别是身任两江总督兼南洋大臣，见惯了商务发达地区奸商以堂皇理由行暗昧之事的种种伎俩，对于广济公司为何打救灾旗号当然是心知肚明的。他明知故纵，对广济的创办呈请照批不误，自是别有一番深意。晚清财政窘迫，户部拨款不足，地方政府不能不想方设法自辟财源。广济公司每月只能上缴数千元，对救苏北之灾毫无裨益，但作为中国第一家彩票公司，其前途不可限量。换言之，刘坤一看中的不是广济目前的这点赈款，而是它的未来，他顺水推舟地接过了广济的救灾旗号，呈请朝廷予以批准，真正目的是将公司作为自己掌中的一个常年性财政来源。有吕宋票的市场作基础，只要没人与之竞争，广济的销售额必然连年翻番，不断递增的公司利润就会按比例源源归入地方财政。所以，苏北水灾的全部救济工作包括善后在内仅仅花了一年的时间（至1899年秋结束），而刘坤一为广济公司申请的专利竟长达6年。

退一步说，即使真为救灾，何需6年时间？刘坤一上奏的真实意图路人皆知，而清政府居然批准了这个奏请，其中原因多多。除了清政府对地方事务懂得很少，而且晚清惯例朝廷对地方重要督抚的奏请一般不轻易驳斥之外，很重要的一点还在于它对于大灾之年"乱民滋事"的恐惧。中国历朝当政者都担心灾荒之年的"乱民滋事"，清政府更有特别的难处。一是灾多荒重，难民流离失所，庞大的流民队伍构成对社会稳定的严重威胁。二是教案频频，这种新的民间骚动混杂了各种社会矛盾在内，处理起来十分棘手。因此，晚清社会的"乱民滋事"与历朝的不同之处就在于它由灾民与教案两者构成，而教案又往往借天灾而起。教案不起则已，起则常借灾民之势星火燎原，令清政府常年穷于应付。因此清政府比历代都更重视救灾，标榜"国家仁政之大端"。所以两江总督敢于接过广济的救灾旗号为其开赌请命，而清政府也不假思索地朱批照准。

就这样，广济公司以赈灾为名堂而皇之地发行了江南义赈票，大清禁赌法令因两江总督对广济的护驾撕裂了一大缺口，从此彩票在中国合法化了。晚清国门初开，西风东渐，国人闻所未闻的新行业不断从海外移植进来，任何一个新出现的行业，凡有钱赚，必成热门；众人蜂拥而上，弊端百出，而后大加整顿，这种令人费解的怪现象却是当时屡见不鲜的经济行为和法令难禁的恶劣时风。江南义赈彩票一炮打响，跟风者以之为蓝本，打善举旗帜，冲禁赌法令，彩票公司如云而起，大抵是官商互通心曲，假扶贫济困之名，行诱赌敛财之道。

二 洋商竞设彩票公司

彩票盈利迅速，稳赚不赔，重利所在必有如蝇逐臭之徒。况清末乃多事之秋，天灾频仍，人祸更烈，清政府拿不出钱来，需要假慈善家出面之事在在皆是。广济既开彩票济穷先例，援例而行势所难免，故刘坤一预防在先，为广济申请了6年的专利，规定在此期限内，凡江南票行销之地，不许设立其他公司，以垄断消灭竞争。

这项奏案在一年内，阻止了所有中国商人开办彩票公司的呈请，但阻止不了外国人。

早在吕宋票初销中国时，上海的洋商就要求创办彩票公司。租界当局鉴于彩票属于赌博行为，故只许经销（吕宋票），不许发行（本地彩票）；对违抗规定者，采取断然的打击措施。广济公司的创办，给了多年觊觎中国彩票市场的洋商一个有力的借口：既然中国人创办了彩票公司，而且广济彩票已经暗暗流入了租界，各国商人没有理由不能在租界内经营彩票。他们提议，只要租界工部局同意，每创办一家彩票公司，按月向它缴纳彩票税1000元。至此，租界当局不便也不愿再阻止各国商人的请求。1900年3月德国商人的和济彩票公司首先获准设立，随之各国商人接踵而起，工部局一一批准，到1901年2月英国商人纳绥尔的广利公司为止，一年内外商在上海连办10家彩票公司。现按开彩时间先后分列于下。

（一）广益公司

1900年3月4日经英美工部局批准设立，备有资本15万元、长期款10万元，存放于汇丰银行、麦加利银行，另有临时用款存放于上海各钱庄。第一期彩票于 5 月 13 日开彩，额设 10000 张，每张售价 5 元，头彩彩额 10000 元，二彩 4000 元，三彩 2000 元。发行后销路甚旺，第二期的发行额增加 50%，为 15000 张，头彩相应增至 15000 元。①

（二）和济公司

德国商人爱勒开设，是外商在华创办的第一家彩票公司。因准备工作不足，第一期彩票的开彩时间稍晚于广益公司。该公司 1899 年即"禀请驻沪各领事暨英美工部局筹办"，声明在汇丰银行存有长期款 20000 元，1900 年 3 月允准开设。4 月 29 日发行彩票，5 月 16 日开彩。额设 10000 张，每张售价 5 元，头彩 10000 元。② 1901 年第 11 期起，发行额增至 12000 张，头彩增至 12000 元。③

（三）华洋合众公司

经驻沪领事同意，英美工部局颁给营业执照，1900 年 4 月初发行彩票。第一期额设 10000 张，每张售价 5 元，头彩 10000 元，二彩 3000 元，三彩 1000 元，5 月 26 日开彩。④

（四）瑞成公司

由英美工部局批准开办，1900 年 4 月 29 日发行彩票，5 月 27 日开彩。该公司彩票称六围票，开彩方式与其他公司不同。各公司都采用先进的机器摇号，瑞成公司的六围票则采用华洋结合的方式，以机器摇出中国的姓氏。⑤ 是洋彩票中为迎合中国民众心理的别开生面者。

---

① 1900 年 3 月 24 日、5 月 10 日、6 月 1 日《中外日报》广告，1901 年 2 月 25 日《申报》广告。

② 资本额见 1901 年 2 月 25 日《申报》广告，第一期发行额见 1900 年 3 月 16 日《中外日报》广告。

③ 1901 年 2 月 23 日《中外日报》广告。

④ 1900 年 4 月 7 日《中外日报》广告。

⑤ 瑞成公司开彩的具体方式是："用机器圆球两球，一球载一百二十姓字，一球载白弹一百零四个，红弹十六个；两球互相摇匀，此球所开出姓字与彼球所开出红弹相对，即为众字；若彼球所开出白弹相对，即不入众字，总以开完两球所载弹子为度。" 1900 年 4 月 27 日、5 月 4 日《中外日报》广告。

（五）太德山公司

总部设于澳大利亚墨尔本，有"天下最大彩票公司"之称。闻讯中国彩票热，特赶赴上海开设分公司，备有资本数百万元，存放于上海汇丰银行、墨尔本的合众银行及卫尔斯银行，"得工部局执照及各领事保护"在上海发行彩票。第一期即发行 30000 张，头彩彩额高达 30000 元，二彩 10000 元，三彩 5000 元，7 月 31 日开彩，是当时上海规模最大的彩票公司。①

（六）普益公司

该公司背景为德国商人经营的一家大型企业，有资本数百万元，投资重点是苏州房地产业。因苏州开埠不久外国房地产商一拥而上，所建楼房滞销，公司资金大量积压，遂创设与企业同名的彩票公司，欲以彩票收入解决资金周转不灵问题。因此该公司的返彩方式也与其他公司不同。各公司均以时尚流行的现金形式返彩，普益则以楼房抵充现金。因为以实物抵充现金的方式不受博彩人欢迎，故普益的彩额便远远高出别家公司，头彩可以得到楼房一套（有 60 间房），外加平房 30 间，时价值洋 16000 元。外商彩票公司都特别重视商业信誉，普益公司规定，如果得彩人不愿要房地产，公司可以将房屋折价为 12000 元，仍以现金返彩。普益公司彩票的中彩率为 26%，高出别家公司一倍以上。该公司由英美工部局颁给执照，第一期彩票额设 10000 张，每张售价 5 元，9 月 24 日发行，11 月 21 日开彩。②

（七）同利公司

洋商汇喇设立，由驻沪领事批准，英美工部局颁给营业执照，12 月 18 日发行第一期彩票，1901 年 1 月 18 日开彩，额设 12000 张，每张售价 2 元。从第 4 期起，增额至 15000 张，头彩 6000 元。③

---

① 1900 年 5 月 24 日、6 月 1 日、6 月 21 日《中外日报》广告。
② 1900 年 9 月 16 日《中外日报》广告、1901 年 2 月 26 日《申报》广告。
③ 1900 年 12 月 20 日《申报》广告、1901 年 3 月 4 日《中外日报》广告。

（八）大成公司

洋商爱勒设立，彩票称同庆双彩票，由驻沪领事批准，英美工部局给照。第一期彩票于1901年3月25日开彩，额设15000张，每张售价2元，头彩6000元。所谓"双彩票"，是指该彩票的大彩（头彩、二彩）可以分别有两位得主。①

（九）通利公司

德商业理和设立，经德国驻沪领事审查后，由英美工部局给照。1901年2月21日发行第一期彩票，3月28日开彩，额设12000张，每张售价2元。②

（十）广利公司

英商纳绥尔设立，由驻沪领事批准，英美工部局给照。1901年2月22日正式开办，28日发售第一期彩票，3月30日开彩。额设10000张，每张售价3元，头彩6000元，二彩1200元。③

以上10家公司，分设于两个阶段：前6家开设于八国联军侵华事件影响于上海市面之前，规模都比较大。其中瑞成公司的彩票发行额不详，其余5家第一期的发行额除太德山30000张外，另四家均为10000张（与广济同），每张售价均为5元。不计瑞成，5家公司彩票的每月发行额合计70000张，销售额为35万元；全年12个月，按月发行，若各月发行额度均按第一期计，年销售额420万元。④

---

① 1901年2月23日《中外日报》广告。
② 1901年2月24日《中外日报》广告。
③ 1901年2月23日《中外日报》广告。
④ 此处的统计，月销售额是实数；年销售额如正文所述为理论上的推算数，系以第一期的销售额乘以12个月所得，因各公司的销售额常有变化，如和济、广益后来分别增加到月销12000张、15000张，太德山公司自第一期后未见继续发售的消息，不知是因为市场容量有限撤离了上海还是继续存在。现为简便起见，姑且不考虑它们以后发行额的变化，因为本文想说明的只是它们的规模；下文中的后4家公司的年销售额也是同样计算，当然它们存在的时间还不到一年。

· 297 ·

6家公司设立后，因八国联军侵华，上海市面动摇，彩票难销，数月内未再有新公司设立。战事结束，又有4家新公司的设立，因市面未稳，也许是因为有实力的公司已先期创立，或者市场容量有限等因素，后4家的规模都较小，月销售额分别为：同利24000元，大成30000元，通利36000元，广利30000元。合计4家公司的月销售额为12万元，年销售额144万元。

总计以上10家公司，扣除瑞成不计，9家公司的彩票年销售额达564万元，相当于广济公司的10倍。此10家公司之外，还有一些未经注册偷偷干起来的洋商公司和浑水摸鱼乘机捞上一把的华人公司（当然，这些都是非法的小公司）。一时间，上海成了彩票的世界。事情远不止于此。彩票是一种赌博性行业，具有赌博的共性，即参与者会上瘾，彩票会越买越多，博彩者的队伍越聚越大，彩票的发行量随之日增月长。面对上海彩票的这种风起云涌之势，上海《中外日报》忧心忡忡地警告租界当局说："转瞬之间，此十里洋场中，将成为大赌博场。"①

洋商彩票发行于上海，销售于各通商口岸城市，不仅过去吕宋票、江南票的销场均被包揽，而且范围更广。洋彩票如此畅销，首先得力于它的商业信誉。洋商公司与广济公司的最大区别在于，广济是纯粹的彩票商经营的公司，它承袭的是过去吕宋票的经销体制，隶属于它的各地票行，与广济公司一样，除彩票一项外不经营其他业务；其次，彩票商作为赌博性行业的业主，社会地位低下，处于被其他行业的正经商人根本瞧不起的地位，在商界的影响极其有限。因此，刚刚创立的江南票，除了占有吕宋票原来的市场外，要想扩展上海以外的各地新市场，绝非一蹴而就之事。洋商彩票则不然。洋商公司大多数是上海的洋行主创办的（有的则是世界著名的彩票公司如太德山），②它们的彩票不仅可以通过洋行在各地的商业网络直接销售，更可借助于它们母体（各洋行）的信誉吸引当地票行参与推销。广

---

① 《论租界将成为大赌博场》，《中外日报》1900年5月17日。
② 有些是中国商人与洋行勾结借用洋行名义开办的，当时报刊有此一说，但未指明哪些公司，姑且将它们暂都视作洋商公司。

益公司一开张就声明有资本15万元、长期存款10万元,存放于著名的汇丰、麦加利等外国银行,另有大笔款项存放于上海各钱庄以应急需,仅此财大气粗一点就足以昭信于人。而广济公司却从未作过这种声明。这里固然有中西商业规范的不同,① 但明显的客观效果却是,洋商公司一成立就博得了中国彩票业的信任,各家票行都乐于经销它们的彩票。过去,广济公司凭借官府撑腰已将各地经销吕宋票的票行收归自己的麾下,洋商彩票公司初创之际,这些票行出于同业抵制的惯例,一度不敢公开销售洋商彩票,曾几何时,为自己的利益便纷纷脚踩两只船,既经销江南票,也同时经销洋商彩票,广济公司对此莫可奈何。借助于这些票行,洋商彩票不仅迅速占领了上海彩票市场,而且轻易打开了各省通商口岸城市的市场,并以这些城市为当地彩票销售的中心点,向其周围市镇扩展。在不到一年的时间里,据公司和各票行的销售广告显示,洋商彩票的销售圈至少是:北起天津南至广州的沿海城市,自东而西经长江上溯至武汉的沿江城市;概而言之,凡属中外通商之地大都成了洋商彩票的销售范围。

洋商彩票能够从上海起步迅速向全国蔓延,做到了吕宋票几十年未能做到的事,除有洋行实力作后盾外,另一个不可忽视的因素是庚子事变时期的特殊国家形势。

洋商彩票公司经各国领事和工部局的批准,开设于租界之内,租界虽号称"国中之国",但若有严重违反大清法律之事,中国地方官照例是要过问的,抓维新派,捕革命党,凡清政府关心之事,地方官都通知租界当局予以配合,桩桩件件未能例外。但面对洋商彩票铺天盖地之势,除广济公司为维护自己的市场利益三番五次出面抗议外,上海的清方要员一概装聋作哑。道理很简单,自广济公司创办,大清法律的禁赌规定对彩票已经名存实亡,区别只在于华人办还是洋人办,办一家还是办10家,上海当局又能拿什么理由去与外人强硬抗争呢?

---

① 其实未必如此,中国公司成立时也应申报资本,如福建彩票公司成立时就公开声明自己备足资本15万元。

问题的要点尚不在此。洋商公司设立在租界内,在租界内外国人所作所为即使不合大清律法也合乎租界自己制定的法规,但彩票的销售却是大量在租界以外进行的,租界法规明确规定,一出租界范围即属中国"内地",是洋人洋货未经中国方面允许不得擅入之地。大清官吏可以不管租界内洋商公司的设立,但不能坐视租界以外洋商彩票的销售,这是他们管辖范围内的职责所在。然而,当 10 家公司的彩票越出租界进入上海"内地"乃至飘飘洒洒飞向各商埠城市直达非条约口岸的穷乡僻壤时,各地官吏并未采取抵制措施。这种情况如果发生在一年以前是不可想象的。过去,地方官虽有畏惧洋人的通病,但为避免当地"华洋冲突"维持地方平静起见,对于自己辖区内的洋人洋货的非法进入,常常被迫起而抗争,有时还相当坚决以至于顽固。彩票是一种带有赌博色彩的不正当"洋货",无论就危害地方而言还是为避免事端发生,地方官都不会坐视不问,至少会有一种表面上的抗议,以免闹出事端后遭朝廷处分或清议责怪。但是此刻,仅上海县令发布了一个羞答答的告示,强调广济是上海唯一合法公司,不许其他公司的彩票越出租界范围以外销售。① 然而告示归告示,上海方面不见任何行动,外地官吏更悄无声息。其所以如此,只要看看当时的大势就很清楚。洋商彩票的销售起始于 1900 年 5 月广益公司的首期开彩,对外地的倾销是 6 月以后,这时正是义和团大规模开进京师之时,这一非常举动与清政府严禁秘密会社的一贯做法大相径庭,一时传言四起;紧接着,清廷对外宣战,中国面临鸦片战争以来的最大变局,整个官僚队伍人心惶惶,不知局势将往何处演变,均采取静观态度,地方政务不理,何论区区彩票。加之此刻上海当局和南方数督抚正与外国领事磋商东南互保,不愿意在彩票问题上别生枝节。上海不禁,外地官吏更不愿主动禁止彩票而在自己的管辖范围里酿出交涉事端。正是利用这种局面,和济、广益等 10 家洋商彩票公司势如破竹,一举冲开了中国各地的彩票市场。

　　颇具讽刺意味的是,面对洋商彩票的泛滥成灾,中国官吏可以不

---

① 《谕禁彩票》,《中外日报》1900 年 12 月 11 日。

闻不问，西方驻上海的领事们却如坐针毡，他们不能不出面干预了。西方领事是同意洋商设立彩票公司的始作俑者，现在系铃解铃，嘱工部局取缔彩票公司，个中原因不详。根据租界工部局发布的公告，是领事们传出了口信：彩票经营"实非正经之道"。这种说法是可信的。因为当时西方先进国家视滥发彩票为不正当商业行为，洋商在上海大肆经营彩票，无疑是毫无廉耻地诈骗中国人钱财的行为，驻沪领事们对此难辞其咎，可能因此受到了来自国内的指责或公正舆论的讥评。不管出于什么原因，事实是，1901年3月各国驻沪领事作出了取缔全部外商彩票公司的决定，并建议租界工部局立即实行。4月21日，工部局发出了禁止彩票的公告。公告称："接租界领袖西洋总领事华函，以现在上海公共租界内所设之各项彩票，实非正经之道，会议嘱工部局将所发无论中外彩票之执照概行收回。今工部局定即遵办，并设法在租界内杜绝复售。各国领事官现议：凡各该国之商民，如有违此章程，定行罚办。"① 公告规定自发布之日起，各公司一律不得再发行彩票，已发售的彩票限期一个月内兑彩完毕。5月底，规定期满之时，外商在上海的所有彩票公司已经全部解散，整个上海市场中洋商彩票消失净尽。从1900年3月上海爆出10家公司，到1901年5月租界恢复"净土"，洋商彩票公司来得骤然，去无踪影，如同夏日的一场雷雨。

根据上文对10家公司的介绍可以看出，洋商彩票公司几乎都是经过英美工部局批准设于公共租界之内的。在一般情况下，英美领事作为派出国驻上海的外交代表，不干预作为租界行政当局的英美工部局的具体事务，即使干预，工部局也可以按照租界法规的规定加以否决。这次西方领事和工部局意见一致，以果断的行动结束了彩票的泛滥，至少说明一件事：他们认为在自己的管辖区域内，出现大规模发行彩票以诱导中国人赌博的现象，有损于他们国家的体面，至少是自己的失职。这件事同时也印证了当时舆论反复强调并为日后中国现实所证实的一个基本道理：结束彩票泛滥并不难，

---

① 《示禁彩票》，《申报》1901年4月22日。

关键只在于政府如何认识彩票，有无禁止的决心和能力。

三　上海中心市场——南北洋势力的争夺

外国人令行禁止，雷厉风行地取缔自己的彩票公司，给中国人留下了极其深刻的印象，上海舆论喝彩叫好，强烈呼吁清政府仿效租界当局所为，正本清源，禁止彩票赌博。然而，洋人走了，官商来了。彩票市场既已形成，空缺总会有人去补，就像一座楼房，旧主人搬了出去，新主人马上就会住进来。吕宋票初辟中国市场，停办后引来一家广济公司；上海洋商拓展了这一市场，10家公司取缔后，挤进了几乎同等数量的中国公司。这些公司不管有实力没实力，后台都是一样的硬，非总督，即巡抚，无非是官为庇护好赚钱；口号都是震天的响：非救灾，即善后，乱哄哄你方唱罢我登场。

首先来抢占这个市场的是声名显赫的李鸿章北洋派系。1901年年初京津地区八国联军侵华战火刚熄，商人黄秉璋、胡长林便向李鸿章辖下的顺直善后筹赈局许诺：只要能设法在上海开办彩票公司，必有大钱可赚，如获批准，愿意一次性报效50000元，以后每月按彩票销售额的10%上缴该局。李鸿章遂命顺直善后筹赈局总办顾肇熙具体筹划，同时奏报朝廷请求批准。1901年4月普济公司在上海成立，发布声明：普济之设立系奉李鸿章札示，受顺直善后筹赈局保护，为八国联军蹂躏的北方兵灾地区筹饷而发行顺直义赈彩票。

李鸿章是直隶总督，坐镇天津，顺直善后筹赈局是他管辖下的处理直隶地区义和团及八国联军事件善后事宜的政府机构。明明是北方的实力派，却偏偏南下上海设立彩票公司，直接原因是，天津虽为通商巨埠，但兵灾刚过，彩票很难卖得出去，这只是表面上的理由；真正的原因是，天津的彩票市场历来是上海的子市场，对全国的影响微乎其微，而上海则是自吕宋票以来的中心市场，谁占领了上海滩，谁就可以称雄中国彩票业。1901年4月28日，普济公司的顺直义赈彩票开始发行，额设12000张，每张售价5元，头彩8000元，6月1日开彩。① 彩票发行获得成功，第二期发行额便增为 15000 张，头彩奖金加至 10000 元，发展势头直逼江南义赈票。

顺直善后筹赈局在上海创立普济公司的消息一经传出，北方兵灾各省接踵而至。山西商人说动巡抚岑春煊在上海设立广益公司，岑春煊专此批示："山西赈需孔亟，该商等推广义赈，力顾灾区，深堪嘉尚。"② 安徽商人怂恿巡抚王之春出面，联合山西、陕西两省巡抚设立安济公司，以帮助西北两省恢复经济为名，准备发行每期额度为 10000 张的协助秦晋义赈彩票。③ 兵灾过后，人人都在动彩票这个脑筋，理由都正大光明，只是惹恼了两江总督和广济公司。

自洋商彩票公司停办后，广济公司很快恢复了它在上海的一统天下，彩票销售额直线上升。④ 不料洋人刚走，各路诸侯立即会聚沪上。上海市场是广济的地盘，广济的 6 年专利是刘坤一奏准的，无视广济的专利，就是不给刘坤一面子。于是，始而广济公司打前阵，毫不含糊地斥责普济、广益、安济三家公司来路不正，属于"奸商无可牟利，是以纷纷借义赈为名"乘机捞钱；⑤ 继而两江总督指示上海道出面，勒令三公司退出上海，以符广济 6 年专利的奏案。山西广益、安徽安济只有地方巡抚撑腰，无法与之抗争，彩票未及发售便知趣而退，撤销了公司。普济背靠李鸿章，不买其账。5 月，顺直善后筹赈局颁布告示，理直气壮地宣称：普济与广济同为赈灾而设（一个是"广施博济"创办江南义赈票，另一个是"普济众生"发行顺直义赈彩票），"事同一律，既经奏准，自应一体行销"⑥。以广济自己的创办旗号回击了它对普济"奸商牟利"的指责，理由之充足无可辩驳，顺直义赈彩票继续发行。

---

① 《上海普济公司筹办顺直义赈彩票》，《申报》1901 年 4 月 19 日。
② 《上海南市广益公司筹办山西义赈彩票》，《中外日报》1901 年 5 月 15 日。
③ 《安济公司协助秦晋义赈彩票》，《中外日报》1901 年 5 月 18 日。
④ 1901 年 5 月洋商撤销彩票公司前后广济公司的彩票发行额对比如下：4 月 15000 张，5 月 18000 张，6 月 22000 张，7 月 30000 张；以上均据广济公司的销售广告，分见 1901 年 4 月 2 日《申报》，5 月 7 日、6 月 10 日、7 月 9 日《中外日报》。
⑤ 《督批江南赈票照案专办登明》，《中外日报》1901 年 5 月 28 日。
⑥ 《奏办顺直义赈彩票普济公司谨登》，《中外日报》1901 年 5 月 19 日。

很快，上海官方就作出了回应。正当普济公司紧锣密鼓地为其第二期彩票增量发行作宣传时，突奉上海道札示，命令立即停止发售此期彩票。① 普济公司设于上海，不能不遵守这道法令，被迫宣布暂停发售。

广济及其后台欺人太甚，6月10日，李鸿章亲自出面，依仗在世资格最老的地方总督的声威，一道气势逼人的示谕发向上海："此次顺直奇灾，为古今所罕见，较诸昔日淮徐，昔啻倍蓰。为此示仰该处军民人等知悉：须知上海设立普济彩票公司，协济顺直善后赈需，出自本爵阁督部堂奏明奉旨办理，并非私设，毋得阻挠干咎。"② 短短百余字示谕，一连串严词厉语，大有善者不来之意，必较输赢之气；字字句句斥责广济，怒气所向，谁都能品得出弦外之音，两公司的斗法已经颇有点两总督斗气的味道。

然而，普济毕竟开设在两江总督的地盘上，北洋势力再强终究鞭长莫及。无论李鸿章怎样声色俱厉，上海道的出面干预，明白无误地表达了江南官方不欢迎普济彩票的态度。此时上海票行总数约百家，敢于承销普济彩票的已不足10家。直督威风，市场无情，况李鸿章重病在身（不久去世），无力过多关照普济，无奈，普济退出上海，撤至烟台开办。广济、普济对上海市场的争夺，以普济的失败告终。

广济、普济两家华商公司的这场经济纠纷，追本溯源，根子在于清政府的昏聩。无论是广济还是普济，它们创办之际分别由两江总督、直隶总督奏报朝廷，得旨允准后才开办的。广济设立在先，朝廷许以6年专利；普济奏报在后，朝廷又照批不误。晚清经济法对专利的界定相当明确，基本概念指地区性的行业垄断。广济的6年专利，一言以蔽之，即6年之内上海彩票业只此一家别无分店。李鸿章上奏后，清政府不是不知道上海地区的专利早已许给了广济，只碍于朝廷老臣情面难抹，不便硬驳，故对其奏折批以含糊其辞的"知道了"三字敷衍了事，李鸿章正是利用这未予明驳的三个字设立的普济。清

---

① 《普济公司遵奉上海道宪袁谕》，《中外日报》1901年6月15日。
② 《钦差商务大臣太子太傅文华殿大学士北洋大臣直隶总督部堂一等肃毅伯李为出示晓谕事》，《中外日报》1901年6月24日。

最高统治者无视自己一手制定的经济法令,既生"亮",又生"瑜",导致了上海彩票市场上的一场狮虎厮杀。专利是晚清新定经济法的一项内容,清政府之为经济立法,本意是参照西方,借他山之石规范国家的经济行为,但事涉统治阶级高层,一封奏章便可将其弃若敝屣。权力不受法律制约是封建官僚政治的特点,晚清政治腐败,徇个人私情而藐视法律的历史痼疾就表现得特别明显。

回到正题中来。普济的败退烟台,无异于宣告广济公司在上海地位是不可摇撼的,以李鸿章的权势尚且无法插足这块地盘,其他各省督抚自然不会再自找没趣。此后,各省凡新设彩票公司,均知趣设于本省省会,或省内开化程度较高的大城市,避开与广济的冲突。也正因此,中国彩票的发行点和主销场,就由上海一地扩散到了各省,为彩票在全国的大泛滥作了铺垫。

四 各路诸侯尽显神通

普济与广济的纷争刚平息数月,浙江、湖北等省即奏章联翩,请援上海广济、烟台普济之例发行彩票。理由再简单不过:巨额庚子赔款的交付日期逼在眼前。

1901年9月7日《辛丑和约》签字,中国赔款4.5亿两,连同利息共9.82亿余两;交款日期从1902年1月1日起,当年必须"交付足款"。所谓"足款",指的是必须交足赔款条款规定的每年的数额,不得短少分文。1902年应交之款为:本息银1882万两,另加300余万两的"允缓半年付款"利息银,合计2200万两。1902年是交款的第一年,被八国联军打怕了的清政府不敢不如数支付,而中央财政每年入项仅8000余万两,负责筹款的户部心急如焚,哀叹:此次赔款"款目之巨,旷古罕闻;期限之迫,转瞬即届"。无奈,只能由各省分摊,大省富省数百万两,小省穷省几十万两,这还仅仅是1902年的各省分摊数额。

经过庚子事变的巨挫,清政府威信扫地。因此它一面对地方督抚好言相劝:"和议既成,赔款已定,无论如何窘急,必须竭力支持。"

一面因列强紧逼不已,担心督抚叫穷拖宕,不得不强摆天子威仪,严厉告诫各省:赔款必须"如期汇解,不得短少迟延,至有贻误"。否则"唯各该督抚是问"。

清政府把承担赔款的重担卸给了地方,至于督抚如何筹款它并不关心,更准确地说是拿不出善法良策来,因为清朝历来的做法是逼榨平民,这次依然沿袭旧例。户部拟定的筹款办法即老一套的加抽捐税。办法共四项:1. 加收房捐,首先在广东开办,办有成效后推广各省;2. 增收地丁税,在山东试行后各省仿行;3. 盐斤加价,拟每斤盐税加抽4文;4. 鸦片及茶、糖、烟、酒等非生活必需品,在原税基础上加抽30%。此外,户部知道巨款难筹,允许各省"可因时制宜,量为变通,并准就地设法另行筹措"。①

各省督抚对于沉重的赔款负担倍感困难,更因赔款源于庚子事变而心存异议。对于庚子事变,统治集团内部一直议论纷争,在不少督抚眼里,从义和团闹京师到八国联军铁蹄破山河,一系列的事件,肇端于慈禧和她周围的中枢大臣们的荒诞乖谬。故慈禧宣战诏令下,东南督抚敢于斥为"伪昭",自行其是与交战各国搞"互保";慈禧率朝臣弃都西逃,创有清二百余年未有的奇耻大辱,朝廷威信在人们心目中更是扫地已尽。朝廷事先不听劝谏,苦果由各省分担,督抚们难免有所怨言。当然,现在和议既成,帮助天子善后历来是臣子的义务;地方替朝政担过,也是督抚应尽的职责。但是,赔款怎么筹措,就大有讲究了。

事变以来民情浮动,联军虽退,人心未稳,各地督抚均以稳固地方治安为上策;而户部所拟筹款办法,均属逼榨百姓,难免激化矛盾;一旦激成民变,朝廷怪罪,充当替罪羊的依然是地方当政者。朝旨严厉,凑不齐赔款,唯督抚是问;户部有云,可以"因时制宜,量为变通"。既如此,上海早已作出了发彩票以应急需的先例,仿照广济成例是最简便的办法。故湖广总督张之洞专此上折,申述巨额赔

---

① 以上三节的数字和引文均见《户部奏新定赔款数巨期迫亟应合力通筹折稿》,《申报》1901年11月14日。

款难筹，彩票不得不办的理由云："此时筹集赔款，万分困难，筹议数月，尚无端绪。值此民生困穷之际，虽百计搜罗，终无大宗巨款，而期限急迫，谕旨森严，臣等与司道各官焦灼万分。因思各种彩票林立——兹拟仿照各省成案，由鄂省自设签捐票，在汉口地方招选妥实商人试办，并于繁盛通达各州县体察民情，酌量试办。其所收之款，即以凑补此次赔款之用及奉旨急需举办之自强诸要政。"① 张之洞折中所称的"签捐票"，是湖北彩票的名称，"签"指彩票的抽签开彩方式，"捐"指以彩票所得抵充捐税。同样的索取于民，过去是纯然税上加税的强征硬派，现增添一种愿者上钩的无痛税收，是库帑空虚又不敢逼民太甚的无奈新举措。

自李鸿章死后，张之洞跃居为各省督抚的领衔人物。以张之洞为首的各省督抚请办彩票，使清政府处于十分尴尬的境地。自广济起，一个十里洋场成了赌窟，现在各省仿行，无异于把全国变为大赌场，这对于标榜礼教治国的清政府实在是有损国体丢尽颜面之事。但赔款是联军退兵的先决条件，商定和约时为此反复争执，慈禧得以回銮重掌朝政，是"量中华之物力，结与国之欢心"不惜用巨额赔款等重大国家利益与侵略者作了交换的结果。列强穷凶极恶，清政府早有领教，两害相权只能取其轻者，走投无路的清政府对地方督抚请办彩票，只能凡有奏请无不照准。于是从1902年起，为应付庚子赔款，出现了上海以外的各省自辟的彩票新市场；所办彩票的名目，也由过去"为民解困"的救灾彩票，摇身一变，成了替朝廷"善后"的"筹饷"彩票。

最早发行善后筹饷彩票的是浙江，具有典型意义的是湖北。

浙江毗邻上海，江南义赈票创办后，浙江反响强烈，省会杭州票店林立，销售旺畅，不法奸商也乘机而起，私售各种小彩票滥厕其间。② 场面的热闹显示市场的发达，不由人不去想象浙江自办彩票会有何等灿烂的前景。因此各省分摊赔款数额确定后，浙江官府立即开

---

① 《试办签捐票片》，《张文襄公全集》第55卷，奏议第55。
② 《查禁彩票》，《中外日报》1900年5月25日。

始筹划彩票事宜,而马上就有数名彩票商表示愿意承揽,其中之一就是过去在上海经营洋商广益公司之人。彩票商们所开具的向省政府的报效额,从5000元到25000元不等,①人气之旺,足以使浙江官方踌躇满志。1902年年初,经浙江巡抚奏准,浙江设立协济公司,发行浙江善后筹饷彩票,通售全省及外省各埠。第一期额设10000张,每张售价4元,头彩10000元,1902年1月26日发售,3月7日开彩。②

浙江彩票初期的销售情况并不理想。因为本省和外地的票行销惯了江南义赈票,社会购买者也一时只认他们熟悉的有声望的江南票(私家彩票盛行是因为价格低廉而且中彩概率大),浙江善后彩票作为后起者,在几个月里难以得到市场的认同。发行到第4期,协济公司加大了中彩的彩额比重,头彩由10000元猛增至15000元,③从第5期起,杭州"购者遽形踊跃",在省城的带动下,各地销路逐渐打开。

浙江有着良好的市场基础,自办彩票尚且开端不顺,湖北市场相对闭塞,发行彩票的难度就大多了。

早在《辛丑和约》签订的当月,各省分摊赔款的数额尚未确定,张之洞就未雨绸缪,与湖北各司道商定了筹集赔款的各种办法,其中包括兴办彩票。④1901年11月湖北以黄冈县为试点开始筹办。12月,黄冈彩票发行,每张售价1000文,头彩得洋1000串文,然"购者殊觉寥寥",⑤试点并不成功。张之洞迫于罗掘无术,强硬在全省推行,1902年1月11日正式奏请创办湖北全省彩票公司,仿日本富签票名称,定名为湖北签捐票,设总局于汉口,第一期定额20000张,每张售价6元,头彩50000元,4月3日在汉口开彩。⑥

---

① 《创设彩票》,《中外日报》1901年11月20日;《争开彩票再志》,《中外日报》1901年12月13日。
② 1902年2月12日《中外日报》广告。
③ 1902年5月10日《申报》广告。
④ 湖北的办法是:"一为加派田捐,二为加抽厘金,三为开行彩票",见《湖北近事述函》,《中外日报》1901年9月25日。
⑤ 《试销彩票》,《中外日报》1902年1月2日。
⑥ 1902年2月25日《中外日报》广告。

黄冈一县彩票难销，推广全省可想而知。经过各种努力，湖北签捐票销售月余，到第一期的开彩之日尚有 800 张未及售出。彩票业成规，为避免作弊嫌疑，在彩票全部售出前一般不开彩。不得已，临时由张之洞、端方（湖北巡抚）率官员包销。

　　与浙江加大彩额促进销售不同，湖北彩票难以售出，张之洞的解决办法是强行派销。在这方面，湖北有自己的优势，因为它与前此任何彩票公司不同，是一家官办企业。

　　中国彩票业的经营体制从广济公司开始，就一直按照外国的通例实行商办，督抚虽为公司撑腰，但只管收钱不太过问其内部经营。张之洞是晚期洋务派主脑，时人总结他办实业的特点，一是好大喜功，所办企业都规模巨大；二是一生"恶商办，主官办"，经营企业莫不官为主持，彩票公司是肯定能够盈利的企业，当然更不会例外。湖北签捐票第一期就发行 20000 张，超过江南票初创时的一倍；公司全班人马是省里主管经济的司道大员，由江汉关道、湖北商务局总办会同江汉关税务司主持。为确保销售，张之洞命全省各府州县建立彩票承销网点，又令各地将彩票的销售情况列入当年地方官的政绩考核。由此，湖北签捐票成为中国第一种官方直接经营的彩票，"事事以官法部勒之，而局面为之一变"。①

　　官办企业的最大特点是权力决定一切，这不仅表现在人所周知的企业内部经营的封建性，而且在于其产品市场的行政化。地方官的权力有多大，产品的销路就有多广，企业主办者势力范围所及之处，尽为其所属企业的当然市场，官方甚至可以通过行政命令强迫人们接受他们本不需要的东西。由此，湖北全境，无论城乡，均受签捐票的骚扰。在城市，签捐票"不独按店挨售，凡光景稍丰者，差役必强令多购数张，违则架词拘入衙门"。② 在乡间，"某县承办此项彩票，有勒令绅士认销、由绅士劝派乡民购买之事，又有差役送票收钱藉端需索之事"，③ 因之，"鄂督张香帅所设之富签票实足令人生畏"。彩票

---

　　① 徐珂：《清稗类钞》第 10 册，中华书局 1986 年版，第 4893 页。
　　② 《汉阳近事述函》，《中外日报》1902 年 5 月 14 日。
　　③ 《论各省筹款之法》，《中外日报》1902 年 4 月 9 日。

由于官办而成了一种新的苛捐杂税,与张之洞奏中所称体察"民生困穷"原意背道而驰。过去,无论是洋商彩票还是江南义赈票,都以重彩诱人上钩,买卖双方均属自愿,湖北将这种原本不过是带有欺诈性的商业行为变成了一种强加于人的超经济的新盘剥;先前,中国的彩票市场只存在于城市,上当受骗的仅仅是市民阶层,湖北签捐票则通过行政手段将它强制性地扩展到了农村,殃及普通乡民。

广东也有筹饷彩票,但与浙江、湖北不同,它是迎合风气将过去的彩票更换了一个"筹饷"的名称。广东彩票创办较早,1900年7月李鸿章在两广总督任上时,曾以抵制澳门彩票入境为由扶持商人设立中和公司,发行广东筹防彩票,并与彩票商定约每年抽收彩票税132万元,① 但从未如数收足过。因为广东的旧式赌博应有尽有,影响最大的是闱姓、番摊、山票三种,均经官方允许可以公开进行。彩票在每年广东地方财政所收赌博税金中的比例,不及闱姓的5%、番摊的2%、山票的2%,② 其规模一直受其他赌博的抑制难有大的发展。1902年在浙江、湖北等省的影响下,广东将筹防彩票改名为筹饷彩票,希望像浙江、湖北一样,借替朝廷筹还庚款的名义张起大旗,以促销售;同时公司经理人换马,公司名称改称恒丰公司。③ 但经营依然不景气,以后公司经理又数度易人,公司名称再改为源丰公司、永富公司。④

浙江、湖北、广东是除江苏外资本主义工商业最发达因之社会富裕程度最高的三个省,三省彩票创办初期销售不顺(广东情况稍特殊),将一个铁的市场规律无情地摆在了人们的面前:在一定时期内,彩票市场的容量是有限的,上海彩票热销是因为上海是老市场销老彩票,各省彩票市场早已包括在上海市场之内,各地市场的新创无

---

① 《署理两广总督袁树勋奏复陈粤省赌饷遵旨筹办情形折》,《政治官报》1909年11月15日。
② 《署理两广总督袁树勋奏复陈粤省赌饷遵旨筹办情形折》。
③ 《筹禁广东各项赌馆议案》,广东咨议局编《广东咨议局第一次会议报告书》,第1—7页,粤东编译公司印行,线装,约1910年出版。
④ 分见1903年4月27日《中外日报》广告,1906年8月11日《申报》广告,1907年7月11日《申报》广告。

异于上海总市场的扩大容量，消化这一扩容因素的影响需要时间，而且任何一个新市场的建设，其本身也绝非一蹴而就之事。眼见于此，原本想靠彩票筹集赔款或借以为生财捷径的其他各省督抚不由得望而却步，在此后的两年时间内，彩票公司的开设出现了一个短暂的间歇。

到了1904年，庚子事变结束时清政府宣布要实行的"新政"，经过无大动荡的三年喘息后，其诸项内容特别是经济事业逐步展开，于是有福建、河南、四川、安徽等省一批新彩票的创办，不过这时筹还赔款已不是最突出的问题，因之各省创办彩票的理由除应付赔款外，主要是以办理新政缺款为由，彩票商永远根据形势的变化打出最有新意的旗号。其中有全国影响的是以下几种。

福建彩票。由菲律宾华侨谢琦意创办，聘厦门绅士陈网（子显）担任经理，彩票名福建全省彩票，总公司设于厦门，备有资本15万元，声明以利润的20%报效地方政府，由福建布政使批准立案，闽浙总督奏准，1904年4月30日开办。第一期额设6000张，每张售价6元，头彩12000元。① 后增至10000张，头彩20000元。② 1905年8月发行至第17期时，因开彩出现重大舞弊，购票者怒而砸毁彩票公司，地方当局派兵弹压，并奏报朝廷诬为"聚众闹事"，激怒舆论，揭露黑幕，福建彩票公司遂被取缔。

河南彩票。河南先后办过两种彩票。第一种是1904年农历十月创办的工艺协捐彩票，发行至第三期时，因头彩舞弊案被取缔。③ 第二种是1905年创办的河南协捐彩票，额设30000张，每张4元，头彩40000元，由河南巡抚奏准行销各省，在主销场的河南本省，因民众穷困，购买力不强，实行派销，类似于湖北。第一期1905年10月28日出票，12月25日开彩。④ 1906年3月停办。⑤

---

① 《厦门彩票局舞弊被毁详情》，《时报》1905年8月23日。
② 1905年2月26日《时报》广告。
③ 《志豫省彩票情形》，《时报》1905年4月4日。
④ 《奏办河南协捐彩票总局广告》，《时报》1905年10月16日。
⑤ 《河南彩票停止兑红广告》，《申报》1906年5月29日。

安徽铁路彩票。系商办安徽铁路公司为筹集资本而设,1905年8月28日由两江总督、安徽巡抚会奏,奉旨允准,1906年农历五月开始发行彩票,每期发行额高达60000张,每张售价7元,头彩30000元。与前述各省彩票不同,安徽铁路彩票每月发行两次,故每月的发行额实为12万张,销售额达84万元,规模在许多督抚所办(或扶持)的彩票之上。①

川汉铁路招股彩票。1906年官办湖北铁路局仿安徽商办铁路公司而设,初时每期发行60000张,每张售价10元,头彩10万元,每三个月发行一次;② 后改为每月发行一期,每期30000张,每张售价5元,头彩30000元。③

以上所有彩票公司——自上海广济公司以来,具有两个基本的特性。一是除铁路彩票外,都是省一级的彩票公司,一省之内只许存在这一家公司;上海有广济公司,上海属江苏,故江苏不能再办其他彩票公司;公司的彩票通销全省及各埠,主管权在督抚,其中交给商人承办的彩票公司,利润由公司与省财政分成,官办公司的彩票利润全部归布政使掌握。铁路彩票由铁路公司发行,主管权在铁路公司,可以不受一省只设一家彩票公司的限制(如湖北),督抚为之奏准,对它也有一定的发言权。二是无论是省级彩票还是铁路彩票,都是国家允许发行的正规彩票,但事先须经地方最高长官督抚的批准,而且无一例外地需要奏报朝廷允准。

晚清政治的特点突出表现为吏治腐败,法制松弛。清政府只许一省设立一家彩票公司,但彩票风行数年后,人人都已明白这是督抚找借口开辟的一种新财源,在法律无力监管社会的情况下,即使不经过督抚批准(更不必说奏报朝廷知晓),只要某一主管部门点一下头,彩票就可以在其权力范围内发行。这些五花八门虽未经正式批准但可以公开销售的彩票主要有两种类型:一、州县官仿效督抚,在自己的

---

① 会奏及开办的日期、发行额见《永远停止彩票案》,《江苏咨议局呈准公布案汇编》(第一年度),线装,约1910年出版;余见1906年8月2日、21日《申报》广告。
② 《奏办湖北川汉铁路招股彩票总局告白》,《申报》1906年12月11日。
③ 《奏办湖北川汉铁路招股彩票总局章程》,《申报》1907年5月13日。

管辖区域里扶持的地方小彩票；二、非行政部门与权力机关攀比，自行其是创办的各种事业性或行业性彩票。分述如下。

在地方行政系统中，督抚既然能办全省性彩票，州县官自然不甘寂寞（因为督抚批准设立的省级彩票公司归督抚掌握，州县得不到什么好处），于是公开或暗中扶持了一批州县一级的小型彩票公司。

这些遍地开花的小彩票一般不刊登广告，无法对它们的数量进行统计，只能借助零星材料作些一般性的分析。1905年，在彩票业发达的长江中下游地区，因州县小型彩票过多，两江总督下令取缔这些公司。取缔的原因并不在于这些公司的非法，而是拿起法律这根棍子，打向激增的市场竞争对手。当年江南义赈票6年专利期满，两江总督并未依例取消公司，而是仿照湖北将江南义赈票改归官办，称南洋筹捐彩票；取缔州县小彩票，即为保证官办南洋票的市场。在被取缔的彩票名单中，仅江西一省就有鸿利、老协记、老协利、荣和、得元5种，杭州一城有天源、万源两种，可以推测，在围绕上海彩票中心市场的周边地区，许多州县都不乏这种小彩票。在风气闭塞的东北地区，自1906年东三省总督上奏请办彩票后，各种小彩票就借机泛滥；到1908年年底，"吉林、长春、黑龙江均已设有"彩票公司。① 东三省的小彩票以奉天最多，小小安东，1909年春就连办永济、公济两家公司，其中永济彩票不仅销售本城，而且"各外埠购票得彩者甚钜"。②

州县小彩票虽经地方官或其下属部门（例如商务局）同意发行，在国家法律上则属于非法彩票，因此官方不敢直接经营，多交给商人经办。但州县官既然点头让商人去办，有时就敢于顶风犯上为之张开保护伞，因此这些小彩票遭明令取缔时销声匿迹，风声过后换个名称又冒了出来，有时干脆就托人说情照常发行。镇江是交通八方的国内商贸大埠，历来是彩票流通的重镇，1905年被明令取缔的小彩票有鸿利、裕通、发记、宝元、普成5种，其中有些是外地进入的，大都

---

① 《不准开设彩票公司》，《大公报》1908年12月19日。
② 《安东永济彩票公司广告》，《公济彩票组织已成》，《盛京时报》1909年3月28日、4月4日。

是本地发行的，总计流通额"每月有数万张之多"。其中宝元彩票是当地商人主办的。两江总督取缔非法小彩票的通告下达后，宝元彩票主人熊淦庭"向官场竭力运动，每月愿津贴警察费一百二十元，准其与官彩票一同销售"。结果"道宪批准照办，故该彩票得以仍旧售卖"。①

政府衙门既办彩票，各行各业就比照而行，于是名目繁多的行业性彩票破土而出。京师是全国首善之区，辇毂重地，顺天府尹办彩票必遭众议集矢。好在京城重教育，学校林立而经费不足，因此学堂彩票就成为京师彩票的主流。当时女子教育刚刚起步，为冲破封建观念阻挠，从学部到社会舆论都支持女学，乘此天时地利，京师教育彩票由淑慎女学堂首开其端，裕善、清真两小学堂继之而起，"试办数月，颇为都中所欢迎"，善诱、达智等学堂再接再厉，一时间"各处新立学堂效法踵起者指不胜屈"，②风气所及，连与教育稍稍沾点边的教养局也开办彩票，收入所得，"以一半作为该局捐款"。③如果说京师最早的学堂彩票确有点为教育筹款的味道，那么各省的仿效者就不免泥沙俱下。湖南常德府官立中学堂由学堂监督出面，与知府商定发行彩票，开始时言明作为学堂初创经费，后尝到甜头，按正规彩票方式每月发行，并一再增加发行额，一所府县学堂，竟然月销彩票3000张。④法制不严必然假货盛行。直隶束鹿县武举人李凤凯纠集数人，"假筹学款为名，开办彩票"，因劣迹昭然被取缔。⑤学校是育材树人之地，学堂办彩票不管出于什么目的，必影响莘莘学子的思想观念，终于，京师督学局和巡警厅不得不出面干涉，以"学堂以彩票筹集学款，原非正当办法——现在此项彩票愈出愈多，毫无限制"

---

① 以上两节，除东三省外，各种彩票名称及引文均据《奏办南洋筹捐彩票总局》，《申报》1905年10月26日；《小票以津贴警察经费仍准售卖》，《时报》1905年8月27日；镇江彩票的流通额据《饬禁私出小彩票》，《时报》1905年6月17日。
② 《教育彩票之发达》、《善诱学堂拟办彩票》、《禁止出售彩票》、《拟禁学堂彩票》，《大公报》1909年2月25日、4月25日、6月8日、7月24日。
③ 《开彩筹款》，《北京日日画报》第72期，1908年8月31日。
④ 《学堂彩票之奇闻》，《广益丛报》第181号，1908年9月15日。
⑤ 《饬查开彩》，《大公报》1909年7月15日。

为由,下令取缔,但禁而不止。

　　教育与实业是清末新政最具有社会意义的两项内容,办学可以发彩票,实业界当仁不让也搞彩票。① 江苏实业最发达,资本主义产生最早,经过几十年优胜劣汰的市场竞争,不少老企业破产,欠下大笔官债,于是江苏首创企业破产彩票。1905年镇江富商尹稚山商号破产,由地方政府出面,将其不动产估价后发售彩票50000张,每张售价8元,"头彩得巨宅一所,末彩得纱袍一件",销售所得,"足抵官款之亏空"。② 这种清点倒闭企业资产以彩票所得来抵还债款的办法,与外国彩票刚刚出现时的情况比较接近,而且是一种一次性彩票,对社会无甚危害,对本省彩票市场也没有什么冲击,因此得到江苏官方的明确支持(至少在其初创时期是这样),后为湖北、直隶乃至资本主义不发达的吉林等许多省份所仿行,成为实业彩票的主流。然而这种形式的彩票传到各省后也弊端百出,失其原意,1910年直隶地区"倒闭商号开彩渔利"已成为彩票泛滥的一种主要形式。③

　　各省的各种行业性彩票,除江苏早期的实业彩票外,都是意在敛财的"筹款之新法",它们层出不穷,相互争奇斗胜,越出越多,愈变愈奇。千奇百怪中,撩人眼目的是妓女彩票,大约为广东旧式花会赌之流变。中头彩者,可将当地小有名气的妓女娶为妻室;妓女自己购买此种彩票,中大彩者可赎身从良。④ 作为彩票孪生子的有奖销售也应运而生,全国大城市的大中型商场,皆奉此为促销的不二法门。出手大方的商家,顾客每购货一元,即赠彩券一张,头彩奖品大多是自行车、缝纫机、金表等时髦货;1900年前后初办时颇动人耳目,不久真真假假,虚实难辨而"颇失信用",因为顾客发现,"如得一万元之彩,其货品实价,所值不过二千元"⑤。

---

　　① 前述铁路彩票即可划入实业彩票这一类,但它为招股而设,属于特大型公司专有的权力,是清政府特许的正规彩票,与各地自行其是所办实业彩票有区别。
　　② 《变产新法》,《大公报》1905年8月9日。
　　③ 《彩票将禁》,《大公报》1910年12月12日。
　　④ 《欲作天台客者,请快买女优彩票》,《广益丛报》第6年第19期,1908年8月26日;《正宗爱国报》第276期,1907年8月29日。
　　⑤ 《商部工艺局彩票之作弊》,《大公报》1910年1月2日。

晚清是中国历史上的一段特殊时期，内忧外患、重大事件难以缕述，彩票泛滥不过一种细微社会现象，但它反映了清朝统治的最后十年间，清政府权力式微无力对国家实行有效的行政管理的状况。各省要做的事，中央政府不便甚至无法干预；同样，州县滥发彩票，督抚也莫可奈何；以致一城一邑之地，想发教育彩票就发教育彩票，想办州县彩票就办州县彩票，谁掌握着何种权力，谁就可以策划何种博彩以敛财。翻开清末报纸，连篇累牍的，是销售彩票的广告，多到一日之内，出票、开彩、中奖等消息达十余则。彩票兴盛之地，票店星罗棋布，大有超过商店之势。武昌"每一大街，长不过二百码，而售彩票者，竟有四家；凡彩票之店，装饰华丽，颇动人目"。① 彩票店之外，杂货铺、卷烟店等小商小贩也代售彩票，以为正业之补充；小民百姓之思虑，街谈巷议之话题，莫不以开彩与中奖为轴心。1903年有记者描绘江南社会风俗图云："大街小巷，招牌林立者，售彩票之处也；儿童走卒，立谈偶语者，买彩票之事也。"又说："开彩之期，人心皇皇，犹之乎乡会试之出榜；对号单既到，万头攒动，犹之乎题名录。一击不中，赫然发奋，质妻鬻子以谋再举——及累买不中，则愤心生，必欲得之而后已；再不得，则惧心生，非得而翻本则不可以已。"② 晚清中国，真正成了彩票的天下；芸芸众生，陷于博彩旋涡不知自拔。

五 彩票的取缔

彩票泛滥引起各界关注，朝野内外一片禁绝呼声。

从1899年上海创办江南义赈票，到1909年各地开始禁彩票，整整10年间，全国从南到北各大报刊抨击彩票之声不绝于耳。

上海《申报》指出：各省彩票"名虽托于集款，而义实近于赌博"，它不由得质问：地方官专抓民间小赌乐此不疲，"而独于最大

---

① 《论湖北富签票事》，《中外日报》1902年4月10日。
② 《论彩票大有害于实业》，《中外日报》1903年8月29日。

赌博之彩票，曾不加以禁阻，是诚何心？"①《中外日报》说：上海租界"禁止彩票一事，一经雷厉风行，则旬月之间，便能绝迹"，②而清政府则任凭彩票泛滥，以致"上下贵贱竞言赌矣"；它呼吁"欲求吏治者，必先停捐；欲兴工商业者，必先停彩票"。③天津《大公报》批评清政府见小利而忘大义，使"全国国民之思想，人人堕落发财梦寐中"，男女老少"皆入于赌局之中而不自觉"。④奉天《盛京时报》论道：靠彩票敛聚民财是一种低级的财政手段，清政府"搜刮至于净尽，乃遂为此无策之策"。⑤广东汕头《中华新报》认为：彩票泛滥事涉政体，在预备立宪时期，"一切弊政不可不改革，彩票为弊之尤，与宪政之进行，最相抵触"，应立即取缔。⑥

如果说报章言论代表的是民意，那么督察院御史的奏章则反映了统治阶级高层不掌实权那一派人的观点。他们的态度晚于报刊，主要集中在彩票泛滥以后。1904年有御史以"尊国体"和"恤民生"两大理由请禁彩票，据说"两宫为之首肯"，有"廷寄"电传至发行彩票的各省督抚。⑦此后，"督察院各御史屡有进言"。1908年，随着预备立宪政治制度改革的深入，彩票泛滥问题不断被提上统治者的议事日程，度支部尚书载泽也表态：彩票"非政体所宜"，为此组织度支部商讨如何另筹庚子赔款问题，决定一旦"筹定抵款，即行禁止"。⑧同年，"枢府"也议及这一问题，认为彩票"无异赌博，实足以养成社会一般侥幸之风，且恒有因此破产致蹈种种不法情事"，决心将彩票"一律停办"。⑨

尽管有此态度，但是清中央政府从未采取过禁止彩票的实际行

---

① 《论松江购买彩票之盛》，《申报》1907年3月18日。
② 《论上海倡设济良所之亟》，《中外日报》1901年7月8日。
③ 《论彩票大有害于实业》，《中外日报》1903年8月29日。
④ 《论速宜停止彩票》，《大公报》1906年7月22日、23日；《速停彩票议》，《大公报》1910年6月18日。
⑤ 《论邮部拟办铁路富签票事》，《盛京时报》1909年11月7日。
⑥ 《咄咄！政府乃欲开办彩票耶？》，《中华新报》1909年10月20日。
⑦ 《奏请禁止彩票》，《大公报》1904年6月18日。
⑧ 《议禁彩票》，《大公报》1908年4月28日。
⑨ 《续议停止彩票》，《盛京时报》1908年11月15日。

动,地方政府曾经严厉打击过彩票,但只是绝无仅有的一次。

1902年年底直隶总督袁世凯上奏,以彩票有碍国体民生为由,要求取缔其前任李鸿章创办的普济公司,得旨允准后于1903年年初实行。3月初,袁世凯又在天津发布示谕,宣布彩票"诱令小本营生以及肩挑负担之人贪得厚利,丧其本业,贻害闾阎"的种种祸害,以"一经发觉,带案惩办"的严厉态度,扫荡了直隶地区一切私家彩票。① 这是中国自办彩票以来官方实施的一次很有成效的取缔彩票行动,此后直到袁世凯1907年调任军机大臣,在直隶地区,除他不便干预的天津租界内的奥地利宝元彩票及京师一城外,很少再有滥发彩票之事。

袁世凯是个识时务通权变之人,知道为政离不开声誉,声誉靠舆论民心维系,故而在地方督抚中首先站出来禁绝彩票,也是终清之世各省督抚中唯一主动禁绝彩票者。他在请求取缔普济公司的奏折中明言:"国家变法自强,举行新政,中外引观,不宜以岛国(指菲律宾)之浇风亵我中朝之声望。即谓时政艰难,然富国之策正多,何必贪此区区。"② 这一观点与当时舆论和以后咨议局的禁赌立论是一致的,即彩票不是筹资的正当手段,一个在政治上想要有所作为的国家,就不应纵容赌博自毁政声民风。

官方考虑问题可以从观念出发,但将它付诸行动则是权衡利弊的结果。袁世凯禁止彩票,除了顺应舆论外,也与他身为直隶总督不能控制普济公司有很大关系。晚清是个中央和地方政府各显神通极力捞钱的时代,除非迫不得已,各部和地方官都不会对自己所掌握的企业轻言放弃。1902年上半年,在袁世凯对普济采取行动前,该公司在烟台经营不景气,公司经理易人,由郑业臣出资接盘。郑氏过去是上海最有名的洋商广益彩票公司的经理人,与上海官场和彩票界渊源很深,经过疏通运动,不动声色地在上海重新挂出了普济总公司的牌子;又在公司内部进行大刀阔斧改革,彩票发行额增加到20000张,每张售价6元,头彩高达50000元,并实行头彩、二彩、三彩、四彩

---

① 《直督示谕》,《大公报》1903年3月4日。
② 《直隶总督奏请停止彩票折》,《大公报》1903年1月1日。

均开双彩的办法,引起博彩人的极大兴趣。1902 年 6 月,上海彩票界公开声明承销普济彩票的票行竟达到 125 家之多,① 与当年普济靠李鸿章势力硬要留在上海时只有数家票行愿意经销其彩票,真有天壤之别。在市场经济初入中国时期,当彩票经营已经成为一种市场行为时,威震一方的直隶总督竟不如一个一流的彩票经纪人。这当然只是问题的一个方面。另一方面,中国毕竟是个官僚政治的国家,正因为普济公司卷土重来主要是靠经营者的个人能力,它回到上海市场并站住脚跟后,就日益依赖于南洋势力的庇护,忽略了直隶总督的权威,一再拒交过去与北洋协定的报效之款,总计达 60000 余元。普济是北洋创办的,直到被取缔前,它所挂的牌子依然是"奏办北洋顺直义赈普济公司",直隶总督的囊中之物岂能为他人做嫁衣,袁世凯冲冠一怒,一纸奏折取缔了普济公司。

只要是真正控制着彩票公司的各省督抚,没有一人愿意取缔彩票;同样,清政府也没有诚意,慈禧和中枢大臣们口头同意,主要是对舆论强烈反映的一种姿态。这首先因为他们不想在彩票这类枝节问题上与督抚发生冲突,同时也想找机会由中央政府自己发行彩票,一旦宣布彩票非法,筹划中的国家彩票或中央一些衙门的彩票便师出无名了。从 1901 年至 1903 年,清政府迫于财政窘困,见各省彩票火爆,连续数次欲以中央政府统一经营的名义发行国家大彩票,同时取消各省彩票,已经议有成章,发至各省讨论,均遭督抚反对而作罢。反对态度最激烈的是湖北、江苏两省,② 因为两省督抚握有全国发行量最大的湖北签捐票和江南义赈票。督察院御史奏章联翩,是中央政府中议禁彩票的主要人物,主要因为他们代表清议,而非实权衙门的掌权者,一旦执掌了某一实际部门,态度就会不一样。载泽曾表示要停办彩票,当其完全控制了晚清两个新设的经济大部农工商部和邮传部后,就一反前态(当然,过去也只是口头表态而已),极力主张在

---

① 据普济公司 1902 年 6 月 11 日在《申报》所登广告统计。
② 湖广总督、江苏官方反对兴办国家大彩票,取消各省彩票的言论,见《时事要闻》,《大公报》1903 年 4 月 2 日;《江宁江苏两藩司江南江苏两派办处司道会详遵议报国大彩票碍难举行文》,《中外日报》1903 年 4 月 5 日。

这两个衙门中开办部一级的实业彩票和铁路彩票。得其支持，1909年10月5日，农工商部奏请设立兴商大彩票，发行1000万张，每张售价1元，头彩彩金10万元，二彩50000元，票面收入1000万元，扣除各种费用，实际收入可达600万元，奉旨允准。① 不到一个月，邮传部如法炮制，请由该部主办铁路彩票，比照兴商大彩票发行1000万张，筹款1000万元。② 这两种彩票出台后，将以前所未有的发行量、低廉的价格、巨额的彩金风行全国，挟两部财力、势力席卷各省市场，督抚手中的彩票必不是其对手；但生不逢时，朝议方准，地方咨议局开始禁彩票，两种中央部级彩票胎死腹中。

清朝各级政府不能做到禁止彩票，是由于与彩票的实际利益过于密切，手中有彩票者，可以凭其权力地位维护这种利益，手中无彩票者，可以寻找机会办彩票，而且官场官官相护，联系千丝万缕，利害纵横交错，即便政府下决心，议而不决也是常事。要真正禁绝彩票，必须由一个与彩票的实际利益没有瓜葛的阶级来承担这一任务，而且只有当这个阶级确实掌握了一部分权力的时候，禁绝彩票才能从社会的要求变为实际的行动。这个阶级就是清末新崛起的民族资产阶级，实行他们意愿的是立宪派及所其掌握的各省咨议局。禁绝彩票呼吁了10年，直至1909年千呼万唤始出来，因为这一年民族资产阶级首次在中国的政治舞台上登台亮相。

首先提出禁绝彩票这一问题的，是江苏、浙江、广东等省，因为它们最早创办彩票，深知其中弊害；还因为资产阶级及其政治代表立宪派在三省中力量最强，能够控制咨议局。广东赌害深重，1909年11月8日咨议局第一届年会刚开幕不久，广东咨议局就以"赌博为粤省之大害"为由，提出了"筹禁广东各项赌馆议案"，向两广总督建言禁止闱姓、番摊、山票、彩票四种重大赌博行为。其中，"彩票赌饷——在粤省赌饷中为数最微"，与闱姓、番摊、山票相比，彩票

---

① 《农工商部奏》，《宣统政纪》第14卷；《农工商部之兴业大彩票》，《中华新报》1909年10月23日。

② 《邮传部筹办铁路富签票》，《盛京时报》1909年11月5日；《邮传部筹办彩票之详闻》，《华商联合报》第19期。

在当地的多种赌博形式中不占主导地位，故广东咨议局未特地就彩票问题作决议。① 最早专门就禁止彩票问题作出议决案的是江苏咨议局。1909年11月20日江苏咨议局在第一届年会上作出了"永远停止彩票"的决议。决议以"售卖彩票，无异开赌，奖励游惰，破坏道德，贻祸之烈，莫此为甚"为由，提议在江苏全省永远停止彩票。② 随即浙江咨议局也提出了"禁止彩票规则法案"，规定在"本规则公布后一月以内"全省一律禁止彩票。③

以上三省咨议局禁绝彩票的议案，都得到了当地督抚的批准，并奏报朝廷批准后，首先在三省范围内实行。

江苏、浙江、广东率先禁止彩票意义重大。上海是全国最大的彩票市场，浙江紧随其后为全国第二大市场，④ 加上广东，江、浙、粤三省的彩票销售量占全国的60%—70%。⑤ 三省既禁，各省彩票失去了主要的销售市场，影响所及，结果有二。第一，仍然在发行彩票的省份，其彩票只能向三省以外的市场流动，而这些市场规模不大，彩票销路顿时萎缩，发行量被迫减少。第二，原本不发行彩票的省份，因民众购买彩票大量资金流向外省，这一问题由来已久，当地督抚过去碍于发行彩票之省督抚的面子，不便在本省硬行禁止，现乘江、浙、粤三省禁止彩票的声势，纷纷上奏，要求由清政府出面，颁布上谕，禁止彩票向各省的流动。这样，广东、江苏、浙江主动禁止彩票，引起各省的连锁反应，形成多省呼请禁止彩票的形势。

---

① 《筹禁广东各项赌馆议案》。
② 《十月初八日会议议决永远停止彩票案》，江苏咨议局编《江苏咨议局第一年度报告》第1册，第58页，线装，1910年出版。
③ 《禁止彩票规则法案》，《浙江咨议局议决案》第76页，线装，1909—1910年出版。
④ 浙江咨议局云："依上海南市各票行之调查，则各省彩票，以销入于浙江者为第一。"此处的各省，不包括上海在内。见《禁止彩票规则法案》。
⑤ 此数据系根据湖北彩票在三省的销售量，推及其余行销全国的彩票。湖北彩票是20世纪最初10年间全国发行最大的彩票，其他彩票在三省的销量应与其类似，此统计不包括只在本省范围内销售的小型彩票。湖北签捐票在三省的销量，语出江苏咨议局对两江总督的呈文"查湖北彩票销行于江、浙、粤者，居十分之六七"，见《永远停止彩票案》，《江苏咨议局呈准公布案汇编》（第一年度）。

中国的专制统治者从来不懂得尊重民意，在清政府和地方督抚眼里，咨议局只不过是预备立宪政治体制改革中的一个民意机构；而彩票则是一些督抚手中的重要财政来源，①清政府多次打算收回这项财源均遭抵制而失败，咨议局何能凭借一纸议案，解决了民间呼吁多年、政府议而不决的禁止彩票问题？

这首先是因为，预备立宪是清政府在清末作出的最重大的政治决定。预备立宪分改革中央官制和实行地方自治两步走，地方自治的实行首先是从咨议局的设立开始的，尽管清政府一心想把咨议局的权力限制在一个地方民意机构的范围内，但新定的国家大法《钦定宪法大纲》，是仿照西方和日本的君主立宪制度而制定的，不能不在条文上明确规定咨议局是各省的地方议政机关，有权议决地方重大兴革事件，其所通过的议决案，经督抚批准后即可在一省范围内实行。根据这项规定，1909年咨议局第一届年会召开时，积聚了多年力量的中国民族资产阶级（从戊戌时期的维新派到立宪运动中的立宪派），充分利用了咨议局这个中国历史上第一次为他们开放的政治机构，提出许多重大的政治、经济改革议案，涉及限制督抚权利、监督地方财政等问题，远远比禁止彩票一事重要得多也尖锐得多，并为此作了坚持不懈的斗争，直至与督抚发生重大冲突；冲突的延续，是第二年资政院开会时，对蔑视咨议局权力的督抚进行了弹劾。督抚不愿在彩票问题上与咨议局发生过多的摩擦，给民众以顽固不化、寸权不放乃至不识时务的印象。

其次，与上述因素直接相关的是，预备立宪是一场政治革新，晚

---

① 彩票的实际用途，地方督抚一般不对外公开，因他们向朝廷申办的理由是救灾或庚子赔款等重大急办事项，但彩票收益极大，除应付赔款及灾情外，尚有大量余额，主要用于地方财政。以湖北为例。湖北签捐票从初创时的每月发行20000张发展到每月60000张，利润由每年10余万元递增至60余万元，1908年达到100余万元，因之湖北签捐票除"供解赔款要需"外，由于地方财政别无其他大项进款，"唯此签捐票取诸有赢——鄂遂倚为经常进款"。这种内情本不足为外人道，因江苏咨议局一再催促两江总督移文湖广总督，要求取缔湖北签捐票，其余各省也对湖北施加压力，湖广总督不得已，为暂时保留湖北彩票申述必须逐年递减的理由，不能不述及它与地方财政的密切关系。详见《张督部堂札行湖北签捐票分年递减办法交咨议局复议案文》，《江苏咨议局第一年度报告》第6册，第4—5页。

清的每一次政治变革都直接影响于社会风气的转移，这是戊戌变法、清末新政（从1901年起）、预备立宪各个时期的突出社会现象，而且在预备立宪中表现得最为典型，因为它得到统治阶级中一批人的支持，在社会上有广大的拥护者。无论是当权者还是舆论界，也无论从国政与风俗相辅相成这一传统的治国理念出发，还是立宪政体需有良好的社会环境与之适应的现实需要，人们都希望这次重大的政治变革能与良风美俗的培育同时进行。诚如《时报》所言："政治者，在上；风俗者，在下者也；政治者，由风俗酝酿而成；风俗者，由政治陶铸而出者也。故但改良国政而不改良风俗，无益也。"① 这同样也是清政府自己的愿望。所以1906年9月1日清政府颁布预备立宪诏令，9月20日就发布整治社会风俗的禁烟上谕，宣布"今朝廷锐意图强，亟应申儆国人，咸知振拔"，② 从难度极大，因而自鸦片战争以来从未认真实行过的禁吸鸦片入手，实行全面禁烟，以振作全体国民特别是官僚队伍的精神。这道禁烟上谕与立宪诏令并相而行，表明了清政府欲借政治改革之势整治社会风气的决心，并首先向吸烟痼习开刀，给国民和外国人一个确有能力重振朝纲的印象。以后它又连颁上谕，在连续处理了至少百余名上至亲王下及州县的禁烟不力和偷吸鸦片的官员之后，到1908年，禁烟运动在禁止吸食、取缔烟馆、减少播种面积三个方面已经取得重大成效。③ 就整治社会风俗而言，清政府从未如此动过真格。吸烟、赌博、缠足是当时危害社会最严重的三种恶习。禁烟之后是禁赌。1909年给事中陈庆桂奏称"中国害人之物有二，曰鸦片，曰赌博"；要求朝廷在预备立宪过程中严禁赌博，"以维新政而挽浇风"。④ 两广、江浙等许多督抚也都采取了严厉打击赌博的措施，不缠足运动更是风起云涌。此外，不少省份的治安

---

① 《风俗谈》，《时报》1905年2月7日。
② 《光绪朝东华录》，光绪三十二年八月。
③ 对官吏的革职及其他禁烟成效，系根据1906—1908年各地督抚、中央各部的奏折以及上谕，总数在百余道以上，不及一一注出，详见《清实录》及《政治官报》等当时的各种报刊。
④ 《给事中陈庆桂奏广东赌害甚大请旨严禁折》，《政治官报》1909年7月25日。

当局还发布告示，禁止求神问签、烧香拜佛、摆摊算卦等迷信活动。预备立宪这一政治上的重大变革造就了移风易俗的社会环境，使禁止彩票成为顺理成章之事。

再次，延续多年的彩票热在经济发达地区已慢慢冷却。从1903年起，清政府为发展经济和增加税收双重目的，逐步颁布了一系列奖励工商业的政策，这一重大举措就政府而言是找到了缓解财政困难的正确途径，对民间而言则为人们开辟了投资的新渠道，其效果在1906年前后已经显现，大量资金流入开设工厂、广辟商号和兴办铁路航运等投资方向。民间资本一旦有了正常出路，彩票对稍有资产者就失去了过去那种巨大的吸引力。而彩票业自身则与新经济的兴起发生了相反的演变趋势。中国彩票在经历多年的发展后盛极而衰，弊端日益明显，特别是1901年外商退出彩票市场后，除青岛、天津分别由德国人、奥地利人经营外，中国彩票业成了清一色的官商公司的天下。任何一个行业，失去了竞争对手必然故步自封走向腐朽，与其他行业相比彩票是一种不太规范的行业，更容易产生弊端。1902年以后，中国的彩票公司，无论官办、商办，几乎没有一家没有发生过重大营私舞弊现象；更兼自湖北签捐票起，官办彩票逐渐成为主流，彩票的公正性远不如早期时代，人们对彩票失去信任感。

在这些政治、经济和社会因素的交互作用下，禁止彩票问题经江、浙、粤三省咨议局首倡，各省咨议局群起响应，报刊舆论为之鼓动，地方督抚顺应民意，很快由三省向各省扩展，形成一场全国运动。从1909年秋以后，两广总督、两江总督、闽浙总督、直隶总督、江西巡抚、浙江巡抚等各省督抚相继在自己的辖区内禁止一切彩票的发行与销售。① 到1910年年底，仅一年多时间，除湖北签

---

① 各省督抚禁售彩票情况分见：《实行禁售外省彩票》（广东），《大公报》1910年4月12日；《禁止彩票现状》（江西），《大公报》1910年5月24日；《浙江巡抚增韫奏各省彩票停止来浙片》，《政治官报》1910年6月9日；《闽浙总督松寿奏各省彩票请一律禁止片》，《政治官报》1910年11月20日；《苏垣断绝彩票》（江苏），《大公报》1910年8月25日；《彩票将禁》，《大公报》1910年12月12日。

捐票因情况特殊征求各省同意后每年减少三分之一的发行量延至1911年取消外，全国各省彩票已一律禁绝。当然，无论一省之内禁彩票或各省呼应连动，都不是轻而易举实现的。中国彩票经历了10年的发展，彩票商与督抚之间，发行者与彩票行之间，关系盘根错节，禁止彩票所涉及的不仅仅是地方财政的得失，而且影响到一批从业者的失业问题，加以人们早已视法令为具文，会习惯性地对地方政府的禁彩票通告软磨硬拖设法抵制，因而整个过程进行得十分艰难曲折。笔者如有可能，以后将专文论述这个问题。现简要提示如下：一各省能够彻底禁止彩票，主要是咨议局努力的结果。咨议局不仅是运动的发起者，而且一而再，再而三地对督抚施加压力，监督他们的实行情况。有地方咨议局锲而不舍地反复催促，才有各省督抚的三令五申，最终动用巡警对抗拒者法办，将大多数彩票店改造为经营日杂的小店铺。二禁止彩票必须各省联合行动，一省不禁，彩票就仍有市场，已禁之省就会死灰复燃。各省之间的呼应连动，基本趋势是南方地区（除湖北）首先实现了禁止，而后影响了北方各省，这与晚清大多数社会运动由南向北的发展是一致的。北方历来见事较迟，大约到1910年春夏才开始行动，帝都京师行动极其迟缓，直至7月仍对禁止彩票置之不理，遭舆论猛烈抨击后，① 由民政部出面，强调"京师首善之区，尤宜设法禁止"，奏请"无论何项彩票，一律不得在京师行销"，奉旨依议。② 这个堡垒的攻克，影响了整个直隶地区其他若干按兵不动的省份，终于实现了全国同风。三斗争的焦点是咨议局与督抚的反复较量，而其深刻背景则是正在实行中新的立宪政治与传统封建专制观念的冲突，即地方重大事件谁说了算的问题。民族资产阶级从运动一开始就开宗明义地宣布：赌博"为宪政之诟病"，为禁止彩票立论，并略带强硬地对督抚声明：彩票为各省"应革事件之一种"，既经咨

---

① 言辞尖刻的《大公报》论道："各省俱禁彩票，惟直隶不禁；直隶卖彩票之处，尤以北京为最多。夫彩票无形之赌也，北京首善之区，而有无数之大赌场无人过问，此后彩票代售处，均可易其名为官赌场。"《闲评》，《大公报》1910年7月5日。

② 《民政部奏请禁各省彩票行销京师折》，《政治官报》1910年12月16日。

议局议定,督抚应予实行,而后借助强大的舆论声势,迫使督抚按照社会所认同的观念支持了这场运动。① 各省彩票的最后禁绝是通过督抚下令实现的,而咨议局在彩票问题上的坚决态度与官场历来办事拖沓、虚应故事的行事作风形成鲜明对照,表现了新生代的中国民族资产阶级的勃勃生机。略相类似的是1901年上海工部局一个月内取缔租界彩票。当时上海舆论即指出,取缔彩票小事一桩,外国人令行禁止而清政府做不到,根本原因在于中西政治制度的不同。② 同样的道理,倘若没有立宪运动所造成的政治社会环境,咨议局也无由在彩票问题上登台表演。

六 简短的结语

彩票是一种吸引社会闲散资金的有效集资手段,可以不需要投资仅借助其赌博性就能刺激社会公众狂热参与,从而在短时间里筹集到大量资金。但这不是一种正常的集资方式。若晚清各省争办常年发行倚为财政支柱,则是一种典型的变相搜刮。这首先表明国家缺乏吸引民间资本以扩大财源的正常渠道,不能不凭借此种低级的敛聚手段应付各种要需;其次表明官场腐败的不可救药,任何官僚都可以利用权力放手诱民以赌,而上级部门直至最高统治者无力干预,坐视之,姑息之。晚清彩票的风靡全国,绝不是政策的开明,

---

① 督抚开始时主要从彩票危害地方(社会风气、资金外流)着眼,后在时代风气的影响下,纷纷声明彩票赌博影响于立宪政治。这种言论出自众多督抚之口,不管真情假意,其他不愿取缔彩票者如湖广总督就不便再硬扛了。例如,运动初期,两广总督云:广东彩票已禁,外省彩票"视粤为渊薮,殊不足以服人心而遏赌徒之焰";运动中后期浙江巡抚增韫称:"彩票实即赌博,诱民以赌,政体已乖",要求"顺舆情而符(咨议局)议案";民政部称:"彩票与博赛无异——关系政体,实非浅鲜"。分见《请禁湖北彩票往粤出售》,《大公报》1910年3月3日;《浙江巡抚增韫奏各省彩票停止来浙片》,《民政部奏请禁各省彩票行销京师折》。

② 租界工部局禁止洋商彩票公司后,平时很少批评时政的《申报》也发表社论,对比中西禁止彩票的不同,作如下评论:"此中西行政之不同。华人误于情面而西人不问也,华人误于因循而西人不肯也,此中西强弱之所由分,即小可以见大也。"见《与客论禁彩票》,《申报》1901年4月23日。

恰恰相反，它是清政府权力衰微不能对社会实行有效控制的一种表征，是法律无力监管人们行为的必然结果。追根溯源，则是国家的政治腐败。

（原载《近代史研究》2000年第4期）

嘉道年间京师士人修禊雅集与经世意识的觉醒

罗检秋

乾嘉时期，士人治学偏重于考据训诂，但儒家经世传统并未完全灭绝。宋学领域较明显地传承了经世思想，少数汉学家如汪中、章学诚也批评汉学积弊，以发扬经世传统自任。那么，少数汉、宋学家传承的经世意识是如何发展起来，衍变为道咸年间的经世学风？以往论者常以"时局巨变"一言概之，近年有论著注意到士人交游的影响，有关清代宣南文化的讨论也方兴未艾。从形式上看，嘉道士人交游与以往并无大异，一般研究多着眼于其中文学认同和传衍；也有学者基于鸦片战争的背景，认为士人雅集具有政治结盟的意义。这些研究虽注意到政治及文学因素，但对士风衍变中的学术思想流变，尤其是汉、宋学因素缺少梳理。

古人在农历三月上旬的巳日（魏以后定为三月三日）到水边嬉戏、洗濯以祓除不祥，称为修禊，后来成为士人雅集的主要形式，参加者赋诗唱酬，享受自然风光，如著名的"兰亭修禊"。实际上，后世"修禊"（清代有时称为"展禊"）不以时地为限，春禊之外，还包括秋禊、饯春、祭祀先贤等活动。嘉道年间，士人修禊明显增多，而规模较小、形式灵活的士人雅集更为频繁。值得注意的是，此时士人的修禊雅集成为传播经世意识的重要媒介，也蕴含学术思想的流变。本文就此进行考察，以揭示少数人的经世意识如何在士人交游中引发学风的转变。

京师士人的修禊雅集

一般论清代学术，多以乾嘉为一时期，实际上乾隆、嘉庆两朝相承接而发生了重大变化。嘉庆初年是清代政治控制和士风转变的重要年头。雍、乾两朝，朝廷对士人控制很严。雍正帝曾撰《朋党论》，驳斥欧阳修的"公党""私党"之分，严禁士人结社，高压态势一直延续到乾隆末年。但嘉庆帝即位不久，重新调整行省官僚，又做出广开言路的姿态，思想控制有所减弱。权臣和珅覆亡后，士人更获得相对宽松的环境。孟森说："仁宗天资长厚，尽失（雍、乾）两朝钳制之意。历二十余年之久，后生新进，顾忌渐忘，稍稍有所撰述。虽未必即时刊行，然能动撰述之兴，即其生机已露也。"这里所谓"撰述"不是关于儒经的考据训诂，而是有关社会、政治的著述。"若赵翼之《皇朝武功纪盛》，严如熤之《苗防备览》《三省边防备览》，皆有涉世务之作。但在嘉庆朝为极少数。"至道光朝则出现了《皇朝经世文编》等一批经世著作。[①] 笔者认为，嘉道之际士人"有涉世务"意识的觉醒及扩展与京师频繁的修禊雅集有着潜移默化的关联。

京师和江南为清代文人学者的渊薮，也是学术文化交融、传播的中心。近年海内外的研究集中于江南士人群体的交游，或宗族之间的学术传衍。事实上，京师作为全国政治中心，也是重要的文化空间。各地士人因应考、任职或入幕而滞留京城，形成一定规模的士人交游，嘉道年间尤显活跃。

清廷入主北京后，实行满汉分治，凡汉官及商民均迁往南城，内城则为八旗兵居住。宣武门外成为士人进京的必经之路，各省、府及县设立的会馆林立，士人长期居住或短期逗留于此，形成清代士人的交游空间，即后人所谓"宣南文化"。在清初，"宣南文化"主要表现为士人入幕和会讲，推动了汉学的兴起和发展。嘉道年间，宣南的高宅府第已没有往日的威严，一些著名的府第逐渐圮废，但文网渐

---

① 孟森：《明清史讲义》（下），中华书局1981年版，第614页。

驰，宣南士人的交游明显活跃起来，京师士人的修禊雅集日趋频繁，同门、同乡、亲友之间的小圈子渐渐被突破了。三年一次的京城会试成为各省举子联结交谊、切磋学术和交流思想的良机。嘉庆初年以后，修禊雅集逐渐转变为具有政治内涵和学术自觉的集会。其间大致经历了三个阶段。

第一阶段是自嘉庆初年至道光初年以"宣南诗社""苏斋"诗会为代表的士人雅集、修禊。士人"消寒会"由来已久，"冬月，士大夫约同人围炉饮酒，迭为宾主，谓之'消寒'。好事者联以九人，定以九日，取九九消寒之义"。① 嘉庆九年，一些闲职京官结成"消寒会"，均为嘉庆七年同科进士，先后加入者有陶澍、朱珔、顾莼、周之琦、钱仪吉、董国华、梁章钜等人，其中成员间或离京，"消寒会"活动不多。

嘉庆十九年冬至日，董国华、谢阶树、吴嵩梁、胡承珙、陈用光、朱珔、陶澍、贺长龄、钱仪吉等人复举此会，始有"宣南诗社"之称。相继入社成员还有刘嗣绾、周之琦、李彦章、黄安涛、鲍桂星、朱为弼、潘曾沂、徐宝善、汪全泰、吴清皋等，张祥河、程恩泽、周肖濂、林则徐、汤茗孙也曾入社。② 多为嘉庆六年至十六年各科进士。诗社已不限于冬季"消寒"，春夏也多活动。诗社存在的20多年中，并无固定会所，或在成员家中，或在万柳堂、崇效寺等地，聚会达数十次。诗社沿袭旧有的雅集形式，而祭祀的人物主要是宋代文学家欧阳修、苏轼。张祥河云："宣南诗社，京朝士夫朋从之乐，无以逾此。或消寒，或春秋佳日，或为欧、苏二公寿。"③ 清初诗坛盟主王士禛以为官清廉、正直闻名，也是其祭祀对象。

---

① 李家瑞编《北平风俗类征》，上海艺文出版社1985年影印本，第309页。
② 关于宣南诗社，前辈学者做了不少研究。谢国桢、杨国桢都对"宣南诗社"的成员及活动时间有所论及，其后，王俊义、黄丽镛等学者对宣南诗社的成员作了进一步考订。但关于"宣南诗社"的学术倾向仍待研究。谢国桢提到，宣南诗会图卷的题咏中，"也可看到学术的转变和文风的盛衰了"（谢国桢：《记宣南诗会图卷》，收入《明末清初的学风》，人民出版社1982年版）。这一提示虽然语焉不详，却很重要，可惜被研究者忽略了。
③ 张祥河：《关陇舆中偶忆编》，雷瑨编《清人说荟》，上海文艺出版社1990年影印本，第3页。

宣南诗社带有"消寒会"的色彩，人数维持在九人左右，几乎都是进士、翰林，规模有限。随着士人交游趋于活跃，举人出身而非诗社成员如魏源、龚自珍等也应邀参加。嘉道之际，诗社成员或出使外任，或归里去世，活动不多。一些成员则成为更大规模士人聚会的积极因素。如嘉庆二十四年七月初五，胡培翚、胡承珙、朱琦、徐璈、蒋廷恩、陈用光、钱仪吉、魏源、陈奂、光聪谐、张成孙、陈兆熊、冯启㤇等人祀郑玄于京师广渠门外万柳堂。①郑玄生日是胡培翚、胡承珙根据《太平广记》考出。清康熙十八年开博学鸿词科，应试者32人修禊于宣南万柳堂，后来汉学名臣阮元等人曾在此种柳，这种祭祀映衬了汉学鼎盛的背景。

宣南诗社存在的同时，还有其他形式的士人雅集和交游圈子，如一般被忽略的苏斋诗会。乾嘉年间的宋学家翁方纲在文学上推崇杜甫、欧阳修、苏轼，自号"苏斋"。这种倾向与翁方纲的仕宦生涯相关。他曾官至内阁学士，后降为鸿胪寺少卿，与欧、苏直言敢谏而遭贬的经历相似。其间，翁氏究心金石文字，收藏图书，广交士林，"尝得宋板施注苏诗，海内无第二本。每至十二月十九日，必为文忠作生日会，即请会中人各为题名，以及诗文歌咏，尽海内贤豪，垂三十年如一日也"。②可见，苏斋诗会最初是乾隆末年翁方纲失意之时的消遣，包含联络失意士人、传播个人思想见解的意图。在持续的活动中，翁方纲成为乾嘉之际的诗坛首领，向他学诗者不下百余人。宣南诗社成员陈用光、刘嗣绾、吴嵩梁、李彦章、梁章钜均从翁方纲学诗，"师为批点，不稍倦"，③称为"苏斋弟子"。苏斋诗会与宣南诗社同时存在，甚至可以说，宣南诗社的出现最初受苏斋诗会的推动。而苏斋弟子又是宣南诗社的骨干成员，两者学术上相互影响。

嘉道之际，士林交游趋于活跃，各种小规模的雅集很多。这些活动圈子成员交叉重叠，宣南诗社后期活动也逐渐突破成员与非成员的

---

① 李瑚：《魏源研究》，朝华出版社2002年版，第266页。
② 钱咏：《覃溪阁学》，《履园丛话》卷六，上海文明书局"清代笔记丛刊"本，民国元年，第2页。
③ 梁章钜：《大兴翁覃溪师》，《师友集》卷一，道光二十五年刊本，第14页。

界限。道光三年六月二十一日，宣南诗社纪念欧阳修生日，由国子监司业陈用光出资，聚于吴嵩梁宅中。参加者有陈用光、吴嵩梁、黄安涛、张祥河、李彦章、谢阶树、潘曾沂、汤茗生、潘锡恩、朱方增、徐松、龚自珍、李彦彬13人。其中后五人是诗社的朋友，而非成员。此后，宣南诗社未举行重大活动，在京成员转而参加其他形式的聚会。如道光六年会试期间，桐城李宗传、姚莹邀集张祥河、吴嵩梁、龚自珍、姚元之、胡方朔、端木国瑚、邓显鹤、周仪暐、管同、马沅、魏源等20人在京郊尺五庄宴聚。他们多是南方来京应试的文人学士，有的是中小京官。道光十年（1830），林则徐守制回京，与辛未同年进士34人在龙树寺雅集，规模较大，却不属诗社活动。这种情形说明，宣南诗社的小圈子已不能适应形式的需要，不断被其他形式的士人聚会突破了。加之，宣南诗社的老成员均在嘉道之际外任或去世，故在道光六年以后已基本停止了活动，但宣南诗社作为嘉道年间激活士人交游的重要因素，具有开风气的作用。诗社一些成员融入新的士人聚会，对新一代士人产生了影响。

第二阶段是道光九年至二十年以"江亭"为中心的修禊、雅集活动。① 原宣南诗社成员徐宝善与道光三年进士黄爵滋成为好友，两人成为此后十多年京师诗坛的领导人物。此时的修禊活动可谓宣南诗社的继续和发展，有些成员基本相同。如徐宝善、陈用光、朱为弼、林则徐既是宣南诗社成员，又是此时修禊活动的积极参与者。两个时期的一些成员来自同一家庭。"苏斋"弟子李彦章与江亭修禊的李彦彬是兄弟。宣南诗社的潘曾沂和江亭修禊的潘曾绶、潘曾莹都是大学士潘世恩之子，前后活动的连续性是不言而喻的。这时士人聚会更加频繁，参与者更为广泛，没有严格的身份限制，虽有一些中小京官如翰林、内阁中书，但大多是来京应试的举人及布衣士子。此期10多人以上的著名活动有：

道光九年三月二十八日"江亭饯春"，由徐宝善和黄爵滋发起，参加者有张际亮、郭仪霄、管同、马沅、汪喜孙、周仲墀、李彦彬、

---

① 宣南陶然亭最初为康熙时工部郎中江藻所建，又名江亭。

龚自珍、汤鹏、顾瀚、杜煦、杜宝辰、谭祖同、谭祖勋、潘曾绶、潘德舆、简均培等20余人。

道光十年四月九日，在花之寺看海棠，续"江亭饯春"，除发起人徐宝善、黄爵滋外，还有魏源、汤鹏、潘德舆、朱为弼、彭邦畯、周仲墀、汪全泰、简均培、陈延恩、潘曾莹、潘曾绶、龚自珍等14人。同年六月十三日，集潘星斋寓所，参加者有潘曾莹、卓秉恬、朱为弼、林则徐、周凯、黄爵滋等10多人。同年九月十九日，黄爵滋发起"江亭送秋"，汤鹏等10多人参加。

道光十二年五月二十九日，黄爵滋、徐宝善、张际亮、马沅、潘德舆等20人参加"江亭消夏"。同年，集花之寺，参加者有宋翔凤、包世臣、魏源、端木国瑚、杨懋建、龚自珍等15人。

道光十六年三月，徐宝善招同朝士18人宴集于花之寺，而同年四月四日的"江亭展禊"尤为盛会。是年太后六十大寿，特开恩科，各地举子于三月齐集京城应试。四月八日放榜之前，他们仿照"兰亭修禊"，由6位主人约定各邀请7位客人，共48人参加。6位主人是鸿胪寺卿黄爵滋、叶绍本，翰林院编修徐宝善、黄琮，户部主事陈庆镛，户部员外郎汪喜孙。① 参加"江亭展禊"的一些人随即分散各地，回原籍或京外任职，甚至去世。大规模的展禊活动之后，一些小型的聚会仍然不断。如在每年年底苏轼的生日，夏、秋黄庭坚、欧阳修的生日，士人均雅集纪念。道光十六年农历六月二十五日，龚自珍等人在积水潭举行秋禊。

这些活动并无明确的政治意图。当然，"江亭展禊"这样大规模的活动则与一定的政治背景相关，黄爵滋、徐宝善是严禁鸦片的代表人物，推动了禁烟运动的发展，但其作用主要体现在士人舆论。道光

---

① 除六位主人外，参加者有户部郎中梅曾亮、温肇江，工部主事徐启山、戴絅孙，内阁中书汪全泰，侍御曹懋坚。其他均为各省来京会试的举人：张际亮、吴嘉宾、潘德舆、郭仪霄、刘宝树、刘宝楠、叶志诜、简均培、张鹏飞、朱士瑞、艾畅、黄钊、马福安、金望欣、朱绶、晏宗望、王钦霖、徐荣、包孟开、刘淳孝、蒋湘南、丁晏、臧纡青、许瀚、李孚忠、陈瀍、符兆纶、江开、孔继荣、姚斌桐、姚燮、鲁一同、朱基、陈立、杨士达、林廷禧。参见陈庆镛《丙申四月四日江亭展禊后序》，《籀经堂类稿》卷十二，光绪九年刊本，第10页。

二十年初鸦片战争发生前夕，林则徐的广东禁烟风起云涌时，京师的修禊活动反而寥落了。曾参加"江亭展禊"的江苏举人刘宝楠于道光二十年记曰："越四年，宝楠复以计偕入都，三月之杪，邀同金嵋谷、包敏甫、梅蕴生、江星掌（和）、陈卓人、乔靖卿（守敬）诸孝廉登眺江亭。嵋谷、敏甫、卓人昔年座上客，追忆旧游廉峰编修及李禾叔舍人、潘士农大令（德舆）、王慈雨吏部（饮霖）、先兄鹤汀教谕既皆下世，而树斋少宗槎使闽邦，孟慈农部宣防东省，流连今昔，感慨系之，爰属嵋谷为图，漫题其后。"① 刘宝楠于是年再度来京会试，并中进士。但徐宝善已经去世，黄爵滋外任，此后他们没有较大规模的修禊活动。历史需要新的主角登台，几年之后有了以"顾祠修禊"为主题的士人聚会。

　　第三阶段是自道光二十三年以后以"顾祠"为中心的修禊活动。顾炎武是清初学术三大家之一，对清代汉学的兴起尤其重要。他倡导朴实学风，又讲求经世致用和气节。他曾寓居宣南慈仁寺，而不愿住进外甥徐乾学（清朝显宦）的宅邸。康乾时期，顾炎武在汉学谱系中的地位虽不高，却仍然是一位标志性学者。

　　湘籍京官何绍基于道光二十三年（1843）集资在慈仁寺建"顾亭林祠"，次年落成。道光二十四年二月、九月和五月二十八日亭林生日举行三次祭祀，同人多赋诗纪事。此后每岁春秋及亭林生日皆行祭祀。早期多次参加祭祀者有汉学家何绍基、张穆、苗夔、徐松、陈庆镛、许瀚、魏源、何秋涛、王梓材、冯桂芬、赵振祚、郑复光、朱右曾、叶东翁、庄受祺等，也有学重宋儒的朱琦、罗惇衍、苏廷魁、梅曾亮、王柏心、吴嘉宾、孔宪彝、邵懿辰、汤鹏等，还有一些经世学者如王茂荫、张际亮。他们的学术倾向不同，多是中下层官员，与穆章阿的政敌汉学大臣祁寯藻（也是黄爵滋的好友）关系密切，故有学者认为他们如黄爵滋、徐宝善等人的修禊圈子一样，主要是反对朝中妥协派穆章阿的政治组织。②

----

① 刘宝楠：《江亭感旧图诗（有序）》，《念楼集》卷四，清末手抄本（无页码）。
② James M. Polachek, "The Inner Opium War", *The Council on East Asian Studies*, Harvard University Press, 1992, pp. 217–224.

顾祠修禊之外，京师其他形式的雅集修禊还有不少，均没有明显一贯的主题。嘉道年间，与修禊雅集活动关系较多的朝中重臣是阮元、潘世恩和祁寯藻，他们多少与满族显贵穆章阿存在竞争或矛盾，但三人之间不存在政治结盟，而且不免互为对手，只能以皇帝的意志为转移。参与修禊雅集的士人大多与朝中重臣没有直接、固定的关系。顾祠修禊每年三次活动，参与人员比较稳定，不能说与满、汉官僚的政争毫不相干，但顾祠修禊始于道光二十四年，当时鸦片战争已经结束，朝政已与江亭修禊时有所不同，最初顾祠修禊的参与者多是汉学家阮元、程恩泽的门生弟子。何绍基曾谓：嘉道间京师才士硕儒究朴学、能文章者辐辏鳞比，"至于网罗六艺，贯串百家，又巍然有声名位业，使天下士归之如星戴斗，如水赴壑"，则唯阮元和程恩泽二人而已。① 阮元已于道光十八年休致归里，程恩泽已于道光十九年去世，他们已与朝政关系不大。而且，顾祠修禊持续近30年，其间朝政几经变化，人事屡经变更，实际上对朝政影响不大。另外，顾祠修禊对于传播学术思想具有一定意义。最近有论文考察了顾祠修禊，并提到士人交游对于学术风气转变的重要性，② 不乏可取见解。但笔者认为，经世学风兴起的关键时期不在道咸年间，而在嘉庆至道光初年。道咸以后的经世学风不过是发展了嘉道之际的学术转变。顾祠修禊的思想学术渊源显然需要进一步探讨。同时，嘉道之际少数士人的经世意识如何转化为经世学风，修禊、雅集这类聚会何以客观上成为转变学术风气的媒介？这仍然是有待解决的问题。

修禊雅集：传播经世意识的媒介

从诗社、诗会，经江亭修禊，到顾祠修禊，这些活动多少有一些政治背景。这方面已受到研究者的重视，但在无数的雅集、修禊活动中，有的并无明确的政治意图。有的修禊雅集，发起、组织者不无争

---

① 何绍基：《龙泉寺检书图记》，《东洲草堂文钞》卷四，家刻二十卷本，第2页。
② 魏泉：《"顾祠修禊"与"道咸以降之新学"——十九世纪宣南士风与经世致用学风的兴起》，《清史研究》2003年第1期。

取政治盟友的意味,甚至形成"清议",对提出政治主张有所推动。这种"清议"主要体现在对家国兴亡、民生利病的关注。在专制统治之下,士大夫的政治意愿很难通过聚会来实现。林则徐、黄爵滋、徐宝善、张际亮等人的爱国主张虽得到一些人支持,却未如愿以偿。故在政治上,嘉道年间的士人集会并未产生明显的实际效果。不过,他们对社会问题的关注又多少引发士人进行学术反思,从而唤醒士人的经世意识。

修禊是传统士人聚会的郑重仪式,其中祭祀尤其蕴含了很强的文化功能。士人祭祀的对象有所选择,从文学家欧阳修、苏轼,到汉学家郑玄,再到经世学者顾炎武,崇祀对象的转移包含士人学术取向的变化。嘉道年间,会集于宣南的士人来自不同学派、不同地域,修禊成为士人交流学术与思想的途径。如顾祠修禊,"春秋祭,岁以夏正春秋仲月诹吉致祭,预期通知与祭各员先三日斋。越一日,执事员督祠役洒扫祠宇,内外拂拭。神座前,笾豆案一。又前,俎一。又前,香案一。少西,祝案一,均南向。东南尊卓一,西向。执事员具祝版,服常礼服,恭书祝文,供卓案上,并敬备牲帛,及笾豆簠簋之实,以次安于洁室"。祭祀日"巳刻,推年长者一人主祭,引赞引至东阶盥手,遂诣祝案前署名于祝文,退至中阶下,阖户通赞",执事、主祭员、陪祭员等行一跪一叩、二跪二叩、四叩诸礼多次。① 在传统社会,人们供奉神龛、灵位的神圣性不言而喻,故这类祭祀具有传统祭礼的隆重性,对参与者具有较强的精神感染力。参与者最初没有明显的思想自觉,但又无形之中受祭祀对象的学术、思想和人格的熏染。因此,修禊雅集活动客观上成为传播少数士人思想意识的契机,导致士子对社会关注的增长,推动乾嘉汉学转向经世致用。

宣南诗社没有达到反对外敌侵略或进行国内改革的高度,但并非流于一般的诗酒应酬,对政事漠不关心。叶绍本云:"文章与政事,古无别也。自后人以雕虫篆刻为文章,以刀笔筐箧为政事,于是文章政事遂判然如冰炭不相入。不知文以阐治道乃有真文章,不在绮章绘

---

① 胡玉缙:《顾先生祠祀议》,《顾祠小志》民国十一年刊本,第20—22页。

句也；政以行经术乃有真政事，不在簿书期会也。"① 一些学者文人不满考据学风，试图将文章、经术与政事贯通起来，这也体现在当时的修禊雅集之中。

他们所谓政事自然与国计民生相关。江南水灾时，宣南诗社的作品也关注民生困苦。李彦章所撰欧阳修生日祝文称"两载淮南，文章太守。力赈灾荒，为民父母"。② 既赞赏其文学成就，也赞扬其社会关怀。潘曾沂的诗句更直接地触及民生困苦："江南米价随潮长，天上诗愁落叶多。旦晚若为根本计，小儒议论即谣歌。"董国华和诗云："连雨浪浪唤奈何，漏痕无计可牵萝。竟疑河汉从空下，未许神仙踏浪过。药里先愁百草烂，秋声复此乱鸿多。眼前突兀成虚想，破屋徒为老杜歌。"③ 刘嗣绾也有"米价经旬贵，莼羹万念空"的诗句。④ 他们在诗歌唱和中感叹民生艰苦，也表达自己心中的惆怅，这正是士人转向经世致用的思想基础。潘曾沂题"宣南诗会图"有"衣冠衮衮私荣遇，文字区区见苦心"的诗句，⑤ 反映了诗社成员忧国忧民的情怀。正如冯桂芬所说："功甫先生以宰相子负康济天下之志。"⑥ 潘曾沂则说，顾莼、戚人镜、谢阶树、董国华"诸君好经济"。⑦

由于关注国计民生，他们必然进而探讨古今治乱兴衰之理，讲求、实践经济之学。胡承珙记载："嘉庆十有九年之冬，董琴南编修始约同人为消寒诗社，间句日一集，集必有诗。嗣是岁率举行，或春秋佳日，或长夏无事，亦相与命俦啸侣，陶咏终夕，不独消寒也。尊酒流连，谈噱间作，时复商榷古今上下，其议论足以祛疑蔽而泯异同，不独诗也。然而必曰消寒诗社者，不忘所自始也。"⑧ 陈用光送

---

① 叶绍本：《榕园全集序》第1页，李彦章《榕园全集》卷前，道光年间刊本。
② 李彦章：《欧阳文忠生日祝文》，《榕园文钞》卷六，《榕园全集》，道光年间刊本，第9页。
③ 潘曾沂：《秋夜作示董国华》，《功甫小集》卷六，同治八年刊本，第9页。
④ 刘嗣绾：《大雾发江口》，《尚䌹堂诗集》卷四十四，道光六年刊本，第10页。
⑤ 潘曾沂：《宣南诗会图自题》，《功甫小集》卷八，第16页。
⑥ 冯桂芬：《潘功甫文集序》，《显志堂稿》卷二，光绪二年校邠庐刊本，第15页。
⑦ 潘曾沂：《招顾丈莼戚人镜谢阶树董国华吴滋鹤寓斋小饮》，《功甫小集》卷七，第9页。
⑧ 胡承珙：《消寒诗社图序》，《求是堂文集》卷四，道光十七年刊本，第23页。

梁章钜序文说："夫聚散不能无感情也，以文字相切靡，艺也；由艺而窥乎道，则体用之学备。莅邻他日任封疆而跻令仆，其益懋声誉自今日始，庶几使后之考者谓吾党之交游非徒曰艺而已也。"① 他们所窥之道不一，但也涉及古今治道。朱绥更明确地指出："方今海宇晏安，人民静谧，而事之待理者渐多，坐言而起行之，兴利除害，为国家万年有道之福，则不仅以区区文字夸交际而一聚散之。"②

朱绥认为，宣南诗社"不独为艺林之佳话"，"而诸君以风雅之才，求康济之学。今之官于外者，莫不沈毅阔达，卓卓然有所表见，则足信斯会之不凡"。③ 宣南诗社成员的诗酒唱和已不限于重复悲叹民生的"老杜歌"，而多少涉及具有时代特征的经世之学。一些成员不仅"坐言"，而且"起行"，获得外任的陶澍、梁章钜、贺长龄、林则徐、李彦章都成为经世学风的倡导者和实行者。

陶澍是宣南诗社的发起人，而且"官江南时，岁寄宴费"。④ 吴嵩梁评价陶澍云："先生为诗与政通，理能透宗事摭实。"⑤ 陶澍于嘉庆二十四年出任川东兵备道后，以才干和清廉得到四川总督蒋攸铦的重视。道光初年，陶澍深得道光帝赏识，由按察史、布政使等升任两江总督，并兼理两淮盐政。陶澍外任后，反复向士子们申述：只有通经致用，才能真正"尊经"。"国家造就人才，自三年大比、岁科两试之外，又以书院课试辅贡举之不逮，其所望于诸生，岂惟是能为制举之文遂诩然自足哉！亦将厉之以通经学古而致诸用也。"⑥ 吴嵩梁多次应会试不第，而"夙留心于经世之务，每以不得

---

① 陈用光：《送梁莅邻仪曹擢守荆州序》，《太乙舟文集》卷七，道光十七年刊本，第27页。
② 朱绥：《宣南诗会图记》，潘曾沂《功甫小集》卷八（附录），同治八年刊本，第17页。
③ 同上书，第16页。
④ 张祥河：《关陇舆中偶忆编》，雷瑨编《清人说荟》，上海文艺出版社1990年影印本，第3页。
⑤ 吴嵩梁：《书陶云汀中丞抚吴集后》，《香苏山馆古体诗集》卷十四，道光二十三年《香苏山馆全集》本，第2页。
⑥ 陶澍：《尊经书院课艺序》，《陶文毅公全集》卷三十七，近代中国史料丛刊第二十九辑（281），台北文海出版社影印本，第38页。

一试吏事为恨"。① 他很重视陆燿的《切问斋文钞》,并说"予尝欲辑一代经济之文以裨实用,勒为一书。及见公所论著先得我心,为服膺不置"。② 贺长龄与陶澍为大同乡,中进士后,长期居京,曾同在国史馆任职。贺长龄之弟贺熙龄亦为嘉庆进士,与陶澍为儿女亲家。熙龄平生力倡经世之学,既评批空谈心性,又反对烦琐的训诂考据,时人并称"二贺"。贺长龄参与宣南诗社的活动不多,而对提倡经世之学的贡献不在陶澍之下。他读过陈子龙的《皇明经世文编》,任江苏布政使期间,与幕宾魏源编成了《皇朝经世文编》。该书分门别类,较陈子龙编书体例更加完善,成为推动晚清经世学风的杠杆。

林则徐早年博览群书,并注重经世致用。嘉庆十二年,他投身福建巡抚张师诚幕中,相从四五年,"尽识先朝掌故及兵、刑诸大政,益以经世自励"。③ 林则徐在京任职期间,曾与同乡郭尚先一起研究舆地、象纬,探讨经世之学。他写了《畿辅水利议》,后来任江苏巡抚,与两江总督陶澍一起改革。梁章钜一贯注重经世实学。道光五年逗留于京师的闽籍官员陈若霖云:当时梁章钜"日下盘桓数日,皆筹议河漕政务,未尝片语及于诗也"。而"其学足以博综古今,才足以经纬本末","性沉毅寡言语,及其谈论政要则侃侃直陈,无不中时弊,达国体"。④ 当时福建汉学家陈寿祺说,该省百年以来,先达具经国济世之略者很少,只有梁章钜、林则徐"出冠伦魁,能宏此远谟",他对二人寄予厚望。⑤ 又如,潘曾沂于道光七年著《区田书》,在本乡设丰豫义庄,改进农耕技术。"区田法"还得到林则徐的支持而在河南等地试行。陈用光探究"邪教滋蔓之原",并为黄河

---

① 姚莹:《香苏山馆诗集后序》,第3页,《香苏山馆全集》卷前,道光二十三年刊本。
② 吴嵩梁:《陆燿》,《石溪舫诗话》卷一,道光二十三年《香苏山馆全集》本,第3页。
③ 金安清:《林文忠公传》,缪荃荪编《续碑传集》卷二十四,近代中国史料丛刊第九十九辑(989),台北文海出版社影印本,第4页。
④ 陈若霖:《梁芷林滕花吟馆诗钞序》,见梁章钜《闽县陈望坡师》附文,《师友集》卷一,第19页。
⑤ 陈寿祺:《答梁芷林兵备书》,《左海文集》卷五,道光年间刊本,第55页。

决口"上营田三策",被祁寯藻称为"读书蕲致用也"。①

　　李彦章在宣南诗社成员中最有代表性。他于道光初年出任广西思恩府知府,在其治所"榕园"多次举行修禊活动,如道光七年三月三日,李彦章集宾僚333人修禊于榕园,登山踏青,"开田江上,农事将兴"。②道光八年三月三日,李彦章"与宾僚诸生宴于榕园,四邑牧令先后来会"。③这类修禊活动形式上与古代无异,却也包含李彦章倡导士人讲求经世实学的意图。他在思恩创办阳明书院,"而分立实学实用二斋以相切磋,盖又将以此厚望诸生,亦是苏湖经义治事意也"。④他自称"近年出守后,好读有用之书,于古文中道理经济之言始觉有味,又自兼院中书院主讲,时与诸生考古今,论文字,相长之益,亦略多焉"。⑤李彦章究心于社会实务,曾在思恩劝农民垦水田,种早稻,一年两种两熟,获得成功。后来,李彦章调任江苏按察使,鉴于江南人口繁多,水灾不断,而两江总督陶澍、江苏巡抚林则徐正进行减漕议赈诸事,也想实行早种早收之法。李彦章在督抚的支持下,在江南试种早稻,并编辑有关资料予以推广介绍,⑥取得了一定成效。

　　宣南诗社成员获得外任以后,多数人表现非凡。一些人迅速升任督抚,统揽一方;一些人久任布政使、按察使及知府等职,谙悉政事。这一现象虽与宣南诗社成员多年交游形成的各种关系网络,便于从政的因素相关,但也与他们长期互相切磋,砥砺志行,陶养和增长了经世才学分不开。

　　道光年间的修禊活动较之宣南诗社组织上松散一些,参与者的身份更为宽泛,而对政事的关注更为明显。修禊活动多在会试期间举行,黄爵滋曾在文章中谈到与士人一起钻研时艺、课习诗词之乐。有

---

① 祁寯藻:《祁序》,《太乙舟文集》卷前,第4页。
② 李彦章:《榕园修禊石刻》,《榕园文钞》卷二,《榕园全集》本,第25页。
③ 李彦章:《榕园修禊后游石刻》,《榕园文钞》卷二,第25页。
④ 李彦章:《自序》,第2页,《润经堂自治官书》,《榕园全集》本。
⑤ 李彦章:《榕园文钞自序》,《榕园文钞》卷前,第1页。
⑥ 李彦章:《江南催耕课稻编自序》,《榕园文钞》卷三,第13页。

的论者以为这是他们举行修禊活动的动因，但发起者和参与者的主观意图可能并不一致。就一般举子而言，他们或许无明确的社会关怀，主要是广交朋友，认识徐宝善、黄爵滋这样的考官。但就身为进士、翰林的发起者而言，他们显然不满足于像以往文人那样饮酒赋诗，不像举子们那样重视切磋时艺，而更注重志趣相投。

陈庆镛谈到"兰亭修禊"之盛，强调修禊不以时地为限，唯在于人："夫良时胜地往往而有，独人才之聚为难耳。苟有以当于古，安必其时与其地耶？又安在非其时与非其地耶？所愿与诸君子过于规，善于劝，以步趋前哲。"① 他们"展禊"的意图是征求同志，效法前哲而有所作为，其势已不可能不涉及政事。潘德舆有诗赠好友黄爵滋："文章与气运，百代共枢纽。视文与政殊，识短言自苟……论文亦报国，潜见贵无负。但冀兹义明，何妨寄陇亩。"② 这很能表明其诗文唱和中的社会关怀。

修禊活动事实上引起士人对社会与时局的关注。道光初年，直接刺激士人的主要社会问题一是鸦片泛滥，二是水灾连年。"江亭展禊"的主角鸿胪寺卿黄爵滋已于道光十五年上《敬陈六事疏》，提出查禁鸦片的主张，影响很广。鲁一同有诗为证："朝士或不与，与者疑登仙。以兹盛传播，亦复遭讥弹。"③ 参与"江亭展禊"者畅论时政，颇有"登仙"之感，但因他们严禁鸦片的主张在民间广泛传播，确实引起一些"朝士"的"讥弹"。"江亭展禊"20多天后，太常寺卿许乃济上疏主张弛禁鸦片，显然有针对此次集会的意味。但士人关注政事的舆论更加高涨，时人记载：

> 自来处士横议，不独战国为然。道光十五六年后，都门以诗文提倡者，陈石士、程春海、姚伯昂三侍郎；谏垣中则徐廉峰、黄树斋、朱伯韩、苏赓堂、陈颂南；翰林则何子贞、吴子序；中书则梅伯言、宗涤楼；公车中则孔宥涵、潘四农、臧牧庵、江龙

---

① 陈庆镛：《丙申四月四日江亭展禊后序》，《籀经堂类稿》卷十二，第10页。
② 潘德舆：《奉别黄树斋先生》，《养一斋集》卷五，道光二十九年刊本，第13页。
③ 参见李明哲、李珂《龙树寺与宣南诗社》，北京燕山出版社2003年版，第44页。

门、张亨甫。一时文章议论,掉鞅京洛,宰执亦畏其锋。禁烟之疏,实子序、牧庵、龙门三人夜谈剪烛,无意及之,遂成一稿,而黄树斋亟上之。①

这些人均为江亭修禊活动的积极参与者,而吴嘉宾、臧纡青、江开也在多年的修禊雅集活动中成为好友,并对禁烟问题达成共识。于是在道光十八年,"三人夜谈剪烛",写成了《严塞漏卮以培国本折》,并由黄爵滋上疏。此折会集了众人见解,具有广泛的社会基础,且轰动一时。就此而言,修禊作为当时重要的舆论工具,成为传播政治主张的新途径。

"江亭展禊"的主角之一陈庆镛因朋友的影响而更注重学术的实用性。道光末年,他还从朋友那里真正得到了"与君子过于规,善于劝"的机会。道光二十二年,陈庆镛任江南道监察御使。何绍基、张穆等人筹建顾祠之时,陈庆镛也是积极参与者。道光二十三年三月,道光帝重新起用媚外辱国的琦善、奕经、文蔚三人,陈庆镛随即于四月上《申明刑赏疏》,认为道光帝此举"刑赏失措,无以服民",迫使其"返躬自责,愧悔交深",收回成命,将三人革职。② 陈庆镛上疏与顾祠修禊密切相关,据有的资料记载,《申明刑赏疏》是由陈庆镛的好友张穆代撰。③ 故此疏也可视为参与顾祠修禊者的集体行为。同年十月,道光帝又起用琦善,陈庆镛颇感灰心,没有继续上谏。他已不为朝廷所容,被一再降职,于道光二十六年初辞职回原籍,准备专事著述、讲学。陈庆镛情绪低落时,年轻而直爽的张穆写信说:"当今天下多故,农桑、盐铁、河工、海防、民风、士习,何一事不当讲求。先生富有藏书,经学既日荒废,治术又不练习,一旦畀以斧柯,亦不过如俗吏之为而已。古今必无侥幸之名臣循吏也。愿稍敛征逐之迹,发架上书,择其切于实用者一二端,穷究竟委,单心

---

① 金安清:《禁烟疏》,《水窗春呓》卷下,中华书局1984年版,第80页。
② 陈庆镛:《申明刑赏疏》,《籀经堂类稿》卷一,第12—15页。
③ 张继文:《石州年谱》,《斋文集》(附录),山右丛书初编民国元年刊本,第25页。

研贯，一事毕更治一事。"① 正是在此期间，陈庆镛规过劝善的实际内容已具有鲜明的时代色彩，已广泛涉及后人所论的经世实学。

道光初年的水灾同样是士人关切、议论的主要政事。在江南，"道光六年冬大雨，八年、九年，皆秋冬久雨，寒而多虫。十年、十一年，冬雨连旬，田苦积水"。其后几年仍有水灾。② 不仅江南如此，道光十一年，"湖决于淮阳，江涨于荆襄豫，迫皖桐，东南无干土，而京师乃望雨泽"。次年，"晋、陕、荆、浙皆灾"，农田尽没，"河南十余县承积困之后，湖复弥漫"。死人无数，"其后疠复大作，死者空村"。③ 天灾与人祸一样引起了士人的深切关注。

如果说修禊雅集中的士人唱和对时局民生的关注既具时代性，又秉承了文学传统，那么，他们对同一书画进行的不同诠释，则更加凸显了时代色彩。"烟雨归耕"是古代文人墨客吟诗作画的持久主题，表明士大夫归隐田园的心态。清初学者朱彝尊擅长诗词，有遗民思想，曾入清廷明史馆修史，又获罪归里。朱彝尊与王士祯一样，都是嘉道京师士人推崇的人物，诗文集广为流播。朱彝尊曾作"烟雨归耕图"，自题曰："馌有妇子，居有环堵。舍尔征衣，荷蓑而走。为力虽微，其志则坚。粒食既足，不期逢年。咄哉斯人，谁为徒者？人或尔知，百世之下。"④ 这里表明朱彝尊鄙薄富贵利禄、归隐田园的心态。他希望百世之下有人欣赏其气节，此画确实成为嘉道士人赏评的主题，但赏析者的见解不同。翁方纲题云："先生果言归乎？食力以药饥乎？所犁锄者三百卷之精微，所刈获者自序篇之发挥，噫嘻，知者希矣！"⑤ 他主要赞赏其退出仕途、专志学术的取向，实际表明自己沉浮宦海的无奈心情。

何绍基曾在顾祠修禊初年描摹朱彝尊的"烟雨归耕图"，以供朋

---

① 张穆：《与陈颂南先生书》，《斋文集》卷三，第3页。
② 李彦章：《江南劝种早稻说》，《榕园文钞》卷五，《榕园全集》道光年间刊本，第12页。
③ 鲁一同：《安东岁灾记叙》，《通甫类稿》卷三，光绪三年刊本，第1—2页。
④ 朱彝尊：《烟雨归耕图自赞》，《曝书亭集》卷六十一，上海涵芬楼影印原刊本，第4页。
⑤ 翁方纲：《朱竹垞烟雨归耕图赞》，《复初斋文集》卷十三，第16页。

友赏析。张穆为之题诗词多篇,其中一首云:"空濛烟雨,看图中人貌,非农非士。著述等身容易了,只有乡怀难已。何逊闲情,吴生妙手(吴儁摹图),重复为摹此。鸳湖一棹,故应被劝归耳。卷有畸士吟诗,逸民豪慨,更倚声春水。笔下黎丘工作幻,弹指即成烟市。老子挥毫,阿郎押角(卷中印章垒垒,皆大郎伯厚所摹也),书画君家事。东洲山好(子贞自署东洲居士),听鹂载酒谁是。"① 这里看起来尚无明确的思想内容,但认为"著作等身容易了",已与乾嘉学派的学术取向有所不同。

有的学者则赋予该画鲜明的思想主题。张穆为了纪念自己与陈庆镛的友谊,向陈展示了"烟雨归耕图",并请他为画作引文。陈庆镛的引文云:"儒有闻过相规,见善相示。余尝持此论交,而得其人者不数觏。……余固喜石州之能以过相规,善相示,久而不渝,远而不间,而为直、为谅、为多闻之友也。"② 他非但不反感,反而赞赏张穆这样直言规过劝善的朋友。"烟雨归耕图"不仅展示陈、张二人的友谊,而且成为传播经世关怀的作品。陈庆镛的朋友、长期任知县的刘宝楠最有代表性。陈庆镛曾说:刘"博极群书,实事求是。曩京寓与余过从甚密,讲究六书益相得。"后来刘著《释谷考》也得陈的补正。③ 陈庆镛辞职回籍时,刘赠诗云:"我本风尘吏,无官不得归。羡君寻旧业,此日遂初衣。别路怜知己,歧途感式微。斗南犹有雁,莫使尺书稀。"④ 其真挚友谊于此可见。刘宝楠的诗作虽多吟咏风花雪月,友朋聚散,而道光十一年淮河流域洪涝成灾、运河溃决时,他上书朝廷陈述民间疾苦,提出治理措施。⑤ 刘宝楠为张穆的"烟雨归耕图"题诗云:

---

① 张穆:《百字令·题子贞摹烟雨归耕图次竹坨元韵》,《斋诗集》卷四,山右丛书初编民国元年刊本,第12页。
② 陈庆镛:《张石州烟雨归耕图引》,《籀经堂类稿》卷十二,第16—17页。
③ 陈庆镛:《补刘楚桢(宝楠)释谷考》,《籀经堂类稿》卷五,第21页。
④ 刘宝楠:《送前给谏事陈颂南(庆镛)归里》,《念楼外集》卷一,清末手抄本(无页码)。
⑤ 刘宝楠:《上朱大司空书》,《念楼集》卷六,清末手抄本(无页码)。

> 得归便归何须田，况复有田归可耕。杏花春雨一犁足，见君此图心怦怦。我家有田射水侧，天吴肆虐耕不得。河淮并涨与地争，七邑避水如避贼。君不见，《禹贡》尽述田赋事，治田治水治漕皆宜之。水势宜分不宜合，江海淮泗何逶迤。刘晏转搬本诸此，水不侵田漕亦宜。又不见，明昌以后河水分二支，一由东注一南驰。黄陵筑断东南绝，河淮合流不可治。河强淮弱势不敌，蓄清刷黄高堰危。扬州厥田惟下下，蚁孔直使沧海移。吁嗟乎！故乡洪流不可归，西望太行何崔巍。君家相隔百里外，……与君锄云复锄雨，或负或戴谁宾主，斯图便作耦耕谱。①

这种题诗不仅关切民生困苦，而且从传统经史发掘治水策略，带有鲜明的经世色彩。这是作者感慨现实，也是对张穆等人经世取向发出的共鸣。

江亭修禊的主角如黄爵滋、陈庆镛、徐宝善、张际亮、江开、吴嘉宾等人不仅关注禁烟和水灾，也对其他社会问题发表了见解。黄爵滋在道光初年就论述了"实行保甲"的重要性，认为"欲考州县之成，莫先保甲"，视之为治理"卑污之吏""暗弱之吏"的良方。② 陈庆镛力主抵抗外敌入侵，并于道光二十二年二月上《认真修练水师策》，认为"东南之地，守江重于守城，水战急于陆战。诚使各属水师勤修训练，则海外有截，可以息鲸浪而扫蜃氛"。他提出"备战舰""选水兵""缮火器"三策。③ 这些建议虽然短期内难以实行，却不乏见地。陈庆镛回原籍后，对经世之学更为推重，曾跋同籍经世学者的著述："读书将以致用也。学者束发受经，便期于远者大者，自谓能文章，通经世，至问其所学何事，则爽失矣！及近而叩之以当世之务，风俗之是非，世情之厚薄，则又漠然若罔闻知。"他对当地

---

① 刘宝楠：《题张石洲（穆）烟雨归耕图》，《念楼外集》卷一，清末手抄本（无页码）。
② 黄爵滋：《实行保甲论》，《仙屏书屋初集文录》卷二，第6—7页。
③ 陈庆镛：《认真修练水师策》，《籀经堂类稿》卷一，第3—4页。

讲究农田、兵礼、水利、海志的学者林啸云十分推许。① 咸丰帝即位后，陈庆镛受林则徐等人荐举，一度任江西道、陕西道监察御使，为军国大计频频上疏，后应诏回省办团练，直至因病开缺。此外如鲁一同，"以儒者而谈经世之略，擘画理势度务，揆几曲折剌取，无经生迂鄙之言，而中所著《胥吏论》凡五篇，所以救俗政之弊，酌古今之通，拔本塞源，著明深切"。② 嘉道年间修禊雅集的积极参与者也恰恰是最具经世倾向的一批人，其间联系并非偶然，一定程度说明修禊雅集对于士人经世意识觉醒的意义。

宋学影响与汉宋互动

　　士人频繁的修禊雅集与时代变局不无关系，同时也不能忽视学术传衍与互动。现有研究虽然也涉及士风与学术的关系，但一般所谓"学"多着眼于文学，尤其是桐城派文辞之学的传衍。事实上，嘉道年间更重要的学术背景仍然是汉、宋之学，这是士人经世意识逐渐扩展的主要载体。文学是当时士人交游尤其是雅集的重要纽带；但从学术上看，经世意识最初的主要来源仍然是宋学。宋学的修身主题和社会关怀通过修禊雅集而广泛传播，获得汉学群体的认同和互动，从而引起学术风气的变化。

　　乾隆年间，宣南士林的中心人物是朱筠和程晋芳。程卒后，"京师为之语曰：'自竹君先生死，士无谈处；鱼门先生死，士无走处。'谓朱筠及晋芳也"。③ 这说明宣南士人中存在汉学（朱筠）和宋学（程晋芳）两个学术中心。两者成员虽有交叉，学术上也有相互调和、汲取的情形，而基本学术取向有所不同。汉学家讲求名物训诂，经世意识大多淡薄。而宋学家批评烦琐考据，较明确地传衍了经世思想。宋学家陆燿于乾隆四十一年编成的《切问斋文钞》接续清初程

---

① 陈庆镛：《林啸云丛记跋》，《籀经堂类稿》卷十五，第 7 页。
② 陈三立：《跋》，《通甫类稿》卷末（无页码）。
③ 《袁枚、程晋芳、王友亮》，王钟翰点校《清史列传》卷七十二，第 18 册，中华书局 1987 年版，第 5885 页。

朱理学,受到程晋芳等宋学家的称道。该书收所文章、奏议多涉社会事务,蕴含经世思想,但不像明末清初经世学者那样具有改革倾向。

乾嘉之际,汉学虽然盛极一时,而汉学遭受的责难及汉、宋调融趋势正在增长,宋学渐趋活跃。朝廷重视汉学的同时,也看重宋学的社会价值。嘉庆二十二年上谕云:"宋儒朱子全书因足以阐明经术,而五经及四子书炳若日星,若在官者能身体力行,以为编氓倡率,亦何不可收世道人心之益。"① 这就是继续重视经学考据外,也试图以宋学救治世道人心。道光朝士大夫记载:和珅专权时,朝堂之上多"急功近名之士,故习理学者日少,至书贾不售理学书籍……近年睿皇帝讲求实学,今上复以恭俭率天下,故在朝大吏,无不屏声色,灭驺从,深衣布袍,遽以理学自命矣"。② 从乾隆年间汉学盛极,到道咸以后理学复兴,其间经历了一个演变过程。除了时代变局之外,这也与嘉庆年间几位著名宋学家的倡导及有效的学术传播途径直接相关。嘉庆初年,宣南诗社和苏斋诗会是京师两个主要的交游圈子,其成员包括宋学家、汉学家和学术倾向不明的诗人学者,但翁方纲周围的宋学(理学)人物一直发挥了主导作用。

宣南诗社的前身是嘉庆七年进士的"消寒会",与苏斋诗会一样,成员多没有传承汉学的背景。参加宣南诗社的二十多人中,主要成员如陶澍、陈用光、梁章钜、钱仪吉、贺长龄、林则徐学术上均根柢于宋学,有些偏于文辞者如吴嵩梁、李彦章、刘嗣绾则受宋学家翁方纲的影响。嘉庆七年(壬戌)会试的座师是纪昀、熊枚等人,主要是汉学家。"消寒会"的成员并不是最受朝廷器重的进士,当时职务也确属闲散清苦的中小京官,与后来成为封疆大吏、督抚一方不可同日而语。正是偏于宋学的学术背景与身处朝政边缘的地位,使宣南诗社不断吸引着失意士人,也与"苏斋"结下不解之缘。

宣南诗社及苏斋诗会成员赋诗唱酬,也重视思想学术的交流。诗

---

① 颙琰:《清仁宗圣训》,《大清十朝圣训》卷九,北京燕山出版社1998年版,第5143页。

② 昭梿:《理学盛衰》,《啸亭续录》卷四《啸亭杂录》,中华书局1980年版,第503页。

社成员受宋学的影响，注重陶养德性，强调士人修身与节操。钱仪吉说："学圣人之道盖始于洁而成于物之莫可尚。嗟乎！风俗日下，或貌为中行而与时波靡，或托于不屑不洁，而其不洁也自若。""吾居京师十余年，所严事及交游若而人，其志意趋舍不必同，大要皆期于洁。……且夫洁非徒俭而已，剪其榛楛苛娆之习，直其道以立简易之政，此洁之效也。"① 又如朱珔"经学一宗汉儒"，"而立身行己，规行矩步，道范俨然，则又以宋儒为法"。② 顾莼"性严正，尚气节，晚益负时望，从游者众，类能砥砺自立"。③ 但是，他们所强调的德性修养与一般宋学家流于心性空谈不同，而是直接与社会现实相关，尤其重视转变仕风与士风。梁章钜曾说："昔人言变民风易，变士风难。变士风易，变仕风难。仕风变则天下自治。然仕风与士风却是一贯。士习果正，则仕风未有不清者，此正本清源之说也。"④ 故其宋学根柢的意义既在于修养德性，又在于重视学术践履，讲求实用。后者为淡化学术门户、讲求经世实学开辟了道路。

作为宋学家，翁方纲虽治金石考据，却不满汉学家忽略义理、烦琐无用的偏向。他说："穷经以致用也，苟措诸实事而不可施行，而必泥执一家之言以为古说，其不为邪说畔道不止，可勿戒诸？"⑤ 在他看来，考据必须适应经世致用的需要："夫考订之学，大则裨益于人心风俗，小则关涉于典故名物，然一言以约之曰：取资于用而已。经曰：不作无益。有裨于用者则当考之，其无益者则不必考之。"⑥ 因此，他强调考据之学应贯通义理，批评汉学家沉迷考据、不问国事民生的偏向。翁方纲的学术思想对宣南诗社的弟子们显然有所影响。

---

① 梁章钜：《嘉兴钱衎石给谏》附文，《师友集》卷六，第5—6页。
② 冯桂芬：《朱兰坡宫赞七十寿序》，《显志堂稿》卷二，光绪二年校邠庐刊本，第47页。
③ 《清史稿》卷三百七十七，第38册，中华书局1977年版，第11581页。
④ 梁章钜：《官常一》，《退庵随笔》卷四，上海文明书局"清代笔记丛刊"，民国元年刊本，第1页。
⑤ 翁方纲：《跋张惠言仪礼图二首》，《复初斋文集》卷十六，光绪三年校刊本，第6页。
⑥ 翁方纲：《考订论上之三》，《复初斋文集》卷七，第11页。

李彦章有诗云:"此身未悔登门晚,同气相求学海真。熟听杜公诗律细,莫言牛鬼与蛇神。"① 可见其中的学术交流。在诗社成员中,梁章钜的叔父曾是翁门弟子,梁自己较晚才成为"苏斋弟子",但翁方纲说:梁章钜作诗"手腕境界迥异时流,又最笃信余说……盖不名一家而能奄有诸家之美者也。"② 这虽就诗而论,却也涉及学术思想方面。梁章钜既治汉学,又重宋学。他的文章如《退庵随笔》推重宋人修身、治学的经验,也多引清人顾炎武、李光地、钱大昕、纪昀、阮元、翁方纲等人的著述。

翁方纲强调笃实学风,传播经世关怀。他曾对李彦章"既勉以朴学考订,又于古文、诗期以沉博典则。盖其归里后,即来趋职秘省,以实学践诸实用矣"。③ 翁氏对实学、实用的推重无疑对门生弟子产生了影响。李彦章秉承师说,认为"道学、文章、功名、气节,皆当一以贯之实学、实用"。④ 他在仕宦生涯中向士人倡导汉、宋之学,尤注重发扬宋学的经世传统:"本府已于阳明书院总设实学、实用二斋,又分为经义、史论、道古、通今、德性、文艺、象舆、仓雅、礼乐、兵农、知音、读律、水利、算学、金石、书画十六轩,及濂学、洛学、关学、闽学、许学、郑学、选学、词学、古学、诗学十斋。"⑤ 显然,他重视宋学而不流于心性空谈,倾向于实学、实用。"苏斋"弟子多带有宋学经世派的学术特征。

陶澍不是"苏斋"弟子,却是传衍湖湘理学的重镇,学术上与翁门不谋而合。他早年随父亲游岳麓书院山长罗典的门下,研习汉学,而更深入地浸染理学,受罗典"坚定德性,明习时务"学风的熏陶,也受宋学家严如熤的经世思想影响,"少负经世志,尤邃史志舆地之学"。⑥ 贺长龄早年也深受湖湘理学熏陶,注重义理,敦饬躬

---

① 李彦章:《乙亥除夕和覃谿师论诗二律次韵》,《薇园集》卷上,《榕园全集》本,第1页。
② 梁章钜:《大兴翁覃溪师》附文,《师友集》卷一,第14—15页。
③ 翁方纲:《赠李兰卿归福建序》,《复初斋文集》卷十五,第17页。
④ 李彦章:《思恩府新建阳明书院记》,《榕园文钞》卷一,第4页。
⑤ 李彦章:《润经堂自治官书》卷一,《榕园全集》道光刊本,第26页。
⑥ 魏源:《陶文毅公行状》,《陶文毅公全集》卷末,第5页。

行,被人看作"明体达用"之才。与同邑理学家唐鉴交往密切,均究心理学,往来书札多论学切磋。林则徐早年问学于福建学者陈寿祺。陈氏本治宋学,早年就学于福州鳌峰书院。清初理学家张伯行创办鳌峰书院时宣称:"不佞欲与士之贤而秀者,讲明濂洛关闽之学,以羽翼经传。"① 其宋学重心已不言而喻。嘉庆四年,陈寿祺中进士后始接受座师阮元的建议转治汉学,学术上兼采汉、宋。林则徐早年受此熏陶,究心于修身立志,具有兼通汉、宋的特征。嘉庆三年,14岁的林则徐考取秀才,随即入鳌峰书院学习。鳌峰书院的山长郑光策也是一位讲究气节、注重经世致用的学者,以志节和经世之学课士。林则徐与陶、贺一样,虽非"苏斋"弟子,却深受宋学的熏染。

宣南诗社和苏斋诗会的成员学术上多根柢于宋学,也注重志节修养和社会关怀。但是,这些宋学家基本上没有门户观念,这为其思想意识扩展到汉学群体创造了条件。翁方纲告诫弟子们既尊程朱,又不排斥汉学。他对李彦章"勉以朴学考订",并以二言相告"曰博综训诂,曰勿畔程朱"。② 钱仪吉承浙西理学之余绪,恪守程朱,宗主义理,但不薄考据之学,对门户党伐之见深恶痛绝。此外如陶澍、陈用光、梁章钜、贺长龄、林则徐等人学术上虽重宋学,却又汲取汉学,调融汉、宋。陶澍反对门户之见,曾就《易》学指出:"余于《易》无所得,窃以为汉人言象数,宋人言义理,不可偏废。无义理则象数为诞,离象数则义理为虚。"③ 诗社祭祀郑玄已表明学术上兼重汉学的取向,祭祀清初诗人王士禛也不仅仅因其文学地位,而且在于学术影响。当时,吴县惠周惕、惠士奇父子均从王士禛治学,后来惠栋又为其诗作注。故有学者认为,"乾嘉诸儒,因重惠栋之学,而并及士禛之诗"。④

宣南诗社的汉学家胡承珙、程恩泽等人也主张调和汉、宋。程恩

---

① 张伯行:《鳌峰书院记》,《中国历代书院志》第十册,江苏教育出版社1995年版,第283页。
② 翁方纲:《赠李兰卿归福建序》,《复初斋文集》卷十五,第17页。
③ 陶澍:《洪氏易通序》,《陶文毅公全集》卷三十六,第2页。
④ 张舜徽:《清人文集别录》,华中师范大学出版社2004年版,第68页。

泽提倡在训诂的基础上讲求义理。他致书湖南学者、诗人邓显鹤云："窃以为留心义理、推之事功为有用之学，而制度名物昧于所从来，亦不足以识古先圣王礼乐之深意。……故设教时谆谆以通训诂、明义理为属。"① 这番议论虽针对嘉道间湘学仍偏重义理的情形，却体现了汉学主流对宋学价值的肯定。胡承珙反对党同伐异，而认为"治经无训诂义理之分，惟求其是者而已；为学亦无汉、宋之分，惟取其是之多者而已"。②

嘉道之际，汉、宋畛域的淡化为宋学观念向汉学群体渗透提供了可能。汉学作为清中叶学术主流，对宋学家的治学方法有所影响，而汉学家也潜移默化地受宋学修身主题和经世意识的熏染。士人的修禊雅集加速了宋学观念更广泛地向汉学领域扩散。至道光初年的修禊雅集活动中，宋学群体仍发挥一定作用，而汉学人物明显增加。在这些活动中，汉学家不自觉地接受了宋学观念，注重敦饬行谊，渐渐将立身与行事统一起来，由一般的经史考据转向关心社会现实。

道光朝前期，经世学者黄爵滋、徐宝善在京师修禊活动中发挥了主导作用。严禁鸦片需要士人的广泛支持，宣南诗社的进士、翰林身份限制不复存在，参与者的学术传承也更加宽泛，其中汉学家较嘉庆年间明显增多，汉、宋之间的学术交融进一步深入。以"江亭展禊"为例，其主角有宋学家或偏重宋学的黄爵滋、潘德舆、梅曾亮、吴嘉宾、徐宝善、马沅，有汉学家陈庆镛、汪喜孙、刘宝楠、丁晏等，还有关注时政的诗人张际亮等。"江亭展禊"的参与者多是调融汉、宋的学者，六位发起人都倾向于调和汉、宋，讲求经世致用。黄爵滋、徐宝善根柢于宋学，也在修禊活动中彰显了宋学的修身主题和经世意识。"江亭展禊"的请帖云："因见而逮闻，由分而得合，在《易》则义叶从虎，于《诗》则道征鸣鹤，岂惟时会之乘，实亦人伦之鉴。"③ 可

---

① 《附录春海先生来书》，邓显鹤：《南村草堂文钞》卷九，咸丰元年刊本，第17页。
② 胡承珙：《四书管窥序》，《求是堂文集》卷四，道光十七年刊本，第10页。
③ 黄爵滋：《丙申四月四日江亭展禊启》，《仙屏书屋初集文录》卷十一，近代中国史料丛刊续编第四十二辑（413），台北文海出版社影印本，第12页。

见，在发起人的心目中，陶养人伦、声应气求是修禊活动的重要因素。

黄爵滋究心汉学，又推崇宋学，认为古今之儒者、古今之学者"无异"。"汉儒去圣未远，实事求是，时明则献之于上，世紊则守之于下……无汉儒之训诂则宋儒之性道无由而发，无宋儒之性道则汉儒之训诂无由而归。"① 黄爵滋试图以宋学为根柢而讲求经世致用，认为"学者欲不为圣人之徒则已，欲为圣人之徒，以探圣人之心，舍朱子曷从哉！……朱子尝曰：四海利病视斯民休戚，斯民休戚视守令贤否。诚大明其学以正士习而厚民风，大贤之教行，圣人之道复矣！"② 他希望讲求宋儒的内圣修养，改变不良士习，转移社会风气。徐宝善说："朋友为五伦之一，交不可不慎。"自己25岁以前"换帖"的"朋友"只有马沅可称兄弟，其他人"或其品不足以为友，或其学不足以为友，心甚悔之"。"迩年以来，以为交谊浅深不必形迹，是以王爱堂、周石生、常南陔、高南渠、黄树斋、鲍馨山辈俱未换帖。同年之中相契者亦未换帖，尤觉浑融尔兄弟，渐有朋友之乐。"③ 他也认为："读经以明理为先，读史以卓识为主。如此则品与学交进，纵终身不得科第，亦何损其为正士通人。"④ 显然，他重视"明理"与"修身"，带有宋学特征。此外，如潘德舆认为"欲救人事，恃人才；欲救人才，恃人心；欲救人心，则必恃学术"。⑤ 他希望以学术来救治人心风俗，强调"居今日而有结志忠厚，叙政事以侃直，以归于端饬其行谊者，此何人？曰此真士大夫也，曰此即诗人之所以为诗人也。"⑥ 他们把诗文唱和当作端饬行谊的途径。

这些汉、宋学家之间交往频繁，有的还是好友。徐宝善、黄爵滋与宣南诗社的"苏斋"弟子吴嵩梁、李彦章、陈用光是好友。陈用光诗学"苏斋"，文宗桐城，是兼容汉、宋的典型。陈用光与汉学家

---

① 黄爵滋：《汉宋学术定论论》，《仙屏书屋初集文录》卷二，第1页。
② 黄爵滋：《朱子全书序》，《仙屏书屋初集文录》卷四，第1—2页。
③ 徐宝善：《过庭录》，《壶园杂著》，咸丰元年刊本，第8页。
④ 同上书，第10页。
⑤ 潘德舆：《与鲁通甫书》，《养一斋集》卷二十二，第18页。
⑥ 潘德舆：《仙屏书屋诗序》，《养一斋集》卷十八，第12页。

也多交往，提倡汉学的祁寯藻是其女婿。陈用光对新一代经世学者张际亮很赏识，且在江亭修禊和顾祠修禊的士人中享有声誉，可谓宋学家直接影响汉学家的典型。道光二十年，黄爵滋、祁寯藻一同赴福建查办禁烟，主张一致。陈庆镛早年从陈寿祺治经，后又出阮元之门，也常参加"苏斋"的诗酒唱和，① 对嘉道间京师著名汉学家程恩泽也"心往久之"，多有交往。他的朋友既有治汉学的何绍基、张穆、赵振祚、苗夔、丁晏，又有宋学家朱琦、梅曾亮，还有偏重今文经的龚自珍、魏源。刘宝楠与宋学家姚莹等交好，有诗作赠答。此外，汉学家丁晏与潘德舆、朱琦等宋学家及包世臣、周济等经世学者密切交往。晚清甚至有人认为，道咸以后只有丁晏"能以汉学通宋学"。② 这些交往并不完全起源于修禊雅集，而频繁的修禊雅集不仅为交往提供了契机，而且增进了他们之间的友谊和思想交流。

一些汉学家显然直接或间接地受了宋学的影响。陈庆镛"生平精研汉学，而服膺宋儒，尝谓'六经宗许、郑，百行学程、朱，亭林之言，吾辈当以自励'"。③ 他以宋学的品性修养自励，与宋学家朱琦、苏廷魁被士人称为谏垣三直。汉学家刘宝楠的从叔刘台拱是翁方纲的门生，且宝应刘氏本传朱子之学，有调融汉、宋的传统。刘宝楠少从刘台拱读书，后来又专治《论语》，这与宋学的影响有一定关系。此外，如诗人张际亮颇不满于考据之学，有感于姚鼐"考据好利，辞章好色"一语，他指斥"考据者皆以京师大儒自命"，"行丑而诈者殆不可悉数也"。张际亮"因姚先生之言而慨二者之敝，则思有以救之"。④ 故他倡导清议，反对士人沉迷于考据著述。在他看来，"若近代考据家穿凿附会，著书动数百卷，党伐纷纭，急一时之名而不顾千秋是非定论，则诚不如空谈至道者犹为无害于人心也"。⑤ 张

---

① 陈庆镛有诗云："金莲日局皆陈迹，倍忆苏斋酹酒频。"见《东坡生日》，《籀经堂类稿》卷八，光绪九年刊本，第12页。
② 徐世昌主编：《柘唐学案》，《清儒学案》第四册，中国书店1990年版，第1页。
③ 陈启荣：《陈公墓志铭》，《籀经堂类稿》卷末附录，光绪九年刊本，第3页。
④ 张际亮：《两汉节仪传序》，《张亨甫文集》卷二，《张亨甫全集》咸丰年间刊、同治六年增刊本，第31—32页。
⑤ 张际亮：《与蒋拙斋书》，《张亨甫文集》卷五，《张亨甫全集》本，第3页。

际亮转向经世实务，名重一时。这类言论对汉学家的学术调整无疑有所影响。

道光后期，京师士人的频繁交游进一步淡化了汉、宋隔阂。宋学观念不断向汉学群体渗透，卷入修禊雅集的汉学家日益增多，逐渐认同原来宋学家或经世学者的学术取向，成为传衍经世意识的主角。"顾祠修禊"的初期参与者以汉学家为主，其组织者何绍基、张穆、苗夔等多是汉学家阮元、程恩泽的门生，而其经世意识与宣南诗社和江亭修禊时期一脉相承，并有所发展。随着汉学家成为修禊的主体，崇祀的重心也必然有所变化。而顾炎武作为清代经学的开辟者，兼容汉、宋，注重气节修身而又关心社会实务，自然是最具象征意义的人物。于是，士人修禊雅集崇祀的重心也由欧阳修、苏轼等文学家，或郑玄等汉学家，而转移到顾炎武这样的学术宗师。

顾祠修禊的主角张穆、何绍基、苗夔等多根柢于汉学，而且他们如阮元、程恩泽等人一样主张汲取宋学，调和汉、宋。张穆因触犯科考规则而无功名，但深得祁寯藻、阮元赏识。阮元家居时，见张穆所著书："叹曰：二百年来无此作也，称为硕儒。一时名士若俞理初、何子贞、王箓友、陈颂南、何秋涛皆与订交，推为祭酒。"① 阮元赠联云："讲学是非求实事，读书愚知在虚心"。张穆"书二语为座右以自箴"。② 张穆的顾祠修禊诗云："吾从何君后，岁时絜椒奠。岂有门户私，讲堂拟首善。将以证实学，觊或化辟啳。"③ 但是他们在文学上与梅曾亮等桐城古文家不无隔阂。阮元推重六朝骈文，或肯定骈散合一，这与桐城派尊崇唐宋古文凿枘不合。故顾祠修禊已少有文学唱和的内容，而主要是学术上认同崇实、经世的取向。

顾祠修禊的基本内容是给汉学宗师重新定位，赋予汉学新的（经世）内涵，文学的重要性已明显减少。顾炎武倡导"经学即理

---

① 张继文：《石州年谱》，《斋文集》（附录），"山右丛书初编"民国元年刊本，第52页。
② 同上书，第26页。
③ 张穆：《丁未九日顾祠秋禊图分韵得燕字，戊申元日补作》，《斋诗集》卷四，山右丛书初编民国元年刊本，第1页。

学",讲求实学,注重博采考订,对清代经学的兴起功不可没。他又以五经为基础阐述义理,并且关心国计民情和经世实务。顾炎武曾谓:"君子之为学,以明道也,以救世也。徒以诗文而已,所谓雕虫篆刻,亦何益哉!"① 可惜除了引起个别学者如汪中、章学诚的注意外,亭林之学并未在乾嘉时期产生回响。当时大多数士人标榜仿效的汉学家是疑古辨伪的阎若璩、胡渭。嘉庆年间,惠栋的再传弟子江藩的《国朝汉学师承记》,置黄宗羲、顾炎武于卷末,宗派意识明显可见。博学的汉学家如纪昀,也对顾氏的经世之学不以为然,谓其"学有本原,博赡而能通贯。……惟炎武生于明末,喜谈经世之务。激于时事,慨然以复古为志。其说或迂而难行,或愎而过锐"。② 这很能反映当时的价值取向。顾、阎两人实际上反映出清代汉学的两种传统。阎若璩代表了清代温和的经学传统,治学专精,但缺少社会关怀和思想创见,对清廷也采取合作态度。顾炎武具有激进色彩,倡导经学、关心民情世务,注重博学及思想创新,对朝廷往往采取批判或不合作的态度。

　　嘉道年间,顾炎武的地位逐渐上升,直至出现顾祠修禊。这种变化与宋学经世传统的发展及汉学的反思均有关系,尤需注意的背景一是阮元的学术取向,二是江南经世学风。嘉庆十七年(1812),注重调融汉、宋,关注经世实务的汉学名臣阮元辑纂《儒林传》时,已将顾炎武列为清代学术第一人。道光初年,正是江南经世学风迅速发展之时,宣南诗社成员纷纷出任江南大员。魏源、贺长龄于道光六年编成《皇朝经世文编》,影响巨大。宋学经世传统与江南今文经学融为一体,经世学风迅速弥漫大江南北。道光十八年(1838),阮元休致归里,次年在仪征建立了"南万柳堂",与宣南万柳堂遥相呼应,也成为江南士人拜谒的学术殿堂。两江总督陶澍对顾炎武的经世之学和气节均十分敬佩,并说:"闻其墓在昆山城外,不封不树,为若敖

---

① 顾炎武:《与人书二十五》,《亭林诗文集》文集卷四,上海涵芬楼影印康熙刊本,第22页。
② 纪昀:《日知录》提要,《四库全书总目》卷一一九"子部·杂家类三",中华书局1965年版,第1029页。

氏之馁。前此余在吴门，未及表彰，至今缺然以为憾。"① 道光十九年（1839），陶澍病逝，由林则徐接任，而当时的江苏学政是祁寯藻。道光二十年（1840），因鸦片战争事起，江南地方大员频频更换。梁章钜于道光二十一年再任江苏巡抚。正是在这种背景下，江苏巡抚会同江苏学政疏请顾炎武入祀昆山乡贤祠。经礼部奏称：昆山县先儒顾炎武"植躬清峻，砥行端方，讲求经世之学。历览天下府州县志及历代奏疏文集，复周行西北边塞，得之目验，成一百二十卷，曰《天下郡国利病书》。别有一百卷曰《肇域志》，又著有《音学五书》，考古功深，斟酌允当。其余所著有《日知录》三十二卷……不可枚举。"于是，道光二十一年十二月，奉旨准顾炎武入祀乡贤祠。② 除了社会变局的大背景之外，从学术渊源上看，顾祠修禊正是以宣南诗社为代表的宋学经世传统与以阮元为代表的汉学经世思想相结合的产物。事实上，阮元之子阮福在咸丰初年多次参与了顾祠修禊。

顾祠修禊的底蕴是推崇亭林的学术取向和气节。道光二十四年春祭顾炎武，张穆的祭文云："先生生当叔季，业贯汉唐，学堪为王者师……况乎志存淑世，娄构书堂，雅慕伏波，厉精田牧。皋比不拥，惩东林复社之末流；墨突未黔，弃濂泾桑庄如敝屣。"③ 陈庆镛有诗云："龙兴硕儒起，亭林开其先。抗志景前哲，学海障百川。著述遵郑孔，卓识继史迁。郡国察利病，雕瓠留遗篇。音韵订沈陆，金石穷搜研。昔尝游齐鲁，载书到蓟燕。侯门绝干谒，奇气薄云天。"④ 张穆祭亭林生日文亦云："先生行成忠孝，学洞古今，惩末造之蹈虚，进吾徒以考实。"⑤ 字里行间流露出对顾炎武的经世实学和忠孝气节的推崇。顾祠修禊延续此前的士人修禊雅集，但更体现了汉学群体讲求经世致用的学术自觉。何绍基治学兼采汉、宋，出任四川学政期

---

① 陶澍：《西溪草庐诗集序》，《陶文毅公全集》卷三十七，第26页。
② 张穆：《顾亭林先生年谱》吴兴刘氏嘉业堂民国七年刊本，第78页。
③ 张穆：《亭林先生祠落成公祭文》，《斋文集》卷六，山右丛书初编民国元年刊本，第1页。
④ 陈庆镛：《顾祠雅集图》，《籀经堂类稿》卷十，第2—3页。
⑤ 张穆：《亭林先生生日祭文》，《斋文集》卷六，第1页。

间，告诫诸生要"讲求朴学，尚友古人，发为精深奥博之文"，且"无取轻浮，必求渊雅，在学者贵通经以致用，在使者期得人以事君。勉殚实事求是之功，以副虚己甄才之意"。① 嘉道以后，一些学者仍然研经考史，但汉学的经世关怀有所增长。

从汉学的演变来看，经世意识的进一步落实明显体现在一些汉学家转治边疆史地。一些根柢于汉、宋之学而注重经世的学者如林则徐、魏源、龚自珍、徐继畬、沈垚、何秋涛、俞正燮等人均究心于边疆史地，而徐松、张穆在京师尤有影响。大兴徐松，嘉庆十年进士，曾入值南书房，究心经术，精于史事，考据学造诣深厚，其"读书处曰治朴学斋，朝野名流相见恨晚，而身后遗书散佚殆尽"。② 他早年涉猎"四库全书"，好钟鼎碑碣文字，后任湖南学政，因获罪谪戍伊犁，开始留心、熟谙边疆史地。此前，流戍新疆的祁韵士（祁寯藻之父）奉伊犁将军之命于嘉庆初年撰成《西陲总统事略》，记录西北史地，为后人研究奠定了基础。徐松预感到沙俄将成为中国边疆大患，通过实地考察，又汲取祁韵士的部分资料，援古证今，成书十二卷。后经道光帝赐序刊行，名《新疆识略》。徐松还撰有《西域水道记》《西域水道记校记》《西夏地理考》等著作，奠定了清代边疆史地学的基础。徐松被释还京后，名声益噪，与他交游的西北地理学者有张穆、沈垚、魏源、龚自珍、俞正燮、董佑诚等一批人。龚自珍诗云："笥河寂寂覃谿死，此席今时定属公"，③ 视之为继朱筠、翁方纲之后宣南士林的中心人物。就官位和学术影响来说，徐松不及朱、翁二人，但宣南三位大兴名人的学术取向反映了京师学风的流变。

顾祠修禊的主角张穆"学不专主一家，而皆得其精诣，涉历世故，益讲求经世之学，于兵制、农政、水利、钱法尤所究心"。④ 他

---

① 何绍基：《四川学政到任通行告示》，《东洲草堂文集》卷五，家刻二十卷本，第29页。
② 缪荃孙：《徐星伯先生事辑》，《艺风堂文集》卷一，光绪二十七年刊本，第42页。
③ 龚自珍：《己亥杂诗》，《龚自珍全集》，上海古籍出版社1999年版，第512页。
④ 祁寯藻：《序》，《斋文集》卷前，第1页。

侨居宣南，闭门著书，写出了《蒙古游牧记》，至作者去世时，此书尚未完稿，后经其好友何秋涛（陈庆镛的弟子）补校完成，对内外蒙古、青海、新疆等地蒙古部落的游牧所在、山川形势、历史演变、风土人情、王公谱系事迹及与清廷的关系等，都有详细记述。此书由祁寯藻作序推介，被看作既能"实事求是"地"陈古义"，又能"经世致用"地"论今事"的著作。张穆还有未完成的著作《延昌地形图》，一些内容后来辑入魏源的《海国图志》。张穆的祖父曾在安徽歙县为官，故与歙县学者郑复光结识，曾从郑氏治算学，并刊刻其光学著作《镜镜詅痴》。魏源曾说嘉道今文经学的"微言大义""贯经术、政事、文章于一"。[①] 事实上，不唯今文学，古文经学及史地考据研究也不同程度地体现了这种特色。

综上所述，在嘉道年间士人经世意识的觉醒过程中，宋学群体发挥了先导和推动作用，而随着社会变局和士人修禊雅集活动的发展，经世意识逐渐在汉学群体中广泛传衍。至顾祠修禊初期，汉学群体已发挥主导作用，经世思潮随之迅速兴起。另外，嘉道年间汉、宋学者之间也相互影响，尤其是道咸以后，汉学家的学术取向也影响了宋学家。如顾祠修禊初期，汉学家发挥了主导作用，而道光二十六年之后，宋学家的作用明显增强。除原先参与祭祀的朱琦、罗惇衍、苏廷魁等宋学家之外，又有梅曾亮、吴嘉宾、孔宪彝、邵懿辰、宗稷辰等一批宋学家成为顾祠修禊的主角。加之，道光二十九年张穆逝世，道光末年何绍基离京，"自是与祭者浸希矣，不及曩昔之盛"。直到咸丰六年（1856），"补修禊事，事复盛"。[②] 故道光末年以后，汉学家在顾祠修禊的重要性有所减弱。咸丰六年以后顾祠修禊复盛后，主持其事者常常是朱琦、宗稷辰、张祥河等宋学家，罗惇衍更是同治初年的重要主祭人物。顾祠修禊的主题是发扬亭林之学，实际上也是重新诠释汉学传统。而后来宋学家在形式上继承、发扬了顾祠修禊的主题。其间，汉学传统对宋学家的影响也是不言而喻的。

[①] 魏源：《刘礼部遗书序》，《魏源集》（上册），第 242 页。
[②] 朱琦：《顾亭林先生祠记》，吴昌绶《顾祠小志》民国十一年刊本，第 8—9 页。

结　　语

　　嘉道年间，潜伏的社会危机逐渐显露，敏感于世的士大夫开始关注社会问题，一些宋学家及少数汉学家也明确或委婉地表达了不满于烦琐考据。当时，士人的书信往还及师门传承是传播学术与思想的重要途径，但影响有限，文集的出版又多在作者身后数十年。而士人的修禊雅集在官方权力系统之外创造了一个交流思想学术的空间。修禊雅集的参与者最初意图可能不尽一致，但这种较具规模的聚会成为士人传播现实关怀、唤醒经世意识的重要途径。于是，最初主要流播于宋学群体及少数汉学家的经世意识经过频繁的修禊雅集，逐渐得到学术主流群体的认同。士林风气为之一变，一些有识之士还将经世思想付诸实行。

　　随着经世意识的传播，广大士人的治学取向也逐渐发生深刻变化。在江南，经世派宋学与取向相似的今文学结合起来，推动常州学派及整个汉学加速向讲求义理和经世致用的方向发展。而在京师，研究边疆史地之学蔚然成风，汉学的经世色彩明显增强，嘉道学术随之发生了深刻变化。

[原载《西方思想在近代中国》（论文集），
社会科学文献出版社 2005 年版]

评民初历法上的"二元社会"

左玉河

民国成立,将传统的夏历(阴历)改为阳历,对民众的日常生活影响甚大。改用阳历,民国革故鼎新、万象更新之举,也是社会进步的标识和体现。但在它的推行过程中,阴历仍然占据主导地位,民众除民国纪年外,对阳历并未完全接受,从而形成了历法问题上的"二元社会":上层社会——政府机关、学校、民众团体、报馆等,基本上采用阳历;而下层民众——广大的农民、城市商民等,则仍沿用阴历。这种"二元社会"格局是怎样形成的?"二元社会"又是如何调适的?它说明了什么问题?给人们以怎样的启示?这是笔者在本文中所要探究的问题。

一 历法上的"二元社会"格局

中国历法,来源甚远,相传在伏羲、神农时,已有上元太初等历,以建寅之月(夏历正月)为岁首,黄帝轩辕氏作,岁首改为建子(夏历十一月),自是屡有改革,建子、建丑、建寅、建亥,代各不同。汉武以后,除新莽一度短期更张外,其余历代历法,一律沿用夏正,"千余年来,未之或改"。① 清袭明制,也是以夏历纪岁。

1911年10月(辛亥旧历八月),武昌起义后的民军决议改"清"

---

① 陈振先:《送旧历文》,《大公报》1929年12月31日。

为中华民国，称中华年号为黄帝纪元四千六百零九年。① 武昌军政府以黄帝纪年，各省响应，有用同盟会天运干支者（宣统三年岁次辛亥年，即用天运辛亥年）。孙中山回国后，认为有改正朔求统一之必要，建议以中华民国纪元，援引阳历。1912年1月1日，孙中山在南京就任临时大总统后，正式通电各省："中华民国改用阳历，以黄帝纪元四千六百零九年十一月十三日为中华民国元年元旦。"②

孙中山以阳历1912年1月1日为民国元年元旦，其最初目的是显而易见的：一是共和成立，不用皇帝年号，而改为民国纪年，便于民众记忆；二是阳历没有闰月，减少了农历中闰月的换算，便于年度预算；三是与国际上普遍采用阳历的潮流相适应，便于在对外贸易和对外交涉上与国际接轨，实现最终的世界大同。孙中山的立意不可谓不高远，因此这一改革得到了响应革命、宣布脱离清政府而独立的各省的普遍支持。如以蔡锷为首的云南军都督府于1912年2月17日致电南京临时政府，报告云南施行改用阳历情况：自奉孙中山关于民国改用阳历电令后，云南军政府通饬军民一体知照施行，以旧历辛亥年11月13日为元年1月1日，凡关于公私文契、文约、各种合同、钱债结算并司法上之罪犯处罚及一切关于日期计算，凡在改正朔以前所订，现在尚未完结者，概依旧历推算。"新订一切契约、合同及一切关于日期计算之事件，均以新历为准。"③ 同时，由于内务部新历法尚未修订出，故云南军政府制成《民国元年新历月日节候一览表》，兼附旧历，发给所属军民以资对照执行。

然而，在中国这样一个沿用了两千多年阴历的国度骤然采用阳历、废弃阴历，显然也是非常困难的。孙中山的通电刚刚发出，上海商务会会长王一亭就以骤改正朔，于商界阴历结账，诸多不便，电请

---

① 万仁元等整理：《中华民国史史料长编》第1册，南京大学出版社1993年版，第58页。
② 《临时大总统改历改元通电》，《孙中山全集》（第2卷），中华书局1982年版，第5页。
③ 中国第二历史档案馆编《中华民国史档案资料汇编》第2辑，江苏古籍出版社1991年版，第29页。

改以 2 月 17 日即阴历除夕，作为结账之期。

孙中山发布"改正朔"令的同时，决定阳历 1 月 15 日（阴历十一月二十七日）补祝新年，"所有各衙、署、局、所、学堂、商店以及各项团体，于是日一律悬旗，衙署局所停止办公，学堂停止上课各一天，藉伸庆祝"。① 接着，孙中山派员将此改正朔之事交临时参议院公议。参议院授权孙中山通电各省，颁布历书，"以崇正朔，而便日用"，并议决四项决议："一、由政府于阴历十二月前制定历书，颁发各省。二、新旧二历并存。三、新历下附星期，旧历下附节气。四、旧时习惯可存者，择要附录，吉凶神宿一律删除。"② 1 月 13 日，孙中山发布《临时大总统关于颁布历书令》，令内务部"赶于阴历十二月前编印成书，以便颁发各省施行至要"。③

按照临时大总统令和参议院决议，1912 年 2 月，内务部将编撰的民国新历书颁行全国。这部《中华民国元年新历书》，是以参议院议决四条为原则编撰的，与旧历书相比，其特点有三：一是新旧二历并存；二是新历下附星期，旧历下附节气；三是旧历书上吉凶神宿一律删除。这部新历书体现了共和精神，剔除了封建迷信的文字。它对阳历的普及和推广起到了一定的作用。但由于编撰时间仓促，多有错误，受到各界的批评。④ 因此，它颁行后不久，民国政府即着手编撰更科学的民国元年新历书。1912 年 6 月，原来负责为大清皇朝编修《时宪历》的钦天监改归教育部，筹组北洋政府教育部观象台，负责编撰《中华民国元年历书》。由于教育部观象台有着较好的天文观象设施和编撰历书经验，所以，它所编订的这部新历书，具有一定的权威性，替代内务部编新历书而风行全国。从民国元年到北洋政府垮台，民国每年所用的"新历书"，都由北洋政府教育部观象台编撰。

教育部观象台编订的这套民国元年新历书，继承了内务部编订新

---

① 《都督通令》，《中华民国阴阳合历通书（元年）》，上海大同书社 1912 年编撰刊印。
② 中国第二历史档案馆编《中华民国史档案资料汇编》第 2 辑，第 18 页。
③ 同上书，第 17 页。
④ 见《民国历书之妣缪》，《东方杂志》第 8 卷 11 号，1912 年 5 月 1 日。

历书的优点,并在历书中得到体现:一是"民国采用阳历,则旧历自在应删之列,惟习俗相沿未可以朝夕废,故旧历月日仍附注于阳历月日之下,以从民便",阴阳历并行;二是"民国历书以授时为主旨,力破一切迷信,凡旧历书中之所谓方位临直宜忌等项悉数删去,而以天文图说代之",体现了历书的科学性。①

袁世凯就任临时大总统后,赞同南京临时政府"改正朔"的举措,并于2月17日发布公告,强调遵行阳历:"现在共和政体业已成立,自应改用阳历,以示大同。应自壬子年正月初一日起,所有内外文武官行用公文,一律改用阳历,署中华民国元年二月十八日,即壬子年正月初一日字样。"② 实际上,民国初期的政府公文确也是阴阳历并用的。如《大公报》1912年3月17日载:《临时大总统命令》——委任张锡銮署理直隶都督等,所署日期便是:"中华民国元年三月十五日即壬子年正月二十七日。"

民国初年采用阳历而不废阴历,必然会形成历法问题上"二元社会"格局:社会上层(机关、学校、团体及报馆)主要用阳历;下层民众(商家、一般市民及广大农民)主要用阴历;阴历在整个社会上占主流,阳历仅为点缀。对此,一些方志明确载曰:"民国创兴,起义者纷纷不一,众议改用阳历,即以其年一月一日为'元旦',各省军、政学界普同庆祝,由是造印历书者阴阳并载。军、政俱用阳历,民众、农、商,凡年节一切仍用阴历。"③ 这种"二元社会"格局,可以从阳、阴历新年的庆祝规模,及政府、民众对它们的关注程度上体现出来。

1913年1月1日,是民国成立后第一个元旦。民国政府由于1912年元旦没有赶上庆贺,虽然1月15日在南京补庆,但由于南北对立,广大的北方地区仍用"宣统"年号。1913年的元旦则情况不

---

① 教育部观象台编:《中华民国元年历书·凡例》,1912年铅印版。
② 转引自许师慎《国父当选临时大总统实录》(上册),台北"国史"丛编社1967年版,第216页。
③ 云南《昭通县志稿》,民国二十七年铅印本,丁世良等主编:《中国地方志民俗资料汇编·西南卷》(下),书目文献出版社1991年版,第741页。

同。南北统一、政府北迁，就任临时大总统的袁世凯格外重视阳历新年，并举行了一系列庆贺活动。据当时《大公报》报道："今年为民国二年，官场之庆贺元旦者，北京自总统府国务院以下，外省自都督府民政府以下，相与悬旗结彩，脱帽鞠躬，欢呼'民国万岁'者，何等兴高采烈。""大总统对于开国元勋，必有加恩命令，或则优赏，或则晋封，以粉饰此元旦纪念大典。"①

政府机关学校热烈庆贺阳历元旦，而当时的一般民众反应如何？与政府的热烈欢庆相反，民众对于阳历新年表现得异常冷淡。据报载："然起视人民，一若不知有新年者也，一若不知有元旦纪念者也。"正是因为有这样巨大的反差，《大公报》记者干脆以"官国"与"民国"相区别："今年之新年，只可谓官国二年，不当谓民国二年，以庆贺者只有官场，于人民无与也。"② 这种"官国"与"民国"之分的背后，预示着在使用阳历与阴历问题上，社会上层与下层之间出现了较大分歧。

在阳历新年时，社会上层重视并以庆贺方式进行粉饰，那么在随后阴历新年到来时，社会上层及下层民众的态度如何？如果将两者略作比较，就会发现，民众对于阴历与阳历的观念存在巨大差异，不仅出现了"民国新年"与"国民新年"的分立，而且出现了"新新年"与"旧新年"的区分："新旧两名词，处于极端反对之地位，既曰新则必非旧，既曰旧则必非新，不意关于全国之岁历，竟以反对名词，联合一气，如旧新年之名目，胜播于国人之口，殊为可怪。"③

在"新新年"与"旧新年"称谓的背后，体现着一般民众对于这两种"新年"怎样的社会心态？《大公报》曾作过这样的概括："官厅贺喜，街市悬旗，此新新年之气象也。千家爆竹，万户桃符，此旧新年之景色也。"从这里可以窥出一般民众的社会心态："是故新年虽有两，然以各人心理中观之，民国一新年，国民一新年，彼此

---

① 梦幻：《闲评一》，《大公报》1913年1月1日。
② 同上。
③ 无妄：《旧新年之新祝词》，《大公报》1913年2月11日。

各一心理,彼此各一新年,则固未尝有两也。"①

正因民众对民国阳历新年与阴历新年有着截然不同的态度,所以,以官厅、机关学校为主要庆贺者的阳历新年,被称为"民国之新年",以一般社会民众为庆贺者的阴历新年,被视为"国民之新年":"盖前此之新年,民国之新年也,可谓之新民国;今此之新年,国民之新年也,可谓之新国民。民国之新年,乃前总统纪元受命之新年,今总统承兆继统之新年也,故凡享民国权利者,均得而庆之。国民之新年,乃四千余年祖传之新年,四百兆人普通之新年也。"②

"民国之新年"与"国民之新年"的分野,显露出政府与民众在采用阴历与阳历问题上的分歧,社会上层与社会下层的"二元社会"开始形成。

如果进一步考察民众在民国二年阴历新年中的表现,可以从另一个方面折射出人们对于阴历与阳历的态度。与阳历新年"官厅热闹、民间冷清"相比,阴历新年之热闹,是阳历新年所无法比及的。当时《大公报》描述当时的盛况:"五六日间,士休于校,农游于城,工闲于厂,商停于市肆,红男绿女,熙攘于街衢,花爆灯旗,炫耀于耳目,为问此种光景,何为而发现于今日也?曰:过新年故。夫过新年何足奇?所奇者一月中而过两新年耳。然官样之新年,方瞥眼而去,民俗之新年,又继武而来,亦未始非日新又日新新新不已之象。"③

这种情况说明,与一般民众所过的阴历新年相比,阳历新年简直就是"官样之新年"。所谓民国万象更新,只是一些人们的理想和表面装饰而已,民国初年的政治和社会改革,并未动摇中国传统社会的根基,没有触及社会一般民众的日常生活。

如果说民国初年"二元社会"仅具雏形的话,那么随着时间的推移,这样的格局越来越鲜明,并逐渐成为一般社会的共同认识。

无论处于何种目的和动机,即便仅仅是为了点缀,社会上层于阳

---

① 梦幻:《闲评一》,《大公报》1913 年 2 月 11 日。
② 同上。
③ 无妄:《今年所责望于国民者》,《大公报》1914 年 1 月 31 日。

历新年，照例要放假、停公、庆贺，逐步加深着人们对"官府之年"的印象。1915 年阳历新年，庆贺者仅为上层社会人士："弹指光阴，新年已过。庆贺也，封赏也，宴会也，演剧也，以及一篇励精图治之官样文章，许多善颂善祷之照例祝词。"① 1916 年仍是如此，1917 年则官庆新年更加热闹。据报载："前日为元旦佳节，并为南京临时政府成立之纪念日，黎大总统照常例在怀仁堂受贺。第一班乃段总理各部总次长各局长参谋部及各特别机关武官分左右两班，向中恭立，奏乐，大总统入礼堂，百官总大总统三鞠躬，大总统还礼，如仪而退。同日，载洵代表清皇室晋见大总统，恭贺元旦，并祝大总统及中华民国万岁……又参众两院新年一致休假三日。元旦日两院议员均各到本院团拜，十一时，齐集议场，举行庆贺。"②

但这种新年庆贺，仅仅为上层社会的一种点缀而已，并没有为民间多数民众接受："新年何所见，三五国旗之飘荡而已；新年何所闻，官场具文道贺而已；民国改行阳历于今已届六年，而堂堂正正度新年之时于接近首善之通都大邑所见所闻，乃仅有此，呜呼，何国民之难于更始也。"《大公报》认为，"本国国民不知奉本国之正朔，其为国耻尤大也"。③ 将民众不奉阳历正朔视为"国耻"，尽管是过激之论，但无疑表达了一种要求以阳历代替阴历的强烈愿望。

1918 年的阳历新年，仍旧是官府热闹，民众冷淡的情况："新年庆祝为年年例行盛典，元旦日总统府觐贺，今年独较往年为盛。……新年各机关均放假休息，各机关门前多悬灯结彩。总统府前灯彩尤盛。此外如中华门前门外均结灯彩牌楼，东西两车站满缀电灯，夜间大放光明，如同白昼。中华门内甬道及长安门内马路两旁排列彩柱，悬挂红灯，薄暮短腊齐燃，至远观之，万点红星密布。此外，大小胡同尤多悬灯彩，凡热闹之场，游人如织，迄夜不绝。"④ 正因如此，有人评议说："辛亥以还，改行新历，于是一国中过年景象，遂有官

---

① 无妄：《闲评一》，《大公报》1915 年 1 月 6 日。
② 《元旦祝贺典礼志要》，《大公报》1917 年 1 月 3 日。
③ 无妄：《慨新年之所见闻》，《大公报》1917 年 1 月 3 日。
④ 《新年中之北京景色》，《大公报》1918 年 1 月 4 日。

派与民俗之分,一岁过两年,相沿成习者,又六载于兹异。"① 此处"官派与民俗之分",赫然揭示了民国初期历法问题上"二元社会"的分立与对峙。

尽管民众对阳历新年多觉陌生而漠视,不仅作为中央政府所在地的北京社会上层庆贺阳历新年,而且一些大中城市,也同样出现了庆贺阳历新年的热闹景象。

地处东北的奉天(今沈阳),官府多用阳历,并在阳历新年举行庆贺。以1918年的阳历新年为例,奉天各军政机关团体极为忙碌,各官厅于门前均搭台松枝,牌楼点缀电灯花彩。工商各界在政府的号召下,城关各灯笼铺均忙制五色灯笼,以备各界新年购买,印刷所也均制月份牌日历表;而各商号均于门前粘贴对联。正因官府倡导推行,在奉天出现了"每日街巷熙熙攘攘,颇形热闹"的景象。② 很显然,奉天阳历新年的热闹,与张作霖为首的军政当局的大力推行密不可分,这也从另外一个侧面,说明政府力图将阳历推广到民间社会的努力,尽管这种努力不一定是自觉的。

到1919年时,阳历在社会上也推行了八年。当人们回顾民国改用阳历的历史时,发现"官家之年"与"民间之年"已经泾渭分明。在采用阴阳历问题上,中国社会形成了比较明显的"二元社会"格局。这种格局,已经成为民国社会的一种普遍现象。对此,不妨对1919年北京的新旧年节作一考察。

当1919年阳历新年到来之时,北洋政府各机关一律放假,"政闻较为寂然,庆贺之事则极忙碌"。③ 北京各行政机关皆放假三日,唯警察厅有值日员司,以备临时接洽。至各机关门首,如总统府,赶扎花墙,添装电灯;其余各院部花墙电灯或有或否,不能一致。到元月4日,各机关职员照例到署行团拜礼,长官发表新年演说。北京各学校,一律放假15天(自12月25日到1月8日)。"商场如新世界东安市场宴宾楼,新年中极为热闹,每日无不人山人海,男女老幼结队

---

① 无妄:《又与丙辰惜别矣》,《大公报》1917年1月19日。
② 《奉天——新年各界之拉杂记》,《大公报》1918年1月6日。
③ 《新年中北京之形形色色》,《大公报》1919年1月4日。

出游，虽一日之大风酷寒而游人绝不因之减少。"北京街面上，"各衙住户及商店均悬国旗。顺治门外，于各胡同口扎有松门，且沿街悬挂红灯，象坊桥以国会之故，则亦有花牌楼一座，连日施放爆竹者，则间有之。"①

这种情形，烘托出一个上层社会"官家之年"的热闹景象。也正因如此，"新历年者，官家之年也"，已经成为当时中国社会各界的共识："其意以为机关放假，电彩高悬，皆属官家之事，即互寄贺年柬帖，亦以各官厅之职员居其最多数，称以'官家之年'甚为切当。"②

民间对于这种阳历新年依旧冷淡："我国改用阳历于兹八年，然一般社会对于阳历新年之观念不若旧历新年之觉有趣味，习俗难移。"③ 但一般民众对于阴历新年"仍具有最浓厚之趣味，极盹挚之感情而不稍改变"④，视之为自己真正的新年加以庆贺，从而为人们展现了一个与"官家之年"相对峙而更加热闹的"百姓之年"景象。

以1919年阴历新年的北京为例，据载："新历年北京住户无一家换贴对联者，一至旧年，则大街小巷无不焕然一新。书春之帖，除夕以前到处皆有。更有一事为往年所罕闻者，则爆竹之声是也。……响声四起，通宵不绝，亦似北京市民含有无限快乐之情。"⑤ 至于商家，仍按旧习惯以旧历年底为结账期，自元旦起休息半个月。

值得注意的是，政府机关学校采用阳历、一般民众沿用阴历的情景，并非仅仅为北京、上海等大城市所独有，而是全国各地比较普遍的现象。据1919年刊印的安徽《芜湖县志》载："民国改行阳历，一月一日各官厅公团挂旗通贺，停止办公，然商民则仍依阴历'元旦'为新年，一切不减旧俗。至酬酢往还，虽官厅亦不能免也。"⑥

---

① 静观：《新年之北京》，《申报》1919年1月8日。
② 静观：《旧历新年之北京》，《申报》1919年2月7日。
③ 静观：《新年之北京》，《申报》1919年1月8日。
④ 静观：《旧历新年之北京》，《申报》1919年2月7日。
⑤ 同上。
⑥ 《芜湖县志》，民国八年石印本，丁世良等主编《中国地方志民俗资料汇编·华东卷》（中），书目文献出版社1992年版，第1014页。

甚至连地处偏僻的云南巧家县，也出现了"奉行者仅官府而已，民间则仍踵故习"现象。①

从"民国之新年"与"国民之新年"的分立，到"官派与民俗之分"，再到"官家之年"与"百姓之年"的对峙，清楚地为人们呈现出一幅历法问题上"二元社会"的奇特景象。

随着时间的推移，人们对"二元社会"的格局，也逐渐习以为常："吾国自光复以来，首改正朔，无如社会习惯不易改变。名义上虽遵用阳历，而种种事实，仍依阴历行之。每值年头岁尾，学校都放假，报界且停刊，工商亦休业。"② 有好事者署春联讥讽曰："男女平权，公说公有理，婆说婆有理；阴阳合历，你过你的年，我过我的年。"③

"自新旧历并行，政学农工商各界，各行其是，于是才过新年，又过旧年，年年如是，已变成特殊的惯例。"④ 这样的概括，已经明白地说明：在阳历推行后仅仅数年，在历法问题上出现了阴阳历并行、社会上层与下层分立的"二元社会"格局。

二　历法"二元社会"的调适

中华民国改用阳历，以公元纪年，在当时许多人看来是非常自然的，并没有引起太大的异议。从民族主义立场出发，改变清廷的"正朔"，是主张推翻清政府的革命者与主张改良的立宪派的共同思路。晚清革命志士用孔子诞辰纪年，以黄帝诞辰纪年，都含有这样的意思。以阳历纪年，还有一义，即与世界历法接轨，"求世界大同"之义。"辛亥鼎革后，民国纪元，改用泰西历法，一以趋世界之大

---

① 《巧家县志》，民国三十一年铅印本，《中国地方志民俗资料汇编·西南卷》（下），第763页。
② 《改良旧历新岁消遣之商榷》，《申报》1923年2月19日。
③ 王锡彤著，郑永福、吕美颐点注：《抑斋自述》，河南大学出版社2001年版，第183页。
④ 无妄：《与己未年话别》，《大公报》1920年2月16日。

同，一以新国人之耳目，意至善也。"① 实际上，"改正朔"观念和"趋于大同"思想，正是推行阳历的两大动力。对此，当时宣传采用阳历者曾说："民间习惯虽不能一时改革，要当逐渐转移，新者既行，旧者自废，此天然之定理，况在国家正朔之大端乎？"② 即使到1920年，人们在面对"二元社会"的现状而力谋改良的主要理由，也是这种"易正朔"观念："呜呼，国家正朔，亟宜上下遵守，而犹旁出枝趋，未能收统一之效果。其果积习之相沿乎？抑亦因循苟且，治事者之惮于改革乎？"③

然而，这次"改正朔"，与中国历史上开国之时的"定正朔"有本质不同：过去仅仅是改了一个皇帝的年号，沿用的仍是中国夏历（农历），主要的岁时和与之相关的礼仪习俗、风俗信仰等，基本上都得到了保存，并没有根本触动。但民国改用阳历则不然，它所用的是一种迥异于阴历的西方新历法（阳历），它的推行，意味着旧历中的岁时、节气及因此附带的民俗文化的变革，甚至推翻，这自然是社会一般民众难以接受的。这不仅仅是风俗习惯上的不合，而且涉及民众日常生活的改变，是整个下层民俗文化的转型或转轨。这些民俗文化，与中国农业社会相适应，与农民的日常农业生产相关联，如果中国以农立国的基本社会形态不改变，要根本变革这种民俗文化，显然是不可能的。对此，《大公报》的一段评论，是颇有道理的：中国旧历"与农田水利经济社会有密切之关系，颇有不容漠视之价值。以农事言，二十四节气为农民所奉之圭臬；以水利言，朔望两弦，为航行所恃之指南；而三大节算帐之制度，尤与中国经济组织有密切关系。中国之社会，一农业社会也。而是节算帐之制度，即与农业社会有灵敏之呼应"。同时，"中国旧历已沿用数千年，与历史文化之接触甚为密切，若端午中秋，重阳等令节，小之为神话，为历史，大之则为文化之所等，非可根本抹煞者也"。④

---

① 陈振先：《送旧历文》，《大公报》1929年12月31日。
② 无妄：《又与丙辰惜别矣》，《大公报》1917年1月19日。
③ 《阳历新年之片面观》，《大公报》1920年1月1日。
④ 《废除旧历宜顾实际》，《大公报》1929年12月31日。

既然旧历与中国农业社会的农业生产、经济组织、商业利益及民俗文化有如此密切的关系，它便具有相当顽强的生命力，阳历取代阴历绝非易事。

更值得注意的是，旧历的岁时节令，与一般民众的婚丧嫁娶、修房祭礼等日常生活密切相关。单就祭墓为例："夏历正月十五夜间，民户皆向祖先坟墓设烛，名曰'送灯'，或有以面为之者。清明节，民人均祭墓，焚化纸钱、包裹、冥衣，并有修坟添土者。夏历七月十五日，民人均祭墓，焚化冥镪。夏历十月初一日，俗称'鬼节'。是日除墓祭外，并焚化纸钱、冥衣于墓侧，曰'送寒衣'。除夕前一二日或本日，皆往祭于墓，去墓远则奠于路口。"① 旧历的节气，与农时关系重大，每一节气，都有许多农谚，农民按照这样的节气来耕种行事；这样的节气，包含着农民的许多重大活动——祭祀、耕作、婚娶、赛会等。据湖南《醴陵县志》载："民国改用阳历，而民间率用阴历年底结帐，又农时亦以阴历节气为便。习俗相沿，积重难返，非独吾醴然也。"② 这何尝不是阴历节气难以废止的原因所在。

正因如此，改行阳历、废除阴历，所要面对的，不仅仅是数千年中国的日常习惯，而且是几千年来中国民众所赖以生活的深厚的民间风俗文化。因此，采用阳历，显然是对中国几千年民间习俗文化的挑战。这样，看似简单的"改正朔""新纪元"，实际上包含着一场巨大的社会变革，同时也意味着这场社会变革的难度，远远超出了当时推行者的预料。对此，时人已经朦胧地意识到改革民众习惯的困难："一国之习惯，积数千年之政教之历史之风俗成成者也。事既成为习惯，即如第二之天性，虽百变而不能离其宗。"③ 要变革此"第二之天性"，其难度是可想而知的。

因此，推行阳历后在某些方面出现一般民众潜在的、消极的，但

---

① 《桓仁县志》，民国十九年石印本，《中国地方志民俗资料汇编·东北卷》，书目文献出版社1989年版，第89页。
② 《醴陵县志》，民国三十七年铅印本，《中国地方志民俗资料汇编·中南卷》，书目文献出版社1991年版，第500页。
③ 无妄：《论改革旧习惯之非易》，《大公报》1912年2月9日。

却是持久的抵制，是非常自然的事情。历法上"二元社会"对峙，从一开始就是不可避免的。这主要体现在两个方面：一是社会上层对下层的压制——强制性的、有形的，却是短暂脆弱的；二是社会下层对上层的抵触——消极性的、无形的，却是持久强大的。而这种持久强大的无形力量，正来自社会民众所代表的民俗文化——所谓旧的习惯势力。

民国改正朔、采阳历，军政界、教育界、报界及社会上层人士，多是能够理解并给予支持的；尽管政府考虑到习惯势力的存在，并没有废弃阴历，但许多社会上层人士还是力谋推广阳历的。1912年8月出版的《教育杂志》，发表了《教育家宜较正历法之习惯》一文，阐述了上层人士对于历法问题比较有代表性的意见。文章认为，中国数千年来沿用阴历习惯，已深社会心理。民国纪元，阴历已经不适用交通发达的现代世界，唯有改用阳历，方能与文明各国同出一致。"惟较正社会之习惯，使人民消灭其旧观念，俾知阴阳二历殊途同归之理由，则全赖各教育家有以划切而明导之。"因此，教育界有责任向社会民众进行宣教，应该从四方面入手，以推广阳历：一是"说明历法之起源"；二是"订正朔望之名义"；三是"指示节候之标准"；四是"变通习惯之节日"。文章建议：除了编订历书、定好历时外，"至学校教授国文地理等科之时，尤须畅发其旨，使确知其理之所以然。而主持社会教育者，亦必不惮烦劳，缕悉指明，使妇孺庸俗，无不通晓，斯不再有误认阳历为洋历者"①。

从这篇文字看，当时一般知识精英对改用阳历是支持的，并希望能够通过推行阳历，带来中华民国万象更新的气象。

一般社会民众未采用阳历、照用阴历、照过阴历新年的情景，对于刚刚"改正朔"后的民国军政当局来说，是无法忍受的。人们甚至认为，是过阳历新年，还是过阴历新年，直接关系到是效忠民国，还是效忠清廷的问题。正因如此，1913年出现阳历新年民众冷淡而

---

① 黎际明：《教育家宜较正历法之习惯》，《教育杂志》第4卷第5号，1912年8月10日版。

阴历新年热闹非凡的景象时，作为社会上层的军政当局十分恼怒，做出了干涉民间过阴历新年的举动。据报载："惟北京政界于此旧新年中，亦复停公给假，设宴张筵，而反禁商民称庆。"① 这种情况，体现了政府在阴阳历问题上的矛盾心态：一方面不得不屈从于民众习惯势力，于阴历放假停止办公，另一方面力图压制民众庆贺阴历新年。这种态度，实际上反映了社会上层与下层一种互动关系：一方面是下层民众观念意识、日常习俗等惯常势力对上层军政力量的抵制与反抗，逼迫官厅不得不屈就这种无形的习惯势力；但另一方面，政府也力图以政治强制力对下层民众产生影响。

实际上，反映"二元社会"对峙与冲突的最典型例子，就是在民国二年旧历新年到来之际，有些省份官府为推行阳历，禁止民众过旧历新年。为此，当时的舆论对这种干涉民众过旧历年的行为进行了猛烈抨击，质之为"糊涂"，也对上层军政当局"不许百姓过阴历旧年"的原因作了分析。

官府干涉民众过阴历年，主要还是基于强烈的"改正朔"观念："自古一代兴王，得国以后，首改正朔，以一天下之视听。"民国成立，改用阳历，其意相同。"推干预者之心，以为百姓如不过阴历旧年，即属顺民。"②《大公报》认为，百姓过阴历旧年，是"习惯之关系"使然，"并非背叛"。客观地说，这些议论是有道理的。干涉民众过阴历新年，是一种激进的举动，对旧习惯采取"禁绝"办法，也不是明智之举。但人们应该看到，在政府干涉民众过旧历新年的背后，体现出来的是浓厚的"改正朔"观念；而从民众对阳历新年的消极冷淡中体现出来的，则是一股强大而无形的习惯势力，及深厚的民俗文化意识。

1914年2月3日，《大公报》发表《阴阳互嘲》一文，用"阴历"与"阳历"互相调笑的口吻，用仅仅一个月过阴、阳两个新年的事实，描述了当时"阳历"与"阴历"的对峙与冲突情形：

---

① 梦幻：《闲评一》，《大公报》1913年2月11日。
② 《不许百姓过年之奇谈》，《大公报》1913年2月15日。

上次阳历新年，政府宴会歌舞，街市旗彩鲜明，什么先农坛咧，天坛陈列所咧，均准人民游览，颇有新年的气象。于是阳历意颇自得，对阴历说道：老阴呀，你看我老阳这二年时运总算不错，从前是官场上尊敬我，没想到今年商民人等，亦有恭维羡慕我的，总说是个人缘，谁像你天演淘汰，为人不齿，再过三年五载，恐怕消灭于无形。阴历听罢此话，将肚子气了个老鼓，当时并没有与阳历辩驳，及至阴历新年，街市的繁华，买卖的茂盛，人民的趋向，社会的习惯，较阳历新年热闹不止十倍。至此阴历对阳历说道：老阳呀，你前次吹说，我忍气吞声，并没还言，你看到底是你的年下热闹，还是我的年下热闹？你的新年虽比我在先，注意的总出在少数，我的新年稍迟一点，作情的几满于通国。我看你穿件文明的新衣，即藐视同类，要论起支派来，我还许是你的老前辈哩！①

从这段寓言式的嘲笑文字中，人们可以清楚地看到，阳历在中国社会推行后，的确存在"阴阳对峙"现象。而在这种阴阳对峙现象背后，则隐然包含着历法上"二元社会"的分歧与冲突。

1916年1月4日，《大公报》刊载了一篇题为《阴历致阳历书》的文章。作者用拟人化的文学笔法，以"阴历"致"阳历"书信的形式，将阴历盛行、阳历冷落的情况作了精彩阐述。首先，"阴历"自夸自己的优点和长处："窃惟吾国历制，创自轩辕氏，历代相承，至四千六百余年之久，皆秉为正朔，罔敢或违。以故三时不害，百谷用成，社会乐从，咸称利便。"然后，说明阳历来到中国后，必然要与阴历发生冲突，阴历"纵不敢倡言反对，然隐相联合，集群力以抵制，究其结果，国民之大多数，终皆听命于鄙人，亦犹是讴歌者不讴歌尧之子而讴歌舜，夫亦足以徵鄙人对于国人之感化力，至大且深矣"。尽管阳历得到了社会上层各级官厅的采用，但与阴历较量的结果，因民众对它没有信任之心而受到普遍的冷落："屈指密斯忒自入

---

① 《阴阳互嘲》，《大公报》1914年2月3日。

吾国以来，只供政学界之点缀，顾亦以迫于功令，不得不敷衍塞责。考其实际，亦殊无信任之心也。至农商各界对于密斯忒之态度，依然冷淡。"① 既然阳历不受中国广大民众的喜爱，最后的结果只能是"束装西渡"，灰溜溜地退出中国。但"阳历"并不甘示弱，立即复函"阴历"，以进化论为思想武器，认为自己不仅具有"便民利国，通商慧工"的优点，而且代表着"世界大同"方向的新历，必然会逐步在中国扎下根来。尽管阳历到中国以来，"瞬将四载，碌碌无似，未能收统一之效"，但"惟有持渐进主义，潜移默化，因势利导，冀竟其功"。中国社会的情状，"政学军警各界无不深表同情于仆，即开通之商民，每值新年令节，亦皆竭意点缀，以志贺忱。社会心理，日趋大同，先生岂竟无闻乎？"② 这些都预示着阳历在中国还是有进一步发展基础的。

"阴历"与"阳历"的这种激烈的互相答辩与讥讽，不正反映出历法问题上"二元社会"不可避免的对峙与冲突吗？

民国改用阳历后，社会上层许多人曾预想阳历必代阴历而兴，出现民国万象更新的局面；但阳历新年时，却出现了"屈指为鄙人贺者，竟寥寥无几，殊觉面目难堪"的情景；而到了阴历新年，则与此景象正相反，出现了"桃符万户，顿绝壮观"的景象，"阴盛阳衰"的现实，不能不令"阳历"向"阴历"讨教："先生何修而得此？"③ 这种历法上的"二元社会"的强烈反差与对峙，充分揭示了民众重视阴历而漠视阳历的普遍社会心理。

令上层人士不解的是，仅仅就阴历与阳历比较而言，阳历明显优于阴历，依进化之原理，推行阳历是正常的，而旧历不废，却是奇怪的："夫新历既行，旧历斯废，曷为新历已著为令典，而旧历仍一例通行，非特与统一问题上大有窒碍，即一切日常行习，亦诸多不便。"但为什么一般民众多行阴历而漠视阳历？以历法比国法，新历为法定之年，旧历为例外之年；以历法拟宪法，新历为成文之年，旧

---

① 瘦蝶：《阴历致阳历书》，《大公报》1916年1月4日。
② 瘦蝶：《阳历答阴历书》，《大公报》1916年1月5日。
③ 幼桥投稿：《阳历贺阴历新年书》，《大公报》1913年2月13日。

历为不成文之年。但为什么阳历"法定之年"与"成文之年",居然不能取代阴历"例外之年"与"非成文之年"？它的分析是："改用新历,政府期与世界大同也；不废旧历,民间难除习俗惯情也。"①

"政府期与世界大同",是改用新历、推行阳历的最大理由和动力；"民间难除习俗惯情",是不废阴历的最好借口,也是欲废阴历而不能的主要根由。民间难除之习俗惯情表现在哪里？《大公报》记者云："盖自新旧历并行,中国人之一岁过两年者,已经三度。其所以不能将旧历销灭尽净,而一以新历代之者,夫亦曰牵于商业之关系而已,沿于民情之习惯而已,政府能顺商民之心,不作无效之强迫,而亦随俗为年景之点缀,盖亦知改革之非易易也。"② 这里,文章正确指出了阴历仍然盛行的原因：一是"牵于商业之关系而已",二是"沿于民情之习惯而已"。政府要推行阳历,必须从这两个方面入手。实际上,后来南京国民政府的废除阴历运动,就是从改变商业结账习惯入手的。

阴历新年习尚难以转移的原因,在于商人以此为一年结算的日期,以致上层军政机关、学校、报刊等不得不迁就从同："阴历度岁为吾国历史上数千年之习惯,虽民国改用阳历过度七载,而阴历习尚仍难转移。盖商人以此为结束故也。即军政机关亦迁就从同焉。"③ 这种情况说明,面对社会下层民众"社会心理"转移的困难,像民国二年官厅不许民众过阴历新年的糊涂事自然就难以再现。不仅如此,面对强大的习惯势力,人们在采用阴历还是阳历问题上,在过阴历年与阳历新年问题上,社会上层与下层不可避免地要出现一种互相妥协式的"互动"关系。

本来,历法上的"二元社会"格局形成后,"官场民间,各过各年"④,"新历亦惟于官文书中例须用之,至若民间岁时伏腊、冠婚丧

---

① 《结癸丑年之一篇糊涂帐》,《大公报》1914年1月22日。
② 《甲寅遗念》,《大公报》1915年2月10日。
③ 《武汉阴历新年之新写真》,《大公报》1919年2月8日。
④ 《得过且过之旧历年》,《大公报》1919年1月28日。

祭，则一听国人习尚，官府不加干涉"。① 这才是社会的正态。但实际情况却是：军政机关、学校等社会上层，迫于下层民众的习惯势力，不得不对民间习俗给予迁就，甚至给予公开的支持。这种现象说明，"二元社会"不仅是对峙与冲突的，而且是可以妥协和调适的。

阳历推行过程中无法与阴历相对抗的现实，使社会上层人士逐渐认识到旧的习惯势力的强大；而旧历新年的繁盛，也使他们意识到社会心理变革的艰难："送旧旧年，迎旧新年，遍换宜春贴子，喧腾花爆高声，较诸过新新年时，更形热闹，可见社会心理，转移良非容易也。"② 既然社会民众日常习俗惯情是如此强大，则北洋政府不得不迁就一般民众的习惯，明令官府过阴历年："近闻大总统以风俗习惯，各国皆有，毋庸违言，拟令内外官厅，照过阴历新年之例，一概放假三天。观此则民国以新旧历并行，竟成不刊之典也。一年过两年，好过者果然好过，然好过者要过去，难过者也要过去，则吾人也不必管他好过难过，且收拾起满桌纸片，预备过年便了。"③ 这样，不仅一般民众热衷于过阴历新年，连政府机关、学校也不得不屈就，放假休息。

上层社会在阴历新年休假的做法，并不是一时一地的现象，而是日益带有普遍性的社会现象。如1919年阴历新年，北洋政府机关迫于民众习俗，虽不鼓励庆贺，但也不得不放假停止公干："各机关均放假四日，自三十一日起至二月三日止，所以起自三十一日者，因是日为阴历除夕，俗有祭祖及家宴之事，亦尊重旧习惯也。"④ 政府轻而易举地以"尊重旧习惯"为理由，对民间仍用阴历给予默认。

此时的上海，军政当局也同样屈从于民俗，放假庆贺："本年二月一日系阴历未年元旦，为政府所定春节之期，本埠上海县公署与上海地方审检两处厅，经沈知事邱林两厅长各发牌示一道，令所属员役

---

① 陈振先：《送旧历文》，《大公报》1929年12月31日。
② 无妄：《闲评一》，《大公报》1915年2月19日。
③ 无妄：《闲评二》，《大公报》1914年1月22日。
④ 静观：《旧历新年之北京》，《申报》1919年2月7日。

停止办公一天，以志庆贺。"① 随后的阴历新年仍是如此："阴历元旦，系属春节，本埠军警政各机关循例停止办公，商界沿袭旧习惯，视作新年，无论大小店铺一律休业，较之民国正朔之阳历新年反为齐整。"②

更有甚者，上海军政界不仅仅是休假停止办公，而且走得更远，由官厅出面，公开庆贺阴历新年："淞沪警察厅长徐国梁，于阴历元旦清晨八时，召集所属各区署队警正佐队长，并巡官及本厅各科长员到厅，举行贺年礼节，均传制服礼服佩刀，然后排队同赴龙华淞沪军使署参贺年禧。"③ 不仅上海如此，江苏其他各地也多如此："嘉兴各界于旧历岁首，仍遵旧习，辍业休息，商业方面，除茶辽酒肆照常营业外，余场于元旦起，停贸两日不等。政界方面，亦停止办公三天。"④

如果说上层社会对下层社会的影响，多是依靠政治力量作短暂的、有形的强制性影响的话，那么下层社会意识对上层军政界的影响则正好与之相反，是一种深刻的、无形的潜移默化的影响。这可以从社会上层照常过阴历年这一举动中得到体现。"二月五号，系阴历大除夕，参议院议长开会，因人数不足，延期三钟之久，仍不能足法定人数。议长笑曰：'今日除夕，所以不出席。'议员某甲，误听除夕二字，大声呼曰：今日究在何处出席？某乙止之曰：除夕非出席，所以除夕不出席。"⑤ 因为旧历新年到来，人们忙于过年，国家最高权力机关的参议院，竟然连会议也开不起来。在这则笑话的背后，人们可以看到旧的习惯势力的无形影响，竟会强大到令人震惊的地步。

自民国改元后，全国报纸多采用阳历，但为习惯所制，同时标识阴历年月日。例如，在《大公报》上不仅标有"西历一千九百十三年二月二十一号，中华民国二年二月二十一日"，而且同时标有"即

---

① 《停止办公庆贺春节》，《申报》1919年2月4日。
② 《旧历元旦之景象》，《申报》1923年2月19日。
③ 《警察亦于旧历元旦贺年耶》，《申报》1920年2月23日。
④ 《嘉兴：旧历岁首之状况》，《申报》1920年2月24日。
⑤ 《除夕不出席真没出息之趣谈》，《大公报》1913年2月21日。

葵丑年正月十六日"。每至阳历新年，为了庆贺新年，报刊多停刊休息，作为点缀。但到了旧历新年时，报刊却因旧的商业习惯，也不得不停刊结账。《大公报》在解释此中原因时说："即吾侪报界，既负有营业性质，自不得不服从社会，休刊数天，以为清理帐目张本。"①这种情况表明，负有引导民众言行的报界，在采用阴阳历问题上，也不得不屈从于社会习惯势力。

新历法推行后，完全按照阳历来安排学校学历，肯定与习惯上的旧历年节不合，并带来诸多不便。受社会传统习惯势力的影响，人们在安排学历时，自然会产生一种折中阴阳、照顾阴历年节的意见："年假从阳从阴之说，身任教育者，必已筹度及之。以社会习惯论，元年度之年假，仍从阴历为宜。……照章年假为二周，纪念假为一日，则元年度之年假可以通融办理。将阳历年假及纪念假定为一周，正名为年假。阳历年尾放假一周，谓之寒假，于名必尚无不通，于事实上可减妨碍，使社会习惯，转移于无形，而新章庶有实行之期矣。"②

这真是一种无可奈何的、聪明的变通办法。在这种变通背后，正说明社会下层民众的习惯势力的强大与影响的深刻。

社会上层推行阳历，举行阳历新年庆贺，受军政当局政治势力的压迫和潜移默化的影响，下层民众，特别是城市商民在采用阳历、过阳历新年时，也曾给予不同程度的支持和点缀。一般城市民众对阳历新年的关注程度，也在逐步加重。以上海为例，城市中商民点缀新年的气氛日益增多："本年元旦，各马路各市街之状况，已较去年进步。即如著名之南京路，除茶食铺、照相馆、点心店、及微小之商店外，一律停市休息，高悬国旗，且凡加入马路联合会者，均贴有'庆祝元旦休息一天'等字样。"③

在新年庆祝形式上，也有一些变化，出现了官厅与民众互相"吸收"的新动向。明信片，作为上层社会机关学校庆贺"官府之新年"的贺品，也逐渐被一般民众作为庆贺"百姓之新年"采用。据

---

① 《结葵丑年之一篇糊涂帐》，《大公报》1914年1月22日。
② 庄俞：《新学制实行之商榷》，《教育杂志》第4卷第9号，1912年12月10日。
③ 《元旦市况之调查种种》，《申报》1923年1月3日。

报载:"书肆中,则以各校学生,太半返里,故逼近年底,顾者寥寥,惟贺年片之消耗率大增。……据邮局中某君之言曰:'今年之邮寄贺片,较往年为多,甚至未能写字者,亦纷纷投贺。'"①

在上海,阳历元旦时,商民逐渐加入了庆贺的行列,逐渐成为上层社会庆贺阳历年的重要组成部分。如1924年上海庆祝元旦时,《申报》曾报道:"本埠军警政司法各官厅,驻沪各国领事署,及泊于浦江中之中外兵舰,一律停止办公务,男女各学校亦均放假,中西各商号亦多休息,均悬挂国旗,张灯结彩,同申庆祝。官厅方面,并于今日上午接待来宾,互贺新禧。"② 不仅军政机关、学校自然成为庆祝"官府之新年"的主角,"中西各商号"为代表的商民,也逐渐从下层社会中浮出,加入庆贺阳历新年的上层社会行列中。这种微妙的变化,从一个侧面反映出中国民族工商阶层的崛起。

在华中重镇武汉,军政当局也极力过阴历新年:1919年旧历新年到来时,武汉军政界举行庆贺,"军署副官处省署总务科于二十九日分发油印传单,通咨全省军政各机关阴历新年自除夕至初二止,军营停操,法院停讼,官署停公,税局封关各三日。所有参见拜年宴会各俗例一律禁止。惟元旦日为春节佳期,就军署设立香案,举行庆祝,以张国典。斯日上午九时,军职团长以上,文官荐任实职,各着礼服齐集军署大厅,列班行礼"。这种情形,集中体现了上层社会对一般民众过"百姓之新年"的迁就。而武汉商界,也采纳了一些上层社会庆贺"官府之新年"的形式——"团拜会",来庆贺自己的"百姓之年"。据报载:1919年春节时,"武昌总商会于元旦日举行团拜,各帮董全体到齐,其踊跃为从来所未有。先行团拜礼节,互相品评旧年各帮营业之兴衰,随开茶点而散"。这样,在武汉街头,也出现了一种迥异于阳历新年的现象:"自元旦起,商民居户闭门停业,迎来送往,至四日始有少数开张者,而锣鼓声鞭炮声呼吆喝声声声入耳。"③

---

① 《年底年头之闲话》,《申报》1924年2月10日。
② 《庆祝元旦之种种》,《申报》1924年1月1日。
③ 《武汉阴历新年之新写真》,《大公报》1919年2月8日。

就是在这种"迎来送往"的"锣鼓声鞭炮声呼吆喝声"中，上层军政机关不自觉地复归并融入了下层百姓的风俗习惯中，从而使"二元社会"得到调适。值得说明的是，历法问题上的"二元社会"无论如何妥协、调适，也无法改变民国初期社会以阴历为主、阳历仅为点缀的格局。① 况且，新旧历并用，官府注重阳历新年，而民间重用阴历新年，自然会引起实际使用上的不便和混乱。这实际上埋下了日后国民政府废除旧历运动的伏笔。

这样，在历法问题上形成的"二元社会"，既有互相对峙、互相冲突的一面，也有相互妥协、相互调适的一面。而两者间的相互调适，一方面体现在北洋政府迁就民间习惯，对民间采用阴历、过旧历新年的默认、放假与庆贺，官厅过阳历新年时借用民间的庆贺方式，令一般商民作点缀，放假休业、停刊、庆贺等；另一方面，也体现在民间民众对政府的迁就，默认甚至遵行国定纪念日，在阳历新年作一些点缀。中国社会的变革和演进，正是在这种上层与下层的对峙与调适、新势力与旧习惯的冲突与妥协中进行的。

三 对历法"二元社会"的评议

民国初年改用阳历，这是社会进步的一种标识，也是革故鼎新、万象更新之明举。为了"改正朔"、求"世界大同"，民国政府必须适应世界潮流，采用并推行阳历，庆贺阳历新年；但考虑到民众习惯势力的强大和民俗文化的深厚，又不可能骤然废弃阴历，不得不阴阳历并行。然而，阴阳历并行，必然会出现历法问题上"二元社会"的对峙格局：社会上层（机关、学校、团体及报馆）主要用阳历；下层民众（商家、一般市民及广大农民）主要用阴历；阴历在整个社会上占主流，阳历仅为点缀。

在民国初期推行阳历而形成的"二元社会"格局中，采用阳历

---

① 北洋时期基本上保持着这种格局，1928年南京国民政府推行"废除旧历"运动，打破了这种状况。这是拙文《论南京国民政府的"废历运动"》所要论及的问题，兹不赘述。

的社会上层占据着主要的社会政治资源，貌似力量强大，但推行社会变革的影响力还比较脆弱。遵循阴历的社会下层看似势力弱小，却是一股不可小视的强大的、持久的社会势力，是可以与上层社会相对峙的无形的潜在势力。社会下层民众的强大，来自几千年形成的与其息息相关的日常生活习惯情势，来自下层民众的深厚的日常民俗文化。正因民众下层势力的深厚和强大，在民初历法问题上，尽管阴阳历并行，实际上阳历除民国纪年外，始终没有被广大的下层民众接受，阴历仍然占据着民初社会的主流。

民国初年采用阳历而不废阴历，乃是民国政府照顾一般民众的习惯和尊重中国的民族文化传统而不得不采取的折中办法。中国阴历沿用两千多年，早已为社会一般民众所熟习，更重要的是，与阴历岁时相关，民间社会已经形成了一套复杂而丰富的节日喜庆、祭祀祖先、婚丧礼仪等相关的民俗文化，这种民俗文化，已经渗透到民众的日常生活的方方面面，绝非骤然能改变的。同时，中国农历的岁时节气，是从几千年中国的农业文明中提炼出来的，已经融入广大农民耕耘劳作的日常经济生活之中。阴历除夕，作为一般商民结账的时节，也已成为社会民众日常经济生活的惯例。面对如此强大的传统习惯和浓厚的民俗文化，民国政府在改用阳历后，是不可能立即废除阴历的。阴阳二历并行，显然是必然之策，但也确实是稳妥之举。

"易正朔"后历法问题上的"二元社会"格局，是一种既对峙、冲突，又妥协与调适的"互动"关系。社会上层采用阳历，并逐步加以推广，而社会下层民众则仍继续沿用阴历，与社会上层产生了较明显的双向选择局面。在这种格局中，由于政府鉴于民众惯常势力的强大与深厚，并没有采取过激的手段推行阳历，而是采取了阴阳二历并行的折中策略，因此，双方的不同选择，并没有演化成暴烈的冲突。相反，在"二元社会"格局中，却表现出明显的妥协与调适一面。社会上层在采取阳历问题上，不得不一再迁就、屈从于社会下层的习惯，而随着时间的推移，社会下层民众受社会上层潜移默化的影响，对阳历及阳历节庆逐渐了解，并不断参与到社会上层提倡的阳历诸多节庆活动中。这样，在"二元社会"既对峙又调适、社会上层与下层的"互动"过程中，阳历缓慢地扩展着它在社会上的影响。民初改元，一般民众虽没有接受阳历纪岁及阳历节日喜庆，仍然照过阴历节日喜庆，但他们毕竟承认"民国"纪元，废止采用清廷"宣统"年号，接受了民国政府"改正朔"观念。由晚清的纯采阴历，到民初的阴阳历并用、以阴历为主，再到30年代的以阳历为主、以阴历为辅，体现了民国时期阴阳历法演进的基本轨迹。

民初历法上"二元社会"的对峙与调适，说明社会风俗变革具有明显的缓慢性及渐进性，绝非靠政府的行政命令和强制手段所能解决的。社会风俗有良风美俗与恶风陋俗之分，上层社会的移风易俗，往往是利用上层的优势政治资源，对下层社会施展其影响，以倡行良风美俗，而革除恶风陋俗。这样的移风易俗，对于中国社会来说，是有积极的进步意义的。但从实际效果看，这种立意高远、初衷甚佳的社会变革举措，由于政府利用行政势力强行推行，往往会收到短期的成效，但无法持久，因为这种自上而下的变革，必然受到社会下层的消极抵制。下层民众传统习惯的强大与顽固，往往超出当政者的想象，它对上层社会的影响是无形的、持久的、深厚的，经常会迫使社会上层逐渐改变激进行为，不得不采取妥协与调适态度。对于像废除阴历这种社会变革，问题就更复杂了。因为阴历年节岁时中固然有许多敬神祀鬼等封建迷信的东西，但更多的是与民众日常生活息息相关的农时、祭祖、喜庆等有关的东西，政府推行阳历、废除阴历即便是旨在扫除封建迷信，但这些封建迷信又是与民众日常生活习惯纠缠在一起的，很难简单地一概废除。

所以，政府推行的移风易俗这种触及民众日常生活习惯的举动，必须采取慎重的渐进方式。对民众的传统陋习既不能一味姑息迁就，也不能采取简单粗暴的行政命令手段。如果政府推行的社会变革之举，合乎民众改变旧的社会陋习的愿望，符合当时社会的客观实际，在尊重传统习惯和民族文化的基础上加以正确的引导，采用渐进的方法和稳妥的步骤革除恶风陋俗，尤其是如果能很好地处理社会上层与社会下层之间既对峙、冲突，又妥协、调适的互动关系，是完全能够取得实质性成效的。从这一点看，社会变革绝不可能一蹴而就，它远比政治革命困难，也更具有渐进性和缓慢性。

（原载《近代史研究》2002 年第 3 期）

四 文化信仰

坤角如何走红

——社会文化史视野中的民初京剧

罗检秋

晚清京剧日趋繁荣，但长期由清一色男伶演出，乐师及后台人员也是男性。清末京剧坤角迅速增多，至民初红极一时，受追捧程度超过男角。近年有论著注意及此，① 而其社会与文化蕴含仍待研究。坤角扮演的角色绝大多数是旦，与此相关的问题是京剧生、旦地位的变化。有论著认为，晚清老生走红是内忧外患呼唤男性雄风的产物，程长庚、谭鑫培等人表现了时代需要的阳刚之美；换言之，老生盛行体现了晚清面临的帝国主义压力，而进入民国后，随着人们对民族国家的认同，体现阳刚之美的英雄形象已退居次要，在与"殖民现代性"（colonial modernity）的调适中，产生了不同性别形象的需要，旦角因之兴盛。② 这种阐释不无道理，却局限于政治环境而论。在传统社会，戏剧作为文化娱乐而存在，与政治的关系不像 20 世纪下半期那样密切。不必说清代江南的戏剧娱乐与王朝政治相去甚远，即使在京师，戏剧与政治的关系也被后人夸大了。坤角走红是京剧生旦地位转换的过渡，也是剖析旦角盛行的重要参照。坤角走红与旦角胜场虽然

---

① 北京市艺术研究院、上海艺术研究所编著《中国京剧史》上卷（中国戏剧出版社 1998 年版）提到京剧女伶的出现；黄育馥《京剧·跷和中国的性别关系（1902—1937）》（生活·读书·新知三联书店 1998 年版）从性别结构注意到京剧女伶增多的现象，但此问题仍有待深入研究。

② Joshua Goldstein, *Drama Kings: Players and Publicsin the Recreation of Peking Opera, 1870–1937*, University of California Press, 2007, p. 54.

不完全相同，但两者社会文化蕴涵多有相同或相似。探讨坤角走红现象或可有助于认识清末到民国生旦地位的转换。

坤角由禁而盛

清朝皇帝对戏曲的喜好不一。乾隆帝恢复了女优承应之例，南巡时又带回了江南昆班。嘉庆帝则禁止官员蓄养优伶，京师内城演戏的禁令也时有发布。虽然京师内城戏馆日渐增多，八旗子弟征逐歌场，但嘉道以后，女伶大体从京城民间舞台上消失了。19世纪末年，北京一度出现坤班，齐如山说："西城口袋底胡同，从前有两个坤班，原先即名女班，也常演堂会。鄙人曾看过几次，也还不错。光绪庚子后就散了，各脚有许多往天津谋生。……于是女脚在上海、天津就膨胀起来。民国初年，坤班来京，其势也汹汹。"① 清末京师禁止坤班，刺激了津、沪坤班迅速扩展。晚清上海的青楼女子为抬高身价、招揽顾客而兼习曲艺，一些戏班也聘用女伶以招揽观众，有的地方戏已有专门女班。至光绪中期，上海的女伶京班接踵产生，1894年又出现了第一家京剧坤班戏园——美仙茶园。随后又出现了迎仙、美凤、群仙、女丹桂、宝来、大贵、如意、大富贵、居之安、四美园等坤班戏园。上海女伶多来自苏、皖，以至于清末有人感慨："广陵一片繁华土，不重生男重生女。碧玉何妨出小家，黄金大半销歌舞。"② 天津作为北方最大商埠，娱乐业情形类似上海。1900年前后，来自青楼的天津梆子艺人已经为数不少，带动一些贫家女子到戏班学戏。与上海梨园反对训练女伶不同，天津的男伶更愿意培训坤角，女伶数量增长迅速："天津自庚子后，女优盛行，女子之学歌唱者，日多一日……且有无女角不能成班之势。"③ 清末天津的京剧坤班有陈家坤班、宝来坤班等。光、宣之际，津、沪的京剧坤班纷纷到北京、东北

---

① 齐如山：《京剧之变迁》，北平国剧学会1935年版，第96页。
② 易顺鼎：《哭庵赏菊诗》，见张次溪编《清代燕都梨园史料》（下），中国戏剧出版社1988年版，第738页。
③ 《伤风败俗》，《醒俗画报精选》，天津人民出版社2005年版，第171页。

演出，受到观众欢迎。

咸丰年间，上海的广东戏班和花鼓戏班已出现男女合演，清政府曾以"有伤风化"为由禁止。光绪年间，上海的广东戏班也一再出现了男女合演，有的京戏班援例实行，屡禁不止。光绪末年，公共租界的丹凤茶园援东西洋各国男女合演之例，呈请当局开禁，得到允准。但仅男女合班而不合串，每剧仍是男女分开，绝不配入同一场戏。随后，各戏园联名再请放宽，得到批准后，"乃大张旗鼓，男女演员并入一戏登台，法租界凤舞台亦然"。① 竹枝词云："巾帼须眉两样材，优伶男女本分开。首先出演雌雄挡，法界应推共舞台。"② 宣统年间，上海的一些戏园（如丹凤茶园）仍以"男女两班一齐登台"作为招揽观众的广告词。清末天津女伶多，开放程度不亚于上海，甚至有人认为男女合演源于天津："嗣以女伶繁衍盛行于津沽，始有男女合演之作俑。今之关外三省及燕京等处之有男女合演者，莫不由津沽输入之文明耳。是以名伶之产者，燕京为佳，女伶之产者，津沽为多。"③

清末京城之外，坤角演戏已是不争的事实。但在京师一隅，坤角仍被禁止登台。辛亥革命之际，京城市面萧条，京剧武生演员俞振庭为扩展生意，大胆地从津、沪约聘女伶入京同台演戏。此时，政府对文化娱乐业的控制相对放松，也不再明禁女角演出。1912 年 5 月 22 日，俞振庭的双庆班在广和楼演出的《红梅阁》《杀狗》《打杠子》《失街亭》等均实行了男女合演。北京观众"耳目一新，趋之若慕膻之蚁，嗣移文明，生涯益盛，各园闻风兴起，群作业务上之竞争。……嗣后来者益多，坤伶魔力遂弥漫于社会，此老名伶王瑶卿所以有阴盛阳衰之叹也"。④ 外地女伶跻身京城舞台，对梨园的利益和观念产生了冲击。由于梨园担心"阴盛阳衰"，加之有些人观念守旧，京剧界出现了反对男女合演的声音。在此压力下，1912 年 11

---

① 海上漱石生：《上海戏园变迁志》（十），《戏剧月刊》1929 年第 2 卷第 2 期。
② 叶仲钧：《上海鳞爪竹枝词·共舞台之男女合演》，载顾炳权编《上海洋场竹枝词》，上海书店出版社 1996 年版，第 285 页。
③ 《女伶之发达》，《申报》1912 年 9 月 12 日。
④ 醒石：《坤伶开始至平之略历》，《戏剧月刊》1930 年第 3 卷第 1 期。

月，民国政府内务、教育两部下文禁止男女同台演戏，自1913年始实行。男女合演遭到禁止，女伶只得另组坤班。北京政府又于1912年年底公布了《管理排演女戏规则》，规定女子出嫁后尚欲继续演习者，须有该夫主之同意；教演戏曲，均需用妇女为教师。须用男教师时，须择年长老成者报厅候核。

各地限制坤角的办法不一。继北京之后，上海华界、英租界也禁止男女合演，而法租界不禁。淞沪警察厅还在剧场设立警官监视处，取缔女子登台，并注意台上台下"有碍风化"之举。汉口的丹桂戏园出现男女合演之后，由省议会通过了禁止提案，至1915年湖北都督段芝贵仍据此明令禁止。① 但事实上，京、沪等地较小场合（如堂会）并未禁止男女合演。1918年，上海"大世界"新开"乾坤大剧场"也是男女合演。至于其他城镇乡村，此类情形更是不一而足。从官方规定来看，直到"五四"之后，尤其是"民国十五年左右，男女合演才复出现。然此时政府亦未发布准予男女合演之明文规定。男女合演之禁的重开，是在民国十九年一月"。②

北京正乐育化会议禁男女合演时，"原想若男女一分演，则女脚人才配脚等都不足自立，定必消灭。岂知女脚独立后，虽然脚色不足，也可对付成班"。日子长了，又排练出许多配角。③ 这时，前门外粮食店中和园主薛翰臣"默察北平人士惑于坤伶者甚众，念此时成立坤班定能获利倍蓰"，乃组办坤班，从天津约来小翠喜、金凤奎、张小仙等女伶，"诸坤角卷土重来，呈准在中和献技，三庆、庆乐、广德等园群起效之，而坤班盛极一时矣"。④ 天津女伶刘喜奎于1913年年底来京演出，那时北京"风雪交加，戏园子门前，早已挂出客满的水牌，唱个《杜十娘》这样的小戏，也照样座无虚席"。当她在第一舞台演出新剧目《新茶花》时，"观众趋之若鹜，剧场门前拥挤不堪"，一场下来，

---

① 《讨论维持风化议案》，《申报》1913年11月16日；《段巡按禁开男女合演戏园》，《申报》1915年4月25日。
② 苏移：《京剧二百年概观》，燕山出版社1989年版，第201页。
③ 齐如山：《京剧之变迁》，第96—97页。
④ 醒石：《坤伶开始至平之略历》，《戏剧月刊》1930年第3卷第1期。

剧班收入大洋一千五六百元。民国三四年间,刘喜奎演戏座价之贵压倒谭鑫培,以至于谭感叹:"我男不及梅兰芳,女不及刘喜奎"。① 随后,天津女伶鲜灵芝等人纷纷来京,为坤角热推波助澜。民国初年,京中各类坤班、坤社有庆和成、小天仙、福春和、荣仙、鸿顺、普芳、正德、志德、崇林、凤鸣、德仙、维德、玉仙、育德、崇雅等20多家。这些坤班、坤社的女伶多则几十人,少则10多人,演出之外,多兼授徒学艺。虽然其演艺参差不齐,存在时间大多很短,但接踵而起的坤班一改男伶独占北京京剧舞台的局面。北京坤班极盛时,"男班除梅兰芳一班可以与之抵抗外,其余男班可以算是都站不住"。② 一些戏园在广告中标明由坤角演出,以招揽观众。于是,"京师歌舞连津畿,女伶日盛男伶微。女伶歌台已六七,男伶歌台仅三四"。③ 一些戏园为维持生意,不得不加请坤班演出。

  坤角逐渐为男名角接受,并受其指导。清末京、津地区的女伶本以唱梆子戏者为多。北京剧界名人田际云曾反对男女合演,但发现坤角备受观众青睐时,便于1916年8月创办女子科班"崇雅社",兼授京剧和河北梆子。其子田雨农任社长,招收女生50多人,不久便开始在天乐园演出,其后主要在北京城南的新世界演出。该社于1919年解散,因其存在时间相对较长、学员多而引人注目。至20年代末,王瑶卿、梅兰芳等人打破了不收女弟子的行规,培养出坤旦名角。30年代初,京剧界形成了新艳秋、雪艳琴、章遏云、杜丽云"四大坤旦"的说法。

京剧高度商业化

  坤角之所以能在种种限制中兴盛起来,显然有其深刻的社会根源。晚清民初,京剧作为文化娱乐而存在,而非教化工具。在观众、

---

① 王登山:《侠骨冰心的女艺术家刘喜奎》,《京剧谈往录续编》,北京出版社1988年版,第92页。
② 齐如山:《京剧之变迁》,第97页。
③ 易顺鼎:《哭庵赏菊诗》,《清代燕都梨园史料》(下),第763页。

演员和剧班之间运行的决定性因素是经济利益，而非政治权力。女班的雏形——髦儿戏在晚清上海等商埠的盛行正是适应了娱乐业的需求。这些演出与宫廷乃至京城戏剧舞台的着眼点有所不同，以至于清末士人感慨：髦儿戏演艺虽然不错，"若说到那爱国心，就一点没有了"。① 女艺人并非完全没有爱国心，而是没有明显的社会关怀和政治意识，与清末改革者的期望不相适应。

京剧的兴盛与商业化潮流分不开。清代商业发达地区如扬州、苏州也是娱乐业的中心，那里的花部戏本来具有浓厚的商业气息。徽班进京后，京师坊间演戏的商业色彩随之增强。清末京剧的繁荣反映了官方引导与民间文化的交融、互动，而民间文化的主导作用不可忽视。宫廷演戏不自觉地接受了民间流行的剧种、剧目。进宫演戏虽是荣誉，而演员走红还依赖民间，进宫演出者多是民间走红的伶人。宫内演戏原本皆用高腔，同光年间坊间皮黄兴盛后，光绪十八年"则有二黄，亦颇有民间优伶应差，语多扰杂不伦，此盖三十年来所无也"。② 供奉内廷的演员除了获得巨大声誉外，"每月有月俸三两银子及一石多米"。每次"传差"，另有赏赐。"好的，每次五六两银子，次的也有一二两"。③ 西太后喜欢的"谭鑫培奉视六品秩，每赐金四十两，恩遇最优"。④ 民初，梨园来自宫廷的收入已经减少，实际收入却迅速增多了。原因之一是，比一般演出费高得多的堂会戏泛滥开来。达官富绅以此为时髦，竞相效颦。清代京官家均不能随便演戏，否则便遭非议。到了民国初年，北京"几乎是每一个做官的，每一个银行的人员，都要演回堂会戏"。⑤ 这为民初梨园增加了财源和人气。

更重要的是，民初票房收入增长迅速。清末京、津、沪等城市人

---

① 醒狮（陈去病）：《告女优》，《二十世纪大舞台》1904年第2期。
② 翁同龢：《翁同龢日记》"光绪十八年六月二十六"，第五册，中华书局1997年版，第2533页。
③ 齐如山：《戏界小掌故》，《京剧谈往录三编》，北京出版社1990年版，第428页。
④ 陈房衡：《旧剧丛谈》，《戏剧月刊》1932年第3卷第11期。
⑤ 齐如山：《齐如山回忆录》，辽宁教育出版社2005年版，第240页。

口增长迅速，为文化娱乐提供了广阔的社会空间。晚清沪、京等地茶楼、酒肆与日俱增，咸、同以后又出现了营业性戏园。民国初年，北京有第一舞台、文明茶园、广德楼、同乐茶园、庆乐茶园、三庆茶园、中和茶园、开乐茶园、广和楼、燕喜堂、广兴园、广乐茶园、丹桂茶园、吉祥茶园、中华茶园、德泉茶园、天和茶园、庆升茶园等20多家戏园。在激烈竞争中，茶园为了制造人气，需要一些艺人助兴；艺人则为了生活来源而需在人群密集的场所演出。茶园乃与剧场合而为一，京剧成为商品。清末京师戏园的经营商业气息明显增强，时人感慨："从前戏价各园一致，今则不然。此园之价与彼园异，今日之价与明日又异，惝恍离奇，莫可究诘。"①

在日趋激烈的商业竞争中，民初赴上海、天津、河北、山东、东北等地演出的京班迅速增多。20世纪初，上海大小戏园达百余家，其间最普及、最时髦的剧种是京剧，著名的丹桂及满庭芳茶园就以京剧为盛："茶园丹桂满庭芳，到底京班戏更强。出局叫来终不雅，避人最好是包厢。"② 上海的职员、教师、报人及下层民众都不乏京剧爱好者。当北京的戏班还在以"供奉内廷"或"堂会"为荣时，上海的戏班则已经更加市场化运作。为了招徕观众，各戏园竞相以新角、新剧和新舞台装置相号召。这要求演员更为直接地面对观众，为观众熟悉和欢迎，演出广告随之迅速兴起。

在戏剧商业化过程中，报刊成为演出市场的重要媒介。戏园广告最初依靠街头海报或上门推销，即所谓"某日某园演某班，红黄条子贴通阛"。③ 至同治十一年五月，《申报》开辟专栏刊登戏目告白，列出丹桂茶园、金桂轩和九乐戏园三家演出的剧目，字体不大，夹杂在各种拍卖及货物广告中，并不显目，④ 而戏剧与近代媒介从此结下不解之缘。此后，沪、京等地报刊上，京剧广告逐渐占据醒目位置。

---

① 倦游逸叟：《梨园旧话》，《清代燕都梨园史料》（下），第836页。
② 《春申浦竹枝词》，《上海洋场竹枝词》，第55页。
③ （清）佚名：《都门竹枝词》，雷梦水等编《中华竹枝词》（一），北京古籍出版社1997年版，第131页。
④ 《各戏园戏目告白》，《申报》1872年6月18日第7版。

"戏园在报纸上所刊之告白常占全报告白之大部分,舍新角登台或新编本戏不计外,即平常戏目亦多用碗大木戳刊出艺员之名字"。① 戏园之所以愿意投资,正如当时剧评者所云:"近来吾国人颇知注重广告学,而戏馆尤甚。盖知广告与营业有莫大之关系,较传单收殊途同归之效。是以风声所树,互相效尤。《申》《新》两报之第三张,纵横排列,不留余隙,五花八门,各显其妙。……但开戏馆者,无不抱金钱主义,含吹牛性质,一般广告家亦自言不讳。"② 迅速增长的大众传媒,如报纸、杂志、唱片、电影等改变了京剧以往的传播机制,报纸尤为演员与观众沟通的重要环节。1913年梅兰芳首次赴沪演出时,随即拜访了《时报》的狄平子、《申报》的史量才和《新闻报》的汪汉溪。缘此,他在上海文艺圈的影响迅速扩大。如果说,清末演员还可通过"供奉内廷"抬高身价,那么民初以后名角则更依赖于商业运作。

北京戏园以演艺和观众内行而著称,科班众多;上海则更注重市场运作,以重金聘请京城名角,重视报刊广告宣传,注意更新戏剧内容和表演形式,以吸引观众。因此,京剧名伶纷纷南下上海一显身手,获得数倍于京城的薪酬。这自然提升了上海京剧的演出水平。另外,上海的商业气息熏染着京城梨园,不仅使北京步上海之后,利用报刊登载演出广告,改建新式剧场,而且促使京城演出机制发生变化。在以戏班为组织形式的"集体制"下,演员之间艺术水平差距不显著。观众入园看戏一般都只知戏班,不熟悉演员。演员收入是包银,每年与班主约定固定报酬,收入多少与市场无关,名角的年薪最多为纹银几百两。到"光绪初年,杨月楼由上海回京,搭入三庆班,非常之红,极能叫座。他自己以为拿包银不合算,所以与班主商妥改为分成,就是每日卖多少钱,他要几成。从此以后,北京包银班的成规算是给破了"。③ 收入分成增加了名角收入,加速了名角制的形成。

戏园为了招揽观众,纷纷以名角相号召,导致戏班经营机制发生

---

① 徐耻痕:《戏剧与广告之关系》,《戏剧月刊》1928年第1卷第2期。
② 剑云:《上海梨园广告谈》,周剑云编《菊部丛刊·品菊余话》,第78页。
③ 齐如山:《京剧之变迁》,北平国剧学会1935年版,第95页。

改变。1884年谭鑫培从上海回到北京后，就自己另组戏班，班中成员各自居住，也有专门的琴师、乐师。光绪二十二年（1896）谭鑫培首次以戏班台柱演员的名义聘请场面艺人，后来视为京剧"名角制"形成初期的一个标志。① 此后，京剧演出形成"行家得眼争前看，遍贴优名预作标"的风气。② 商业化有利于调动演员的积极性，促进表演艺术的个性化发展，这种趋势又反过来增强了京剧对观众的吸引力，繁荣了市场。

在商业利益和名角制驱动下，捧角成为风气。名角走红虽与演艺相关，却离不开捧。捧角现象的出现主要不在艺术嗜好，而在商业价值。演员需要人追捧，戏班更需要名角来支撑门面，以角造势，增加票房收入。捧角的方式五花八门，一些文人为喜爱的演员写作剧本，在报刊撰文介绍其演技和特长，颂扬其品行。1914年北京创刊了《戏剧新闻》，1915年又出现了北京评剧社，这些组织和刊物主要品评京剧坤角。有些名报人也不能免，"在文明园时，《庸言报》主任黄远庸君曾与园主约，每日于池座留一全桌，按月预给包费九十元。其他小团体之结合，大多数之追随……记亦不胜记也"。③ 民初名旦多与报界关系密切，其经纪人不惜重金在报刊开辟专栏。1928年梅兰芳在上海演出时，《申报》开辟《梅讯》专栏，对其进行跟踪报道和宣传。据天津《北洋画报》披露，梅氏每天花100银元请人为《申报》专栏撰文。20年代走红的上海须生孟小冬被人称为"冬皇"，"当时一些报刊，每在孟演一剧后发表剧评时，对孟的唱白，甚至一举手一投足都推崇备至"。④ 如此剧评显然超越了艺术的范畴。

捧角需要经济实力，富商政客、社会闻人、名票成为捧角中坚。为增加观众，一些富商不惜花费巨资请人吹捧，有的富人或票友还买票请人看戏，一般市民捧角则主要是在戏园为演员"叫好"。民国年

---

① 北京市艺术研究所、上海艺术研究所编《中国京剧史》（上卷），第150页。
② （清）袁翔甫：《续沪上竹枝词》，《中华竹枝词》（二），第818页。
③ 醒石：《坤伶开始至平之略历》，《戏剧月刊》1930年第3卷第1期。
④ 陈维麟：《余叔岩生平回忆片断》，《京剧谈往录》，北京出版社1985年版，第168页。

间，捧角之风集中于旦角，二三十年代旦角的更衣室总是放满了花篮、花瓶、装饰的镜子，舞台周围也总是放置着花篮，上面写着赠送人的名字。而民初，"北京专有一班重女轻男之顾曲家"，专看中和、三庆等戏园的女班演戏。① 女旦刘喜奎被人封为"刘王"，还有所谓"刘内阁"，竹枝词有云："寻常一辈少年郎，喜为坤伶去捧场。金字写来如斗大，崇街唤作某亲王。"② 上海的京剧票友不如北京之多，捧角的狂热却不逊于北京。有的"名士少年"因喜爱多名旦角，一天之内只得赶场捧角："是谁捧角兴偏高，丹桂天蟾日数遭。气竭声嘶犹喝彩，座中笑煞郑樱桃。"③

　　商业运作导致演出机制发生变化，京剧舞台从依附于官僚贵族而全面走向市场。清末京城一些戏班还根据宫内喜好编演新剧目，以得赏赐。而在更加市场化的上海，剧目内容、演出形式和演员都更受商业利益的支配，适应市民社会的娱乐需要。京剧商业化也导致演员性别比例发生根本变化。一方面是女艺人报酬较男角乃至儿童都少，戏班费用低廉，另一方面是坤班"缠头之费，所得不赀"，有时甚至"十倍于男伶"。④ 因为，一些人进戏院看戏，纯粹是为了看女伶。舆论嘲讽他们"专务胡调吊膀，不问唱做如何，惟以好姆妈、好妹子献媚"。⑤ 有些人看戏，"不是说鲜灵芝的手好，就是张人仙的脚好。等到散戏时，还要站班行个注目礼"。有的人天天在广和楼富连成科班里鬼混，"寸步不离的跟着，甘心做个特别的高等跟包"。⑥ 故坤角尽管受到演艺和相关政策的限制，却在民国初年迅速走红，在都市社会赢得了广泛市场，受捧程度超过依赖艺术功底的老生。

---

① 《未焚以前之北京第一舞台》，《申报》1914年3月6日。
② 叶仲钧：《上海鳞爪竹枝词》，《上海洋场竹枝词》，第285页。
③ 刘豁公：《上海竹枝词》，《上海洋场竹枝词》，第254页。
④ 徐珂编撰《清稗类钞·戏剧类》第11册，中华书局1986年版，第5051—5052页。
⑤ 玄郎：《论沪上之坤班》，《申报》1913年2月20日。
⑥ 《看戏的目的》，《北京晨报》1918年12月7日。

男性审美的外化

艺术是生活的象征，梨园的净、丑角色向来不如生、旦走红，生、旦地位正好反映了社会生活中的两性关系，但清代戏剧舞台上的生、旦地位几经变化。清初至道光年间，京师上演的昆腔、京腔、秦腔均以旦角为主。咸丰到光绪初年，京剧形成之初，生行的重要性取代旦角，出现了程长庚、余三胜、张二奎老生"前三杰"，光绪中期又产生谭鑫培、孙菊仙、汪桂芬老生"后三杰"。至光绪末年，孙、汪都已离开舞台，谭氏独享盛名。

从清末到民初，京剧旦行技艺日精，推陈出新。除原有的青衣、花旦、老旦、武旦、刀马旦之外，新兴了介于青衣、花旦之间的"花衫"。加之，谭鑫培于1917年逝世，旦角地位更加凸显，出现"无旦不成班"的局面。到"五四"前后，"戏园里的压轴戏，几乎没有一出不是让给旦角去唱的。在昔日梨园行中最擅胜场的须生，一降而为配角地位。即使生旦同演，在海报上那位旦角的名字，至少也得比须生的名字大上半倍"。[①] 乃至有的剧评家感慨："吾友秋星谓上海之剧界，已成一旦角之世界。吾谓不仅上海，京师何独不然。混而言之，即谓全中国之剧界，已成一旦角之世界，又胡不可。后生可畏，人才辈出，佳丽天成……虽然，须生为梨园之正宗，真能寻声辨律者，罔弗以须生之唱为嗜好。今则老成凋谢……譬之于家，牝鸡司晨，岂佳兆乎？"[②] 牝鸡司晨的慨叹无济于事，观众的喜好却具有重要意义。

在商业化环境中，观众的好尚决定戏曲演出市场的走向。清末民初仍然是男性主导的社会。对于新兴的近代都市如上海、天津、广州，急剧增加的城市人口拓展了戏曲市场，但这些以男性为主的新增人口加重了性别比例失衡，加深了城市曲艺娱乐对男性审美嗜好的依

---

① 《戏院里的"女权"》，《天津大公报》1930年3月7日。
② 剑云：《第一台之两生两旦》，《菊部丛刊·粉墨月旦》，第53页。

赖。茶楼酒肆、剧场书馆很大程度上适应了男性群体的娱乐需要。新增的观众显然不像京城的王公贵族、官僚富商那样看重唱、念、做、打的艺术程式，而更直接地倾向于初级的审美情趣。

梅兰芳以扮相之美而在男旦中脱颖而出，又不断研摩，创造了众多美女形象。"五四"前后，梅兰芳的艺术照遍布各大商埠，乃至流播于美国纽约等地。好讥谈时风的鲁迅揶揄道："异性大抵相爱。太监只能使别人放心，决没有人爱他，因为他是无性了……但是最可贵的是男人扮女人了，因为从两性看来，都近于异性，男人看见'扮女人'，女人看见'男人扮'，所以这就永远挂在照相馆的玻璃窗里，挂在国民的心中。"① 鲁迅反感照相馆以梅兰芳的剧照作广告，批评盲崇国粹者，属于个人见解，但从两性心理分析旦角"挂在国民的心中"的缘故则触及艺术的重要特征。时人指出：爱美为人之天性，而自民初以来，因受外界之影响，"爱美色的观念似乎益加显著，即谓社会上爱美之思想渐渐发达亦无不可。就最浅近者论之，社会上之交际多尚外表仪容之美观。……此梅兰芳所以应运而起，而旦角乃渐成戏班组织上之要素也"。② 戏剧家刘豁公认为，梅兰芳之所以风靡一时，其主因在于"他的扮相、装束、作派等项是恰恰合于美底原则的"。③

"异性大抵相爱"体现了人类社会的本能和潜意识。男旦因扮相美而被人欣赏，包含了潜在的重色因素。礼教森严之时，"异性相爱"的潜意识不能鲜明地表现在舞台上，只能以"内敛"的文学方式流露出来。即使在老生盛行的晚清，一些文人对女伶的偏好也是屡见不鲜。王韬在《申报》等报刊写了不少介绍女伶的文字，怜香惜玉的心情洋溢于字里行间。光绪十一年（1885），山东当局查禁女乐，大小女伶均由官鬻卖，王韬对此愤愤不平，特为其中十余位色艺俱佳的女伶撰写小传。他认为，山东"档子班""所演杂剧，足与菊

---

① 鲁迅：《论照相之类》，《鲁迅全集》第 1 卷，人民文学出版社 1981 年版，第 187 页。
② 梅社编：《梅兰芳》，上海中华书局 1920 年版，第 35 页。
③ 豁公：《从梅兰芳说到群众心理的变迁》，《戏剧月刊》1930 年第 2 卷第 6 期。

部诸名优相抗衡。至其靓妆炫服，妙舞清歌，则有过之无不及也，以故趋之者如鹜"。而当局严禁演出，甚至将女伶拘归官鬻，"亦可谓煮鹤焚琴，锄兰刈蕙，大杀风景者矣"。① 王韬对文化专制的批评饱含了人道主义情怀，与士大夫的主流伦理意识不无疏离。清末民初，京、沪等地不乏偏好女伶的文人，其尤著易顺鼎声称："若谓天地灵秀之气原有十分存，请以三分与男子，七分与女子，而皆使其荟萃于梨园。"他甚至认为，拜清初遗民思想家孙夏峰、黄梨洲、顾亭林、王船山、李二曲等人，不如拜陈圆圆、马守贞、柳如是、李香君、董小宛、卞玉京、顾横波、寇白门等歌妓。② 这种偏好与清末士人的思想主流大相径庭，折射了女伶之盛的社会基础。

旦角一定程度上满足了男性审美的心理需要。就异性审美而言，坤角较男旦自然而真实，更能满足男性观众的好尚。有人认为：坤班之所以膨胀，不是因为女伶的演技超过男伶，"一言蔽之，无非重艺者不敌好色者之多，遂致阴盛阳衰，成为如斯之现象"。③ 这种说法虽不免偏颇，却也言之有据。那些被捧的坤角中，总以年轻未婚者居多，相貌美丽与否尤其重要。故就部分观众来说，"好色"确实是其审美需求的根本所在。

但综观之，坤伶有色无艺者毕竟不多。女伶盛行无疑也蕴含适应观众艺术审美的成分。事实上，就演艺来看，女伶并非毫无优势。女性往往有声音、韵律、表演优势，饰演生、净等角不如男伶，饰演旦角则比男伶自然而亲切，容易达到淋漓尽致的效果。相反，男旦的错位式表演只能提供性别审美的赝品，与男性观众的心理期待存在不小差距。除了一些演艺高超的名角外，一般男旦表演的疏漏之处更是显而易见。当时有剧评者认为，"男子饰旦角，尤不如女子之自然"。"女儿心事细致柔密又非男子所能体贴得到，更非男子所能代言。"故女伶演生丑不能望男伶之项背，而"旦角当然视男子为优也"。④

---

① 王韬：《东部雏伶》，《淞隐漫录》，第498页。
② 易顺鼎：《哭庵赏菊诗》，《清代燕都梨园史料》（下），第761—763页。
③ 秋侠：《汉上梨园五年记》，《菊部丛刊·歌台新史》，第21页。
④ 菊园：《女新剧家志》，《菊部丛刊·俳优轶事》，第23—24页。

有的提出:"盖男装女或女装男,皆有一种不自然之状态",即间有一二善乎摹拟反串的名角,也只是例外,且不知其费去若干时之研究,始能臻此。"何如以男为生,女为旦,庶可免去一层困苦,省去若干时之光阴乎?"① 再则,民初女伶的演艺水平已有较大提高,时人评论:"自近年之女伶登场后,一时风尚,遂大为变易,生旦净末丑诸角色,或文或武,女伶几无一不通而且工。"② 事实上,民初"北平坤伶之艺术进步极速,新艳秋之唱,雪艳琴、孟丽君之作派,更非畴昔一般专以色相媚人者所可同日而语"。③ 这些都是坤角走红的艺术依据。

礼俗改良:梨园与社会之间

人性大体带有一定的社会性。在传统社会机制中,女伶的艺术潜能和男性审美好尚往往被压制和扭曲,难以表露。而当社会失控、国家机器运转失灵时,政府的禁令必然大打折扣。民国初年,传统社会进入天崩地解的时代,礼防弛废,乱象环生,传统道德的约束力丧失殆尽。加之,民初法律名义上肯定了男女平等,"男外女内"传统习惯也就变得苍白无力了。这些对梨园风习产生了潜移默化的影响。

因工商业发展的需要,也由于女性在报酬及某些技能方面的优势,晚清妇女外出就业日见增多。戊戌时期,在上海、广州、天津等大中城市,茶楼酒肆禁用女性的规定已经失效,纺织、茶栈等行业的女工更是有增无减。据载,到19世纪末,上海女工有六七万人。④ 晚清以降,城市的娱乐方式日趋多样化,以上海为代表的烟馆、赌馆、跑马场、球场等畸形发达起来。这些场所不仅吸引着男性,而且不乏女性的身影。1912年的报刊还出现了倡用女店员的主张。

从民初到"五四",妇女参政、社交公开、男女同校、婚恋自由

---

① 马二先生:《男女合演》,《菊部丛刊·品菊余话》,第96页。
② 《闲评二》,《天津大公报》1915年1月15日。
③ 味莼:《坤伶兴衰史》,《戏剧月刊》1929年第1卷第5期。
④ 《女工志盛》,《女学报》1898年第9期。

的新潮接踵而起。一些思想家重视发挥女性的社会作用，甚至视之为民主革命的依靠力量，女性的社会角色更显重要而无所限制。梨园与社会舞台上的女性相互推动，相得益彰。比如，民初刘喜奎曾在妇女领袖沈佩贞的安排下，招收、培训一批女演员，以便为"女子生计会"筹款。一些知识女性登台演戏，正如她们走进社会一样，本质上体现了经济独立、男女平等的观念。"五四"以后的剧评者认为："本来人类中男女性别之分，无阶级高下、地位轩轾之意义。戏剧既欲表演人生，自须有专饰女性之角色。人类中无女性将无有人类，戏剧中如无搬女之角色，殆亦不能成为戏剧，初不必借重男女平等之学说以抬高女性地位。"① 这种评论说明，本来合乎情理的女伶演戏，却不得不借重"男女平等之说"，反映了女伶初上舞台的真实情形。民初许多女童到梨园拜师学艺，往往遇到家庭和社会的阻力，不得不借重男女平等学说。当民初女性日益走上社会大舞台之时，限制坤角的规定和习俗也就逐渐丧失了社会基础。故男女同台演出的禁令亦不待政府取消而变得有名无实了。

　　舞台形象与社会角色是相适应的。女性不出闺门、严守闺训之时，其舞台形象集中体现在端庄静淑的"青衣"。在晚清，"青衣"是皮黄梆子里的"正旦"，又叫"闺门旦"，"都是呆呆板板地唱"。② 而当妇女融入社会潮流，甚至参与改良旧俗、女权运动和反清革命时，呆板的青衣形象已经远离角色的生活原型，因而日益不能适应观众的审美要求。于是，余紫云"打破青衣花旦之界限，采取花旦之身段做表，以济青衣之呆板，于是观众耳目一新"。王瑶卿创新旦角戏装，又极讲究字音，并创新声。梅兰芳吸取了王瑶卿的唱法和昆腔的做法，又"以编排新剧、改良化装独树一帜，显然造成一种花衫地位"。③ "花衫"因扮相美，唱、做生动，备受观众青睐。民初"花衫"取代"青衣"而成为旦角主流，既是艺术更新的结果，又是

---

① 何一雁：《说旦》，《戏剧月刊》1932年第3卷第11期。
② 齐如山：《戏剧脚色名词考》，原载《戏剧丛刊》，参见《丛书集成》三编，第32册，台北新文丰出版公司1996年版，第823页。
③ 啸父：《旦角之革新者》，《戏剧月刊》1928年第1卷第4期。

女性社会形象的体现。有人谈到王瑶卿的改革时说：以往"为了表现妇女的端庄文静，演员演唱时水袖不动，唇不露齿，老是捂着肚子唱，吐字当然真不了"。王瑶卿吸取刀马旦的表演技术，青衣"改成张口唱"，又注意"按照人物性格、身份和规定情景，处理好人物的形体动作"，于是创造了"花衫"。后来经过梅兰芳等人的发展，这种旦角形象"能更多表现不同的妇女性格"。① 在梅兰芳崛起之前，一些坤角已在戏剧舞台上广泛地呈现了"花衫"角色，重塑了女性形象，恰好反映、适应了女性社会角色的变化。

在清末改良风气中，梨园习俗亦趋于改善。长期以来，官绅禁止坤角或反对男女合演的主要理由是有伤风化。但事实上，清廷禁止女伶登台，却不能杜绝官商的冶游嗜好。晚清男伶或出自科班，或出于"私寓"，而后者又称"堂子"，往往成为藏污纳垢的场所。一些男伶自幼在"堂子"里生长、学戏，成为嗜戏者和同性恋者的相好，被称为"像姑"。自庚子（1900）以后，"私寓"教戏之风趋于低落，科班的重要性更为凸显。1908年，田际云、谭鑫培、王瑶卿等名伶呼请当局禁止"像姑堂子"，因遭一些官员反对未果。民国建立后，田际云等人又"于民国元年四月十五日，曾递呈于北京外城总厅，请查禁韩家潭像姑堂，以重人道。外城巡警总厅乃于同月二十日批准"。② 梨园的"私寓"随之剧减，演员的培养机制发生了变化，有利于增强伶人尤其是旦角自尊、自重的职业意识。

民国初年，梨园的改良行动不断，净化舞台成为潮流。北京正乐育化会曾对禁演淫秽剧目提出建议，有的已由教育当局实行。清末戏园后台均曰某班某班。1913年冬，正乐育化会认为，"班"字近于妓馆之名，应当更改，于是议决改为"社"，于1914年正月初一实行，有的还将原来班名一并改换。③ 民初以后，优妓不分的状况逐渐改

---

① 郭永江：《王瑶卿的舞台生涯》，《京剧谈往录续编》，北京出版社1988年版，第121—122页。

② 张次溪：《燕归来簃随笔·请禁私寓》，《清代燕都梨园史料》（下册），第1243页。

③ 齐如山：《京剧之变迁》，第98页。

变。许多女演员也力求洁身自好,自尊自重。比如,刘喜奎对许多人的肉麻吹捧不以为然,主张演员和观众互相尊重。她喜好读书,矢志婚姻自由,一再逃脱守旧军阀张勋等权贵的纠缠。她在民初演出了《新茶花》《铁血彩裙》《水底情人》《虎口鸳鸯》等宣传妇女解放、针砭时弊的新戏,20年代以后过了30年的隐居生活。这样有节操的坤角在民初以后已不罕见。随着梨园环境和社会礼俗的变迁,即使观念保守者也默认坤班存在。1917年谭鑫培去世后,反对男女合演的北京正乐育化会(谭氏为会长)也不像从前那样坚决了。

戏曲舞台离不开演员与观众的互动,观众的构成亦对舞台角色产生了影响。传统社会强调男女有别,男外女内。茶馆、剧场、曲艺馆都少有女性观众,"不出闺门"成为妇道的体现。清政府对戏园管理严格,但有的禁令时紧时松,也随地而异。乾隆帝嗜好女乐,却是清廷强化管束妇女的关键人物。本来,"乾隆以前,京中妇女听戏,不在禁例,经郎苏门学士奏请,才奉旨禁止。所以一百多年以来,妇女不得进戏园听戏"。[①] 嘉道年间,朝廷和地方政府的类似禁令时紧时松。"道光时,京师戏园演剧,皆可往观,惟须在楼上耳。某御史巡视中城,谓有伤风化,疏请严禁,旋奉严旨禁止。"[②] 京城如此,一些地方官也如法示禁。世家大族的宗谱族规大多禁止或限制妇女入庙烧香、入场看戏。妇女到人多嘈杂的戏园看戏就更不容易,一般只能在家中看看堂会。

这些禁令至晚清逐渐在京城之外失效。都市社会的新兴娱乐不仅吸引着男性,也使许多女性成为茶楼、酒肆、书馆、戏园的新消费群。"上海一区,戏馆林立,每当白日西坠,红灯夕张,鬓影钗光,衣香人语,沓来纷至。座上客常满,红粉居多。"[③] 有些妇女外出游玩时首选时髦的戏院,所谓"第一关心逢礼拜,家家车马候临门。娘姨寻客司空惯,不向书场向戏院"。[④] "入园观剧"引起了妇女的好

---

① 齐如山:《京剧之变迁》,第13页。
② 徐珂编撰:《清稗类钞》第11册,中华书局1986年版,第5065页。
③ 《邑尊据禀严禁妇女入馆看戏告示》,《申报》1874年1月7日。
④ 张春华:《洋场竹枝词》,《上海洋场竹枝词》,第360页。

奇,也为男女交往提供了机会。上海出现了"演戏刚逢十月朝,家家妇女讲深宵"的情形,有些观众看戏之后,"姊笑郎痴郎笑姊,各猜心事过黄昏。更深独坐剔银缸,悄悄凭空六幅窗。玉漏惊魂孤枕冷,犹疑人影一双双"。① 在近代商埠,妇女入园看戏渐成风气,观众的性别构成及舞台风尚随之发生变化。

1908年10月,注重改良京剧的夏月珊、夏月润兄弟及潘月樵等人在上海租界之外建成了第一个新式剧场——新舞台。台屋构造步武欧西,有三重楼,可坐数千人,皆绕台作半圆式,台形亦如半月。布景时有变化,悦人心目。新剧场卖票入场,剧场秩序更为规范,也不像茶园那样池子座、边座等级分明,适应了一般市民观众的需要,淡化了身份特征。新舞台被称为"中国第一家创造的新式剧场,也是第一家唱改良戏剧者,所以外面底名声特别大"。外国团体到新舞台看戏,"每月总有好几次"。当时的剧论家认为,其原因之一是"瞻仰这东亚大陆底第一剧场";二是"他们入国问俗,先到戏场参观戏剧,就可以知道中国底社会情形和文化程度"。②

"新舞台"建成之后,一时间"座客震于戏情之新颖,点缀之奇妙,众口喧腾,趋之若鹜"。③ 上海的"茶园"纷纷更名为"舞台",有的则更西化,改成"剧场"。新式剧场随后在沪、京、津等地接踵出现。晚清的"茶园"变成了新式剧场,不只是硬件设施有了改良,而且经营方式由付"茶钱"变为卖票入场,观众的公共空间也发生变化。这些变化使剧场的管理更加规范、严密,有利于形成新的戏园秩序和风俗。"五四"时期,《申报》等报刊曾就改革剧场管理和剧场习俗进行了广泛讨论。社会舆论中提倡男女平等、公开社交的言论日益增多,一些人更主张大学男女同校。1921年开张的北京真光剧院就作出了保持剧场安静、说话低声、不准"叫好"、不随地吐痰、不妨碍他人看戏等一系列规定。一些关注、支持戏剧舞台的社会名人也有意识地改良礼俗。如张謇建立的"更俗剧场",不仅拥有现代剧

---

① (清)佚名:《续刊沪上竹枝词》,《中华竹枝词》(二),第1020—1023页。
② 汪仲贤:《剧谈(十九)》,《北京晨报》1921年1月26日。
③ 玄郎:《剧谈》,《申报》1913年3月13日。

场的设施，而且名称上也显示了改良意图。这些行动收效有限，却有利于改良梨园风气。

礼俗改良创造了有益的文化氛围。在此背景下，男女分座的习俗有了改变。1918年，正当一些人反对男女合座时，一些戏园事实上已实行男女合座。1918年建成的北京城南游艺园就取消了男女分座的限制。又如北京平安电影院："来到平安电影园，微闻香泽最销魂。此间男女无拘束，扑朔迷离笑语喧。（北京游戏场，类皆男女分座，惟平安电影园无此例。）"① 北京"自文明茶园创立，始有妇女赴园观剧之事。当时仅以楼上下为区别，随后包厢可混合杂处。及第一舞台成立后，正厅亦可男女合座矣"。② 20年代以后，男女分座的现象实际上已经很少了。这些限制的取消无疑为女性入园观剧提供了便利。

观众的性别构成对舞台形象的取向不无意义。男观众主导戏园之时，"听戏"者对演员的艺术功底要求较高，必须唱得好，腔圆字正，扮相的美丽与否倒在其次。这与上海观众的"看戏"形成反差。俗云："上海人看戏，先注重女角，尤其要扮相美丽，举动灵活，行头漂亮，眼锋传情，一家子老老小小、大太太、姨太太都要来赏光赏光。"③ 当时剧评家讥讽上海人不会欣赏京剧，体现了京、海观众的审美差异。随着南北戏曲文化交流增多，正如京城戏班提升了上海舞台的演艺一样，南方观众的审美偏好也会对北方观众和演员有所影响。民初梅兰芳到上海演出后，直接感受到上海舞台贴近观众的演出风格。他汲取海派之长，回北京后对自己的化装、表演进行了改革，并在齐如山、李释戡等人的帮助下编演了一系新剧，使旦角艺术有了新发展，从而超越了一般坤旦的表演水平。

民初，对于初进剧院的京城女观众来说，其好尚与上海人"看戏"更为接近。梅兰芳回忆：民国以后，京城"大批的女看客涌进了戏馆，就引起了整个戏剧界急遽的变化。过去是老生武生占着优

---

① 《都门竹枝词》，《申报》1918年7月3日。
② 胡朴安：《中华全国风俗志》（下卷），河北人民出版社1986年版，第10页。
③ 笛风：《昆腔班的女伶问题》，《申报》1941年4月24日。

势,因为男看客听戏的经验,已经有他的悠久的历史,对于老生武生的艺术,很普遍地能够加以批判和欣赏。女看客是刚刚开始看戏,自然比较外行,无非来看个热闹,那就一定先要拣漂亮的看。……所以旦的一行,就成了她们爱看的对象"。① 民初京城女性不像清末男观众那样重视"听戏"。她们喜好旦角,为旦角走红推波助澜,也为女伶登台提供了广阔空间。社会礼俗与梨园风气相互影响,梨园风气亦成为社会礼俗变迁的标杆。

余 论

民国初年,坤角在京剧舞台迅速走红,成为近现代值得注意的社会文化现象。它根源于近代社会的内在变迁,与20世纪早期社会文化广有关联。其中受娱乐商业化潮流推动,也折射出人伦观念和社会礼俗的变化。当然,清末民初的思想环境也值得注意。清末启蒙思想家和革命人士均对戏剧给予了关注,尝试改编、演出新剧目,推动了梨园的京剧改良。清末民初的"改良新戏"不同程度地浸染于新潮,客观上创造了有利于坤角发展的思想环境。

尽管如此,坤角仍受社会环境和艺术水平的限制。有的坤角虽演生角,却因生理条件所限,艺术水平不高。20年代有舆论认为:"坤角须生,十有九个脱不了脂粉气,扮起戏来,简直就是挂髯口的花旦。唱念都是另一个道路,听起来决不是正经须生的滋味;至于做工,那更是随随便便,说不到体贴戏情上去。"② 这种评论虽近苛刻,却是事出有因。坤旦较之男旦不无优势,而一旦结婚生育,练功、演出均受限制。且缺乏梅兰芳、程砚秋那样的后援力量,艺术的提高和创新难乎其难。再则,许多女艺人易受社会恶势力的欺凌、控制,不少走红的坤角最终成为官僚富商的小妾,其社会地位仍不能与男角比肩。

---

① 梅兰芳口述,许姬传整理《舞台生活四十年》第一集,《梅兰芳全集》第一卷,河北教育出版社2000年版,第114—115页。
② "新明剧场广告",《北京晨报》1923年6月16日。

坤角的艺术和社会局限为男旦带来了发展良机。在京剧舞台需要旦角，而男旦艺术尚未发展之时，坤角因时而兴。反之，男旦成熟的演艺、独出心裁的创新、挖空心思的商业运作，又为男旦更胜一筹提供了可能。从艺术形象而言，舞台上的旦角，不论由女伶或男伶扮演，其受观众追捧的心理基础、社会蕴涵大致相同。故从根本上说，1917年梅兰芳被封为新的"伶界大王"及后来"四大名旦"的崛起，可以看作民初坤角走红的延续和变异。进而言之，在民国京剧舞台上，旦行取代生行而胜场都是基于广阔的社会变迁，而非帝制转变为民族国家这一政治背景，或者日益增强的"殖民现代性"语境所能完全解释的。近代文化现象虽与政治环境相关，但或许不像20世纪下半期冷战时代那样如影随形。

（原载《河北学刊》2011年第2期）

"民国"的诞生：清末民初教科书中的国家叙述(1900—1915)

毕 苑

20世纪初年是中国人结束帝制、建立共和国家的奋斗时期，革命成功和中华民国的建立在中国政治史和社会发展史上意义重大。这个时期也是中国近代教育制度建立的关键时期，在近代文化史上的开新意义不可低估。1902年后"壬寅—癸卯"学制建立，近代教育体系形成。学堂课程的制定、新式教科书的应用，伴随近代印刷业和传媒网络的影响而成长发达，成为深刻改变近代中国人知识结构和价值观念的利器。

教科书的特殊性在于，它作为近代文化的基层建构[①]，是形成近代常识的重要力量。从20世纪初到民国初年的十多年间，发育中的近代教科书注定成为这场政治文化大变革的记录者和参与者，甚至是第一叙述人。从当时的教科书中，可以看到时人史观的转变、对近代国家的理解，以及对共和制度的认知，近代"国家认同"（National Identity）或"国家意识"（National Consciousness）的建立过程在其中充分体现。这里的"认同"或"意识"都带有"想象的共同体"的意义，但也正如安德森所说，这个名称指涉的不是什么"虚假意

[①] 张灏先生认为，中国现代文化基层建构（cultural infrastructure）的起始是以三种制度为基础：新型报刊、学校制度和自由结社的社团（张灏：《关于中国近代史上的民族主义的几点省思》，洪泉湖等主编《百年来两岸民族主义的发展与反省》，台北东大图书股份有限公司2002年版，第233页）。以此论之，教科书当然属于近代学校制度的一部分。

识"的产物,而是一种社会心理学上的"社会事实"①。

通过"阅读"语言文字来"想象"是造就"想象的共同体"的基本方法之一。具体到教科书中,上述这种"社会事实"可以在政权象征符号的变化、史事叙述的更迭以及国家知识的输入等方面得到鲜明的体现。

一 从皇帝到五色旗:国家象征的转变

(一) 晚清教科书中的"君"与"国"

> 大清皇帝治天下,保我国民万万岁,国民爱国呼皇帝,万岁万岁声若雷。②

这是1902年无锡三等公学堂编《蒙学读本全书》二编的第一课。

该读本产生于"壬寅—癸卯"近代学制颁布之前。戊戌年八月,无锡学者俞复联合丁宝书、杜嗣程和吴稚晖等几位同人,仿照日本寻常小学校创办无锡三等公学堂,随编随教,重讲字意,每课后根据本课内容设问题数条,令学生笔答,数年后成书,由京师大学堂管学大臣鉴定准予发行使用③。此时近代学制规范下的教科书尚未出现,此读本只是新式教科书的萌芽,即使不是唯一,也是笔者经眼民间教科书中殊不多见的颂圣课文。

在这部教本之后,1904年以"癸卯学制"的颁布和商务印书馆陆续推出"最新教科书"为标志,中国教育进入了"教科书时代"。

---

① [美]安德森:《想象的共同体:民族主义的起源与散布》,吴叡人译,上海人民出版社2003年版,导读第9页。

② 无锡三等公学堂编:《蒙学读本全书(二编)》,台北"国立"编译馆藏,光绪二十八年初版,第1页。

③ 《教科书之发刊概况》,中华民国教育部编《第一次中国教育年鉴(戊编)》,上海开明书店1934年初版,第117页。

民间教科书先拔头筹，独步一时。此后的民间教科书笔者尚未发现如上直接颂圣的课文，而是将君臣身份置于"国"之教育中。

以商务印书馆编译所编纂，高凤谦、蔡元培、张元济校订的《最新初等小学修身教科书》为例，课文中有"爱国"和"死国"两课，很典型地代表了清末民间教科书中的国家观念。两课皆取材于先秦史事：《爱国》一课讲两个故事，一个是齐国伐鲁，孔子召诸弟子说："父母之国，不可不救"，遂率子贡冒险说齐；另一个是楚国攻宋，墨子"裂裳裹足，日夜不休"，赶回国都率弟子拒楚①。《死国》一课讲楚国白公作乱，庄善辞别母亲，母亲问他为何弃母而拼死以战，他回答说：

为臣者，内其禄而外其身。今所以养母者，国之禄也。食其禄而不死其事，不可。②

毫无疑问，"臣"与"君"相对，这是帝制政体下的政治文化身份确认。不过教科书中更为强调"国"对个人的恩惠，以及个人对"国"的情感道义，"君"隐于"国"之后。这是民间教科书中所传达的教化观念。

既然有"民间教科书"，就意味着有"官方教科书"。不错，稍晚于民间教科书，学部1905年年底成立后也重视编辑出版新式教本、读本，试图与民间教科书争夺市场并实现"国定本"的愿望。故而晚清教科书可分为官编教科书和民间教科书两类，官编教科书一般即指学部编纂的新式教本。在学部教本中，忠君意旨得到了突出强调。

"尊君"是清政府教育宗旨在学部教科书中的反映。学部成立次年即上奏清政府，请宣示"忠君、尊孔、尚公、尚武、尚实"为教

---

① 商务印书馆编译所编纂，高凤谦、蔡元培、张元济校订《最新初等小学修身教科书》第七册，上海商务印书馆，光绪三十一年初版，第十九课。
② 蒋维乔、庄俞编纂，[日]小谷重等校订：《最新初等小学国文教科书》第五册，上海商务印书馆，光绪三十一年初版，第三十七课。

育宗旨①，要求"融会其意于小学读本中，先入为主，少成若性"，以达"君民一体"②。学部教本即严格贯彻这一宗旨，指出忠君、尊孔为"我国民性所固有"，人人尊君方能实现"君民一体"③，教本中凡涉及"朝""万岁"等字样，均换行顶格，以示尊重。

宣统二年（1910）学部编纂发行的高等小学用国文教科书第一课：

> 正月吉日，高等小学堂行开学礼。……龙旗交竿，华彩灿烂。同学皆衣冠肃立。俄而摇铃预备。未几，鸣钟铿然。……学生鱼贯入，分班序列，以次恭向万岁牌至圣位前各行三跪九叩首礼。④

开学第一课课文，往往最能体现教科书编者的教育宗旨和意图。传统教育开蒙拜师本有行大礼之仪，表达对孔子和师长的敬拜。学部课文将"万岁牌"置于"至圣位"之前，是对尊君的强调。

由此，我们来看学部教科书中着重阐释的"君"与"国"的关系。学部第一次编纂高等小学国文教科书第二课"堂长训辞"，指示学生用功学好各门功课，方"得以尽其忠君爱国之职分"⑤。有一课《忠君爱国》，核心思想在于指出君即是国、忠君才是爱国。课文说："儒者之言曰：忠君爱国，未有不忠于君而可为爱国者也"，之所以忠君，是因为"吾侪生于盛平之世，耕而食，凿而饮，安居而乐业者，皆吾君之赐"。人民世代受君恩，理当感恩图报，否则即"非人

---

① 学部：《奏陈教育宗旨折》，璩鑫圭、唐良炎编《中国近代教育史资料汇编（学制演变）》，上海教育出版社2007年版，第543页。
② 同上书，第544页。
③ 学部编译图书局编纂《初等小学国文教科书》第十册，学部编译图书局印行，宣统元年十一月初版，第五十课。
④ 学部编译图书局编纂《高等小学国文教科书》第一册，学部编译图书局印行，宣统二年夏六月初版，第一课。
⑤ 同上书，第二课。

类"①。如果以此处学部教科书中的"君之禄",对比前述商务教科书中的"国之禄",学部的尊君教育显然可判。所以说,相对于民间教科书中对"国"的强调,学部教科书的重心在于说明君国一体,尊君才是爱国。

除了上述"国"与"君"关系上的微妙区别外,民间教科书中还有一种对"国"的解释,其所持政治文化立场有别于晚清"主流"观念。

1897年,南洋公学外院师范生陈懋治等人编成一部《蒙学课本》,学界认为是"中国人自编近代教科书之始"②。虽然课本内容尚不具备近代分科意识,也无学制学时设计,但其体裁篇章和传统"三百千"及"四书五经"等读物已有很大区别。该课本有生词有课文,以儿童常见的"燕雀鸡鹅"开篇③,第二十九课方涉及"国"之概念:

  凡无教化之国谓之蛮夷戎狄。我国古时所见他国之民,其教化皆不如我国,因名之曰蛮夷戎狄。后人不知此意,见他国人不问其教化如何,皆以蛮夷戎狄呼之,几若中国外无一非蛮夷戎狄也,不亦误乎?④

课文编者显然以"文化"论国家,这是传统儒家以文化别夷狄观念的体现,也是萧公权所指出的中国古代种族、文化观念混合,并不具有近代民族国家观念的表现⑤。放置晚清背景中,在主流认识仍然充斥文化偏见和文化傲慢之时,课文编者指出视不同文化为"蛮夷戎狄"不仅错误,更是误国,这是平等的文化观,隐含了应该学

---

  ① 学部编译图书局编纂《高等小学国文教科书》第一册,学部编译图书局印行,宣统二年夏六月初版,第十五课。
  ② 汪家熔辑注《中国出版史料(近代部分)》第二卷,湖北教育、山东教育出版社2004年版,第527页。
  ③ 南洋公学:《蒙学课本》卷上,通学斋校印本,第一课。
  ④ 同上书,第二十八课。
  ⑤ 萧公权:《中国政治思想史》,辽宁教育出版社1998年版,第76页。

习他国之长的观念，实为珍贵。

诚然如王汎森指出，"国家"作为晚清时期的一个全新概念，开启了一个"以国民的活动为主体的历史探讨空间"①。不过从清末教科书中可以发现，建立在"臣民"底色上的"国民"认知才是晚清国家观念的主流，不论是学部还是民间教科书皆如此。正如季家珍（Joan Judge）发现并指出的，清末商务印书馆出版的《最新初等小学修身教科书教授法》将"臣民"和"国民"互换使用，"国民"一词也含有相当的服从意义②。也就是说，清末朝野对"国家"的主流认识偏向身份认同意涵，而不指向个人权利。不过二者还是有所不同。学部教科书中强调君上的"恩赐"，说明"忠君""尊君"的合理性和至上性。而民间教科书则强调"爱国"是保卫国家、为国献身，"死国"而非"死君"。更为重要的是，民间教科书中的"国家"观念更多继承了"文化中国"意涵，"国家"成为一种文化寄托和情感寄托，在文化平等和相互开放方面走得更深更远。

（二）"中华国"与"五色旗"：民初教科书中的国家新象征

民国建立后，君主不复存在，国家元首换成了大总统，所谓"我国数千年来，国家大事，皆由皇帝治理之。今日民国成立，人民公举贤能，为全国行政之长，是谓大总统"③。这个最明显的政治现象，在革命功成、现实刚刚成为历史的民初教科书中就出现了。政治变革后的国家，新象征符号同步出现在教科书中：

> 中华，我国之国名也。溯自远祖以来，居于是，衣于是，食于是。世世相传，以及于我。我为中华之人，岂可不爱我国哉？④

---

① 王汎森：《晚清的政治概念与"新史学"》，罗志田主编《20世纪的中国：学术与社会（史学卷上）》，山东人民出版社2001年版，第30页。

② 季家珍（Joan Judge）：《改造国家——晚清的教科书与国民读本》，孙慧敏译，台北：《新史学》第12卷第2期。

③ 庄俞、沈颐编，高凤谦、张元济校订：《共和国教科书新国文》第四册，上海商务印书馆1912年初版，第二课。

④ 同上书，第一课。

学生，汝观杆上之五色旗，随风飘荡，非吾国之国旗欤？此旗之色，红居首，黄次之，蓝又次之，白与黑更次之。凡我同胞，皆当敬此国旗也。①

由上所见，"共和国教科书"之初等小学用国文教本直到第四册才有课文讲新建立的国家，第四十四课方有一课教给学童国旗知识。课文中的"国家"并非"中华民国"，而是"中华国"，这是一种文化情感熏陶而非政权教育。

至于"中华教科书"初小修身教本在第一课以图画形式进行国家教育。第一课"入学"，学童在家长带领下进入学校大门，校门口斜插两面旗：一图是国旗和校旗；另一图是学童列队向国旗敬礼②。其教员用书中对第一课的解释，只解释"入学"应"使学生知上课之规则及其仪容"，丝毫未涉及"国旗"或"国家"③。"国旗"一课被安排在第六册：校门悬五色旗。先生曰：此中华国旗也。诸生爱国，当敬国旗。④ 在另一种修身教授书中，第一次出现较为详细的国旗教育，指出课文要旨在于"启发学生国家之观念，藉以诱导其爱国心"，"国旗者，一国之标识也……国中人民遇有大事，则悬挂国旗，以示不忘国家之意。吾人既为中华国人，即当爱中华民国，故即当敬中华国旗"⑤。

不论是"共和国教科书"还是"中华教科书"，在国家符号——国名和国旗等教育中，有两点相似之处：其一是强调"中华"，这既是民国国名，又是一个历史概念，文化传承性十分明显。其二是从国家符号在教科书中所占分量和所处位置来看，它并不占显要位置，没

---

① 庄俞、沈颐编，高凤谦、张元济校订：《共和国教科书新国文》第四册，上海商务印书馆1912年初版，第四十四课。
② 戴克敦、沈颐、陆费逵编：《新制中华修身教科书》第一册，上海中华书局1913年初版，第一课。
③ 董文编、沈颐阅：《新编中华修身教授书》第一册，上海中华书局1913年初版，第一课。
④ 戴克敦、沈颐、陆费逵编：《新制中华修身教科书》第六册，上海中华书局1913年初版，第二十课。
⑤ 董文编、沈颐阅：《新编中华修身教授书》第二册，上海中华书局1913年初版，第27页。

有得到特别强调，教科书仍以学童应该掌握的相关知识为主。国家教育与政权教育稍有分际，但二者都不特别突出。

二 历史叙述的改变

晚清这个历史时期具有特殊性，一个"外族"王朝所面临的国家转型、文化转型同时进行，其复杂性非同一般。政权更迭期间教科书所反映的历史认知的变化，十分值得剖析。

（一）晚清教科书中的历史叙述：以清末立宪为例

一般来说，清史或"国史"叙述中官方教本比民间教本更为强调王朝的神性和开基宏业，对于形势急转直下的近世史事，官方民间教本的立场则基本一致。而教科书中如何叙述晚清最后一次也是近代中国一次重要的政治改革——清末立宪，尤可看出官方和民间对"朝事"和"国事"的不同理解。

商务印书馆"最新教科书"之高小国文课本，开篇前五课都是关于预备立宪的时事知识。第一课全文照录光绪帝上谕，包括慈禧太后冗长的封号都不曾省略。第二、第三、第四课《君主立宪》，说明现今各国之政体包括君主专制、君主立宪和民主立宪三种，简略说明君主专制的害处，证明唯"君主立宪，实最宜于今日之世界"①。第三课以图画标明议会内席位座次状况，介绍上议院、下议院议员之职分及人民应享有的自由。第四课讲立宪原因是外患之忧，清帝"知非立宪不足救国"，于是派五大臣考察而确定立宪之策。第五课为《庆祝立宪歌》：

> 煌煌一诏开群聋，雷动欢呼嵩。四千年史扫而空，尧舜无兹隆。呜呼神圣哉我皇，尧舜无兹隆。……莘莘学子圣所望，大厦

---

① 高凤谦、张元济、蒋维乔编纂：《最新高等小学国文教科书》，上海商务印书馆宣统二年第八版，第二课。

需栋梁。匹夫有责当自强,努力翊皇纲。龙旗飞动灯辉煌,此会无时忘。鸣呼自今亿万年,此会无时忘。①

最后一课给人以颂圣达到顶点的印象。

不过,值得注意的是,上述商务印书馆"最新教科书"有四年间再版八次的良好销售记录,除了归功于优秀的编纂外,这部教科书通过了学部的审定也是一个重要因素。如果再联系清政府立宪诏下绅民拥护、万民欢腾的场面②,那就更可以理解这些课文所表达的社会各界对立宪的拥护、期盼及"自强"和做"栋梁"的责任感。更重要的是,课文借立宪之机讲述了不少近代政治常识和国家知识,这一点为学部教科书所远不及,殊为难得。

再看学部教科书中的立宪叙述:

> 皇上亲任陆、海军大元帅,未亲政以前,暂由监国摄政王代理。自此国威日振,国势日强,开国鸿规,可复见于今日矣。③
>
> 沿往古之隆规,采列邦之成法,叠降预备立宪明诏……此固上下数千年,环球九万里,所绝无而仅有之盛世也。④
>
> 海内臣民复以缩短预备期限为请。我皇上俯顺舆情……吾国之国势隆隆然如旭日之升天,冠五洲而跨万国,可计日而待矣。⑤

一个在风雨飘摇中内忧外患、危机四伏的统治集团,竟还有如此虚骄的盛世心态。这几篇不像教科书语言,更像上谕口吻的课文,或

---

① 高凤谦、张元济、蒋维乔编纂:《最新高等小学国文教科书》,上海商务印书馆宣统二年第八版,第五课。
② 侯宜杰:《20世纪初中国政治改革风潮:清末立宪运动史》,人民出版社1993年版,第75、76页。
③ 学部编译图书局编纂:《初等小学国文教科书》第五册,学部编译图书局印行,宣统二年十二月初版,第二课。
④ 学部编译图书局编纂:《高等小学国文教科书》第四册,学部编译图书局印行,宣统二年十二月初版,第一课。
⑤ 同上书,第二课。

许正是清廷崩溃的前兆。

比较可见,民间教科书在可能的条件下传布新知,并有较为深刻的政治制度变革认识;而学部教科书的最终目的只是维护统治,这是二者最明显的区别。

(二) 民国成立后国史叙述的变化

相比帝制时期,改建"共和"后教科书的最大变化是"主角"和叙述线索的改变。

晚清的新式学制规定,历史科目的教学要义为"略举古来圣主贤君重大美善之事,俾知中国文化所由来及本朝列圣德政,以养国民忠爱之本源"①,"尤宜多讲本朝仁政,俾知列圣德泽之深厚"②。"圣主贤君"及其"重大美善之事"成为教科书的主角是必然的。民国成立当年,教育部制定《小学校教则及课程表》,规定小学校的"本国历史"课"宜略授黄帝开国之功绩,历代伟人之言行,亚东文化之渊源,民国之建设,与近百年来中外之关系"③。"历代伟人"的言行事迹取代"圣主贤君"成为儿童尊崇的榜样,文化变迁和国家制度建设成为主要线索。

在此宗旨引导下,"共和国教科书"之"新历史"编者宣布,"本书尤注重于国土之统一,种族之调和,而于五大族之豪杰,择其最有关系者,一律编入本书"④。"中华教科书"之历史教科书的编者"择述自黄帝以来开化之概略,历代伟人之言行,与夫最近中外交通之关系",使儿童"既知文化之由来,复知世界大通之利益"⑤。足见

---

① 《奏定初等小学堂章程》,璩鑫圭、唐良炎编《中国近代教育史资料汇编(学制演变)》,上海教育出版社2007年版,第304页。
② 同上书,第319页。
③ 《教育部订定小学校教则及课程表》,璩鑫圭、唐良炎编《中国近代教育史资料汇编(学制演变)》,第703页。
④ 《编辑大意》,傅运森编纂,高凤谦、张元济校订《共和国教科书新历史》第一册,上海商务印书馆1913年初版。
⑤ 《编辑大意》,章嵚、丁锡华编,戴克敦、沈颐、陆费逵校订《新制中华历史教科书书》第一册,上海中华书局1913年初版。

教育出版界同人对教育部教学宗旨的认同。

在这一理念下,"龙兴"之类用语不再出现在教科书中,对洪秀全太平军不再称"发贼",立场更为中性。对"预备立宪"的叙述着重说明国事不堪造成民众反抗。于是,一场革命性变革发生了。

教科书中这样阐发"革命"概念:"国家政治,拂逆人民之公意。人民不得以,以武力颠覆政府,谓之革命"①,其结果"清帝退位,孙文辞职,公举袁世凯代之。统一政府移往北京。革命于是成矣"。② 民初教科书中对民国代清这一"革命"性转型的评价,倾向于制度深层的反思,指出革命发生的根本原因是"清廷不知改良政治为根本上之解决,惟循例严饬查拿以防继起"③,而"以专制政体演成此现象,固为不可逃之公例"④。民国建立的最大意义就是"千年专制政体,一变而为共和"⑤。

"共和"的本意之一即多民族共存。"共和"宗旨指导下的民初教科书,不见"反满"叙述,而强调"中华民国"的本质在于"五族共和"。过去清廷统治制造了种族成见和阶级不平等问题⑥,"今者,合五大民族,建立民国,休戚与共,更无畛域之可言矣"⑦;"前此为一姓专制时代,各私其种,人故多不平等之制度。今民国建立,凡我民族不问何种何教,权利义务皆属平等,无所轩轾,利害与共,痛痒相关,同心协力,以肩国家之重任"⑧。更为深刻的是,教科书

---

① 庄俞、沈颐编,高凤谦、张元济校订《共和国教科书新国文》第五册,上海商务印书馆1912年初版,第三十三课。
② 同上书,第三十四课。
③ 赵玉森编纂,蒋维乔等校订:《共和国教科书本国史》,上海商务印书馆1913年初版,第100页。
④ 章嶔、丁锡华编,戴克敦、沈颐、陆费逵校订:《新制中华历史教科书》第六册,上海中华书局1913年初版,第十八课。
⑤ 章嶔、丁锡华编,戴克敦、沈颐、陆费逵校订:《新制中华历史教科书》第九册,上海中华书局1913年初版,第十六课。
⑥ 赵玉森编纂,蒋维乔等校订:《共和国教科书本国史》,第123页。
⑦ 庄俞、沈颐编,高凤谦、张元济校订:《共和国教科书新国文》第六册,上海商务印书馆1912年初版,第二十九课。
⑧ 傅运森编纂,高凤谦、张元济校订:《共和国教科书新历史》第六册,上海商务印书馆1913年初版,第十五课。

"民国"的诞生：清末民初教科书中的国家叙述（1900—1915）

还阐发了民族团结并非政体变革之结果，而是政体变革的促动因素这样一个道理："我国数千年文化，非一民族之功。即今日改专制为共和，亦我五大民族共同之力。"① 这种符合历史事实又充满温情和敬意的叙述，反映了教科书编写者深刻的历史认知。这也正反映了学者所探讨的国家整合（national integration）的意义，在于把文化与社会背景互不相属的集团集合于同一疆土，并建立国家认同感的过程②。"五族共和"教育是确立国家认同的一个重要因素。如果对照清末革命党人因对"中国灭亡"的忧虑而阐发的种种以"反满"为底色的"中国"叙述——在那些叙述中，明末抗清英雄往往成为宣传主角——正如1903年的《江苏》杂志刊载的"中国郑成功大破清兵图"和"为民族流血史公可法像"等③，读者一望即知其"中国"含义是以汉民族为共同体的反清革命叙述。相比之下，不论是在清末还是在民初的教科书中，都不曾有"反满"叙述，"国家"始终为政权而非族群意义上的"国家"，这一点尤为难得。

三 近代国家知识进入教科书

虽然迟至20世纪初，很多政治学词语例如"国体"等，还未完全演变成一个严格的近代政治学概念。比如1901年，时任出洋学生总监督的夏偕复在《教育世界》发表文章，谈到"中国今日之国体，内治棼乱，外权压迫，国体隳矣"④，几处"国体"都指国家制度体系和整体境况，并不是与"政体"相对应相关联的政治学词语。不过我们发现，作为近代政治学常识的国家知识的精准化、普及化，正是在教科书中得以完成。

---

① 傅运森编纂，高凤谦、张元济校订《共和国教科书新历史》第六册，上海商务印书馆1913年初版，第十八课。
② 葛永光：《文化多元主义与国家整合》，台北正中书局1991年版，第37页。
③ 《江苏》第四期，1903年江苏同乡会发行，插图页。
④ 夏偕复：《学校刍言》，璩鑫圭、唐良炎编《中国近代教育史资料汇编（学制演变）》，第179页。

（一）晚清教科书中的近代国家知识

在学部教科书中，"主权"在于君上的观念清晰可见。

学部教科书中已有关于近代国家知识的介绍，比如国家三要素："西儒之论曰：有民人、有领土、有主权，三者完备而始成为国家，是谓国家三要"——教科书指出孟子早有类似的观点，指出孟子所言的"政事"即"主权"，"主权"的应用在于"一国之人，当同心协力，以助其君上共保主权，勿使为他人干预"。① 这是典型的"朕即国家"观念。

学部教科书把近代民主政治的主要表现之一"选举"与中国悠远的历史文化相联系。《选举》一课指出："各国选举议员之法，尚近三代之意。为议员者，与民同其好恶、共其利害。凡民所欲言者，皆代言之。虽不能人人议政，而与议政者无以异。故谓之参政权。"② 课文以上对下口吻谈到国家预备立宪目的是"君民一体、共图富强"，但能够指出"立宪政体"的核心是"参政权"，并在下一课中，简略介绍"各国选举之制"包括"普通选举"和"限制选举"，选举之法分为"单选举"和"复选举"以及"我国咨议局议员，则用限制选举及复选举之法也"③。

这些初步的近代政治常识教育，无疑是清政府预备立宪的成果。虽然它在知识深度和内容丰富程度及出版先后、发行影响上都不及商务印书馆教科书的影响大，但是毕竟表明，官方认可这些近代政治常识进入了初级教育和普通教育领域。

更重要的是，在民间教科书中，"主权在民"的观念出现了。

在民间教科书中近代政治知识的介绍比学部官方教本要深刻许多，主要表现在对于人民"权利"的介绍。出版较早、影响较大的

---

① 学部编译图书局编纂《高等小学国文教科书》第一册，学部编译图书局印行，宣统二年六月初版，第二十二课。
② 学部编译图书局编纂《初等小学国文教科书》第十册，学部编译图书局印行，宣统元年十一月初版，第十七课。
③ 同上书，第十八课。

《蒙学修身教科书》中,强调国民的一项权利:"纳税者皆有监督用此税项之权,故用此税项者,稍有情弊,即无颜对此纳税之人。"①这是晚清教科书中少有的对个人权利的论述。不过总的来说,晚清教科书中强调个人对国家的义务、个人权利的论述则较为不足。其中一个重要的原因是学部往往利用教科书审定权力对教科书相关论述加以查禁。例如1908年何琪编《初等女子小学国文教科书》一册在浙江出版,"书中取材有平等字样,学部认为不合,下令查禁"②。学部对于他们认为"危险"的思想是绝不姑息的。

除伸张个人权利之外,在清廷还未退位、民国尚在酝酿中时,陆费逵的《修身讲义》中就有关于国体、政体知识的介绍。课文说,"国体以主权之所在而分","主权在人民之全体,公举总统以统治国家者,曰民主国体;主权在特定之一人,而其人之位世世传授者,曰君主国体";政体则"以主权运用之形式而异","立法、行政、司法三权,由一机关行之者,曰专制政体;三权各有独立之机关者,曰立宪政体"③。以近代政治学理论来说,"主权在民"是近代国家的标志。这一知识第一次出现在清末教科书中,意义重大。陆费逵还提出"人之权利,本无等差"④,体现了他的眼光和魄力。这些都是民间编纂教科书在观念和知识上优于官编教本之处。

(二) 民初专门系统的国家教育——"法制大意"

民国建立后学部教科书被废除,1912年教育部订定小学校教则规定,小学修身"宜授以民国法制大意,俾具有国家观念"⑤,在高等小学校课程第二年和第三年的修身科目中,除了教授"道德之要

---

① 李嘉榖:《蒙学修身教科书》,上海文明书局光绪二十九年初版,第35页。
② 《教科书之发刊概况》,中华民国教育部编《第一次中国教育年鉴(戊编)》,上海开明书店1934年初版,第121页。
③ 陆费逵:《修身讲义》,上海商务印书馆宣统二年二月初版,第53页。
④ 同上书,第55页。
⑤ 《教育部订定小学校教则及课程表》,璩鑫圭、唐良炎编《中国近代教育史资料汇编(学制演变)》,第702页。

旨"外，还要求教授"民国法制大意"①。晚清学部时期作为立宪附属品国家知识教育，现在成为国民教育的主要内容。"法制大意"课程承担了传布"国家观念"的责任。

1914年，商务印书馆在其"共和国教科书"中推出一部"法制大意"，成为体现这一教育导向的范本。编者说明此书目的是使学生"藉得法政常识，以养成共和国民之资格"②。那么"共和国民"需要具备哪些知识呢？该教科书的目录使人一目了然：

> 上册十六课：国家，国体，政体，国民，国籍，宪法，国民之权利，国民之义务，统治权，国会，选举，议员，大总统，行政官厅，总统制与内阁制，集权制与分权制。
>
> 下册十六课：审判厅，监察厅，诉讼，行政诉讼，行政诉愿，法律，命令，警察，财政，租税，国有财产及国家营业，国债，预算，决算，审计，自治。

可以看出，《法制大意》是初步政治常识、国家构成和运行知识，以及基本法律知识的综合融汇。

这部教科书的一个重要特点是，它第一次全面宣示了"共和国民"与专制时代"臣民"的不同，表现在新政体下国民所拥有的全部权利。《共和国教科书法制大意》讲道，"在君主国国民与君主相对，故称臣民；在民主国，则通称曰人民"③。"人民"拥有的权利被记载于宪法，包括身体自由、居住、财产、营业、言论、著作出版、集会、结社、书信、迁徙、信教、请愿陈诉、诉讼受审、选举权、被选举权等十多种④，这是晚清中国人所编教科书中前所未有的全面、

---

① 《教育部订定小学校教则及课程表》，璩鑫圭、唐良炎编《中国近代教育史资料汇编（学制演变）》，第707页。
② 姚成瀚：《编辑大意》，姚成瀚编纂《共和国教科书法制大意》，上海商务印书馆1914年初版。
③ 姚成瀚编纂：《共和国教科书法制大意》上册，上海商务印书馆1914年初版，第2页。
④ 同上书，第5页。

系统论述。

四 结论：中国走向"近代国家"

如果说，"国家认同"可以化约为三个主要层面——"族群国家""文化国家"和"政治国家"，文明古国一般靠文化认同来维持成员共同体的归属，而新兴国家则靠制度凝聚向心力的话①，那么清末民初新教育、新知识的传布可以看到中国从传统国家走向近代国家的清晰痕迹。结尾部分将探讨总结清末民初国家知识传播和国家观念树立的成就和特点。

第一，"共和"观念成为民初教育的坚固遗产。商务和中华两大民初都曾宣布，教科书编辑的宗旨在于"养成（中华）共和国民"。"共和精神"成为教科书的核心理念，"共和制度"成为教科书着重向学童传达的新知。文教界对此认识清晰："欲实行共和政治，必先使人民人人知共和之本旨。欲人民知共和之本旨，必以共和国之制度学理，使国民略知大概。"② 三权分立、国体、政体、国民之权利义务，以及国家权力机构形式及运作等都在民初教科书中第一次得到完整的介绍。而"共和"的另一个重要理念——族群和平共存共荣，也在"五族共和"的历史叙述中得到充分强调。至此，中国学童才有机会学习何为"国家"以及怎样成为一个"共和国民"，"中华"国家观念初步建立。在这个意义上"中华民国"方告建成。

第二，清末民初的"权利"教育开启新文化"人权"观念的先河。教科书中个人权利的论述正是从晚清的零星萌芽到民初的成体系全面论述。由于政体局限，晚清时期"臣民"的"权利"有限，一般教科书中极少涉及"权利"字眼。民国建立对政治的松绑提升了国民权利意识，教科书中对"国民权利"得以系统全面论述，《共和

---

① 江宜桦：《自由主义、民族主义与国家认同》，台北扬志文化事业股份有限公司1998年版，第15、16页。
② 华南圭译述《法国公民教育》，上海商务印书馆1912年初版，该书版权页商务印书馆出版的《共和国民新读本》广告语。

国教科书法制大意》是典型例证。同时"爱国"替代了"忠君",个人与国家的关系发生变化:个人不再是君主的走卒炮灰,而是"国民全体,不啻即为国家之主人"①,清晰的"主权在民"观念进入普通教育,这是具有重要历史意义的飞跃。

从知识体系上较为完整地介绍人民的权利是不小的进步。如果说几年后在新文化运动时期"人权"观念迅速普及的话,那么这种子在清末民初的普通教育中就已经萌发了。国家观念的树立和法制知识的熏陶培养了学生制度建设的参与意识,开启了20世纪20年代公民教育的大门。

[原载(香港中文大学)《二十一世纪》2012年第4期]

---

① 秦同培编纂《共和国教科书新修身教授法》第六册,上海商务印书馆1912年初版,第十七课。

译介再生中的本土文化和异域宗教：
以天主、上帝的汉语译名为视角

赵晓阳

翻译是建立在对不同语言之间假定存在对等关系的基础上的一种文化活动，在共同认可的等值关系的基础上，将一种文化的语言翻译成另一种文化的语言。在近代中国由传统到现代的译介过程中，欧洲语言作为主方语言，从某种意义上享有一种决定意义的特权，本土中国不再能够轻易地同西方外来语分离开来。如果一种文化语言不能服从于另一种文化语言的表述或诠释，翻译是否可能？如果东西方语言之间的翻译不能成立，那么跨越东西方的现代性便不能实现。

一般的专名，如柏拉图、伦敦、动物等，在从一种语言向另一种语言翻译时，困难基本上在操作层面上。基督宗教的最高存在"Deus""God"这样的抽象名词，原本是自然历史中不存在的，并不存在具体可目验或实证的客观所指，它是历史长河中文化建构和宗教信仰凝聚的结晶。人类历史上的任何宗教，其主神名号都是凝聚了历史、文化、信仰、教义、政治、利益等中心价值的象征，其意义不仅涉及宗教教义和经典，而且涉及更为广阔的文化语境。与其说它是一个有具体所指的专名，不如说它是承纳历史、汇聚信仰的象征，其终极意义是无法在所指和能指的二元关联中得以确立的，而是取决于这个专名被普遍言说且变化无限的文化语境，以及它赖以产生、流传、变异、被理解、被误解的整个文化系统。在不同层面的跨文化对话中，都潜伏着文化相遇中自我与他者的定位问题，也都渗透着宗教同化的论争和演变。

作为以传教为主要特征的世界性宗教,基督宗教几乎从一开始就越出民族的范围进行传教活动,想要使全世界各民族的异教徒皈依基督宗教的信仰和基督徒的生活方式。巴别塔不但象征着由于语言文化多样性而产生的对译介不可能性的征服和追求,对宗教者来讲开创了历久弥新的弥赛亚式的追求,要将"Deus""God"的话语传播给潜在的未来皈依者。而对于基督宗教以外的领地,常有一种缺乏根据的怀疑,所谓"自然宗教"的信仰者对于神圣性只有极其狭隘和低级的认知。那么,在基督宗教神启的绝对概念中,是否还给所谓"异教"遗留了宗教适应和转化的空间?具体到圣经在中国的翻译,在一神信仰本源语和多神信仰译体语之间到底存在怎样的一种关系?中华本土文化将为、能为外来宗教文化提供怎样的借鉴和转化基础?

我们今天感知认识到的任何概念、词语、意义的存在,都来自历史上跨越语言的政治、文化、语境的相遇和巧合。这种联系一旦建立起来,文本的"可译性"意义和实践便建立了。由不同语言文化的接触而引发的跨文化和跨语际的联系和实践一旦建立,便面临着如何在本土文化背景下被认同的过程。在圣经中译过程中产生的新词语、新概念将在怎样的背景下兴起、代谢,并在本土文化中被认知并获得合法地位?如何建构中国基督宗教话语体系,并在本土文化中取得合法地位?本文将以基督宗教的唯一尊神的中文名称为视角,探讨在翻译介绍过程中,外来宗教与中国文化之间的借鉴交融和排拒演变,以及再生新词语被本土社会认同的历程。

音意译与新释:景教和天主教的译名

基督宗教曾有四次进入中国,每次都涉及圣经翻译,其历史最早可溯至唐朝。作为基督宗教的唯一经典,圣经文本由不同时代、不同语言、不同人物历时千年写成,其中《旧约》是用希伯来文和亚兰

译介再生中的本土文化和异域宗教：以天主、上帝的汉语译名为视角

文写成的，《新约》是用希腊文写成的。在基督宗教的传播过程中，又形成了不同语言对"唯一尊神"的不同译写称谓，拉丁文为 Deus，希伯来文为 Elohim，希腊文为 Theos，法文为 Dieu，德文为 Gott，英文为 God，等等。唐朝贞观九年（635），聂斯托利派叙利亚传教士阿罗本从波斯抵达长安传教译经。从明朝天启五年（1625）在西安附近出土的《大秦景教流行中国碑》可知，他们将世界的造物主翻译为"阿罗诃"[1]，学者们认为这是景教传教士根据叙利亚文"Elaha"或"Eloho"音译而成的。[2] "阿罗诃"一词是从佛经《妙法莲华经》中借用，指佛果。由于唐朝佛经翻译的极度兴盛，景教的圣经翻译大部分词汇均借用于佛教。随着唐朝末年景教的消失，"阿罗诃"这个译名没有得到更多的传播。

明朝末年，天主教再次来到中国。在翻译圣经的过程中，传教士面临的重要问题是如何翻译基督宗教的唯一尊神。明朝万历十二年（1584），"欧罗巴人最初用华语写成之教义纲领"——《天主圣教实录》在华刊印[3]，意大利耶稣会士罗明坚（Michel Ruggieri）将"Deus"译为"天主"[4]，这是沿用了耶稣会远东教区视察员范礼安（Alexander Valignano）在日本天主教会中使用的译名[5]。范氏认为，在远东地区不宜采取以前在其他地区的直接传教法，而应先

---

[1] 现存于西安碑林的《大秦景教流行中国碑》上镌刻的是"元真主**阿罗诃**"。见朱谦之《景教流行中国碑颂并序》（影印），《中国景教》，东方出版社1993年版，第223页。黑体字为笔者强调所加，下同。

[2] 朱谦之：《景教流行中国碑颂并序》，《中国景教》，第164页。

[3] [法] 费赖之：《在华耶稣会士列传及书目》，冯承钧译，中华书局1995年版，第29页。

[4] "惟以**天主**行实。原于西国。流布四方。""一惟诚心奉敬**天主**。无有疑二。则**天主**必降之以福矣。""**天主**制作天地人物章。""今幸尊师传授**天主**经旨。引人为善。救拔灵魂升天堂。""盖天地之先。本有一**天主**。"罗明坚：《天主圣教实录》，明崇祯年刻本，见吴相湘编《天主教东传文献续编》第2册（影印本），台北学生书局1966年版，第759、760、763、765、766页。

[5] 戚印平：《"Deus"的汉语译词以及相关问题的考察》，《世界宗教研究》2003年第2期，第90—92页。

学习当地语文，并尽量熟悉当地社会的礼俗民意。① 学者一般认为，"天主"一词出于《史记·封禅书》中所载"八神，一曰天主，祠天齐"②。

1603 年，意大利耶稣会士利玛窦（Mathieu Ricci）首次刊印了天主教教义纲领《天主实义》，第一个用"上帝"来翻译诠释了"Deus"③。《天主实义》是中国天主教最著名的文献，刊印多次，影响很大。书中用了大量篇幅来论证佛教、道教和儒家与天主教的相似性后，认为在公元 1 世纪的圣经时代，中国人曾听说过基督福音书中所包含的真理。或是由于使臣的错误，或是因为所到国家对福音的敌意，结果中国人接受了错误的输入品，而不是他们所要追求的真理。④ 利玛窦力图设法让中国人包括外国传教士自己相信，从中国历史的一开始，中国人就记载了中国所承认和崇拜的最高神，曾对真正的唯一尊神有某种了解的愿望，也曾被"上帝"之光照亮过。⑤ 天主教中的造物主"Deus"，就是中国古代经典中所记载的"上帝"。"天主何？上帝也。"⑥

为了建构汉语世界中的天主教宇宙唯一主宰论，利玛窦诉诸中国古代经典⑦，力图从中国先秦典籍的记载中，论证宇宙至尊只能出于

---

① Edward J. Malatesta, "Alessandro Valignano, Fan Li An (1539—1606), Strategist of the Jesuit Missionin China", *Review of Culture* (Macao), No. 21, 2nd Series, pp. 35 - 54, 1994, 转引自李天纲《中国礼仪之争：历史文献和意义》，上海古籍出版社 1998 年版，第 291 页。

② 徐宗泽：《中国天主教传教史概论》，上海书店 1990 年版，第 231—232 页。

③ 经考证，利玛窦首次使用此词的时间应该为 1583 年 7 月至 8 月，见荣振华《在华耶稣会士列传与书目补编》，耿昇译，中华书局 1995 年版，第 797 页。

④ ［法］金尼阁等：《利玛窦中国札记：传教士利玛窦神父的远征中国史》，何高济等译，广西师范大学出版社 2001 年版，第 106 页。

⑤ ［法］谢和耐：《中国文化与基督教的冲撞》，于硕等译，辽宁人民出版社 1989 年版，第 15—16 页。

⑥ 利玛窦：《天主实义》（上卷），明刻天学初函本，见王美秀主编《东传福音》第 2 册（影印本），黄山书社 2005 年版，第 1 页，文献重新标点。

⑦ 《天主实义》引用《孟子》23 次、《尚书》18 次、《论语》13 次、《诗经》11 次、《中庸》7 次、《易经》6 次、《大学》3 次、《礼记》2 次、《左传》2 次、《老子》1 次、《庄子》1 次。参见马爱德编《天主实义》附录，*Index of Chinese Classical Texts*。转引自李天纲《中国礼仪之争：历史·文献和意义》，第 291 页。

译介再生中的本土文化和异域宗教：以天主、上帝的汉语译名为视角

一，中国古圣先贤所崇敬者乃是"上帝"①，而非苍天。中国经典已证明，中国古代圣哲早已认识到宇宙至尊为"上帝"，中国经典中的"上帝"，与西方所尊崇的宇宙唯一真神"天主"，名称虽异，实则同一也。"吾国天主，即华言上帝"，"吾天主，乃古经书所称上帝也"②。

天主教传教士认为，中国的佛教、道教和儒家的某些教义，其实就是西方基督宗教的变异形态，他们试图把中国思想包纳进基督宗教神学体系，借用中国传统思想诠释基督宗教神学在中国的合法性早已存在。这也就是耶稣会士们创造的著名"中学西源说"。罗明坚、利玛窦等天主教传教士努力将儒家经典中的"天"和"上帝"均释作"天主"。类此融合天、儒的做法，吸引了许多士大夫的兴趣与认同，一些知识分子更进而领洗入教。如明末著名士大夫、天主教徒徐光启即多年来称道的著名例子。

1606年和1610年，随着范礼安和利玛窦分别去世，天主教会内部逐渐兴起了反对以"天主"或"上帝"对译"Deus"的声音。反对者认为，这些译名渗入了太多中国传统宗教概念，"上帝"一词极可能在中国人头脑中产生异教歧义，它使异教徒们对"Deus"的数量、本性、能力、位格等所有方面都可能产生错误的认识和观点，"Deus"极可能会被异教徒误认为是儒家的上帝，而非天主教的至尊唯一之神，削弱了天主教的一神性。总之，儒家语言无法表达天主教的精神和理念。译名问题在天主教耶稣会内部引起了旷日持久的争论，并最终成为"中国礼仪之争"的重要内容③。1628年1月，在耶稣会士龙华民（Nicolas Longobardi）的主持下，在华耶稣会在嘉庆（嘉定）召开会议，废除了此前的"上帝""天""陡斯""上尊""上天"等译名，

---

① "周颂曰执兢武王无兢维烈不显成康**上帝**是皇又曰于皇来牟将受厥明明昭**上帝**商颂云圣敬日跻昭假迟迟**上帝**是祇雅云维此文王小心翼翼昭事**上帝**""礼云五者备当**上帝**其飨""汤誓曰夏氏有罪予畏**上帝**不敢不正"，［意大利］利玛窦：《天主实义》（上卷），见王美秀主编《东传福音》第2册（影印本），第20页，原文无标点。

② ［意大利］利玛窦：《天主实义》（上卷），见王美秀主编《东传福音》第2册，第20页。

③ 黄一农：《明末清初天主教的"帝天说"及其所引发的论争》，《国际汉学》第8辑，大象出版社2003年版，第348—357页。

保留了"天主"的译名。他们认为,造一个儒书中没有的"天主",以示借用的是中国的语言,而不是儒家的概念。

译名之争传达到了天主教罗马教廷。1704年,罗马教宗克勉十一世谕旨,不准采用除"天主"以外的其他译名,①"天主"成为天主教对唯一尊神的钦定汉语译名。1742年,罗马教宗本笃十四世再次严词谕旨,禁止称"天主"为"上帝"②。从天主教内或天主教外的文献中,都可看出译名的变化③。从那时直到今天,中国天主教会都使用"天主"来对译"Deus",所奉行的宗教也被译为"天主教",以区别于宗教改革后出现的基督教。1968年,天主教唯一一本《圣经》全译本中,也以"天主"为译名④。

在两种文化交流的过程中,许多名词的译介往往受原有词语的语言特性和文化寓意的限制,翻译时极不易达到"信达雅"的程度,宗教专名的表达尤其敏感和困难。翻译专名在新文化背景下所重新诠释的概念,常会或多或少偏离原有词汇的含义,对偏离程度的判断与容忍,则无一绝对的标准。有关"Deus"的争执,表面上是涉及天

---

① Marshall Broomhall, *The Biblein China* (London: British and Foreign Bible Society), 1934, p. 422 [42];徐宗泽:《中国天主教传教史概论》,上海书店1990年版,第231—232页。

② 萧若瑟:《天主教传行中国考》,河北献县,张家庄天主堂印书馆1937年版,第339页;Irene Eber, *The Jewish Bishop and the Chinese Bible: SIJ Schereschewsky, 1831 - 1906* (Leiden, Boston: Brill, 1999), p. 202。

③ 天主教内文献:"天主造世界。天主用土造了人的肉身。"见《古新圣经问答》,初刊于1862年,天津社会科学院出版社1992年版,涂宗亮校点,第10页。"全能天主!我等因尔圣子耶稣救世之苦心,暨中华圣母同情之哀祷,恳求俯允尔忠仆上海徐保禄首等外虔奉圣教者。"见马相伯《求为徐上海列品诵》,方豪编《马相伯先生文集》,上智编译馆1947年版,第376页。

天主教外文献:"陡斯造天地万物,无始终形际,耶稣释略曰:耶稣,译言救世者,尊主陡斯,降生后之名也。"见刘侗、于奕正《帝京景物略》卷4,初刊于1635年,北京古籍出版社1980年版,第152页,文献重新标点。"天主堂构于西洋利玛窦,自欧罗巴航海九万里入中国,崇奉天主。"见吴长元《宸垣记略》,初刊于1788年,北京古籍出版社1982年版,第125页,文献重新标点。

④ "21她要生一个儿子,你要给他起名叫耶稣,因为他要把自己的民族,由他们的罪恶中拯救出来。22这一切事的发生,是为应验上主藉先知所说的话:23看,一位贞女,将怀孕生子,人将称他的名字为厄玛奴耳,意思是:天主与我们同在。"见思高译本(旧新约1968年)《玛窦福音》第1章第21—23节,《新约》,香港思高圣经学会1968年版。

主教最尊神专名的翻译，其实本质上则关系到不同天主教传教修会在传教策略上的异同，以及不同传教会之间的本位主义、各修会代表的不同国家在海上强权间的利益冲突，以及传信部对保教权的制衡等多重因素。产生理解差异甚至偏误的原因不仅仅在于词语词汇的本身，而是身处不同传统背景的人们在解读这一词语时的概念定位和丰富联想。

当天主教传教士来到中国时，他们首次面对一个拥有强大文本和经典传统的社会，他们无法如同到美洲新大陆的其他天主教传教士那样，随心所欲地自行其是。信仰坚定的天主教传教士始终忧心概念译解中的偏误，但他们只能与这种环境相调适。采用中国传统词汇，非常明显地昭示了他们的调适性传教策略，表明西方也有经典之作，力图通过这种方法使基督宗教的典籍与中国儒家和佛教的"经"处于同一位置。

天主教传教士早在16世纪已来到中国，但第一本完整的汉语《圣经》译本，却是二百余年后由基督教传教士所完成的。在16世纪的历史条件下，不要说在像中国这样的传教新区域，即便在欧洲，普通的天主教教士手中也没有一本《圣经》，人们基本上都通过弥撒书等才得以接近圣经的。正是这些原因，明末清初的天主教传教士一直都停留在《圣经》的诠释和《圣经》史实的叙述上，已有的翻译《圣经》的尝试，大多是按弥撒书或祈祷书的形式来编译的。但这些汉语天主教书籍的确开拓了汉语基督宗教的历史，奠定了基督宗教话语体系最基本和最重要的词语基础，奠定了基督宗教翻译中，神学词汇多用意译、人名地名多用音译的方式，这些汉译词语中包括天主、圣母、玛利亚、耶稣、十字架、门徒、圣神、先知、宗徒、授洗、福音等沿用至今的基本词语。

移境与想象：基督教的译名

二百余年之后，由于与天主教教义理念和传教方式不同，辅之机器工业中印刷术的巨大改进，使基督教成为多达30余种《圣经》汉语译本的实践者和成就者。《圣经》中译的巨大成绩和影响，是在基督教传教士的不懈努力下取得的。作为因宗教改革而诞生的基督教，倡导用民族语言翻译圣经，信徒可以自由阅读圣经，与上帝直接建立联系，是基督教的最重要标志。

1822年和1823年，中国历史上最早的两本圣经全译本——马礼逊译本和马士曼译本分别在马六甲和印度塞兰坡出版。二马译本重点参考了天主教巴黎外方教会传教士白日升（Jean Basset）的译本，白日升译本中将"Deus"译为"神"①，也为英国传教士马士曼（John Marshman）②和马礼逊（Robert Morrison）③所接受。除了将"God"译为"神"以外，马礼逊还使用其他译名，如真神、真活神、神天、神主或主神。1831年后，他还用过神天上帝、天地主神、真神上帝、天帝、天皇等译名。④马礼逊之所以使用那么多不同译名，是因为始终找不到一个最恰当的译名，让中国人了解宇宙的唯一真神，在强大的儒教和佛教传统面前，他一直为会让中国人将"God"误认为另一个菩萨而苦恼。⑤

与马礼逊一起翻译圣经的英国传教士米怜（William Milne），原来主张用"神"字，晚年则转而主张用"上帝"。1821年，他列举了9条理由，说明"上帝"是相对而言较为合适翻译"God"的名

---

① "此皆有之以成主已出而托先知之言道童贞将怀孕生子称名厄慢尔译言**神偕我等**"，见白日升译本（1702年后）《四史攸编耶稣基利斯督福音之会编》（手写稿），原文献无标点。白日升译本的"四福音书"部分为圣经福音合参本。

② "21 其将产一子、汝名之耶稣、因其将救厥民出伊等之诸罪也。22 夫此诸情得成、致验主以预知所言云。23 却童身者将受孕而生子、将名之以马奴耳、即译言、**神偕我等**。"见马士曼译本（旧新约1822年）《使徒马宝传福音书》第1章第21—23节，1822年印于印度塞兰坡。

③ "21 又其将生一子尔必名之耶稣、因其将救厥民出伊等之罪也。22 夫此诸情得成致验主以先知者而前所言、云。23 却童身者将受孕而生子、将名之以马奴耳、即是译言、**神偕我们**。"见马礼逊译本（旧新约1823年）《圣马宝传福音书》第1章第21—23节，《救世我主耶稣新遗诏》，1823年印于马六甲。

④ Walter H. Medhurst, "AnInquiry into Proper Mode of Rendering the Word God in Translating the Scared Scriptures into the Chinese Language", *Chinese Repository*, Vol. 17, July 1848, pp. 342–343.

⑤ Eliza A Morrisoned, *Memoirs of the Life and Labours of Robert Morrison* (London: Longman, Orme, Brown, Green and Longmans, 1839), Vol. 1, p. 201.

译介再生中的本土文化和异域宗教：以天主、上帝的汉语译名为视角

词。他认为，在现成的中文词汇中，没有任何中文字义可表现基督宗教的"God"一词的概念，只能从中文经典的现有名词中，力图找出可以激励人产生最高敬意的词来表示。"天主"的译法无法展现"God"的一神性，在中国这样的异教国家，人们将宇宙主宰诉诸于天、地、人三个层次，当中国人听到"天主"时，会很自然地将"天主"列为天堂中诸多神祇之一。至于"神"字，又极容易被中国误认为是诸多神祇之一，都削弱了"God"的一神性。相比之下，"上帝"一直在中国古代被用来表示最高存在，不但完全能表达出最高的崇敬之意，还可以单独表示至高性，同时，"上帝"的字义也不会像"神"那样，被误认为诸多神祇中的一个，不会对基督教的一神性产生误解。①

米怜的主张为英国传教士麦都思（Walter H. Medhurst）、德国传教士郭士立（Charles Gutzlaff）等人所接受，认为用"中国最古老经典中"使用的"上帝"翻译"God"②，方能展现"God"唯一真神的地位，引发中国人对唯一尊神的崇拜。而且早在1833年，郭士立在他的游记中就数次使用了"上帝"译名，并陈述了理由。③ 1835年，以郭士立为首的四人小组在修订马礼逊译本时，将"神"改为"上帝"④。1839年，郭士立再次修订了《救世主耶稣新遗诏书》（新

---

① William Milne, "Some Remarks on the Chinese Terms to Express the Deity", *Chinese Repository*, Vol. 7, Oct. 1838, p. 314；该文原载 *The Indo—Chinese Gleaner*, No. 16, April 1821, pp. 97 – 105。

② Charles Gutzlaff, "Revision of the Chinese Version of the Bible", *Chinese Repository*, Vol. 4, Jan 1836, pp. 393 – 398；Walter H. Medhurst, "Replyto the Essay of Dr Boone", *Chinese Repository*, No. 17, Nov. 1848, p. 571.

③ Charles Gutzlaff, *Journals of Three Voyages along the Coast of China in* 1831, 1832 *and* 1833 (London: Frederick Westley and AH Davis, 1834), pp. 108, 115, 278 – 279.

④ Alexander Wylie, *Memorials of Protestant Missionaries to the Chinese: Givinga List of Their Publications and Obituary Notice of the Deceased with Copies Indexes* (Shanghai: American Presbyterian Mission Press, 1867), p. 31. "21 其必生子、可称耶稣、因必将救民免罪、22 诸事得成、可应验上主以圣人所云、23 童女将怀孕生子、名称以马俺耳等语。此名译出意言、上帝与我共在也。"见四人小组译本（新约1837年）《马太传福音书》第1章第21—23节，《新遗诏书》，1837年印于巴达维亚。

约),仍然采用了"上帝"译名①。

1843年,在华传教士成立了合作翻译圣经的"委办译本委员会",工作难点之一是如何翻译宇宙主宰。当时有关"God"的译名起码有14种之多,也需要一个标准的用语。随着争论日趋激烈,在华传教士逐渐就"译名之争"按国籍分裂为两派。几乎所有的美国传教士都主张用"神"的译名,而英国和德国传教士则坚持认为"上帝"才是最合适的词汇②。清末来华的基督教传教士继承了天主教传教士在这个问题上的争论,并像天主教传教士已经做过的那样,在西方基督宗教的架构中诠释中国宗教传统和文化传统,致力于在中文词汇中找寻出可以表达的西方宗教词汇,使"译名之争"竟延续了长达三个世纪之久。

英国传教士认为,中国古代经典文献中的"上帝"很接近基督教思想体系中的"God",是超越一切的"supremeruler",用中国人最崇拜的主神作为"God"的译名,符合基督宗教的历史传统。历史上希腊文和拉丁文中用来表达独一真神观念的"Theos"和"Deus",实际上是源于当地人们对主神的称谓"Zeus"和"Dios"。③"帝"或"上帝"是中国人用来表示最高主宰、意志的概念,是最高的崇拜对象,而"神"则是附属于"上帝"的"某种东西"。为了使论战有力,在中文教师王韬的帮助下,麦都思不但系统整理了《大学》《孟子》等儒家经典,也考察了《三官妙经》《神仙通鉴》等民间宗教的

---

① Alexander Wylie, *Memorials of Protestant Missionaries to the Chinese. Givinga List of Their Publications and Obituary Notice of the Deceased with Copies Indexes*, p. 62. "21 其必生子、可名称耶稣、因必将救民免罪。22 诸事得成、可应验上主以圣人所云、23 童女将怀孕生子、名称以马傤耳等语、此名译出、意以**上帝**与我共在也。"见郭士立译本(新约1839年、旧约1838年)《马太传福音书》第1章第21—23节,《救世主耶稣新遗诏书》,新嘉坡坚夏书院藏板,1839年印。

② Jost Oliver Zetzsche, *The Biblein China: the History of the Union Versionor the Culmination of Protestant Missionary Bible Translation in China* (Sankt Augustin: Monumenta Serica Institute, 1999), pp. 82 – 84.

③ Walter H. Medhurst, "An Inquiry into the Proper Mode of Rendering the Word God in Translating the Sacred Scriptures into the Chinese Language", *Chinese Repository*, Vol. 17, March 1848, p. 107.

译介再生中的本土文化和异域宗教：以天主、上帝的汉语译名为视角

著作，寻找了大量的文字证据，论证"帝"在中国人的观念中，是用于表达"一切的主宰"的概念①。如此众多含有"上帝"概念的中国古代经典可以说明，基督教的"God"早在古代已经启示了中国人，中国人曾知晓基督教，儒家经典中甚至出现过类似基督教的信念，以及以"上帝"这一名称的描述至高存在。若将"God"译成"神"，中国人会以汉语语境里的"神"的含义，将"God"视为低层次的神祇，成为中国传统多神信仰结构中的进一步补充和添加。英国汉学权威斯当东（George Thomas Stanuton）也表示，在中国语言里不可能存在一个传达"我们基督徒对'God'字赋予的概念"的词汇。因此，在中国出现真正的基督教信仰之前，"God"的概念便要输入进去，他赞成"上帝"的用法，因它比任何其他中文词汇更接近西方所加诸"God"字的意义②。

对倡议"上帝"译名的传教士来讲，认为只要信奉基督教的民族，在"God"面前即可平等。亚当的后代带着神圣真理迁徙到世界各地，形成各种民族，但时间久远，使得某些民族忘却了这些真理，但从这些退化的民族中依然可以发现真理的遗迹，例如在中国经典里就可以发现中国人对造物主的崇拜。③ 主张"上帝"译名的拥有的是一种旧约的信念，认为"God"曾启示全人类，甚至包括远在东方的中国人，而这些还可以从中国早期历史遗存的文献中可以得到证明。现在唯一需要的是"重新唤醒"中国人对基督教的认识，而只有适应中国人原来的信仰认知模式，以"上帝"为译名才能重新建构中

---

① Walter H. Medhurst, "An Inquiry into the Proper Mode of Rendering the Word God in Translating the Sacred Scriptures into the Chinese Language", *Chinese Repository*, Vol. 17, March 1848, pp. 117 – 137.

② Sir George Thomas Stanuton, *AnInquiry into the Proper Mode of Rendering the Word Godin Translating the Sacred Scriptures into the Chinese Language with an Examination of the Various Opinions Which Have Prevailedon This Important Subject, Especially in Reference toTheir Influence on the Diffusion of Christianity in China*（London：1849），pp. 27，42，43. 转引自伊爱莲《争论不休的译名问题》，伊爱莲等著，蔡锦图译：《圣经与近代中国》，香港，汉语圣经协会 2003 年版，第 114 页。

③ William Milne, *Retrospect of the First YenYears of the Protestant Missionto China*（Malacca, 1820），pp. 3 – 4.

国人对"God"的认知模式。①

　　主张"神"译名的美国传教士，对中国本土传统持鄙视和排斥的态度，认为传教的目的就是用基督教的真理取代中国传统的迷误，将东方异教徒从迷信中解放出来。他们认为，如何借用"异教思想"必须有一定的限度，超过限度在中国文化中寻找与基督教"God"相当概念则是荒谬的，因为基督教信仰与异教思想存在根本的区别。《圣经》的启示仅仅独存在于犹太—基督教的传统中，"God"的选民是预定的，在中国这样的异教国家的文化和语言里，是根本没有现存的词汇来表达"God"，只能努力在中文里寻找一个最接近、最合适的词汇来表达。天主教耶稣会士用"天""上帝""天主"来翻译"God"，削弱了基督教的一神性，削弱了抵抗多神论的基本力量，是完全不可取的。采用"上帝"这样的已有中文词语，可能会诱导归信者去崇拜中国人熟悉的"上帝"，而不是西方的"God"。②"神"是表达中国人最高崇拜的无特指性名词，只有"神"字译名才能击溃中国人多神信仰结构，达到建构中国人唯一真神信仰的目的。③所采取的方式应该是在基督教概念的架构下，规范、发挥、建构"神"的字义，将"God"一神信仰的意义镶嵌进"神"字里，通过人们使用具通称特质的"神"字，从而改造中国人多神式的信仰结构。④

　　用"神"译名的人认为，中国人一直迷信多神，其信奉的神明，包括天、帝、上帝等，只是多神偶像而已，与基督教对唯一主宰的信仰格格不入。而传教的当务之急就是把中国人从多神迷误和偶像崇拜中唤醒，有鉴于此，就不能用中国本土固有神的名号翻译

---

①　Walter H. Medhurst, "Philosophical Opinions of Chu Futsz", *Chinese Repository*, Vol. 13, Oct. 1844, p. 552.

②　Walter M. Lowrie, "Remarks on the Words and Phrases Best Suited to Express the Names of God in Chinese", *Chinese Repository*, Vol. 15, Nov. 1846, p. 508.

③　William J. Boone, "An Essay on the Proper Rendering of the Words Elohim and Theos in to the Chinese Language", *Chinese Repository*, Vol. 17, Jan. 1848, pp. 17–18.

④　E. C. Bridgman, "Revision of the Chinese Version of the Bible", *Chinese Repository*, Vol. 15, April 1846, pp. 161–165.

译介再生中的本土文化和异域宗教：以天主、上帝的汉语译名为视角

圣经中的"God"，因为那样就无法与其固有的偶像崇拜划清界限。只有以中国人对"神"的通称翻译"God"，才能形成《圣经》中国读者的一神式信仰。他们相信，"神"字可以变成合适的用语，需要为中国这样的异教国家引入一种全新的基督观念和信仰。

在英美传教士的设想和努力中，都相信从中文里一定可以为"God"找到汉语译名，利用中国人的知识和认识，来求证自己选择的译名在中国语言文化中的合法性。一时之间，中国传统经典成为有用之物，对经史子集的探讨与诠释成为热门，英国传教士麦都思、美国传教士娄礼华（Walter M Lowrie）等人的论文征引的中国文献都达10种之多，都试图找到出最有力的证据。他们带着基督教的视角和关怀来阅读中国经典，将汉语中的"神"与"上帝"诠释出具有基督教的含义，所解读出来的"神"和"上帝"，便成了中国传统文化完全没有的蕴含天启、神性、最高存在等基督教含义的载体。在为"God"寻求中文对应关系的过程中，英美传教士对"神"或"上帝"的解读，亦表现出了他们定位中国与西方权力支配关系的立场，以及大相径庭的两种传教策略和对待传教区域本土文化的态度。

长达10年的译名之争，并未能如期在基督教内为"God"确立它的中国名称，但几乎也阻止了其他意见的产生。此后的基督教圣经译本在此问题上，基本上只有两种译名，"神"或"上帝"。[①] 直到

---

① 译名之争后，基督教圣经翻译还出现过影响较大的10种汉语译本，在唯一尊神的汉译问题上，除施约瑟浅文理译本外，其他译本都基本限定在了"上帝"和"神"之间。本文只引用影响较大的圣经全译本，未涉及仅有区域性影响的圣经方言汉字译本、圣经方言罗马字译本、圣经节译本和圣经少数民族文字译本。为保持文献的一致性，便于对照比较，不同译本的圣经文献均选用了《新约全书》的《马太福音》第1章第21—23节。
"21 彼将生子。可称其名耶稣。因其将救其民免于罪也。22 凡此皆成。致验主托先知者所言云。23 处女将怀孕生子。名称以马奴里。译言**神偕**我等也。"见高德译本（新约1853年）《马太福音传》第1章第21—23节，《圣经新遗诏全书》，宁波真神堂1853年版。
"21 彼将生子、尔必名之曰耶稣、以将救其民于其罪恶中、22 凡此事得成、致应主托预言者所言云、23 视哉、将有一处女、怀孕而生子、人必称其名曰以马内利、译即**神偕同**我侪。"见裨治文译本（新约1855年、旧约1864年）《马太传福音书》第1章第21—23节，《新约全书》，大美国圣经会1855年版。

百余年后的今天，此问题仍然没有最终唯一结果。今天，历史曾经出现过的几十种文言、白话、方言、汉字、罗马字圣经译本都已不再使用了，中国基督教会唯一使用的和合官话译本仍然保存了"神"和"上帝"两种版本。可以说，"上帝"和"神"两个译名均在某程度

"21 他必要生一个儿子、你可以给他起名叫耶稣、因为他要将他的百姓从罪恶里救出来、22 这事成就便应验主托先知所说的话、23 他说、童女将要怀孕生子、人将称他的名为以马内利、译出来就是上帝在我们中间的意思。"见北京官话译本（新约1870年、旧约1878年）《马太福音》第1章第21—23节，《新约全书》，京都东交民巷耶稣堂藏版，北京，京都美华书馆1872年版。

"21 彼将生子、当名之曰耶稣、因将救其民于罪恶中云、22 凡此得成、乃为应主托先知所言曰、23 童女将怀孕生子、人将称其名为以玛内利、译即天主偕我焉。"见施约瑟浅文理译本（旧新约1898年）《马太福音》第1章第21—23节，《新约全书》，东京，日本东京秀英舍1898年版。

"21 彼必生子、可名曰耶稣、因将救其民脱厥罪也。22 斯事悉成、以应主借先知所言曰、23 将有处女孕而生子、人称其名、曰以马内利、译即上帝偕我侪也。"见和合深文理译本（新约1906年、旧约与浅文理合并1919年）《马太福音》第1章第21—23节，《新约圣书》，大美国圣经会1906年版。

"21 彼将生子、尔可名之曰耶稣、因将救已民、出于其罪之中、22 此事皆成、以应主昔托先知所言、23 曰、童女将怀孕生子、人必称其名为伊马内利、译、即上主与我侪相偕也。"见和合浅文理译本（新约1906年、旧约与深文理合并1919年）《圣马太福音》第1章第21—23节，《新约圣经》，大美国圣经会1906年版。"21 他将要生一个儿子。你要给他起名叫耶稣、因他要将自己的百姓从罪恶里救出来。22 这一切的事成就、是要应验主藉先知所说的话、23 说、必有童女、怀孕生子、人要称他的名为以马内利。（以马内利翻出来、就是神与我们同在。）"见和合官话译本（新约1906年、旧约1919年）《马太福音》第1章第21—23节，《新约全书》，大美国圣经会1919年版。

"21 她必生个儿子，你要给他起名叫耶稣，因为他必拯救他的人民脱离他们的罪。22 这全部的事发生，是要应验主藉神言人所说的话，说：23 看吧，那童女必怀孕生子；人必给他起名叫'以马内利'；以马内利翻译出来就是'上帝与我们同在'。"见吕振中译本（新约1946年、旧约1970年）《按圣马太所记的佳音》第1章第21—23节，《吕译新约初稿》，燕京大学宗教学院1946年版。

"21 她将要生一个儿子，你要给他取名叫耶稣，因为他将拯救他的子民脱离他们的罪。22 这一切事的发生是要应主藉着先知所说的话：23 有童女将怀孕生子，他的名字要叫以马内利。'以马内利'的意思就是'上帝与我们同在'。"见现代中文译本（新约1975年、旧约1979年）《马太福音》第1章第21—23节，《新约全书》，台北台湾圣经公会1979年版。

"21 她必生一个儿子，你要给他起名叫耶稣，因为他要把自己的子民从罪恶中拯救出来。22 这整件事的发生，是要应验主借着先知所说的：23 必有童女怀孕生子，他的名要叫以马内利。以马内利就是'神与我们同在'的意思。"见新译本（新约1976年、旧约1993年）《马太福音》第1章第21—23节，《新约全书》，香港，香港圣经公会1976年版。

上已经被确立,近代西方一篇分析这场争议的文章,甚至表示了使用两个译名的积极意义,"神"的译名表达了"God"的内在性(divineimmanence)的概念,而"上帝"译名则代表了"God"的超越性(transcendence)[①],西方人通过基督宗教的理念和关怀来诠释和理解中国文化和宗教的角度和思维再一次得到展现。

相遇与接受:中方视野中的译名

对基督教在中国的传播和信仰来讲,译名问题的意义也是颇为重大的。但争执不休、引经据典的外国传教士几乎都是从宗教信仰和自身利益的角度来考虑,从来没有仔细考虑过他们的传教对象——中国人如何理解、阐释"God"的译名,究竟是"神"或是"上帝"更能被中国人所认知、理解和接受呢?他们经年累月争论的声音,大概是很难被汉语世界的人听到的,甚至也很难引起汉语世界的兴趣和关注。从中国宗教文化来考察,中国古代没有发展出一神教信仰,"神""帝""上帝""天主"等在字面上都不能表达基督宗教最根本的观念。也许汉语中根本就没有现成词汇可以表达这种概念。因此,传教士们想用一个简单的、不必借助阐释就可以直接传达基督宗教根本观念的汉语词汇的愿望,是难以实现的。

"传教士圣经话语"带来了新的概念和意义,带来了新词语的输入。重要的是,这些新词语是在什么样的历史条件下、如何进入中国语言和文化中去,并在中国语言和文化的话语系统中,取得被中国人承认接受了的合法地位?

据笔者考察,在近代中国,基督教最早进入中国士人眼界并产生影响的著作是号称"睁眼看世界第一人"的魏源于1842年刊印的名著《海国图志》中的《天主教考》,他使用了"上帝""天神""天主"等多个

---

① G. W. Sheppard, "The Problem of Translating God into Chinese", *The Bible Translator* 4, 1955, p.27, 转引自 Jost Oliver Zetzsche, *The Bible in China: the History of the Union Versionor the Culmination of Protestant Missionary Bible Translation in China*, p.90。

译名称谓。① 广东名儒梁廷枏1846年刊印的《海国四说》,"四说"中的一说即是"耶稣教难入中国说",他非常深入地研读了当时还未进入中国大陆,主要阵地还在印度尼西亚、马来西亚、新加坡等地的基督教传教士的教义书和圣经译本,以及一些天主教书籍,用儒家思想论述了基督教难以进入中国的原因。他的论述中也用名不一,"上帝""天神""天主"时常混用②。米怜施洗的中国首位基督徒梁发刊印于1832年、1843年洪秀全获得的《劝世良言》中,也有"神天""神天上帝""神父""天父""天""上帝"等多达20余种译名③。

在"译名之争"之前,基督教传教士内部对"God"译名处于尚未统一、非常混乱的早期阶段。以1833年8月由外国传教士创办于广州的中国大陆最早的杂志《东西洋考每月统记传》为例,对"God"的译名也是纷繁复杂,由多样趋向于单一,"神天皇上帝""神天""神天上帝""皇上帝""上帝"等词,经常是并用的④。但越到后来就越常用"上帝"或"神天"这两个词,而"神天上帝"这个词也慢慢消失了。⑤

天主教和基督教传教士的争论结果,使译名基本限定在"天主""神""上帝"之间,这从中国文人士大夫或一般民众的各类"反洋教"言论中也可以看出。曾国藩著名的《讨粤匪檄》中,他没有分清太平天

---

① "天主上帝,开辟乾坤而生初人,男女各一。""天为有始,天主为无始,有始生于无始,故称天主焉。""夫不尊天地而尊上帝犹可言也,尊耶稣为上帝则不可信也。""耶稣为神子,敬其子即敬天。""《福音书》曰:元始有道,道即上帝,万物以道而造。""神天曰:除我外,不可有别神也。"见魏源《天主教考》,《海国图志》卷27,《魏源全集》,初刊于1842年,岳麓书社2004年版,第809、811、813、815、816、817页,文献重新标点。

② "时气候正凉,上帝方来游于园。""有始无终,故谓天主为天地万物之本。""水涨地面,上帝浮水面以造万有。""天神以告马利亚,使避于厄日多国,即麦西国,亦称以至比多。"见梁廷枏《耶稣教难入中国说》,《海国四说》,初刊于1846年,中华书局1993年版,第9、10、22页,文献重新标点。

③ 卢瑞钟:《太平天国的神权思想》,台北三民书局1985年版,第162页,转引自夏春涛《天国的陨落:太平天国宗教再研究》,中国人民大学出版社2006年版,第58页。

④ "亚大麦。当初神天。即上帝造化天地。及造世人。是亚大麦性乃本善。惟有恶鬼现如蛇样。"(1833年6月)见黄时鉴整理《东西洋考每月统记传》(影印本),中华书局1997年版,第4页。

⑤ 参见黄时鉴《〈东西洋考每月统纪传〉影印本导言》,《东西洋考每月统记传》,第14页。

译介再生中的本土文化和异域宗教：以天主、上帝的汉语译名为视角

国信奉的天主教或是基督教，使用的也是"天主"。① 1859 年刊印的夏燮的名著《中西纪事》中，用的是"天主""神"一词。② 在众多反洋教文献中，不断出现的译名都限定在了"天主""神""上帝"之中，而其中"天主"和"上帝"出现的频率较高，"神"字相对较低③。以当年流传甚广的江西巡抚沈葆桢呈送的《湖南合省公檄》为例，通篇多用的也是"上帝""天主"两个译名。太平军干王洪仁玕主要接触的是英国传教士，他的《资政新篇》也用的是"上帝"④。

因被太平天国农民起义采用和大量刊印，1839 年刊印的圣经郭士立译本格外引起了当时社会和史家们的重视。太平天国刊印本所用的"上帝"译名⑤，随着农民起义军所信仰的"上帝教"⑥ 的发展，

---

① "粤匪窃外夷之绪，崇**天主**之教，自其为伪君伪相，下逮兵卒贱役"，见曾国藩《讨粤匪檄》，北京师范大学历史系中国近代史组编《中国近代史资料选编》，中华书局1977年版，第141页。

② "亚细亚洲之西、曰如德亚国、西方**天主**降生之地也。**天主**何人、耶稣也、耶稣何以名、华言救世主也。""耶稣以天为父、自称**神**子、厌世上仙、代众生受苦、以救万世、故其死也、西人以**天主**称之。"见夏燮《猾夏之渐篇》《西人教法异同考》，《中西纪事》卷2，初刊于1859年，沈云龙主编《近代中国史料丛刊》(106)，台北文海出版社1967年版，第1页。

③ "天一而已，以主宰言之，则曰**上帝**，乃变其名曰**天主**，即耶稣以实之。""即有之，而不问良莠，概登其中，**上帝**何启宠纳侮之甚耶?"《湖南合省公檄》(1861)。"其徒号其教曰**天主**，以耶稣为先天教主，造书曰圣经，遍相引诱，自郡国至乡间皆建天主堂，供十字架。"饶州第一伤心人：《天主邪教集说》(1862)。"他是**天主**来降下，生身童女马利亚。"天下第一伤心人：《辟邪歌》(1862)。"厥后其徒遂创立邪教，名曰**天主**，其意以耶苏为**天主**。"《南阳绅民公呈》(1867年8月7日)。见王明伦选编《反洋教书文揭贴选》，齐鲁书社1984年版，第1、2、7、11、17页，文献重新标点。

④ "**上帝**是实有，自天地万有而观，及基督降子，以示显身，指点圣神**上帝**之风亦为子，则合父子一脉之至亲，盖子亦是由父身中出也，岂不是一体一脉哉!""数百年来，各君其邦，各子其民，皆以天父**上帝**、耶稣基督立教，而花旗之信行较实，英邦之智强颇著。"见洪仁玕《资政新篇》，《太平天国印书》下册，初刊于1859年，江苏人民出版社1979年版，第681、682页，文献重新标点。

⑤ "21 其必生子，可名称耶稣，因将其名救脱罪戾。22 诸事得成，可应验上主以先知之师所云，23 却童女将怀孕生子，名称以马傌耳等语，此名译出意以'**上帝**与我共在'也。"见太平天国刊印本《马太传福音书》第1章第21—23节，见《钦定前遗诏圣书》，初刊于1860年，罗尔纲、王庆成主编《太平天国》第2卷，广西师范大学出版社2004年版，第113页，文献重新标点。

⑥ "于是各省拜会无不藉**天主**为名、即非**天主教**者亦假托之、粤西军兴则有冯云山洪秀泉杨秀清等其结金田**拜上帝**之会、谓**上帝**为天父、谓耶稣为救世主。"见夏燮《猾夏之渐篇》《西人教法异同考》，《中西纪事》卷2，第22页。"伏思连年倡乱，蔓延数省，即由广西**上帝会**而起，**上帝会乃天主教**之别名。"见《筹办夷务始末》(道光朝)第11卷，中华书局1979年版，第413页，文献重新标点。

迅速突破原有外国传教士和东南沿海极少数华人教徒的狭小范围，随着有清以来最大农民战争所能引起的社会震动和影响，"上帝"译名得到了最为广泛的传播。

外国传教士为农民军信仰基督教而极度振奋，认为占世界三分之一人口的中国人归信基督教的时刻即将来临。1853年9月，英国圣经会发起了"百万新约送中国"运动，超乎期望的热情捐款足够英国圣经会在中国未来20年的经费支出。① 到1869年，经济实力最强的英国圣经会已经刊印了95万册的新约或全本圣经，其中坚决主张译名"上帝"的麦都思等人翻译的"委办译本"②，就占了其中的75万册，③ 使委办译本在相当时期内成为印刷量最大、流行最广的圣经译本。在中国著名士人王韬的协助参与下，从中文的语言文字角度来考察，无论从汉字选词，还是从文字流畅方面，委办译本的"中国化"程度在当时都是最高的。④ 1877年7月21日，《万国公报》就基督唯一尊神应译为"上帝"还是"神"面向读者发起了持续一年之久的讨论，从中亦可以看出，中国基督徒更多使用的是"上帝"译名的委办译本了。⑤

在出现了高德译本、裨治文译本、北京官话译本、施约瑟浅文理

---

① Marshall Broomhall, *The Biblein China*, p. 76.
② "21 彼必生子、可名曰耶稣、以将救其民于罪恶中。22 如是、主托先知所言应矣、曰、23 处女孕而生子、人称其名以马内利、译即**上帝**偕我焉。"见委办译本（新约1852年、旧约1854年）《马太福音传》第1章第21—23节，《新约全书》，香港英华书院活板，1854年印。
③ Donald Mac Gillivray, *A Century of Protestant Missionsin China* 1807—1907, Shanghai: American Presbyterian Mission Press, 1907, p. 558.
④ Patrick Hanan, Chinese Christian Literature: The Writing Process, Patrick Hananedit, *Treasures of the Yenching, Seventy—fifth Anniversary of the Harvard—Yenching Library Exhibition Catalogue*（Cambridge: Harvard—Yenching Library, 2003）, pp. 272 - 278.
⑤ "夫**上帝**之道，传自犹太。""是万国皆为**上帝**所造，即万国同一**上帝**，同一造化主宰，又何有儒书所载之**上帝**造化主宰乎？"何玉泉：《天道合参》，初刊于《万国公报》第457卷，1877年9月27日；"虽犹太选民独尊**上帝**，而异邦父老岂乏真传？""且保罗就异邦人之诗而即以证**上帝**为造物主，况华人之早称**上帝**为生民之**上帝**而不可称也乎？"英绍古：《谢陆佩先生启》，初刊于《万国公报》473卷，1878年1月19日；见李炽昌主编《圣号论衡：晚清〈万国公报〉基督教"圣号论争"文献汇编》，上海古籍出版社2008年版，第25、26、101、102页，文献重新标点。

译介再生中的本土文化和异域宗教：以天主、上帝的汉语译名为视角

译本的多年以后，1894 年慈禧太后六十大寿，在华传教士还专门刊印了"上帝"译名的委办译本大字本给她祝寿，[①] 这说明委办译本是更容易被中国人所接受的译本。委办译本是对沿用至今的和合本《圣经》产生奠基性影响的译本，尤其是专名术语方面的奠基性没有任何译本能够代替，译名"上帝"得到了最大范围的传播。1908 年，英国圣经会高薪邀请极负翻译盛名的严复翻译圣经，他也采用了"上帝"译名[②]，被接受程度可见一斑。

随着"上帝"译名被更多接受，当年坚持"神"译名的美国圣经会，也逐渐转向了刊印"上帝"译名的圣经译本。1894 年，美国圣经会出版了"上帝"版《圣经》38500 册，占 116%；1908 年出版"上帝"版《圣经》299000 册，占 789%；1913 年刊印"上帝"版《圣经》1708000 册，已达 997%。[③]

20 世纪 20 年代，虽然基督教内还认为"God 的译法一直是个使人大伤脑筋的问题"[④]，但"上帝"译名的确已经被更广泛地接受了。1920 年出版的《圣经》中，文言译本"上帝"版占 98%，"神"版仅占 2%；白话译本"上帝"版占 89%，"神"版占 11%[⑤]。"上帝"译名已占绝大多数。

随着时间推移，"上帝"一词几乎成了基督教最常见的译名了，无论在基督教内还是在教外，"上帝"已经被更多的人用来表达基督

[①] John R. Hykes, *The American Bible Society in China*, New York: American Bible Society, 1916, p. 24; Kenneth S Latourette, *A History of Christian Mission in China* (New York: Macmillan, 1929), p. 266. 《新约全书》，上海美华书馆活版，美国圣经会 1894 年版。

[②] "上帝子基督耶稣，福音之始。如以赛亚先知所前载者曰：视之，吾遣使尔先，为尔导其先路。……于是约翰至，行洗礼于野中。"见李炽昌、李天纲《关于严复翻译的〈马可福音〉》，中华文史论丛第 64 辑，上海古籍出版社 2000 年版，第 68 页。原手稿未刊印，英国剑桥大学藏。文献重新标点。

[③] Jost Oliver Zetzsche, *The Biblein China: the History of the Union Versionor the Culmination of Protestant Missionary Bible Translation in China*, p. 88.

[④] 司德敷等编，蔡咏春等译：《中华归主》下册，中国社会科学出版社 1985 年版，第 1041 页。

[⑤] 同上。

教的信仰。晚清著名洋务派人士、基督徒王韬①，非基督徒郑观应②，著名作家、基督徒老舍③，非基督徒沈从文④，著名学者、非基督徒胡适⑤，中共党员、非基督徒陈独秀⑥、恽代英⑦，中共党员、曾经的基督教牧师浦化人⑧，国民党员、基督徒蒋介石⑨、冯玉祥⑩，等等，

---

① "午刻，往讲堂听慕君说法。慕君以'**上帝**'二字出自儒书，与西国方言不合。且各教进中国，其所以称天之宰，称名各异，犹太古教为耶和华，景教为呵罗呵，挑筋教称为天，**天主教**为真主。明时，利玛窦等人中国，则为**天主**，而间称**上帝**。"（1858年9月19日）"《圣经》曰：元始有道，道与**上帝**共在。道即**上帝**。此道之不可见者也。耶稣曰：我即真理，此道之有可见者也。"（1858年9月27日）见王韬《王韬日记》，中华书局1987年版，第7页。王韬不仅参与了委办译本的翻译，而且是最早对外国传教士的译名之争有文献记录的中国人。

② "新约载耶稣降生为**上帝**子，以福罪之说劝人为善。"见郑观应《传教》，《盛世危言》（14卷本），初刊于1895年，夏东元编《郑观应集》（上册），上海人民出版社1982年版，第410页，文献重新标点。

③ "信基督教的人什么也不怕，**上帝**的势力比别的神都大得多。太岁？不行！太岁还敢跟**上帝**比劲儿？"见老舍《二马》，上海晨光出版公司1948年版，第101页。

④ "我们从人情中体会出来的道理是履行**上帝**的旨意最可靠，最捷近的路。因为人情是**上帝**亲手造的。"见沈从文《未央歌》，孔范今主编《中国现代文学补遗书系》（小说卷8），明天出版社1990年版，第219页。

⑤ "对于基督教我也有相当的敬重，但因为我个人的信仰不同，所以当时虽有许多朋友劝我加入基督教会，我始终不曾加入。近年来我对灵魂与**上帝**还是不相信，不过我对于旁人的宗教信仰是一样敬重的。"见胡适《基督教与中国文化》，《胡适全集》[哲学宗教]第9卷，第171页。胡适在美国留学时，多次参加过基督教会活动，所读《圣经》也是"**上帝**"版，参见《胡适全集》[留学日记]第27卷，安徽教育出版社2003年版，第520页。

⑥ "人类无罪，罪在创造者；由此可以看出**上帝**不是'非全善'便是'非全能'。我们终不能相信全善而又全能的**上帝**无端造出这样万恶的世界来。"见陈独秀《基督教与中国人》，初刊于1920年2月1日，《独秀文存》，安徽人民出版社1987年版，第286页。

⑦ "因如有**上帝**，则必应于正当生活中求之，与其之为片段零落的辨难之境，亦何益乎？……余意祈祷、信**上帝**，乃基督徒之精华。"（1918年7月8日）见恽代英《恽代英日记》，中共中央党校出版社1981年版，第430页。

⑧ "自此每礼拜日之听道。亦多感触。自维**上帝**既是普世之父。慈悲无量。"见浦化人《半生之回顾》，青年协会书局1921年版，第28页。浦化人曾是基督教圣公会牧师，后任新华社社长、晋冀鲁豫最高法院院长、北京外国语学院院长。

⑨ "轻视目前羞辱。忍住十字架苦痛。耐心直向**上帝**所指示的正路。"（1935年11月24日）"幸获**上帝**保佑。愧我夫妻得以相见。不胜感谢。"（1936年5月6日）见《蒋中正总统档案事略稿本》（影印本），台北"国史"馆2008年，第34卷，第472页；第36卷，第558页。

⑩ "他们说：不要谢我们，请你谢谢**上帝**。""我的回答是：'**上帝**即道、即真理、亦即科学。'我自信我是个科学的基督徒，毫无迷信观念。"见冯玉祥《我的生活》（写于1930年前），黑龙江人民出版社1983年版，第296、297页。

从不同政治信仰和宗教信仰的人群留下的文献中均可看出，他们全部都使用了"上帝"一词。

最可表明中国社会对"上帝"等圣经译名认同的是，20世纪五六十年代，大规模地翻译马恩列斯经典著作时，不但使用的是"上帝"译名，其他圣经人物也全部都采用的是和合官话译本的译名①。由此可见，圣经翻译中创造的各种译名，如马太、挪亚方舟、福音、耶稣、洗礼、先知、圣经、犹太人、以色列、耶路撒冷、亚当、夏娃、埃及、约翰，等等，已经被中国世俗社会所广泛接受和运用。

余　　论

用中文为"Deus""God"译名，关系到人类历史上最古老悠久的两种文明之间最深层的对话，自我文化与他者文化的再定位，充满了文化交流和宗教同化和再生。有关"Deus""God"的汉文译名的争议史和接受史，记录了圣经如何跨越传统社会地理的边界，进入不同的社会文化概念世界，与相异的宗教文本与身份相互作用的历史。它包含了文化的可译性问题，以及"将一种语言与文化的概念转化为另一种语言和文化"时必然遇到的理解问题，这个转化的过程"涉及原有的概念会在接受语言中被原样保留还是将有变化，如果变了，怎样变"的问题。

圣经的文本本身就预定了基督宗教的唯一尊神的名称不可能是唯一的。学者研究成果表明，传统上被认为浑然一体的圣经文本，是由不同地区、不同时代和不同作者的口头与文献的结合而成，圣经文本的本身就反映了各种文化对于神明的参差多端的理解和命名。圣经翻译者的一神论背景，使他们强烈地用其自身的文化世界中的"对等

---

① 中共中央马克思恩格斯列宁斯大林著作编译局编《文学作品和神话中的人物索引》，《马克思恩格斯全集人名索引》，人民出版社1979年版，第939—982页。"无论我们同奥古斯丁和加尔文一起把这叫做**上帝**的永恒的意旨，或者象土耳其人一样叫做天数。"见恩格斯《自然辩证法》，《马克思恩格斯选集》第3卷，转引自《马克思恩格斯列宁斯大林论宗教》，中国社会科学出版社1979年版，第47页。

的"或"想象的"词汇来翻译圣经。

近代翻译大家严复最著名的经典翻译观"信达雅",将对"信"的追求放在了首位。人类历史上所有翻译中的"信"的追求,都基于对不同文化之间"可译性"的认同。其实,语言之间的"互译性"完全是历史的、人为的"建构"起来的,是"虚拟对等",而不是"透明地互译",且并非一次性能够完成的。① 基督宗教传入中国扩展了中国文化的概念空间。在这个扩展概念和文化再创造的过程中,转借原词并赋予新意,是近代文化转型过程很常见的现象。在新的概念框架下,在译介中重新阐释固有的词汇,再生出中国式的新概念和新理念,力图创造出基督宗教概念的中西语言对等,创造出基督宗教的中国式话语体系。

从中文语境上看,在长达三百年译介、传播和接受的过程中,"上帝"译名同样具有强烈的颠覆性,"上帝"一词发生了根本的质的变化。"上帝"一词逐渐地被基督教化而失去了其原有的本土宗教的内涵,当我们今天说到"上帝"时,想到的都是基督教的"上帝"。中国传统蕴含了关于"上帝"的悠久文献历史和口头传说,为圣经中的上帝赋予中文名字,超越了一般意义上的语言—翻译的维度。

"Deus""God"的译介和接受过程是欧洲和中国语言文化之间观念和概念的可译性探讨的最佳实例。它也体现了外来观念在由传统向现代转型的过程,译源语本身具有的近现代意义、新内涵所自身具备的强势地位,为转型社会带来的强大社会影响力,为传统社会的急迫吸纳提供了思想和概念激励的想象空间,再生了宗教本身以外的意义。

(原载《近代史研究》2010年第5期)

---

① 黄兴涛:《"话语"分析与中国近代思想文化史研究》,《历史研究》2007年第2期,第158页。

清末民初宗教迷信话语的形成

罗检秋

21世纪初年,有学者研究了戊戌变法的宗教改革,指出"宗教"和"迷信"两词均采自日本,用于表达那时中国话语中本不存在的西方概念,而两词的流行均与梁启超相关。① 随后,国内相关文章也集中讨论了宗教迷信话语的启蒙思想背景,尤其是梁启超的影响,有的也注意到其与五四新文化的关联。② 与此同时,少数研究者则注意到"宗教""迷信"二词的更早起源。有的提到,"'宗''教'二字连缀成词,并非日本传统词汇所独有",从六朝到唐、宋,佛门相关的典籍里"宗教"一词几成习语。日本学者以"宗教"来对应西文"religion",也是几经磨合,直至1884年才有定谳。③ 有的文章考察了明末至19世纪的基督教背景,指出西方传教士及奉教士大夫对于中国传统"正祀"和"淫祀",除儒家之外均目为"迷信"而力辟之。④

笔者认为,近代宗教迷信话语成因复杂,既有士大夫的思想传统,又有西方文化背景,更有权力干预的直接作用。"宗教""迷信"均为古词而在近代被赋予了新义,其现代语义虽受日语影响,却一直处于变化之中。并且,精英人物运用该词时,即使同一党派,其内涵

---

① Vincent Goossaert, "1898: The Beginning of the end for Chinese Religion?" *The Journal of Asian Studies*, Vol. 65, No. 2, 2006, p. 320.
② 如沈洁的《"反迷信"话语及其现代起源》,《史林》2006年第2期;宋红娟:《"迷信"概念的发生学研究》,《思想战线》2009年第3期。
③ 陈熙远:《"宗教"——一个中国近代文化史上的关键词》,(台北)《新史学》第13卷第4期,2002年。
④ 路遥:《中国传统社会民间信仰之考察》,《文史哲》2010年第4期。

也时有差异。戊戌之际的庙产兴学沿袭了禁毁淫祀的传统，社会实效不大。"戊戌"至"五四"的启蒙思潮也非建构宗教迷信话语的关键因素。在近代中国，究竟何为"宗教"，何为"迷信"，根本上不是由精英思想来界定的。杜赞奇曾将宗教的等级制度、信仰、网络、教义及仪式看作构成"权力的文化网络"要素，论述了华北农村的四种宗教组织。① 本文主要从历史过程中研究精英思想、国家权力和民间信仰的复杂关系，剖析宗教迷信话语的根本成因，进而认识政治权力如何转化为文化秩序。

清末启蒙思想家的观念

在历史上，除了儒学常居正统之外，佛、道二教与封建朝廷的关系则沉浮不定。民间多神信仰的正邪之分、正祀淫祀之别更是变幻莫测，往往随皇帝的好恶、与皇朝的渊源关系而定。至近代，宗教话语的建构又与西教东渐分不开。明末清初，有的士大夫宽容或信奉天主教，但还不占主流。清中期，天主教在士大夫阶层已成绝响，几乎被目为邪教。道光初年，福建学者陈寿祺代总督作《正俗十诫》，主张禁止天主教传播，认为其"外犯科条，内伤风教，亟宜禁止，毋得故违"②。这体现了清中期官绅阶层对来华天主教的基本态度。两次鸦片战争以后，禁令渐除，传教载入条约，基督教在华地位逐渐上升。洋务运动时期，基督教凭借其合法地位，不断向清朝权力机构渗透。在社会上，教民冲突不断，教案时有发生，但传教士的治外法权使一些士大夫"一体处断"的愿望付诸空谈。具有象征意义的是，清末地方官对各区总主教、主教均按相应官阶品秩接待，有的教士"竟僭用地方官仪仗"，而官府不予追究。③ 这种情形不仅是下层民众

---

① [美] 杜赞奇：《文化、权力与国家——1900—1942年的华北农村》第五章，王福明译，江苏人民出版社1996年版，第111—122页。
② 陈寿祺：《正俗十诫为总督桐城汪尚书作》，《左海文集》卷十，《续修四库存全书》影印清刻本，上海古籍出版社1995年版，第48页。
③ 《外务部奏改正地方官接待教士章程折》，《东方杂志》1908年第5卷第7期。

难以想象的,而且是儒、释、道三教首领不可企及的。

康、梁之前,维新人士宋恕在1895年年初已经用"宗教"一词综论中外信仰。他认为,世界各大宗教虽有流弊,却皆为救世而起。即使被中国士大夫目为邪教的"北方之在理,南方之先天、无为诸教,其初亦皆豪杰之士悯民无教而创立之,故亦颇能斟酌儒、道,井井有条。及后入者多而莨莠杂,于是始有借以诈财、渔色者,谋反则决其无,邪术亦莫须有"。清中期的川楚白莲教徒,本无谋反之意,由于"贪酷有司诬良虐逼",才铤而走险。西方传教士来华救民于水火之说亦不确,"中国但须申明孔氏教","自可转衰为盛,岂必基督哉!"晚清教案不断,也是因地方官办理不善。宋恕认为,宗教是人类文明的阶段性产物,"文明之极,必复归于无数(教)。何也?智者立教,愚者从焉。文明之极,人人皆智,上帝犹不得主之也,况同类乎!"① 显然,他所谓宗教,不仅指来华基督教及本土儒、佛、道诸教,而且包括民间多神信仰。在他看来,民间信仰既非邪教,基督教也不能拯救中国,只有儒教才能救中国;宗教是人创造出来的,不会永恒存在。

维新思想家大多在传统语言框架内,立足于社会改革,沿袭传统的正祀、淫祀话语。中国正祀、淫祀之分源远流长,唐、宋两代,地方官在江南、四川禁毁淫祀事件屡见不鲜。明代一再出现禁淫祀及庙产兴学行动。清初理学名臣汤斌巡抚江宁时,也在苏州禁毁五通神,改神祠为学宫。故研究者认为,戊戌以前的禁毁淫祀与20世纪初以后的庙产兴学具有连续性。② 事实上,这种连续性更直接地体现在19世纪中晚期。洋务运动之初,开矿山、修铁路、建工厂等举措常遭遇重重阻力,其中包括一些乡民以风水、民间神祇为由而加阻拦。思想家陈炽、郑观应等人主张对民间信仰和寺庙进行改革。陈炽作于19世纪90年代初的《庸书》专列"淫祀"一节,提出"直省所有祠

---

① 宋恕:《六字课斋津谈. 宗教类第十》,胡珠生编《宋恕集》(上册),中华书局1993年版,第75—79页。

② Vincent Goossaert, "1898: The Beginning of the end for Chinese Religion?" *The Journal of Asian Studies*, Vol. 65, No. 2, 2006, pp. 324-325.

庙，除载在祀典外，一切无名不正之祀，概行毁撤，祠屋祭产，改为宣圣庙堂。……彼道家则宗老子，西教则奉耶稣，佛氏则释迦如来，天方则谟罕默德，开宗明义，饮水思源，必礼之，敬之，皈依而崇奉之，而后人心始快也"①。除尊孔之外，他肯定道、佛、伊斯兰、基督诸教，也主张保护列在祀典、遵守轨范的寺庙，而将不在祀典的"淫祀"、不守法规的丛林道院列为改革对象，主张僧道"有犯案者，宜将田宅一律查封，改为学校。僧道还俗，愿入学者，亦听之"②。1898年春，章炳麟再提鬻庙主张："宋元丰时有鬻庙之令，张方平奏罢之，儒者至今勿敢道。余以为宋时之误，在鬻祠庙而不及寺观；其于祠庙，又勿别淫祠也。……余是以建鬻庙之议，而以淫祀与寺观为鹄的焉。"章氏鬻庙之策主要针对那些"功非地箸，国非旧壤，祭非子姓，而滥以庑宇宅其神灵"的"淫祀"。他认为，卖庙可以代赋税，或者"县取一区，以为学校之址"，以节省办学经费。③ 这与数年前陈炽所论、数月后康有为上疏的庙产兴学策基本一致。可见，"百日维新"及清末新政的庙产兴学只是发展或实行了前人主张。

戊戌变法中，康有为提出民间立庙专祀孔子，并行孔子纪年以崇国教。其余"除各教流行久远，听民奉教自由，及祀典昭垂者外，所有淫祠，乞命所在有司，立行罢废，皆以改充孔庙，或作学校，以省妄费，而正教俗"④。康有为所谓"淫祠"并无严格标准，既不涉及遍布全国的孔庙，又不包括"流行久远""祀典昭垂"的佛道庙观，而主要针对民众信奉的地方神祇。康有为的奏折暂得清廷认可，是年五月上谕云："至于民间寺庙，其有不在祀典者，即著由地方官晓谕民间，一律改为学堂，以节糜费而隆教育。"⑤ 但该上谕不久即

---

① 陈炽：《庸书·内篇卷上》，赵树贵、曾丽雅编《陈炽集》，中华书局1977年版，第33—34页。
② 同上书，第30页。
③ 章太炎：《訄书初刻本·鬻庙第四十七》，《章太炎全集》（三），上海人民出版社1984年版，第98—99页。
④ 康有为：《请尊孔圣为国教立教部教会以孔子纪年而废淫祀折》（1898年6月19日），汤志钧编《康有为政论集》（上），中华书局1977年版，第283页。
⑤ 朱寿朋编《光绪朝东华录》第4册，中华书局1958年版，第4126页。

随变法受挫而被搁置。是年八月上谕云:"各省祠庙不在祀典者,苟非淫祀,著一仍其旧,毋庸改为学堂,致于民情不便。"① 是否"淫祀"本非一成不变,顾及"民情"则有明确规定。19世纪末,修建寺庙之风已经衰退,改庙为学之事也不多见。戊戌之际,无论是扩充孔庙还是庙产兴学,均无明显实效。

反观张之洞的兴学之策,虽然目标不在废淫祀、立孔教,而影响力更显深远。为了实现兴学计划,他提出将书院改为学堂,有的府、县书院简陋,则以善堂之地、赛会演戏之款、祠堂之费来补充,还可以"佛道寺观改为之"。"大率每一县之寺观取十之七以改学堂,留十之三以处僧道。其改为学堂之田产,学堂用其七,僧道仍用其三。"② 张之洞的兴学办法没有立刻实行,却在1901年以后变得理所当然。清末新政开始后,有的督抚重提庙产兴学。1904年,湖广总督端方上奏朝廷,两湖办学已有成效,兴学办法"亦有就地方祠堂、公所、庙宇量地增设者"③。次年,直隶总督袁世凯奏办警务事亦云:其"所需经费,以地方本有之青苗会支更费用及赛会演戏一切无益有余之款,酌提充用"④。这些新政对不在国家祀典的民间诸神显然有所冲击。

戊戌思想家主要着眼于礼制范畴,而非信仰本身的高下,与后来宗教迷信话语仍然有别。戊戌前夕,宋恕以"宗教"一词统摄中外各教和民间诸神信仰,但该词究竟是直接来自日语,或是将中国佛家的"宗教"一词赋予近代意义,以古词来格今义,仍待进一步研究。至少,他所谓"宗教"较之西方基督教及日后制度型宗教范畴更广,与近代日语的"宗教"概念仍有差异。同时,清末兴学潮流的真实动因也不能完全归结为启蒙思潮。一些人批评神权是为了兴办洋务,办学是直接服务于权力扩张。在兴学潮流中,庙产之所以成为官绅、宗教界和民众关注的焦点,不完全甚至主要不在于信仰观念的冲突,

---

① 《光绪朝东华录》第4册,第4204页。
② 张之洞:《劝学篇》外篇"设学第三",《张之洞全集》第12册,第9739—9740页。苑书义等编《张之洞全集》第12册,河北人民出版社1998年版,第9769—9770页。
③ 《光绪朝东华录》第5册,第5165页。
④ 同上书,第5393页。

而是因为庙产成为再分配的资源。戊戌思想家涉及民间信仰的社会改革仍借助于"正祀""淫祀"传统,还没有建立"宗教"和"迷信"的等级秩序,喜用新名词的梁启超也不例外。

据有的学者研究,"迷信"一词并非源自日本,早已见于魏晋以来的汉译佛籍中,"属于佛经格义而作宗派哲理的阐释",而不是指民间淫祀。明末清初的中西礼仪之争中,天主教的汉语文献才开始用"迷信"一词批判中国的佛道二教和民间信仰。① 晚清之世,"迷信"一词被赋予了新义,并用来翻译英语 superstition。该词运用范围很广,褒贬寓意不明,大体相当于执着信仰或笃信,与清末以后指称非理性、非科学的信仰习俗不同。

清末梁启超尚未明确定义宗教和迷信,他观念中的"宗教"范畴很广,不仅涉及后来的制度型宗教,而且包括民间多神信仰。按后来的说法即是宗教与迷信不分。20 世纪初,梁启超注意到宗教的迷信内涵。他所谓"迷信",主要是作为动词来概称认知事物、信仰的非理性态度,而非专指具体对象的名词。他概述西欧文艺复兴时提到,"一时学者,不复为宗教迷信所束缚,卒有路得新教之起,全欧精神,为之一变"②。这里"宗教迷信"连用,泛指欧洲中世纪的非理性状态。梁启超认为,人的信仰有"正信",有"迷信",宗教信仰即是非理性的"迷信"。"宗教与迷信常相为缘故。一有迷信,则真理必掩于半面。迷信相续,则人智遂不可得进,世运遂不可得进。故言学术者不得不与迷信为敌,敌迷信则不得不并其所缘之宗教而敌之。"③ 正像来华传教士指责中国民间信仰为迷信一样,梁启超也未将不同时期的基督教区别对待,认为"耶教唯以迷信为主,其哲理浅薄"④。在他看来,迷信是宗教家的基本思维特征。"西人所谓宗教者,专指迷信宗仰而言,其权力范围,乃在躯壳界之外。以灵魂为依

---

① 路遥:《中国传统社会民间信仰之考察》,《文史哲》2010 年第 4 期。
② 梁启超:《论学术之势力左右世界》,《饮冰室合集》文集之六,中华书局 1989 年版,第 111 页。
③ 梁启超:《论宗教家与哲学家之长短得失》,《饮冰室合集》文集之九,第 49 页。
④ 梁启超:《论中国学术思想变迁之大势》,《饮冰室合集》文集之七,第 76 页。

据,以礼拜为仪式,以脱离尘世为目的,以涅槃天国为究竟,以来世祸福为法门,诸教虽有精粗大小之不同,而其概则一也"。他认为,中国的道教及民间多神信仰包含了迷信,但孔子不是这种意义上的宗教家,"孔子者,哲学家、经世家、教育家,而非宗教家也"。① 随着佛学兴趣及造诣的增长,他认为不能以寻常宗教同视佛教。"佛教之信仰乃智信而非迷信"。"佛教之最大纲领曰:'悲智双修。'……他教之言信仰也,以为教主之智慧,万非教徒之所能及,故以强信为究竟。佛教之言信仰也,则以教徒之智慧,必可与教主相平等,故以起信为法门。佛教之所以信而不迷,正坐是也。"② 至此,梁启超已将儒学和佛教主流从迷信范畴分析出来。

清末梁启超没有区分宗教和迷信的思想品质,章太炎、刘师培也相类似。20世纪初年,章太炎推崇佛家唯识学,好谈无神论。在他看来,"宗教之高下胜劣,不容先论。要以上不失真,下有益于生民之道德为准的"。故"虽崇拜草木、龟鱼、徽章、咒印者,若于人道无所陵藉,则亦姑容而并存之。彼论者以为动植诸物,于品庶为最贱",拜之则自贱滋甚,但以众生平等观视之,则佛教、基督教辈,比诸拜动植诸物,"其高下竟未有异也"③。清末思想家事实上大多没有明确区分制度型宗教和民间多神信仰。

清末舆论的二分趋向

较之戊戌思想家,清末激进舆论关于宗教与迷信的区分趋于清晰。清末新政开始后,庙产兴学才真正付诸行动。一些地方官绅、新式知识群体试图通过庙产兴学来扮演日益重要的社会角色,获得社会资源。本来,庙产兴学不仅针对民间多神信仰,而且涉及佛、道寺观。但在官方的引导中,社会舆论形成反思、批评多神信仰的风气。

---

① 梁启超:《保教非所以尊孔论》,《饮冰室合集》文集之九,第52页。
② 梁启超:《论佛教与群治之关系》,《饮冰室合集》文集之十,第46页。
③ 章太炎:《建立宗教论》,《章太炎全集》(四),上海人民出版社1985年版,第408—409页。

《东方杂志》《申报》《中外日报》《安徽俗话报》等报刊对这些论题展开了讨论。同时,宣传破除迷信,讽刺迷信神权的小说、诗文与日俱增。在此氛围中,以西方观念为参照的宗教范畴逐渐确定;以往士大夫批评的"淫祀"被纳入"迷信"范畴,信仰世界的价值准则也被无形转换:"淫祀"一词表明礼制上不被承认,"迷信"一词则标明了非理性色彩,蕴含科学主义的价值评判。

《东方杂志》是20世纪早期的重要学术刊物,对宗教和迷信话语的形成发挥了明显作用。该刊批评地方官吏和民众的鬼神观念,指出他们信仰城隍、龙母、风水、画符诵咒以及迎神赛会等都是"迷信神权"①。其中"迷信"内容虽然涉及制度型宗教,如西方天堂、地狱之说,但主要针对民间多神信仰。该刊有关宗教的专论认为:"任世界进步至何等地位,宗教之作用终不消灭。"因为科学家虽能阐发物之用,而不能阐明物之本体。再则,社会演进不止,却不能解决不平等现象,人们需要宗教的慰藉。那么,中国需要什么样的宗教?文章注意到"今日服习儒教者若干人,宗印度者若干人,信穆哈者若干人,从基督者又若干人"。四大宗教赫赫显目,而中国道教及民间多神信仰则未提及。该文指出,"吾国成立原素,重赖惟一之儒"。然而,准诸佛教、伊斯兰教、基督教皆有"祈忏之仪""有归根复命之天国",儒教未免美中不足,故主张在儒、佛之间"裁镕二者,别演一宗,重修教仪"②。融合儒佛、别演一宗的设想未必可行,而狭义的宗教定义及排斥民间信仰的倾向已相当明显。

20世纪初,《东方杂志》转载了多篇论述宗教迷信的文章,其中转载1906年的《申报》文章已明确将"宗教"和民间"迷信"区分对待,表现出鲜明的精英主义倾向。文章认为:"野蛮时代有野蛮时代之宗教,文明时代有文明时代之宗教。"宗教与群治密切相关,欲自强图存,则必自改革宗教始。中国数千年以儒为国教,以释、道二教为附属,政治、学术皆从中产生,并不是缺乏思想家,而是无实行

---

① 《论疆臣之迷信神权》,《东方杂志》1904年第1卷第11期。
② 蘉照:《宗教扬榷引论》,《东方杂志》1906年第3卷第7期。

之人。宗教的推行必须"假手于最大多数之下等社会，而吾国之下等社会则除迷信神鬼以外无事业，除徼福避祸以外无营求，而持斋捧经一术焉，而迎神设醮一术焉，而祀狐谄鬼又一术焉。一游内地，则五家之村，十室之邑，无地无淫祠，无岁无赛会。……是以以《封神传》《西游记》为圣经，以文昌、财神为教主，而义和团兴，而白莲教出，而下流社会遂无一可用"。该文一方面声称儒教为中国宗教之本，肯定儒学的现代意义，对释、道二教也姑置勿论；另一方面则将民间多神信仰列为"迷信"，加以贬责。并且认为，中国宗教之所以不如西方发达，是由于"千百年后迷信日益深，思想日益阻，……今日不得不执此以为罪案明矣"①。就学理上论，即使视儒学为宗教，多神信仰也不是阻止儒教深入民间的根源。何况儒学本非宗教，根本不可能像基督教那样深入大众。该文融合儒家排斥"怪力乱神"的思想传统与西方宗教观念，将中国民间多神信仰作为"迷信"而予以否定，已经淋漓尽致地表现出精英主义观念，是20世纪初建构宗教迷信话语的典型言论。

有的文章更是将宗教、迷信与社群对应起来，对"下流社会"的鬼神信仰大加贬斥：

中国之所以日即于贫弱者，其原因非一端，而下流社会之迷信鬼神，实为其一大影响。……试一游中国全土，无论十室之邑，一廛之地，而岁必有迎神设醮之举，縻巨资而不惜，经大乱而不改。且不特内地为然也，海外各埠，但有华商侨居之地，亦必因仍故国之风。……中国之宗教行于上而不行于下，故至今日，惟士大夫间有学术，而农工商贾以至妇女则无之。……于是听天由命之说起，而鬼神遂大有权。②

---

① 《中国宗教因革论》，原载《申报》丙午年七月初八日，《东方杂志》1906 年第 3 卷第 10 期节录。
② 《论革除迷信鬼神之法》，原载《中外日报》乙巳年三月初五，见《东方杂志》1905 年第 2 卷第 4 期。

该文以精英主义立场分析中国贫弱的根源，笼统地将学术归之于士大夫，将鬼神信仰归之于下层社会。这种言论在清末舆论中不一而足，与后来政府打击民间多神信仰的思想本质完全一致。

一些地方性刊物传播了类似观念。陈独秀主办的《安徽俗话报》注重改良礼俗，多涉及社会风习。1904年发表的《恶俗篇》主要讨论了改良婚俗和民间信仰。陈独秀撰文云："那佛教的道理，像这救苦救难的观世音，不生不灭的金刚佛，我是顶服的，顶敬重的。但是叫我去拜那泥塑木雕的佛像，我却不肯。"① 该文并未排斥佛教，但反对民间浪费财物的偶像崇拜。同时，"风水的迷信"也是其重点批判的"恶俗"。文章认为，风水书之所以泛滥成灾，"其中一半是江湖惰民，借祸福趋避的话，拿他来骗衣骗食的。一半是迷信风水的读书人，谈玄衍《易》，从空理想上附会出这种学问的"②。该刊已用"迷信"一词指称民间的风水、鬼神信仰，代表了清末激进刊物的基本倾向。

由于庙产兴学或社会改革的现实需要，加之受西方宗教观念的潜在影响，清末激进舆论不自觉地形成了宗教与迷信的二分取向，一方面主张保护制度型宗教，另一方面则营造了打击民间多神信仰的文化氛围。清末激进舆论与启蒙思想不无契合之处，但与启蒙思想家强调宗教即迷信的论点明显不同。

民国政府的二分政策

近代宗教迷信话语的建构是在权力直接干预下完成的。1912年《中华民国临时约法》第二条第七项载明"人民有信教之自由"，现代法治取代了古代的礼治主义。如何在现代体制下重建民间信仰秩序？民国政府在思想上借重西学和西教。加之，民初许多政界要员、社会精英乃至军事将领纷纷皈依基督教，宗教与权力的关系进一步深

---

① 三爱：《恶俗篇·敬菩萨》，《安徽俗话报》1904年第7期。
② 咄咄：《恶俗篇·论风水的迷信下》，《安徽俗话报》1905年第21、22期合刊。

化。民国政潮变幻，而打击民间信仰的轨道基本未改。

  针对民初社会乱象，袁世凯政府申明信教自由，依法保护寺庙财产，1913年颁布的《寺庙管理暂行规则》第一条云："本规则所称寺院，以供奉神像，见于各宗教之经典者为限。"第四条又云："寺院住持及其他关系人不得将寺院财产变卖、抵押或赠与人。但因特别事故，得呈请该省行政长官经其许可者不在此限。"[①] 袁政府保护的神像以"见于各宗教之经典者为限"，不包括基本上无经典的民间诸神，实际上只限于儒、佛、回、道、基督诸教。再则，即使是受保护的寺庙，如果经地方行政长官批准，仍然可以变卖、抵押或赠与。1915年，袁政府颁布的《管理寺庙条例》基本沿袭这一政策，虽申明保护寺庙财产，且由住持管理寺庙财产，"寺庙财产不得抵押或处分之，但为充公益事业必要之需用，禀经该地方官核准者不在此限"。1921年，北洋政府公布的《修正管理寺庙条例》则删除了后面一句，并增加了"寺庙财产不得没收或提充罚款"一语。[②] 平实而论，20年代初北洋政府保护庙产的力度有所增强，虽然政策未必完全落实，但三个条例产生的社会效果并不一样。

  李景汉的定县调查也表明了这一点。民初政府推行乡村自治，各村设立自治公所，由村长总揽全村事务，一定程度上取代了原有的绅权和族权。定县借庙兴学始于光绪三十年，但清末成效有限，其高潮出现在1914年夏孙发绪任知县后。比如，定县翟城村绅士米鉴山在清末已有村治规划，至民国初年其子米迪刚自日本留学归来后，村治遂进入了"组成时期"。孙发绪任知县后，将翟城村树立为模范县，先后创设自治公所、自治讲习所、通俗讲习社、图书馆等。1915年1月，该村创设"风俗改良会"，除了禁早婚、废缠足、禁跪拜之外，还禁止"丧事的照庙说书、念经、糊纸人等项"迷信习俗，翟城村成为远近闻名的"模范村"。孙发绪提倡毁庙兴学，"于是有许多村

---

  ① 《寺庙管理暂行规则》，《中华民国史档案资料汇编》第三辑文化，江苏古籍出版社1991年版，第692—693页。
  ② 郭华清的《北洋政府的寺庙管理政策评析》一文（载《广州大学学报》2005年第1期）对三个条例已有列述，但其不同社会效果仍待进一步研究。

庄，都把庙宇中神像拆毁，改为学校"，是年全县毁庙达二百处之多。① 其中，该县东亭乡村社会区内62村的庙宇，光绪初年约有435座，至1928年有神像的庙宇仅存104座。毁庙数较多的年份依次是：1914年，200座；1915年，45座；1900年，27座；1910年，10座；1904年、1911年均为6座；1905年、1908年、1917年皆为6座；其余年份均在5座以下。② 1900年毁庙较多与发生"教案"有关，民初毁庙高潮则直接缘于知县施政，而五四新文化运动对村民信仰的冲击尚不明显。20年代初，《修正管理寺庙条例》颁布后，政权对寺庙的冲击力也有所减弱。

然而，这种状况为时不长。国民党对民间信仰的控制和打击超过了北洋政府。孙中山早年皈依基督教，投身革命时明确反对偶像崇拜，民国初年孙中山发表的政令、演讲均重视基督教，也明令保护佛教和回教，批准佛教会立案，但没有提到本土道教，而且对民间多神信仰多取否定态度。他在民国元年指出："世界宗教甚伙。有野蛮之宗教，有文明之宗教。我国偶像遍地，异端尚盛，未能一律崇奉一尊之宗教。今幸有西方教士为先觉，以开导吾国。惟愿将来全国皆钦崇至尊全能之上主，以补民国政令之不逮。伏愿国政改良，宗教亦渐改良，务使政治与宗教互相提揭。中外人民，愈上亲睦。"③ 这种倾向对民国宗教政策的影响是不言而喻的。民初，政界、文教界精英人物已将民间多神信仰视为迷信。当时蔡元培、唐绍仪、宋教仁、汪精卫、吴稚晖等人的"社会改良宣言"提出："婚、丧、祭等事不作奢华迷信等举动"，"戒除迎神、建醮、拜经及诸迷信鬼神之习"，"戒除供奉偶像排位"，"戒除风水及阴阳禁忌之迷信"。④ 这显示了既承认宗教信仰自由，又否定民间迷信的二分倾向。

---

① 李景汉编《定县社会概况调查》（重印本），中国人民大学出版社1986年版，第417、173页。

② 同上书，第422—423页。

③ 孙中山：《在广州圣心书院欢迎会上的演说》（1912年5月11日），《孙中山集外集补编》，上海人民出版社1984年版，第78页。

④ 蔡元培：《社会改良会宣言》（1912年2月23日），《蔡元培全集》第2卷，中华书局1984年版，第127—140页。

在民初国民党势力较强的省区如安徽、湖南、广东、上海等地，毁庙兴学及由此引发的冲突接踵而起。这些地区的毁庙行动主要针对民间多神信仰。安徽都督柏文蔚答复毁改城隍庙的理由云：城隍之名在北宋以前不见记载，本无神主。契丹始有城隍寺，仍是佛寺之类。至前清"演为不经之谈，谓城隍专司鬼箓，某人为某处城隍。此原巫觋之流造言惑众，流俗风靡，是我国民最大污点。本都督毁淫祠，正欲毁城隍为拔本清源之计"①。他们首先拿城隍庙开刀，除因城隍庙遍布各城、庙宇可作他用之外，也因其不属"佛寺之类"，可以列为"淫祀"。同时，广州的毁庙行动也是针对"淫祀"，而不敢触动"正祀"。广州每街原有土地庙、华光庙，各庙均有常款，由坊人经营。1913年年初，广东警厅欲提各庙常款以办公益，拆除庙中偶像。一时民怨沸腾，几致交哄。经人提议将各庙改为孔子庙或坊人议事公所，警厅知众怒难犯，暂且同意。"于是广州市中孔子庙林立"，后来警厅又强令将各庙偶像送至教育司署设所陈列。②孔庙成为民间信仰的临时庇护场所，尽管为时不长，却可暂避警厅冲击。民初国民党人的毁庙运动中，"宗教"与"迷信"的畛域已不难分辨了。

这种格局从国民党建立南方政府到北伐成功、重建全国政权也没有大变。20年代，国民党在广东没收寺产充作军费的现象已屡见不鲜。随着北伐的成功，打击民间多神信仰的风潮迅速波及长江流域。南京国民政府时期，宗教迷信逐步与信仰类别对应起来，"迷信"成为特指民间多神信仰的名词，"宗教"则用于基督教、伊斯兰教，以及狭义的佛、道二教。北伐军所到之处，国民党迅速在各地建立县党部，下设农民协会、商民协会、工会、学生会、妇女协会等"群众组织"，实际上成为执行政府权力，改造民间文化，控制民众意识的机构。地方党部与中央政府反"迷信"的激烈程度、具体措施略有不同，但基本倾向无异。

1928年秋，国民党进入了"训政"时期，在江、浙等省地方党

---

① 《柏都督论废城隍祠之理由》，《申报》1912年11月1日。
② 《粤教育司署将开偶像陈列所》，《申报》1913年4月29日。

部的推动下，南京政府迅速制定、颁布了相关法令，国家权力进一步延伸到农村。1928年8月，浙江省富阳县党部呈请"查禁寺庙药笺，以除迷信，而维生命"。浙江省党部迅速转呈国民党中央执行委员会，并加按语："鉴于迷信之亟宜破坏，生命之亟宜维护"，请"国民政府迅予通令各省严行查禁"①。稍后，上海特别市党部亦呈道院、悟善社等迷信机关"设坛开乩，谣言惑众，恳令内政部严禁"。10月，内政部随即复函："查事涉迷信，雍蔽民智，阻碍进化，自应查禁，以遏乱源，除分别函令各特别市、各省民政厅将道院、同善社、悟善社一体查禁，并妥善处理其财产作为慈善公益之用。"② 在此背景下，国民政府内政部于1928年10月颁布了《神祠存废标准》（以下简称《标准》），将中国众多神祇分为"先哲类""宗教类""古神类"和"淫祠类"，对其区别对待，存废不一。③ 它注意到历史文化传统，又集近代宗教观念和西方话语之大成，奠定了民国以后中国信仰世界的基本格局。

《标准》继承并发展了古代正祀、淫祀传统，将之转化为宗教迷信话语。其中指出：远古先民以神道设教，向有一定之秩序，而春秋以后淫祠泛滥，毒害人心。《标准》将古代淫祀纳入"迷信"范畴，故对以往"附会宗教，实无崇拜价值"及世俗传说"毫无事迹可考者"，如张仙、送子娘娘、财神、二郎神、齐天大圣、瘟神、痘神、玄坛，以及时迁庙、狐仙庙等"合于淫祠性质之神，一律从严取缔，以杜隐患"。另外，《标准》强调先哲如伏羲、神农、黄帝、嫘祖、仓颉、后稷、大禹、孔子、孟子、公输般、岳飞、关羽的神祠"应一律保存，以志景仰"。于是，古代部分正祀被纳入民国祀典，具有了合法的宗教地位，古代的正祀、淫祀构成了近代宗教、迷信之分的基本框架。只

---

① 《国民党中央秘书处抄转浙江省富阳县党部呈请取缔寺庙药笺迷信活动函》，《中华民国史档案资料汇编》第五辑第一编文化（一），江苏古籍出版社1994年版，第490—491页。

② 《内政部关于查禁道院及悟善社等迷信机关致国民政府秘书处函》，《中华民国史档案资料汇编》第五辑第一编文化（一），第491—492页。

③ 以下未注引文均见《神祠存废标准》，《中华民国史档案资料汇编》第五辑第一编文化（一），第495—560页。

是在现代背景下,"正祀"之神已经减少,"淫祀"范围大幅扩展。

西方宗教是《标准》的重要背景。"宗教者,以神道设教,而立诚约,宗旨纯正,使人崇拜信仰之神教也。"专祀一神者为一神教,如基督教、伊斯兰教;并祀多神者为多神教,如佛教、道教。"属于宗教性质之神祠,一律应予保存。惟流俗假宗教之名,附会伪托之神,与淫祠同在取缔之列。"《标准》肯定四大宗教的正统地位,但域外和本土宗教又分轩轾:伊斯兰教"其教旨尚清洁,重团体,教典曰可兰经";基督教,"欧美各国多奉之,其教以平等、自由、博爱为主"。在完全肯定两大宗教的同时,对佛、道二教分析而论:肯定佛教的成佛超凡之旨,也承认喇嘛教的地位,但认为"世俗崇拜偶像之佛,而不能通晓佛理,遵奉佛旨",则失佛家主旨。《标准》肯定道教祀祭老子、元始天尊、三官、天师、王灵官、吕祖诸神,但其"流毒"白莲教、义和团、大刀会、小刀会及"最近之硬肚会、红枪会等","应即根本纠正"。此外,世俗社会在人死后请僧、道之人唪经,名曰超度,均为无稽,应予废止。显然,《标准》不反对崇奉基督教的偶像,而对中国民间崇拜佛、道偶像不以为然;不反对基督教、伊斯兰教的宗教仪式,却指责中国民间延请僧人、道士为死者念经超度,显示了西方宗教观念的潜在影响。

看起来,《标准》是近代启蒙思潮的产物,蕴含了科学主义本质,但并未彰显科学性和民主性,而是强化了权力的渗透。《标准》认为古代属于正祀的"古神类",如日神、月神、火神、魁星、文昌、旗纛之神、五岳四渎、东岳大帝、中岳、海神、龙王、城隍、土地、八蜡(其中仅先啬、司啬可存)、灶神、风雨雷电之神等皆在废止之列。理由是,"我国古代崇祀之神,今多讹误,或为释道两氏所附会,失其本意,或因科学发明以后,证明并无崇祀之意义"。所谓因"科学发明"以后无崇祀意义,大致是指所祀之神虽见诸经典,却"毫无事迹可考者"(如载诸佛经的阎罗);或者如城隍神那样,将某先贤附会,夸大护祐作用;或者源于小说、传说(如《封神榜》《西游记》记载的)的一些神。

世界各民族宗教所祀之神大多源于传说,除个别创始者事迹可考外，其他多属无稽。《标准》保留载诸佛典的地藏王、弥勒、文殊、观世音、达摩诸神，道教的元始天尊、三官、天师、王灵官、吕祖诸神，甚至大禹以前的"先哲类"诸神都只是民间传说，事迹同样不可考，故实际上不是以事迹真伪来区分诸神高下。所谓事迹无考，仅仅是否定民间神祇的一个借口。这样的评判标准显然有失科学性。同样，在任何信仰中，尽管方式不一，神祇的社会作用无一不是被夸大的，而就其对人心理上、精神上的价值而言，被《标准》存废的诸神并无本质区别。

同时，《标准》也缺乏民主性。其中"先哲类"和"宗教类"诸神的存废很大程度上取决于与国家政权的关系。古代先哲众多，道德垂范不一，诸如忠君、爱国、气节、正直、重民等。关羽、岳飞是忠君爱国（实为忠于朝廷）的典范，尽管其事迹在民间已被小说、戏曲一再建构，却是历代政府的崇祀对象，民初袁世凯政府仍然如此。另外，清初阐发民本思想的顾炎武、黄宗羲、王夫之三人几经曲折之后，已被清末政府列入正祀。"先哲类"保留了祭祀关岳，而对其他先哲包括顾、黄、王只字不提，其道德取向是不言而喻的。在"宗教类"诸神中，虽然白莲教等民间宗教影响巨大，组织严密，且各有典籍，却因与官方处于对立或不合作状态，只能陷入遭禁命运。正如杜赞奇所说："作为政府，它可以制定分类标准，以便规定和限制合法的竞争范围。国民政府区分了真正的宗教信仰和迷信，从而使其权力延伸到了可以控制的佛教及其他团体。"政府谴责迷信而保护宗教，通过法律"确认合法的信仰者，排斥那些难以进行政治控制的信仰者，从而巩固其在地方社会的政治权力"[1]。

权力与信仰世界的重建

国民政府初期，民间信仰世界的重建与权力的直接干预是分不开

---

[1] Prasenjit Duara, *Rescuing History from the Nation: Questioning Narratives of Modern China*, Chicago, The University of Chicago Press, 1995, pp. 109 – 110.

的。在《标准》颁布之时，国民政府还制定了《寺庙登记条例》，公布了《淫祠邪祀调查表》，各地政府确定了应当废除的寺庙。至1930年，天津市确定的"淫祠邪祀"有药王庙、五圣庙、龙王庙等18座，上海市有太平庵、观音庵、土地庙、华佗神院、南海佛像等50余座。① 这些"淫祠邪祀"不仅针对民间诸神，而且涉及少数佛道寺观。政府制定《标准》时，国民政府内政部长薛笃弼在全国教育会议上提议没收寺产，以充教育基金。该议案遭到宗教界反对，未能实行，但不乏社会反响，难免给佛道寺庙产生影响。

从1928年秋至1929年，因废除神祠运动，江苏、安徽等地的官民冲突时有发生。至1928年岁末，强制执行《标准》的新闻频见报章，如上海附近的宝山县，县长会同公安局、各乡镇行政局等组成"神祠存废协进委员会"，于12月21日派警察70多人，并派县政府各局、县师范学校、县城各小学代表多人，先将县城内东岳庙、城隍庙、药师殿、□陀殿、龙王庙、娘娘庙、水关庙、海神庙8庙的"神像及有关迷信各种物件悉数捣毁"，共烧毁神像木偶百余座，"此外尚有胡仁济像、陈化成像、自来佛像均各保存"。② 因准备充分，加之警察临阵控制，此次县城中的毁庙行动没有发生明显冲突。事实上，《标准》未能完全制约废除神祠行为。该县某庙有岳飞像，废除神祠委员会大书"循中国国民政府命令，岳神不得烧毁"等字样贴于庙前，但岳飞像还是被人打得粉碎。③ 有的乡村废除神祠发生了激烈冲突。12月27日，宝山月浦乡行政局会同该乡公安分局、各学校代表废除该乡神祠8处，将所有神像悉数打毁，在谭家庙、土谷祠与村民发生武力冲突，代表多人受伤，月浦乡第一小学邹某被刺伤眼角，血流如注。④ 在宝山杨行乡，愤怒的村民捣毁了废神代表的家中器物。⑤

---

① 见《天津市淫祠邪祀调查表》《上海市淫祠邪祀调查表》，《中华民国史档案资料汇编》第五辑第一编文化（一），第507—513页。
② 《宝山昨日捣毁神像》，《申报》1928年12月22日。
③ 《废除神祠中之宝山》，《申报》1929年1月22日。
④ 《月浦毁除神祠冲突》，《申报》1928年12月27日。
⑤ 《杨行昨日毁除神祠》，《申报》1928年12月28日。

1929年元旦以后，各地毁神运动风起云涌。如安徽怀远各机关团体于元旦日在城隍庙前集会，议决将城隍及十二殿阎罗打碎，庙中小鬼也无一幸免，随后还举行了游行。① 同时，国民政府内政部于1月颁布了《寺庙管理条例》21条，② 规定"寺庙有破坏清规、违反党治及妨害善良风俗者，得由该管市县政府呈报直辖上级政府转报内政部核准后以命令废止或解散之"；被废止或解散的寺庙财产由当地政府或公共团体保管。又规定，有僧道主持的寺庙需应设立庙产管理委员会，其中"僧道不得超过全体委员之半"。该条例强调寺庙不得"违反党治"，并缩小了僧道管理庙产的权限，较之北洋政府对寺庙的控制显然强化了。

这些政策无疑为过激行为火上浇油。福建泉州寺庙众多，包括建于唐代的开元寺。在国民党晋江党务指导委员会的督促下，泉州十一团体组织破除迷信委员会，自1929年1月8日开始捣毁各寺庙神像，至1月15日，除开元寺的释迦牟尼三世佛因事先移走获免之外，其他神佛塑像如十八罗汉等全部被毁，关帝庙的关公像未毁，"周仓、关平则毁除净尽"。毁神风潮也殃及庙中古物，某寺神像前有一唐代古瓶，"西人曾出价八百元，寺僧未允售，此次亦遭毁"。鉴于此，泉州绅士及各庙董联名向破除迷信委员会请求保存开元、承天、崇福三大寺庙。该会以三寺为历史古迹，允许保存，但条件是：（1）不许士女入寺祷神进香；（2）寺庙产业由破除迷信委员会监督支配；（3）各寺和尚20岁以下者均还俗，20岁以上者均需耕作，自食其力，不许拜忏诵经；（4）开元寺之慈儿院、承天寺之鹦山小学所授课本，皆应由破除迷信委员会审查，须符合现代社会要求，不得一味灌输佛化。"以上条件，已经三寺承认矣。"③ 可见，寺庙虽存，而信仰世界已被大大改变了。

在这场运动中，除了寺庙和信徒或明或暗的反对外，政府的废神

---

① 《地方通信·怀远》，《申报》1929年1月8日。
② 《寺庙管理条例》，《中华民国史档案资料汇编》第五辑第一编文化（二），江苏古籍出版社1994年版，第1017—1019页。
③ 《泉州举行破除迷信运动》，《申报》1929年1月23日。

运动也遭受相关行业的抵制。上海香烛业请求扩大保存神祠的范围，认为虽在《标准》废除之列而确符先哲之类者，亦当予以恢复，例如城隍土地（或见诸志乘，或载诸史册）"存之足以导扬民德，崇之即可鼓励人群"，应通令保存。他若山川主神，如伍员、屈原，见于正史。十大山王，重载内典。原非尽属渺茫，亦应明令酌予保存。如此"直接以崇先贤，间接而苏商困"。否则，一些好事之徒将轻举暴动，违背《标准》。①

为了缓和冲突，1929年12月内政部颁布了《监督寺庙条例》，以取代实行过程中阻力重重的《寺庙管理条例》。《监督寺庙条例》规定"寺庙财产及法物，为寺庙所有，由主持管理之"。但同时规定"寺庙之不动产及法物，非经所属教会之议决，并呈经该管官署许可，不得处分或变更"。"寺庙应按其财产情形，兴办公益或慈善事业。"② 政府淡化了直接管理、使用寺庙财产的角色，但管理、使用庙产的权力并没有减弱。与此类似，《神祠存废标准》虽然也一度暂停实行，却没有废止。1930年4月，国民党中央又将《标准》及"国民政府公布之《监督寺庙条例》各数份"分发各级党部。③ 至1930年，又颁布了《令禁止幼年剃度》的通告，1932年拟定了《废除卜筮星相巫觋堪舆办法》，是年9月颁布了《寺庙兴办公益慈善事业实施办法》，对"迷信"的打击力度可谓持续不减。20世纪20年代末至30年代初，废除神祠运动达到高潮，庙产兴学也取得了相当成绩。30年代的地方志记载，华北的乡村学校多由庙宇改建而成。比如，河北顺义至1933年有新学校203所，其中有160所设在以前的庙宇中。在一些地区，虽然和尚、道士反对没收庙产，普通村民也反对，"县政府不得不派警察下乡搬出佛像，而将庙宇改为学校"④。

---

① 《香烛业请重申神祠存废标准》，《申报》1929年1月16日。
② 《监督寺庙条例》，《中华民国史档案资料汇编》第五辑第一编文化（二），第1028—1029页。
③ 《国民党中央执行委员会秘书处奉发〈神祠存废标准〉致各级党部函》（1930年4月30日），《中华民国史档案资料汇编》第五辑第一编文化（一），第495页。
④ ［美］杜赞奇：《文化、权力与国家——1900—1942年的华北农村》，第138页。

"五四"新文化人的观念

清末以来，民间多神信仰遭受知识界批评，"五四"时期尤甚。《新青年》承续了清末以来的反"迷信"思潮，不过，"五四"新文化人关于改造民间信仰的看法并不一致。

其一，有的新文化人并不认同"反迷信"时流。鲁迅认为，西方宗教与中国民间信仰均起源于先民"不安物质之生活"，而有形上之需求。西方一神教与中国多神崇拜并无不同。如果民间多神信仰"即为迷妄，则敢问无形一主，何以独为正神？宗教由来，本向上之民所自建，纵对象有多一虚实之别，而足充人心向上之需要则同然"。在鲁迅看来，多神教、一神教、拜物教本质无异。同时，他批评近代"志士"以救亡和科学为理由而归罪民间信仰，认为历代亡国惨祸，"正多无信仰之士人，而乡曲小民无与"。至于"奉科学为圭臬之辈"，借元素细胞之说，夺人信仰，其实"无当于事理"。国势强弱不同，各族神话的价值自然也不同。"顾俄罗斯枳首之鹰，英吉利人立之兽，独不蒙垢者，则以国势异也。"故中国的出路，不在毁弃民间信仰，"伪士当去，迷信可存，今日之急也"。鲁迅所云"伪士"，主要不是思想启蒙者，而是清末新政中的官绅。他注意到，随着庙产兴学的兴起，一些人"占祠庙以教子弟。于是先破迷信，次乃毁击偶像，自为其酋，聘一教师，使总一切，而学校立"。然而，所培养的学生知识浅薄，志操卑下，"所希仅在科名"，甚至不及佛门弟子。一些地方禁止乡人迎神赛会，也不免"钩其财帛为公用"。"嗟夫，自未破迷信以来，生财之道，固未有捷于此者矣。"① 鲁迅的言论既是针对西方话语有感而发，又是对清末新政积弊的针砭，远远超越了启蒙思想背景。"五四"时期，他批评扶乩迷信之风，对道家的神仙符箓之术也有讥贬。但其杂文、小说一方面尖锐地

---

① 鲁迅：《破恶声论》（1908年），《鲁迅全集》第八卷，人民文学出版社1981年版，第23—34页。

批评"伪士"们趋时营私,另一方面则对民间信仰寄予了同情和肯定。他注意到民间信仰对于塑造民族精神的积极意义,反对一味追趋西方话语。这与官方以权力界定民间诸神的价值和正邪显然不同。

其二,一些否定民间多神信仰的新文化人很少将宗教、迷信二分开来。"五四"时期,陈独秀认为,"将来一切宗教皆在废弃之列",即使以西教为模本、最具理性色彩的孔教也不例外,故"主张以科学代宗教,开拓吾人真实之信仰"①。他超越了宗教与迷信的二分思维,反对一切偶像,认为"泥塑木雕的偶像",都"是迷信的人自己骗自己"。"天地间鬼神的存在,倘不能确实证明,一切宗教,都是一种骗人的偶像:阿弥陀佛是骗人的,耶和华上帝也是骗人的,玉皇大帝也是骗人的。一切宗教家所尊重的崇拜的神佛仙鬼,都是无用的骗人的偶像,都应该破坏!"陈独秀进而认为,人的信仰"当以真实的合理的为标准",宗教上、政治上、道德上各种"虚荣欺人不合理的信仰,都算是偶像,都应该破坏!"② 陈独秀并没有以双重标准来衡量制度型宗教和民间多神信仰,与20世纪的官方政策只是貌似而实异。

蔡元培认为,宗教的内容皆经科学的研究解决了,自然是不可信的,而西方人仍然入堂礼拜,相沿成习。这就像"前清时代之袍褂",虽不适用了,但觉得毁之可惜,沿用之也未尝不可。而有些人"误听教士之言,一切归功于宗教,遂欲以基督教劝导国人",有些人则因之提倡孔教,皆因不明宗教之真相。"无论何等宗教,无不有扩张己教、攻击异教之条件。"基督教与伊斯兰教冲突,发生近百年的十字军战争。基督教中又新、旧教派的战争也达数十年之久。"至佛教之圆通,非他教所能及,而学佛者苟有牵拘教义之成见,则崇拜舍利受持经忏之陋习,虽通人亦肯为之。甚至为护法起见,不惜于共和时代附和帝制。宗教之为累,一至于此。"故他提出"舍宗教而易以纯粹之美育"③。故他不仅非议多神信仰,而且反对基督教宣传,

---

① 陈独秀:《再论孔教问题》,《新青年》1917年第2卷5号。
② 陈独秀:《偶像破坏论》,《新青年》1918年第5卷第2号。
③ 蔡元培:《以美育代宗教说》,《新青年》1917年第3卷第6号。

赞成"非宗教运动"。在他看来，西方传教士与中国的神汉巫婆并无高下之分，"现今各种宗教，都是拘泥着陈腐主义，用诡诞的仪式，夸张的宣传，引起无知识人盲从的信仰，来维持传教人的生活"①。这种认知从侧面体现了等视一切宗教及民间信仰的思想倾向，与民元"改良社会宣言"仅非议民间"迷信"的态度已有变化。与后来政府存废不一的做法也有所不同。

其三，新文化人怀疑证据不足的历史传说，包括被神化的先哲人物。《标准》保存的"先哲类"神祠仅有孔、孟得到新文化人的肯定（但也非神化），其他如伏羲、神农、黄帝、嫘祖、仓颉、后稷、大禹等均在存疑之列，这在"古史辨"派的研究中已有鲜明体现。相反，民间信仰和传说却受到他们重视。"五四"以后，他们对民俗、歌谣和民间多神信仰的调查、研究，不仅揭示了民众社会生活的丰富多彩，而且从侧面说明了民俗信仰的合理性，与民国政府居高临下地贬低、否定民间信仰大异其趣。

"五四"以后，科学主义蓬勃发展，但知识界对于宗教和迷信的认识仍有差异。即使指责民间多神信仰的文章也承认："什么叫做'迷信'？这个问题，很不容易回答。何以呢？迷信并不是一定不变的东西。平常说非科学的、非哲学的，都叫做迷信，但是，科学和哲学，自己也还在那里自问自答的解决不了。……（科学史上）那从前的妖言，现在已变成事实；从前的真理，现在已成了迷信。那么，现在的真理，到了将来，又谁能够保得住他不变成迷信呢？"②科学上还有许多未解之谜，而民间多神信仰又植根深厚。因之，所谓宗教与迷信之分亦难得知识界的一致认同。一些人认为，信仰世界无所谓宗教、迷信之分，只有程度不同："尝窃闻某教士言，无论何种高尚的宗教，皆不能脱离迷信。宗教即迷信。"野蛮人的偶像崇拜，"吾人笑其迷信，然此即野蛮人之宗教"。中国农村的打醮赛会，亦不得谓为非宗教举动。"故宗教即迷信，迷信即宗教"。唯其有"鄙陋与

---

① 蔡元培：《非宗教运动——在北京非宗教大同盟讲演大会的演说词》（1922年4月9日），《蔡元培全集》第四卷，第179页。
② 周昌寿：《迷信》，《东方杂志》1921年第18卷第4号。

高尚""有益或无益"之别。"凡下等的宗教举动必无益于个人而有害于社会,凡高尚的宗教举动必有益于个人而无害于社会"①。他们以信仰行为的利弊来区分高下,却否定宗教迷信的本质区别,这颇能代表一些人的心理。否定民间多神信仰而肯定制度型宗教,实非"五四"启蒙思想的主流。

　　综上所述,近代宗教迷信话语形成于复杂的社会环境之中,清末至"五四"的启蒙思想对此不无意义,但主要定型于国家权力渗透之后。古代正祀、淫祀传统源远流长,近代日益强势的基督教和外来文化又为政府提供了思想资源。在近代政治变局和社会改革中,国家权力对民间信仰的干预不断深入,宗教和迷信的畛域逐渐清晰起来。民国政府将以前的"淫祀"及部分"正祀"纳入"迷信"范畴,而曾经处于边缘的外来信仰上升为宗教正统,从而使信仰世界转变为新的"文化网络",实现了权力秩序的重建。近代宗教与迷信的分野主要是由权力来界定和完成的,与其说,宗教迷信话语起源于启蒙思潮,毋宁说是国家意识形态和权力渗透的结果,反映了清末民初政权参与、控制民众社会的加强。

(原载《河北学刊》2013年第5期)

---

① 杨晴康:《迷信与宗教》,《申报》1921年9月1日。

清末文庙祀典升格与人心失控

李俊领

清廷定鼎北京后一向尊祀孔子，崇尚程朱理学，借以统摄人心、维系国本。但自鸦片战争以降，儒家主张的以忠信与礼义为核心的自立方略实不足以抵挡西方"坚船利炮"的冲击。光绪三十一年（1905）八月清廷废除了科举制，在教育上解除了儒学与国家的制度化关联，其结果之一是文庙中孔子身上的光环更为暗淡。这对于以孔子标榜"道统"的清廷而言，无疑是一种十分不利的连锁反应。为重振孔子教化人心的统治功用，清廷于光绪三十二年（1906）十一月将文庙祀典升为大祀，开一代之"殊典"①。

学界对清末文庙祀典升格之事不曾有专文探讨，涉及这一问题的学者或从宗教学的角度探讨清代文庙祀典对于"儒教"作为宗教的意义，或从政治学的角度研究清末文庙祀典与意识形态控制制度的关系。②本文挖掘、运用了中国第一历史档案馆所藏的相关档案，旨在重现清末文庙祀典升格以及朝野不同群体反应的历史场景，尝试从圣人教化与礼治之道的角度，展现清末仿行立宪之际难以控制人心的困局及其根源。

---

① 按：《清史稿》云："光绪末，改先师孔子为大祀，殊典也。"见《清史稿》卷84《礼三》，中华书局1976年版，第2485页。

② 按：李申简述了清末"祭孔礼仪的加隆"，没有涉及姚大荣、徐坊奏请升孔子为大祀等关键而具体的环节。参见李申《中国儒教史》（下），上海人民出版社2000年版，第870—871页。白文刚提到，清末升孔子为大祀，"显然是为了强调儒家学说在国家意识形态中的核心地位，希望通过提升祀孔的规格来加强对'中体'的维护"。见白文刚《应变与困境——清末新政时期的意识形态控制》，中国传媒大学出版社2008年版，第133页。

一　为"激励人心"而将文庙祀典升格

庚子国变之后，孔子与儒学教化功用的式微更加显著。光绪二十九年（1903），山西省的一位乡村塾师叹息说："当时人士俱舍孔孟之学而学西人之学，以求速效。间有讲求孔孟之道，谨守弗失不肯效俗趋时者，竟呼之为'顽固党'，非但屏逐之，而且禁锢之。"① 孙中山在光绪三十一年（1905）创刊的《民报》上第一次公开提出了民族、民权与民生的"三民主义"理论，很快赢得了国内外不少士子的欢迎与支持，也在清廷内部激起了层层波澜。

为应对人心思变的危机，清廷开始兴办新式学堂教育，但仍力图将儒家思想作为官方的统治思想。不过，新式学堂并不设孔子牌位，各地文庙也不是新式"人材"接受教化的圣地。在这种情况下，"圣人"孔子难以再像过去那样承担统摄人心的重任，清廷因此不得不面对一个迫切需要解决的难题：如何确保新式学堂培育出的"人材"在纲常伦理上一定忠于朝廷？进而言之，废除科举制之后，亟须确立新的教育宗旨以维系世道人心，稳定统治局面。

光绪三十二年（1906）二月，学部向清廷上了《请将教育宗旨宣示天下》折，呈请确立"忠君""尊孔""尚公""尚武""尚实"五项新的教育宗旨。其宣称"尊孔"一项在于"原本圣贤之经旨，申明礼教之大防，用以激励人心，挽回风俗，而学术之端实基于此"。② 这就是说，尽管废除了科举制，终结了儒学的制度化历史，但孔子代表的儒学仍应被立为根本的治世之道。是年三月，清廷批准了学部的这一呈请。

学部官员之所以特别提出"尊孔"宗旨，是因为他们认为当时接受西学的大量士子将抛弃中国固有"彝伦"，其结果不是在"图强"，而是在"召乱"。在学部看来，这些所谓的"狂谬之徒"误会

---

① 刘大鹏遗著，乔志强标注：《退想斋日记》，山西人民出版社1990年版，第126页。
② 朱寿朋编，张静庐等校点：《光绪朝东华录》，光绪三十二年三月戊辰，中华书局1958年版，总第5496页。

了清廷的教育宗旨,"轻视圣教,遗弃伦纪",根本没有认识到孔子是中国万世不祧的祖宗,五洲生民共仰的圣人。据此,学部开出了"尊孔"的药方,以为"国教愈崇,斯民心愈固",列强雄视下的中国因而"足为图存"。① 可见,学部在收拾人心上仍奉庙堂之上的孔子及其代表的儒学为不二法宝。

不过,在清廷业已宣布"预备仿行宪政"的前提下,如何贯彻"尊孔"宗旨还是一个颇具策略性的问题。光绪三十二年(1906)九月一日,清廷公布了《仿行立宪上谕》,以此为预备立宪的总纲。此外,慈禧太后还为立宪附加了四个条件,即"一曰君权不可侵损;二曰服制不可更改;三曰辫发不准剃;四曰典礼不可废"。② 这四个条件中,"君权不可侵损"一条当可理解为爱新觉罗氏的"家天下"不可变,服制、辫发、典礼可以理解为清廷统治的象征性符号体系不可变。若此一变,则大清不复为大清。

既然"典礼不可废",就可以在典礼上做"尊孔"的文章。光绪三十二年(1906)十一月初,时任刑部主事的姚大荣上了一份请求将文庙祀典升格的奏折。姚氏系光绪九年(1883)进士,在出任刑部主事之前曾任内阁中书、起居注主事。他首先站出来奏请升孔子为大祀,颇有儒家"人能弘道"的担当意识。

姚氏在请求升孔子为大祀的奏折中说,忠君、尚公、尚武、尚实这四项宗旨"悉秉孔门绪论",因此,新颁教育宗旨归于一条"即是率从孔教"。尽管清朝前期的几位皇帝对孔子尊崇有加,但现在士林对西学的"习染既深",护卫孔子之道的形势由此变得十分严峻。为了改变这种危局,他特请清廷"实行尊孔主义"。③ 明确将"尊孔"提到"主义"的高度,这在近代中国还是第一次。

---

① 朱寿朋编,张静庐等校点《光绪朝东华录》,光绪三十二年三月戊辰,总第5494页。
② 《瞿鸿禨朋僚书牍选》(上),《近代史资料》(总108号),中国社会科学出版社2004年版,第21页。
③ 《学部尚书荣庆等奏为代奏刑部主事姚大荣呈称为请升孔庙为大祀以符尊孔宗旨请旨事》,光绪三十二年十一月,军机处录副奏折,档号03—5575—063,中国第一历史档案馆藏。

在提出"尊孔主义"之后,姚氏转而提到西方国家以宗教为主位,君民"共定一尊,不涉异趣"。相比之下,中国视孔子"若在宾位",因而孔子在教化人心的功效上就不如西方宗教。他于是建议,将京师文庙升为与圜丘、方泽同级的大祀,并宣称大祀孔子对于巩固朝廷统治十分有利,其道理在于民间视听均是以朝廷的意旨为转移。按照姚氏的看法,一旦文庙祀典升为大祀,那么孔子就可以像西方宗教的教主一样完全主导臣民的精神生活,即所谓"豫定民志"①。

姚氏请将文庙祀典升格的奏折由学部代呈。学部在转呈时称:"臣等公同阅看,该主事所呈系为尊崇孔教起见,未便壅于上闻"②,并建议将此事交给礼部复议具奏。

应姚氏之呼,时任国子监丞的徐坊也奏请升大祀孔子。他在奏折中首先回顾说,宋高宗升文庙祀典为大祀,因而"理学昌明,笃生徽国,发挥圣道,如日再中"。因此,他建议清廷"用炎宋故事,礼如社稷。在京为大祀,以表朝廷阐扬圣教之心;州县为中祀,以慰人民仰戴尼山之意"。他又从风行草偃的角度强调文庙大祀关系到圣道昌明、学术纯正的意识形态问题。③

慈禧太后和礼部官员认为姚、徐二人的奏请确有道理,即升文庙祀典为大祀对于推行新政、培育新式"人材"是有利而无弊的思想强化举措。光绪三十二年(1906)十一月十五日,慈禧太后下懿旨给礼部,称:"孔子至圣,德配天地,万世师表,允宜升为大祀,以昭隆重。一切应行典礼,该衙门议奏。"④

此前,清廷诸帝对孔子敬祀有加。顺治二年(1645)确立释奠日期为每年农历二月、八月的第一个丁日,是日"遣大学士一人行祭,翰林官二人分献,祭酒祭启圣祠","有故,改用次丁或下丁。月朔,

---

① 《学部尚书荣庆等奏为代奏刑部主事姚大荣呈称为请升孔庙为大祀以符尊孔宗旨请旨事》,光绪三十二年十一月,军机处录副奏折,档号03—5575—063,中国第一历史档案馆藏。
② 同上。
③ 徐坊:《升孔子为大祀议案》,《直隶教育杂志》1907年第3期。
④ 朱寿朋编,张静庐等校点《光绪朝东华录》,光绪三十二年十一月戊申,总第5607页。

祭酒释菜，设酒、芹、枣、栗。先师四配三献，十哲两庑，监丞等分献。望日，司业上香"①。这种遣官致祭文庙的传统一直延续至雍正朝。雍正四年（1726）八月，雍正帝亲诣京师文庙行释奠礼，开了清帝亲行文庙祀典的先河。其"牺牲、笾豆视丁祭，行礼二跪六拜，奠帛献爵，改立为跪，仍读祝，不饮福、受胙。尚书分献四配，侍郎分献十一哲两庑"②。雍正十一年（1733），确定亲祭仪，皇帝行礼时在香案前三上香。乾隆三年（1738），乾隆帝亲诣释奠，在大成殿行三献礼。释奠用三献礼自此为"恒式"。乾隆十八年（1753），改变太学丁祭牲品，依阙里例用少牢。光绪二十年（1894），光绪帝亲行文庙祀典，行二跪六拜礼，增加了"饮福受胙"仪。

另外，清廷通过文庙祀典尊崇孔子与儒学的方式有三：一是在全国各地的文庙中周期性地举行祀孔典礼；二是逐渐增大文庙从祀先贤、先儒的规模，调整文庙的统治思想导向；三是不时向京师文庙与地方文庙赐匾额。其思想理路是不断塑造臣民们认同"圣人教化"的社会记忆与集体无意识，进而实现"尊孔"与"忠君"一体化，最终达到阐扬君主"为天牧民"之正当性的目的。

二 文庙祀典升格遭遇财政困难

京师文庙祀典一朝升为大祀，与圜丘、方泽、祈谷、太庙、社稷、常雩诸祀典共为一尊，相关的礼仪规范与庙堂制度也将随之升级。礼部在议定文庙大祀的礼制时，首先简单梳理了历代祀孔的典礼，并赞誉康熙、雍正、乾隆诸帝尊孔的特殊礼仪，称他们对孔子所行的超规格的礼仪非前代可比，"已隐寓升大祀至意"。③ 其次，礼部又颇显自信地认为，此次朝廷正式升文庙祀典为大祀，"近虽学派纷歧，而显示钦崇，自足收经正民兴巨效"④。最后，依据《大清会

---

① 《清史稿》卷84《礼三》，第2533页。
② 同上书，第2535页。
③ 同上书，第2538页。
④ 同上。

典》，将升格后的文庙祀典应具备的祭所、祭品、祭器、乐舞和祭礼等方面的变制通盘拟好，一口气开出了23条，其具体内容可分为文庙建筑制度与祭祀典礼制度。①

礼部所拟的京师文庙建筑及相关设施等规制升格情况如下。（一）建筑规制。原来该庙街门3间、大成门5间、大成殿7间暨御碑亭14座皆覆黄瓦，其他建筑覆绿瓦。现拟改文庙所有建筑一律覆黄瓦。（二）神牌、神幄与案衣。原来神牌"朱地金书"，神幄与案衣用"绡金红缎"。现拟改神牌"金地青书"，神幄与案衣用"黄云缎"。（三）礼器。原来祭祀用铜爵，皇帝亲临释奠时增设一个鎏金银爵，两个鎏金铜爵。现拟改以玉爵代替原来的铜爵。（四）祭品。原来大成殿祭品用十笾十豆。崇圣祠正位的祭品用少牢，八笾，八豆。现拟改大成殿的祭品用十二笾十二豆。崇圣祠正位的祭品用太牢，十笾，十豆。（五）祭文。原来撰写称引"先师"时上抬两格，现拟改由太学与直省的祭文由翰林院重拟，撰写称引"先师"时上抬三格。

礼部所拟的京师文庙祭祀典礼制度升格情况如下。（一）视牲、铜人、斋戒牌、致斋。原来典礼前两天，由礼部尚书一人视牲，太常寺将铜人、斋戒牌进设于乾清门，皇帝于宫内致斋两天。现拟改为典礼前三天，由礼部尚书一人视牲，太常寺将铜人、斋戒牌进设于乾清门，皇帝于宫内致斋三天。（二）遣官行礼。原来春秋丁祭，皇帝不亲行礼。如果皇帝亲行释奠礼，则尚书分献四配，侍郎分献十二哲及两庑，大学士承祭崇圣祠。现拟改为春秋丁祭官员行礼。皇帝亲行礼（有事以亲王代行礼），大学士分献四配，尚书分献十二哲及两庑，亲王承祭崇圣祠。如果遣亲王代行礼，大学士承祭崇圣祠。（三）乐舞。原来用六佾，只有文舞。现拟改为用八佾，增加武舞。（四）具体仪节。原来赞引、对引恭导皇帝由中门内入大成门中门，升阶进殿中门，至拜位，出亦由中门（如遣亲王恭代，出入皆从左门）。迎神、送神时，皇上行二跪六拜礼。上香、奠帛爵时，皇帝立而不跪。

---

① 刘锦藻撰：《清朝续文献通考》（二）卷98，浙江古籍出版社1988年版，第8579页。

由官员行三献仪，不"饮福受胙"，赞礼郎赞"答福胙"。现拟改为赞引、对引恭导皇帝由中门内入大成门左门，升阶进殿左门，至拜位，出亦由左门（如遣亲王恭代，出入皆从右门）。迎神、送神时，皇上行三跪九拜礼。上香时，皇帝跪。皇帝亲行三献仪，跪奠帛爵。皇帝亲行"饮福受胙"，行三跪九拜礼。赞礼郎赞"赐福胙"。如亲王恭代，不饮福受胙。

相对于京师文庙，省、府、州、县等地方文庙的建筑、供奉、礼器、乐舞暨崇圣祠祭品与太学相同，但行礼仪节仍遵旧制，唯独承祭官出入由过去的左侧门改为右侧门，不饮福受胙。[1] 另外，"殊典"正式开启之前，要祭告请特派亲王先期祇告天、地、太庙、社稷及太学、先师庙，并御制碑文立石。

文庙祀典升格的祭祀典礼制度不难办理，但其建筑设施的变更因为财政困窘而一时难以实施。光绪三十三年（1907）四月初六，理藩部大臣荣庆与礼部左侍郎张亨嘉奉命监修文庙工程，随后上奏了其大概情形。同年十二月，钦天监为文庙建筑改制择定了动土的吉期。不过，学部称这一工程还有应当商酌变通办理的地方，因为礼部提供的文庙建制升级方案失之简略，仍不足以示隆重。光绪三十四年（1908），学部等衙门又确定了文庙建制为九楹三阶五陛制。这一新方案固然彰显了清廷对孔子的隆礼，但限于国家财政的困境仍难以实施，京师文庙建筑改制之事也就不得不拖延下来。

京师文庙改制工程的监修还是一件颇费周折的人事问题。工程新方案出台后不久，负责监修工程的礼部左侍郎张亨嘉因丁忧开缺。在荣庆的奏请下，清廷派理藩部尚书寿耆会同办理。

文庙改制工程紧要，必须在"博通今古、才守廉能之员"[2] 的监督下才能实施。由于荣庆与寿耆在工程监修上都是外行，他们二人遂于光绪三十四年（1908）二月奏派国子监丞徐坊和内务府员外郎诚璋担任这

---

[1] 刘锦藻撰：《清朝续文献通考》（二）卷98，第8579页。
[2] 《学部尚书荣庆民政部尚书善耆奏为拟派学部国子丞徐坊内务府员外郎诚璋总司监督承办文庙要工事》，光绪三十四年二月，军机处录副奏折，档号03—7168—029，中国第一历史档案馆藏。

一职责。在荣庆与寿耆看来，徐坊"平日究心掌故，学识渊深，廉介饬躬，精勤任事，自蒙恩超擢此职，竭诚图报，劳怨不辞"，诚璋"居心纯笃，见义勇为"，这二人是负责文庙工程监修的得力人选。①

徐坊与诚璋作为监修人员到位之后，文庙建筑改制的工程款项却因国库困窘而难以解决，以至于迟迟不能开工。宣统二年（1910），御史松廷为文庙建筑改制迟滞之事奏称："先师孔子升为大祀，一切典礼务极崇隆，至殿宇阶墀为神所凭依，当敬谨典守，似不宜轻易更张，盖改作固足以示隆重，而沿旧亦所以妥神灵。"② 他试图为清廷迟迟无款实施文庙改制工程的尴尬局面找个体面的借口。翌年，礼部妥议了松廷的这份奏折，就文庙改制拟出了详细办法，将文庙改制工程分为三类，即一仍旧制者、略为变通者和分年办理者。

依照寿耆等人在宣统二年（1910）十一月的估算，整个工程需要用银42万余两，后经过六七次核算，减少到十成足银37.45966万两。宣统三年（1911）六月六日，寿耆鉴于"库款奇绌"，从而建议分3期领取工程款项。次日，荣庆奏请文庙改制工程在钦天监确定的吉日——闰六月十六日开工，"以期早妥神灵"。③ 他估计这项工程"不过两年，即可毕工"④。

奈何清廷财政困窘，又深陷于立宪运动的人事纷争中，直到辛亥革命爆发也没来得及"分年办理"文庙改建之事。因此，清末祀典升格后的京师文庙在建筑制度上仅有大祀之名，而无大祀之实。这表明清廷在借助孔子与文庙祀典收拾人心的举措上颇显力不从心，难以拿出维系"礼治"之道的经济成本。以中祀规格之庙行大祀圣人之礼，其观瞻效果自然显得不够隆重，而其统摄人心的实效难免因此大

---

① 《学部尚书荣庆民政部尚书善耆奏为拟派学部国子丞徐坊内务府员外郎诚璋总司监督承办文庙要工事》，光绪三十四年二月，军机处录副奏折，档号03—7168—029，中国第一历史档案馆藏。

② 刘锦藻撰《清朝续文献通考》（二）卷98，第8581页。

③ 《协办大学士荣庆理藩部大臣寿耆奏报文庙工程进匠兴修日期事》，宣统三年闰六月，军机处录副奏折，档号03—7569—059，中国第一历史档案馆藏。

④ 《荣中堂等奏为领取监修文庙工程各员饭食等项经费事》，宣统三年闰六月，军机处录副奏片，档号03—7467—077，中国第一历史档案馆藏。

打折扣。民国初年，当国的袁世凯用心于京师文庙，使大祀改制工程于1916年得以全部完成。

与京师文庙建制升格的困境相似，多数地方文庙因财力匮乏一时无法完成大祀规格的扩建。江苏丹阳县文庙本应依照大祀等级"更制神位，改覆黄瓦，展拓站台"，但终究"因费绌"而未能实施。① 由于"全行改作尤费巨难筹"，广东香山县文庙在官绅商议下维持旧有规模。② 安徽涡阳的文庙因为财力不足而难以配备大祀所用的"器数文物"。③ 山西乡宁县文庙在晚清时期"失修垂三十年，颓然不可保"，在大祀改制时"当因而葺之，未果"。④ 当然，也有一些地方文庙得以依照大祀规格重修。比如，安徽当涂县文庙于光绪三十三年（1907）在地方官绅的捐助下完成了改建工程⑤，河北霸州文庙于宣统元年（1909）因"城乡绅董"捐资而得以拓建。⑥

事实上，在文庙祀典升为大祀之前的三四十年间，地方文庙多已破败不堪，礼乐器物残缺不全。光绪初年天津文庙祭孔乐舞的器具大多残破不堪，经过庚子之变，其数量已不足一半。贵州都匀县文庙多年失修，光绪三十三年（1907）时"礼器乐舞竟无一存，牺牲尤不备"。⑦ 样貌颓废的地方文庙昭示了清廷的衰落之势，实不足以引发人们对儒家思想的向往之心。

三 文庙大祀典礼的冷热不均

升格之后的京师文庙祀典，并没有像慈禧太后等人所预期的那样能够在形式上发挥统摄人心的政治整合效能。相反，京城文庙祀典仍

---

① 民国《丹阳县续志》卷7，民国十六年刊本，第1页。
② 民国《香山县志续编》卷4，民国九年刊本，第8页。
③ 民国《涡阳县志》卷11，民国十四年铅印本，第5页。
④ 民国《乡宁县志》卷14"文选下"，《修学记》，民国六年刊本，第3页。
⑤ 民国《当涂县志》"艺文志"，《清改建太平府学宫记》，民国钞本，卷号与页码不清。
⑥ 民国《霸县新志》卷7，《重修霸州文庙碑记》，民国二十三年铅印本，第76页。
⑦ 民国《都匀县志稿》卷11，《恭制文庙礼乐祭器碑记》，民国十四年铅印本，第4页。

像这一时期天坛、地坛、太庙等处的大祀典礼一样，冷冷清清，颇显凄凉。

光绪三十三年（1907）二月初六的春丁祀孔大典，是清廷第一次大祀孔子的国家典礼。光绪帝亲自行礼，大学士那桐担任"四配"的分献官①，国史馆总纂恽毓鼎与世仁甫、文焕章、杨少泉等人前来陪祀，衍圣公孔令贻也随班行礼，学部主事许宝蘅由民政部派为稽查官②，但仍有应陪祀的官员无故缺席。

光绪三十三年（1907）五月，清廷就坛庙祀典陪祀人员随意缺席的"玩懈"问题发布了上谕，称坛庙祭祀典礼所有应陪祀的人员应当严肃对待大典，但"近来陪祀各员并不遵守典章，甚至人数亦复寥寥，殊属不成事体。嗣后务各恪恭将事，毋得视为具文。经此次申谕之后，倘再有延误，定行严处不贷"。③ 只是应行陪祀的大员们看惯了这些虚张声势的警告谕旨，也习惯了散漫随意的陪祀缺席。他们对当年御史江春霖奏请将无故缺席祭礼的大理院少卿刘若增进行惩处一事十分不满，认为江春霖"毛举细故"，太把"失礼"当真了。这正应了广东提学史于式枚在京师文庙祀典升格仅仅5天后，向国史馆总纂恽毓鼎坦陈的忧虑："督抚权柄太重，祖制尽堕，中央之权不振，恐酿异日之祸。"④

光绪三十四年（1908），文庙等京师坛庙祀典的缺席官员越来越多。御史江春霖又奏请皇帝惩处这样的严重失礼行为。他在奏折中陈述了如下四层意思：其一，质疑坛庙典礼的陪祀人员的动机。坛庙祀典不过是斋戒三日，站立数刻，如果这些也做不到，还能指望他们共体时艰吗？其二，驳斥了新设各部皆办要政而难以兼顾礼乐，旧部堂司托递职名相沿已久从而无足怪的论调。他认为自办新政以来，"成

---

① 北京市档案馆编《那桐日记》下册，新华出版社2006年版，第595页。
② 许宝蘅：《许宝蘅日记》第一册，中华书局2010年版，第124页。
③ 朱寿朋编，张静庐等校点《光绪朝东华录》，光绪三十三年五月戊戌，总第5629页。
④ 恽毓鼎著，史晓风整理《恽毓鼎澄斋日记》，浙江古籍出版社2004年版，第333页。

效未见，辄费不赀"，不应当在坛庙祀典上节省。其三，批评失礼的新旧衙门官员越发"骄奢淫逸"，不管"国家巨典抱残守缺，骏奔乏人"，却时时挂念着"优歌宴会""权要寿节"。其四，建议先修理乐器、衣服，征召精晓音律的名儒教授雅乐。另建议对未递职名的官员"惩处一二"，"抑或概予宽免"。① 江春霖对无故缺席的陪祀官员的质疑与批评似乎有些不合时宜，在政治改良音调未定的时候，新旧衙门的官员更关心自己的人事安排，实在顾不上被边缘化的坛庙典礼了。至于其所言当时的新政"成效未见，辄费不赀"则不免是苛之过甚。清廷要求各衙门议奏此折，结果不了了之。

升格后的京师文庙典礼"不成事体"，地方文庙典礼也不乏无故缺席的官员。光绪三十三年（1907）八月秋丁祀孔之时，湖北荆州文庙祭祀典礼一片冷清，照例应前往陪祀的八旗军将领无故缺席。当时荆州将军松滙对此事上奏称："八月八日恭逢大祀文庙，奴才等前往敬谨陪祀，并接奉清语祝文，饬交八旗通晓清文之员认真学习，以备祀典，是日应如何恪恭将事。乃该协领等例应陪祀，均未到班，殊属不成事体。"② 因此，他请求朝廷对这些缺席的八旗军将领"交部议处"。光绪帝对松滙这一奏请的朱批云"著照所请"。其结果尚不得而知。不过，可以想见这些敢于缺席的八旗军将领并不担心会因此获咎。

一些地方文庙的祭祀典礼虽人员基本齐备，但也较以前散漫了。一位名为叶辉的作者回忆光绪三十四年（1908）某县城文庙祭礼的场景说：

> "丁祭"那天……我们六六三十六个佾舞的小孩子亦步亦趋，载歌载舞，真的和《儒林外史》写的"祭先圣南京修礼"那种又严肃又热闹的情形差不多。我们同学得了胙肉，大家都笑

---

① 《掌新疆道监察御史臣江春霖跪奏为坛庙大祀诸多简慢拟请谕饬大加整顿一体遵行以昭诚敬而重典礼恭折仰祈圣鉴事》，光绪三十四年四月，军机处录副奏折，档号03—106—5578—32，中国第一历史档案馆藏。

② 《奏为特参八旗协领等大祀文庙例应陪祀均未到班请旨交部议处事》，光绪三十三年八月，军机处录副奏折，档号：03—5576—104，中国第一历史档案馆藏。

嘻嘻地说："朵颐有福！"我们不吃牛肉的，便和不吃羊肉的对调。"牛肉换羊肉"的呼声，闹成一片，好不有趣！①

在叶辉看来，当时他参加的县城文庙祀孔典礼像是一场"又严肃又热闹"的戏剧表演。对于那些做乐舞生的小学生来说，吸引他们的是祭祀孔子的胙肉，而不是官方所谓的圣人与礼教。

不同于其他地方文庙，曲阜孔府家庙的大祀典礼十分隆重。参加祭祀典礼的官员人数多时有103名，鸣赞、相礼等礼生80名（后增为100名），乐舞生120名。"举行大祀时，由衍圣公主祭，陪祭官员161人，另有四氏学生员、孔氏族人，有时亦有庙、佃户代表参加，足有千人之多。大典之日，祭台上下，钟磬齐鸣；唱吟讴歌，声传数里。"②当时在孔府当差的孔凡银老先生回忆说，大祀时"共行三遍礼，名曰'三献礼'，演奏三遍乐章，'八佾舞于庭'"。③孔子故里的祀孔典礼如此隆重仅是个例，并不意味着孔子身上的圣人光环依旧绚丽，也不能掩饰儒学在西学的冲击下难以岿然居于庙堂之上的危局。

清末儒家思想在时人精神信仰领域的衰落深刻刺激了儒家士子。恽毓鼎在1906年京师文庙祀典升格前不久的日记中提到他的一个设想："欲将圣贤经训演为浅说，孔孟仪型别为冠服，百名儒士遍行中外"，"建谒圣之堂，定拜圣之礼"，还自信地宣称此举"必能推释排耶，使尼山一脉充塞贯输于地球之上"④，隔了20余日即感叹："新党之将亡中国（排满革命乃孙文之逆说，而学堂少年多和之）。"⑤诚然，对儒学怀有眷恋之情的士人还为数众多，因为他们多是儒学制度化和科举制的受益者。不过，在1906年至1907年《民报》与《新民丛报》的论战中，虽然改良派的主张暂时略胜一筹，但革命派的

---

① 叶辉：《由纪念孔子说到丁祭》，《中央日报》1935年9月5日，第12版。
② 王怀棠：《亘古的钟声》，百花文艺出版社1993年版，第14页。
③ 同上。
④ 恽毓鼎著，史晓风整理《恽毓鼎澄斋日记》，第319页。
⑤ 同上书，第321页。

理论得到了越来越多的民众认可。在此情况下，赵启霖、张之洞、袁世凯等朝臣极力推动清廷立宪的脚步，他们甚至在文庙祀典升大祀后从祀先贤、先儒的问题上一再表明他们为清廷收拾人心的态度。

科举制废除之后，文庙祀典升格并不意味着儒学的重新制度化。那么，这一"殊典"也就难以承担被清廷赋予的贯彻新五项教育宗旨的重任。因此，清廷就难以再借助文庙祀典将儒家思想造就成"文化公设"①，进而统摄民众的思想观念。所谓"豫定民志"不过是清廷大祀孔子的一相情愿罢了。

四 促使时人更加离心

文庙祀典是彰显和维系"道统"的载体，即所谓"孔子以道设教，天下祀之，非祀其人，祀其教也，祀其道也"②。孔子之道，以仁为体，以礼为用，以知为表，以和为通，极高明而道中庸。这是一种名分为要、尊卑有别的政治伦理化的"礼治"思想。自汉以降，历代"王者受命"行"阳儒阴法"的王霸之道，至少在形式上虽改立制度，而不易孔子之道，正如汉儒董仲舒所言，"道之大原出于天，天不变，道亦不变"③。因此，文庙祀典成为观察官方统治思想走向的主要窗口。

光绪三十二年（1906）九月清廷宣布预备立宪，这是中国传统政治从"礼治"转向"法治"的重要开端。依照君主立宪的政治法则，皇帝不但不能"口含天宪"④，也不能再以受命于天的身份"为天牧民"⑤，而且须与臣民共遵国家宪法，并不享有超越宪法的特殊权利。这种政治模式与孔子之道的政治模式截然不同，因此，"预备

---

① 殷海光：《中国文化的展望》，上海三联书店2002年版，第1页。
② 《明史·钱唐传》，中华书局1974年版，第3982页。
③ 《汉书·董仲舒传》，中华书局1964年版，第2518—2519页。
④ 《后汉书·宦者传论》，中华书局1965年版，第2509页。
⑤ 《尚书正义·吕刑》，孔颖达疏，（清）阮元校刻《十三经注疏》（清嘉庆刊本），中华书局2009年版，第529页。

"立宪"可看成清廷政治在最高权力层面的"天裂"之始。

处此国家政治大转折的特殊当口,作为古典"道统"载体的文庙祀典在当时的国家政治生活中不可避免地被边缘化了。在清末文庙祀典升大祀的前夕,载泽、世续、奕劻、袁世凯、端方、张之洞等内外大员用心于头绪纷杂的官制改革等要政。在他们看来,文庙祀典是否升为大祀对当时的政治变革局势并不紧要。即使在光绪三十三年二月初六(1907年3月19日)参加了京师文庙第一次大祀典礼的官员也没有感觉到特殊的荣耀,如当日被派充稽查官的许宝蘅仅在日记中简略地写道:"皇帝大祀孔子于国学,奉民政部派充稽查官,四钟到国子监,九钟散班归。"①

文庙祀典升格虽在朝廷未受明显的关注,但在民间颇为引人注目。最明显的一是忠清的眷恋儒学者的倾心追从,二是反清的无政府主义者的激烈抨击,三是疑清的知识分子的冷静质疑。

其一,忠清的眷恋儒学者热心追从清廷大祀孔子的举措。

一些科举出身的儒士从人文教化的角度倾心赞成文庙祀典的升格。江苏无锡的儒士陶士橀、侯学愈在宣统三年(1911)编辑了《孔子升大祀考》一书。无锡环溪草堂的凌学攽为该书作了序言,一边叹息近代海通以来"正教衰,异端炽,儒学拥其虚席"②,一边批判人们争习西学、崇尚功利而摒弃纲常礼教的行为。他特别说道,当时蜂拥而起的"才知有力之士"急功近利,仅仅注重机械的进步,却将"仁义"视为迂阔,甚至要"用夷变夏",以西方的习俗代替中国固有的礼仪教化。可见,陶、侯、凌三人对儒学与清廷怀有深切的认同感,愿做传统纲常伦纪与夷夏大防(中西之别)的卫道士。他们站在儒家思想的立场上,难以接受西方舶来的自由、平等、民主、科学等新观念。应当说,清末像陶、侯、凌这样受益于科举制的儒生为数甚多。

光绪三十三年(1907),一位名为慕寿祺的儒生借文庙祀典升大

---

① 许宝蘅:《许宝蘅日记》第一册,第124页。
② 陶士橀、侯学愈辑:《孔子升大祀考·序言》,艺文斋杨子冈排印,宣统三年。

祀之机向清廷奏请"实行尊孔",他认为:"去冬升先师为大祀,盛典崇隆,尤为历代所未有";孔子之道不显著就会造成人心不古,"其祸将不可胜言";如果实行尊孔,"一切风潮可以尽息,宪政基础即于是乎立矣"。① 慕氏主张尊孔的依据与陶、侯、凌三人十分相似。甚至到了民国时期,还有人像他们一样认为文庙祀典升为大祀是教化人心的重要手段,称:"清升大成至圣为大祀……煌煌祀典亦未始非转移人心风俗之一道也。"② 他们似乎没有注意到光绪三十三年（1907）有人将文庙祀典升为大祀之事编成了小说《孔子升为大祀》,借地方文庙一时无款可筹八佾舞乐和祭品的窘相,奚落孔子之道不周世用。③

文庙祀典一朝升为大祀,儒学似乎也应随之更为光大。在此可以大做儒学文章的特殊时刻,湖北按察使梁鼎芬奏请清廷在曲阜建立专讲儒学的学堂。他在奏折中称:"今我皇太后尊师重道,皇上圣学日新,莘莘士子靡不悦服。……拟请我皇太后、皇上颁发帑金建设曲阜学堂,以示天下。……使天下学堂皆以此堂为法。他日人才蔚起,正学昌大,我大清国植万年有道之基。"④ 依照梁鼎芬的看法,在儒家"圣地"曲阜建立一所大学堂,专讲儒学,以此推广于全国,就可以强化清廷对人才的培养与控制。不过,清末1904年后的一些中学教科书开始将孔子的形象从"圣人"转向了历史人物,甚至对孔子与专制制度的关联采取了批判态度,进而有力削弱了孔圣人的教化功能。⑤ 相对于批判专制的时代潮流而言,梁鼎芬大倡儒学的做法颇显不合时宜。

虽然科举制废除了,但孔子及其代表的儒学在普通民众阶层仍具有深远的人文教化意义。当时广大乡村民众的家中仍旧供奉着"天

---

① 民国《重修镇原县志》卷19,《请实行尊孔疏》,民国二十四年铅印本,第21—22页。
② 民国《同安县志》卷24"祠祀",民国十八年铅印本,第1页。
③ 《孔子升为大祀》,《广益丛报》1907年第143期。
④ 《湖北按察使梁鼎芬请建曲阜学堂折》,《申报》1907年1月14日第2版。
⑤ 刘超:《孔子形象:历史知识与社会意识——以清末民国时期中学历史教科书中的孔子叙述为中心》,《安徽大学学报》(哲学社会科学版)2009年第5期。

地君亲师"的神位。在文庙祀典升格前夕,南洋华商张济安捐资兴建了孔子庙,两广总督为此还奏请清廷驻荷兰的领事对此加以保护。不过,在普通民众那里,"尊孔"与"忠君"已经不像过去那样紧密联系在一起了。

民国时人评点文庙大祀与普通民众的关系说,清廷"诏升孔子为大祀,骎骎有黜百家、崇一尊之意",然而道教与佛教"尤切于愚夫愚妇之信仰","而孔子之教无与焉"。① 对于普通民众而言,文庙祀典即使升为大祀,也不如道教与佛教更能关照他们的日常生活。

其二,反清的无政府主义者激烈抨击大祀孔子的行为,要行"孔丘之革命"。

反对清廷的一些无政府主义者站在"夷夏之辨"与无政府主义的立场上,揭露清廷利用孔子符号的文化手段。一位署名"无俚"的作者在《民报》上发文,高声疾呼"孔子非满洲之护符"。他批判说,清廷因为"革命风潮起于新学",就"尊孔子为上祀",这区区文庙祀典的升格"遂可以迷乱人心"吗?② 在"无俚"看来,清廷是不符合华夏正统的"虏廷",其试图借助"先圣"孔子的威灵来收拾人心,抵挡文化的"叛乱",只会徒劳无功。反过来看,清廷确实低估了知识分子在西学影响下的觉醒程度。

一些无政府主义者在批评清廷升孔子为大祀的举措上,表现出了鲜明的"非圣""排孔"立场。他们以西学为参照,洞察到了庙堂孔子与专制君主的伴生关系,从而形成强烈的批判意识。在"非圣"问题上,他们不仅郑重提出了破除迷信与强权的"三纲革命",③ 而且严厉抨击中国之圣"定于一尊"的观念,发出了"无圣主义"的呼声。④ 在"排孔"问题上,措辞最为严厉的要数《排孔征言》,作者"绝圣"将孔丘直呼为"贼王",力倡"孔丘之革命",其文云:

---

① 民国《南通县图志》卷12"礼教志",民国十四年铅印本,第4页。
② 无俚:《孔子非满洲之护符》,《民报》1907年第11号。
③ 真:《三纲革命》,《新世纪》1907年第11期。
④ 凡人:《无圣篇》,《河南》1908年第3期。

> 呜呼,孔丘砌专制政府之基,以塗(荼)毒吾同胞者,二千余年矣。今又凭依其大祀之牌位,以与同胞酬酢。立宪党之如何舞蹈,吾不能知。独怪热心革命者,或发扬周秦诸子,或排斥宋元诸人,而于孔丘则不一注意。夫大祀之牌位一日不入火刹,政治革命一日不克奏功。……欲支那人之进于幸福,必先以孔丘之革命。①

"绝圣"将中国两千多年的专制问题都归罪于孔子,还讽刺革命党人忽略了对孔丘的批判。其实,热心革命者并非没有注意清廷升孔子为大祀的举措。章太炎当时就对此作了言辞激烈的批判,说:"不知今之尊孔庙为大祀者,其奸谀视许敬宗、李林甫何如耶?"② 他将大祀孔子的清廷统治者视为许敬宗、李林甫一类的奸诈谄媚之人。章氏早在1902年就抨击孔子的独尊地位与儒家的功利意图,认为"儒家之病,在以富贵利禄之心"③,"所谓中庸者,是国愿也,有甚于乡愿者也。孔子讥乡愿,而不讥国愿,其湛心利禄,又可知也"④。遇到清廷将北京文庙祀典升为大祀,他再度申明了"订孔"与批判专制政府利用儒家思想的主张。

还有人对孔子完全失去了敬意,将其说成"怪物"⑤ 和"狡者"⑥,甚至把他与大盗列为一席。署名"吴魂"的作者剖析称君主祭庙、拜圣像、用圣言,并不是真正信仰圣人,而是利用圣人学说来驾驭国民以济其私。他还引用了庄子的话"圣人不死,大盗不止",并评价说"真切中病根哉"⑦。

在批判孔子之外,时人还深刻反思儒学之道的祸根性。1907年

---

① 绝圣:《排孔征言》,《新世纪》1908年第52期。
② 章太炎:《王夫之从祀与杨度参机要》,《民报》1908年第22号。
③ 朱维铮、姜义华编注《章太炎选集》(注释本),上海人民出版社1981年版,第363页。
④ 同上书,第365—366页。
⑤ 凡人:《无圣篇》,《河南》1908年第3期。
⑥ 真:《三纲革命》,《新世纪》1907年第11期。
⑦ 吴魂:《中国尊君之谬想》,《复报》1906年第1期。

《东方杂志》的一篇社论指出儒学正"为祸"中国。其分析说，儒学在当时已是每况愈下，完全失去了最初的精意，沦落到了不克自振的局势。这种局势在于儒学天生有两种"病"：一是"不言利"；二是"不好名"。这两种"病"也是国家贫弱的"原实"。如果不除它们，中国"富强终不可致"。至于那些"好古之士"奢谈国粹，在"孔子且升为大祀"的情势下，误将宋儒的主张当作孔子的本意了。①

这些疏于学理、矫枉过正的批判并非指向学术上的孔子，而是针对被朝廷崇奉于文庙的变成政治符号的孔子。尽管这些批判存在不同程度的偏颇，但他们至少揭露了清廷通过大祀孔子强化儒家统摄人心之用的企图。这为后来五四新文化运动的"批孔"思潮埋下了伏笔。

其三，疑清的知识分子开始冷静思考宪政时代孔子、儒学与教育、政治的关系定位。

文庙祀典升格的"殊典"刺激着深受西学熏染的知识分子思考教育与宗教的关系。一位署名为"孚"的作者在《申报》上撰文称教育和行政不可有宗教性质。② 在他看来，政教不容相混。现在朝廷强行将孔子放到了宗教家的地位，"升孔子为大祀，以副教育宗旨'尊孔'一条之意"，这不仅粗暴侵犯了人民的自由，而且严重违背了孔子"有教无类"的教育宗旨。基于这样的认识，他质疑清廷预备立宪的意图，问道："政教分离之国，强而欲合之，而以欲达其合之之目的，故又侵人之自由，立宪预备之谓何？"③

同样在文庙祀典升格的当口，有识之士开始检讨中国历史上君权与儒家学说的关系。一位署名为"天"的作者将从黄帝至光绪帝时期的政体分为"神权时代""分权时代""君权有限之时代"与"君权无限之时代"。④ 在此基础上，他指出"君权日益甚，而民权日益卑"的原因在于"儒教统一"，儒家学说为"敢于盗君权"的草莽、贼寇提供了"护符"，"帝王假圣人之名以制人，圣人假帝王之力以

---

① 蛤笑：《论中国儒学之误点》，《东方杂志》1907年第4卷第6期。
② 孚：《论教育行政不可有宗教性质》（上），《申报》1907年1月10日第2版。
③ 同上。
④ 天：《论中国君权与学说之关系》，《申报》1907年1月12日第2版。

制学"。作者还特地说明:"吾不敢谤孔子,吾诚不能不齿冷于陋儒矣。"① 显然,作者对中国君权与儒学之关系的认识不无见地,但把君权日盛的问题归咎于"陋儒",就不免落入了"文化决定论"的窠臼。

还有一位署名"蛤笑"的人认为,文庙祀典升格的举措没能触及当下最急的问题。他明确指出,虽然清廷知道"谋教育之普及而尊孔子为大祀"是政治的急务,但这一举措"仅托诸空言而未能施诸行事";当时社会最急的问题"不在身心性命之微言,而在日用饮食之大欲"。② 毕竟百姓在温饱不济的状况下很难讲究心性与礼仪,而当年仅河南一省就有85个州、县的百姓因水灾而难以谋生。

上述无政府主义者的批判以及一些普通知识分子的质疑与建言,作为一种"批判的武器",逐渐形成了一股越来越强的社会舆论潮流,而且在客观上有力支持了革命党的思想主张。

清廷对此没有在意,也没有回应,仍旧保持着"家天下"的姿态:在"大权统于朝廷,庶政公诸舆论"的新政原则下,说不说在你,改不改在我。但到了光绪三十三年(1907)六月底,由于革命舆论广泛传播,革命党不断发动起义,甚至在湖北黄冈成立了"大明军政府",人心更为惊慌。是年十月,清廷命宪政编查馆创立《政治官报》,刊登有关立宪的谕旨、批折、法令等信息,以提高政治改良进程的透明度,增强社会各阶层对朝廷的信心与忠心。不过,这一举措稍显滞后,不足以改变此前革命思想在民间催生的政治信任危机。

在"人治"体制下,孔子与儒学统摄人心之用的大小,要看抬举圣人的君权强弱了。由于清末君权旁落,升格后的文庙祀典虽连年举行,但祀典的凄凉场景却昭示着儒家"道统"的身影渐行渐远,"圣人"孔子的统摄人心之用渐隐渐弱了。在遭逢了革命派与改良派激烈竞争、革命思想渐入人心的时代,文庙祀典与"圣人"孔子无

---

① 天:《论中国君权与学说之关系》(续),《申报》1907年1月13日第2版。
② 蛤笑:《保孔教说》,《东方杂志》1907年第4卷第10期。

可奈何地被边缘化，结果是孔子变成了儒家文化的"游魂"，虽有庙堂而无其礼，虽有学校而无所教。对袁世凯等人编练的新军而言，孔子之道已无力以挽救腐朽的清廷与混乱的时局。孔子与新军的疏离、隔膜所潜在的颠覆性风险远超过了清廷的估计。正如法家韩非所言，"当大争之世，而循揖让之轨，非圣人之治也"①。对比儒家与法家，所谓"圣人"者，此也，彼也？以圣人治乱世，是也，非也？儒家思想之"君子治治，非治乱"②的先天不足再次呈现出来。

尽管清末文庙祀典在民间统摄人心的功用不断减弱，但朝中重臣袁世凯仍旧沐浴着圣人名教的余晖。在辛亥革命的历史性时刻，身为清廷内阁总理大臣的袁世凯不仅保全了宣统帝与隆裕太后这一对孤儿寡母，而且以礼待外国君主的方式延续了大清的国祚与宗庙。以此表示其已为清廷尽了忠良之心，不负"宫保"之名，袁氏此举固然有其自身利益的考虑，但实不能忽略其所深受孔子之道的影响。这可以说是清末文庙祀典升格后一段隐约的余韵。

结　　语

清末文庙祀典升格，从官员奏请到慈禧太后诏准似乎一路颇为顺利，但其祭祀礼仪与建筑改制的具体实施却艰难而复杂，而且在社会上引发了不同程度的质疑与批判。显然，清末文庙祀典的升格不仅没能在政治制度与精神信仰上提升孔子和儒学的地位，反而促使孔子与儒学统摄人心的功用更为弱化。可以说，清末文庙祀典升格是一场种瓜得豆的苦戏。

究其根源，儒学的制度化伴随着科举制的废除而解体后，文庙祀典升格并不能在制度与信仰上提升孔子与儒学的地位，而且文庙祀典承载的"礼治"之道难以排拒民主思想广泛传播的世界潮流。对深受民主思想熏染的有识之士而言，文庙祀典升格徒增立宪运动名不副

---

① 《韩非子》校注组编写，周勋初修订《韩非子》（修订本），凤凰出版社2009年版，第526页。
② 荀况撰，廖名春、邹新明校点《荀子》，辽宁教育出版社1997年版，第8页。

实的疑虑。对预备立宪的清廷而言，本欲借文庙祀典升格收拾人心，未料反而招致更多的政治冷遇与文化质疑，以致文庙祀典所载的"道统"名存实亡。显然，"礼治"之道承担不起清末新政之思想监护人的角色。在此情况下，清廷的政治正当性与公信力遇到了前所未有的挑战。

清廷在"势尊自蔽"①的情况下，坚持意识形态"大一统"的观念，不肯放弃以圣人教化正人心风俗的"礼治"道术。其没有估量到有识之士分辨出了"圣人"孔子的两种面孔，即教育家的孔子与宗教家的孔子。教育家孔子是历史上的孔子其人，被孟子誉为"圣之时者"的人文之"圣"。宗教家孔子是被帝国统治者奉祀在庙堂之上，立为"万世师表"的政治之"圣"。在民主宪政的体制下，人们可以接受人文之"圣"的孔子，却再难接受政治之"圣"的孔子。因此，文庙祀典中的孔子也就无法继续掩盖君主"为天牧民"的自利性。这正如《东方杂志》解读曾国藩从祀文庙未果之事所言，"国家激劝人才，信赏必罚，尚不能捷如影响，况以已往之人用虚名进退，遽望其转移风尚，直所谓不揣其本而齐其末耳"②。

文庙祀典升格的实施及其社会反响的历史表明，清廷身处预备立宪的紧要当口，在统摄人心上因循成规，缺少对社会舆论方向的预先关注与妥当引导，而孔子与儒学再不足以用来缘饰清廷的既得利益及其统治正当性了。

（原载《史学月刊》2012 年第 5 期）

---

① 唐甄撰，注释组注：《潜书注》，四川人民出版社 1984 年版，第 213 页。
② 孟森：《记载·光绪三十四年九月大事记》，《东方杂志》1908 年第 5 卷第 10 期。